名家通识讲座书系

口才训练
十五讲（第三版）

□ 孙海燕 刘伯奎 编著

北京大学出版社
PEKING UNIVERSITY PRESS

图书在版编目(CIP)数据

口才训练十五讲/孙海燕，刘伯奎编著. —3 版. —北京：北京大学出版社，2015.7

（名家通识讲座书系）

ISBN 978 - 7 - 301 - 25894 - 1

Ⅰ.①口⋯　Ⅱ.①孙⋯②刘⋯　Ⅲ.①口才学—高等学校—教材　Ⅳ.①H019

中国版本图书馆 CIP 数据核字(2015)第 121094 号

书　　　名	口才训练十五讲（第三版）
著作责任者	孙海燕　刘伯奎　编著
责任编辑	艾　英
标准书号	ISBN 978 - 7 - 301 - 25894 - 1
出版发行	北京大学出版社
地　　　址	北京市海淀区成府路 205 号　100871
网　　　址	http://www.pup.cn　新浪微博：@北京大学出版社
电子信箱	pkuwsz@126.com
电　　　话	邮购部 62752015　发行部 62750672　编辑部 62756467
印　刷　者	北京中科印刷有限公司
经　销　者	新华书店
	965 毫米 × 1300 毫米　16 开本　24.25 印张　390 千字
	2003 年 9 月第 1 版　2004 年 10 月第 2 版
	2015 年 7 月第 3 版　2023 年 2 月第 7 次印刷
定　　　价	65.00 元

"名家通识讲座书系"
编审委员会

"名家通识讲座书系"总序

本书系编审委员会

"名家通识讲座书系"是由北京大学发起,全国十多所重点大学和一些科研单位协作编写的一套大型多学科普及读物。全套书系计划出版100种,涵盖文、史、哲、艺术、社会科学、自然科学等各个主要学科领域,第一、二批近50种将在2004年内出齐。北京大学校长许智宏院士出任这套书系的编审委员会主任,北大中文系主任温儒敏教授任执行主编,来自全国一大批各学科领域的权威专家主持各书的撰写。到目前为止,这是同类普及性读物和教材中学科覆盖面最广、规模最大、编撰阵容最强的丛书之一。

本书系的定位是"通识",是高品位的学科普及读物,能够满足社会上各类读者获取知识与提高素养的要求,同时也是配合高校推进素质教育而设计的讲座类书系,可以作为大学本科生通识课(通选课)的教材和课外读物。

素质教育正在成为当今大学教育和社会公民教育的趋势。为培养学生健全的人格,拓展与完善学生的知识结构,造就更多有创新潜能的复合型人才,目前全国许多大学都在调整课程,推行学分制改革,改变本科教学以往比较单纯的专业培养模式。多数大学的本科教学计划中,都已经规定和设计了通识课(通选课)的内容和学分比例,要求学生在完成本专业课程之外,选修一定比例的外专业课程,包括供全校选修的通识课(通选课)。但是,从调查的情况看,许多学校虽然在努力建设通识课,也还存在一些困难和问题:主要是缺少统一的规划,到底应当有哪些基本的通识课,可能通盘考虑不够;课程不正规,往往因人设课;课量不足,学生缺少选择的空间;更普遍的问题是,很少有真正适合通识课教学的教材,有时只好用专业课教材替代,影响了教学效果。一般来说,综合性大学这方面情况稍好,其他普通的大学,特别是理、工、医、农类学校因为相对缺少这方面的教学资源,加上很少有可供选择的教材,开设通识课的困难就更大。

这些年来,各地也陆续出版过一些面向素质教育的丛书或教材,但无论数量还是质量,都还远远不能满足需要。到底应当如何建设好通识课,使之能真正纳入正常的教学系统,并达到较好的教学效果? 这是许多学校师生普遍关心的问题。从 2000 年开始,由北大中文系主任温儒敏教授发起,联合了本校和一些兄弟院校的老师,经过广泛的调查,并征求许多院校通识课主讲教师的意见,提出要策划一套大型的多学科的青年普及读物,同时又是大学素质教育通识课系列教材。这项建议得到北京大学校长许智宏院士的支持,并由他牵头,组成了一个在学术界和教育界都有相当影响力的编审委员会,实际上也就是有效地联合了许多重点大学,协力同心来做成这套大型的书系。北京大学出版社历来以出版高质量的大学教科书闻名,由北大出版社承担这样一套多学科的大型书系的出版任务,也顺理成章。

编写出版这套书的目标是明确的,那就是:充分整合和利用全国各相关学科的教学资源,通过本书系的编写、出版和推广,将素质教育的理念贯彻到通识课知识体系和教学方式中,使这一类课程的学科搭配结构更合理,更正规,更具有系统性和开放性,从而也更方便全国各大学设计和安排这一类课程。

2001 年年底,本书系的第一批课题确定。选题的确定,主要是考虑大学生素质教育和知识结构的需要,也参考了一些重点大学的相关课程安排。课题的酝酿和作者的聘请反复征求过各学科专家以及教育部各学科教学指导委员会的意见,并直接得到许多大学和科研机构的支持。第一批选题的作者当中,有一部分就是由各大学推荐的,他们已经在所属学校成功地开设过相关的通识课程。令人感动的是,虽然受聘的作者大都是各学科领域的顶尖学者,不少还是学科带头人,科研与教学工作本来就很忙,但多数作者还是非常乐于接受聘请,宁可先放下其他工作,也要挤时间保证这套书的完成。学者们如此关心和积极参与素质教育之大业,应当对他们表示崇高的敬意。

本书系的内容设计充分照顾到社会上一般青年读者的阅读选择,适合自学;同时又能满足大学通识课教学的需要。每一种书都有一定的知识系统,有相对独立的学科范围和专业性,但又不同于专业教科书,不是专业课的压缩或简化。重要的是能适合本专业之外的一般大学生和读者,深入浅出地传授相关学科的知识,扩展学术的胸襟和眼光,进而增进学生的人格素养。本书系每一种选题都在努力做到入乎其内,出乎其外,把学问真正做活了,并能加以普及,因此对这套书作者的要求很高。我们所邀请的大都是那些真正有学术建树,有良好的教学经验,又能将学问深入浅出地传达出来的重量级学者,是请"大家"来讲"通识",所以命名为"名家通识讲座书系"。其意图就是精选名校名牌课程,实现大学教学资源共享,让更多的学子能够通过这套书,亲炙名家名师课堂。

本书系由不同的作者撰写,这些作者有不同的治学风格,但又都有共同的追求,既注意知识的相对稳定性,重点突出,通俗易懂,又能适当接触学科前沿,引发跨学科的思考和学习的兴趣。

本书系大都采用学术讲座的风格,有意保留讲课的口气和生动的文风,有"讲"的现场感,比较亲切、有趣。

本书系的拟想读者主要是青年,适合社会上一般读者作为提高文化素养的普及性读物;如果用作大学通识课教材,教员上课时可以参照其框架和基本内容,再加补充发挥;或者预先指定学生阅读某些章节,上课时组织学生讨论;也可以把本书系作为参考教材。

本书系每一本都是"十五讲",主要是要求在较少的篇幅内讲清楚某一学科领域的通识,而选为教材,十五讲又正好讲一个学期,符合一般通识课的课时要求。同时这也有意形成一种系列出版物的鲜明特色,一个图书品牌。

我们希望这套书的出版既能满足社会上读者的需要,又能够有效地促进全国各大学的素质教育和通识课的建设,从而联合更多学界同仁,一起来努力营造一项宏大的文化教育工程。

目　录

第三版前言

    口才是一个人智慧的反映,它是影响一个人事业成功、人际和睦、生活幸福、精神愉快的重要素质,也是一个人随身携带永不过时的基本能力。

    口才是一种心理技能。口才活动离不开知觉、观察、记忆、思维、想象等心理活动的基本形式。气质、性格、能力等个性心理特征又决定着认识能力和表达能力的高低以及口语表达的风格。个性的倾向性如兴趣、需要、动机、理想、信念、价值观等制约着口才活动的方向和社会价值。而情感、意志、自我意识等则对口才活动起着重要的支配、调节和控制作用。

    口才是思维的花朵,口语表达是人们运用有声语言和态势语言对思维活动的扫描和表达。也就是说口语是思维的物质外化,人们常说想得清楚才能说得好,"思想只能用思想本身来修饰和加强"。

    说话同写文章一样,需要丰富的语言材料,需要遵从与写作大体相同的语法规律,有着基本相同的表达方式、结构方式、表现技法和训练规律。同时,许多重要的口语语体如演讲、论辩、报告、讲话等,又都依靠写作为其提供提纲和稿本。特别是演讲艺术,语体非常接近书面语,或本身就是口头书面语。

    判断一个人说话水平高低很重要的一点就是看是否合"体"。不同的场合,不同的角色关系,以及不同的言语特点,就形成了口语表达的不同语体。如亲朋好友之间交谈,讲话可以随便一点,语言也可以省略一些,可使用一些俚语、俗语;在一般正式交际场合,如进行工作会谈、业务洽谈、寒暄交谈,通常使用标准的普通话;在特别隆重的场合,如在大会做报告或演讲,使用的口语就比较接近书面语。电视广播播音有演播口语体,朗诵、影视、话剧等口语形式有文艺口语体。如果平时和朋友说话拖着一口朗诵腔,就会让人觉得很别扭,到什么山唱什么歌,见什么人说什么话,就说的是说话既要合体，又要得体。

口才训练是一种综合能力的训练：既训练表达能力，也训练心理素质；既要有有声语言的练习，也要有态势语言的练习；既要进行运思训练，也要进行控场训练；既要练听，也要练看；既要有充任角色的语境训练，也要有演讲、交谈、论辩等不同形式的语体训练。

心理学研究表明，要成功地掌握某种技能，必须按照技能形成的有效方法去练习。作为心智活动的口才技能也是这样，第一，要有明确的目的。明确的目的，能够提高练习的自觉性，使练习置于意识的控制之下，改善练习的效果。第二，练习方法要正确。掌握正确的练习方法能及时发现错误并及早纠正。第三，要了解练习的结果。哪些是正确的，要予以保持，哪些是错误的，要予以更正，每次练习之后应及时反馈。第四，练习要采取多种形式。既要重视口才训练课上的集中强化练习，也要注重平时多种形式的分散练习，这样效果会更好。

口语表达能力的提高，既依赖于练习者的主观努力，也需要一定的客观条件。从主观上说，练习者应树立成功的信心，经常练口，注重表达，不放过任何一次练习的机会。从客观上说，要创造良好的语言环境，遵循口才训练的程序，提供适宜进行口语训练的场合。但无论从哪个意义上说，提高口语表达能力的最根本途径都是"多练"。只要我们认为口才训练足够重要，就一定会坚持不懈地努力。

人是社会中的人，社会中的每个人时时都生活在一种这样或那样的语言环境之中，并且深受特定语言环境的影响。一般来说，在一个特定的语言和文化传统中成长起来的人看世界，跟一个在其他传统影响下成长起来的人看世界的方法是不同的。一个民族的文化和一个国家的历史就体现在这个国家的语言之中。语言将一个民族过去、现在和未来的一代代人连接成一个伟大的、有生命力的历史整体。可以这样认为，人民的语言是一种最有生气、最丰富、最牢固的纽带，只要活在人民的语言之中，这个民族就是永生的。

心口一致、知行统一是中国优秀文化传统中最宝贵的遗产，中国历史上无数杰出的人物都倡导并坚持言行一致、知行统一。他们从来就不让知识停留在理性认识的层面上，也从来不把理想停留在口头上，而是在内化升华的基础上，付诸具体的实践，并在实践中弘扬真理。中国社会的进步就是依靠那些不惜牺牲自己的一切，而拼命探寻、实践真理的人们一代一代努力才实现的。后人不能"复印"前人的人生，也不应否认前人的人生，社会进步是这样，科学高峰的攀登同样如此。因此，创造一个有利于人类素质的全面发展，有利于社会全面进步的积极、文明、向上的语言环境是口才训练的根本目的。

口才训练是以练为主的教学活动，训练者是活动的主体。教学中我们充分发挥了学生的主体作用，同时也吸收他们参与到教材的编写中来，本书既包括了作者多年的实践和研究，也包括了参与课内外教学活动的学生的智慧和贡献。

口才训练是贯穿人一生的学问，虽说已有数千年的实践，但有些问题仍在争论和探索之中，由于学力有限，不妥之处望专家、读者多加指正。

孙海燕

2014 年 4 月 20 日于清华园

第一讲

口才训练古今中外百家谈

人类的口语表达活动是一种特殊的社会实践活动,其历史源远流长,从我们的祖先脱离动物界那天起一直到今天,口语活动一刻也没离开过人类。口语表达活动与人类文明社会有着几乎同样悠久的历史。为了把话说得更好,自古以来人们就非常重视口才训练。

一 孔子讲究说话艺术

孔子是我国春秋时期著名的思想家、教育家。孔子开设学校,立教讲学,传授古代文化,他的教学包括了四个科目,即德行、政事、文学和言语。春秋时期,文字虽已普遍应用,但书写仍不方便。由于竹简太笨重,帛书太昂贵,书面语言的使用范围很窄。在社会生活的广阔领域里,主要靠口语,通过言传、耳听、心记来传播文化,交流信息。当时孔子常带领弟子周游列国,四处游说,宣传自己的政治主张。他深知口语表达的社会作用,因此非常重视说话的艺术和口才的训练。

(一) 孔子主张言行一致

孔子把口才视为交流思想、发表见解的主要工具。孔子所强调的口语表达能力是以德行为基础的,他认为"有德者必有言"(《论语・宪问》)。他说:"志有之,言以足志,文以足言;不言,谁知其志?"(据《左传・襄公二十五年》载),"道听途说,德之弃也"(《论语・阳货》),"君子耻其言而过其行"(《论语・宪问》),"先行其言而后从之"(《论语・为政》)等等,都是说言语是一个人内在美德的外在表现,绝不应该说违心背德的话。说的多,做的少,是为人的莫大耻辱,最好是首先做到了,然后再说出来。为了实践言语与德行一致的主张,孔子不遗余力地反对"巧言",大张旗鼓地提倡"慎言"。所谓"巧言",就是无德之言。反对"巧言",是针对言与德的关系提出的。"巧言令色,鲜矣仁。"(《论语·学而》)"巧言乱德。"(《论语·卫灵公》)那些靠花言巧语欺诈撞骗者都缺乏应有的仁德,让这些花言巧语泛滥开去,就会败坏社会道德。所以,"左丘明耻之,丘亦耻之"(《论语·卫灵公》)。全社会的人都要有所警惕,杜绝一切"巧言"。所谓"慎言",就是不说过头话。提倡"慎言",是针对言与行的关系提出的。"君子食无求饱居无求安,敏于事而慎于言,就有道而正焉"(《论语·学而》),"古者言之不出,耻躬之不逮也"(《论语·里仁》),"多闻阙疑,慎言其余,则寡尤"(《论语·为政》)。这就是说,做事情要勤劳敏捷,说话要谨慎讲究分寸,做不到的事情压根就不说,如果在言与行实在无法一致的情况下,宁可多做事少说话,也绝不能说多做少,言过其行。提倡"慎言"的主张,不仅在诡辩之术盛行的春秋时期有积极的进步意义,就是在今天,对于我们反对说假话、空话,反对夸夸其谈、不干实事的不良世风,也有实际的指导意义。

(二) 孔子讲究说话的艺术

孔子非常讲究说话的艺术,"一言可以兴邦,一言可以丧邦",他认为修辞是进德、修业、治国的大事。他强调口语表达要言之有礼,言之有文,言之有情,而且说话要有针对性。他说:"质胜文则野,文胜质则史。文质彬彬,然后君子。"孔子强调演讲要有文采,说话要讲求技巧。他说:"言之无文,行而不远。""情欲信,辞欲巧",才能打动和说服对方。孔子认为口语表达直接面对听众,说话的针对性越强,表达的效果越好,因此,说话的内容、时机、情态都要因具体对象、具体环境而异,有所选择,区别对待。

孔子就口语表达的针对性提出四点要求:第一,说话要选择恰当的时机。《论语·季氏》说:"言未及之而言谓之躁,言及之而不言谓之隐,未见颜色而言谓之瞽。"不该说话的时候却说了,叫做急躁;应该说话了却不说,叫做隐瞒;不看对方的脸色便贸然开口,叫做闭眼瞎说。这三种毛病都是说话的时机选择不当。第二,说话内容的深浅要与对方的接受能力相宜。《论语·雍也》说:"中人以上,可以语上也;中人以下,不可以语上也。"对中等水平的人可以讲高深的道理,对中等以下水平的人就不可以讲高深的道理,说话的内容超过或低于对方的接受能力都不会收到好效果。第三,可否与之交谈要视对方的具体情况而定。《论语·卫灵公》说:"可与言而不与之言,失人;不可与言而与之言,失言。知者不失人,亦不失言。"可以与之交谈的不与之交谈,就失去人心;不可与之交谈的却与之交谈,是浪费言语。聪明的人能因具体情况而做出正确的判断,做到不失人亦不失言。第四,说话应顾及具体的环境、场合。《论语·乡党》说:"食不言,寝不语","车中,不内顾,不疾言,不亲指"。论及《诗》《书》或"执礼"时都要用通行的"雅言"(雅言就是当时比较标准、比较规范的普通话)。不能无视具体环境,不顾场合地乱说一气。这四个方面都注意到了,说话的针对性就强了,表达的客观效果也就好了。也只有这样,才能做到"夫人不言,言必有中"(《论语·先进》)。"时然后言,人不厌其言。"(《论语·宪问》)不说则已,一开口就能说中要害;在该说话的时候才说话,谁都不厌其言,愿意专心致志地听下去。这样的口语表达效果,可以说达到了相当高的水准。

孔子不仅在口语表达理论方面提出许多宝贵见解,而且在口语的实际运用方面也留下不少范例。据《论语·乡党》记载,孔子在朝廷、在乡党,对上大夫、对下大夫,对国君、对宾客,说话的内容、语气、表情、动作各不相同,都是从对方的实际情况出发的,有很强的针对性。《论语·先进》还记载了这样一件事:子路和冉有都问"闻斯行诸",听到的事就马上做吗?孔子在回答子路时说:"有父亲、哥哥在,应听听他们的,怎能听到了就做呢?"在回答冉有时又说:"听到了就干起来。"这两个截然不同的回答,使在座的公西华大惑不解。孔子解释说:"冉有胆量小,平时做事退缩,所以我说一听到了就干起来,是鼓励他,给他壮胆;子路胆量大得超过一般人,勇于作为,所以我说,有父亲、哥哥在,要压一压,使他有所退让。"这件事一向被用作孔子"因材施教"的例证,其实也是说话看对象、针对不同实际情况而选择不同说话内容的范例。

(三) 孔子注重说话训练

孔子在对弟子实施教育的过程中,也特别注重口才训练。在孔子的三千弟子、七十二贤人中,口才最拔尖的要数宰我和子贡。子贡就说过这样的话:"出言陈辞,身之得失,国之安危也。故辞不可不修,说不可不善。"孔子还曾谆谆告诫他的儿子孔鲤说:"不学《诗》,无以言。"(《论语·季氏》)在

《论语·子路》里又说："诵诗三百，授之以政，不达；使于四方，不能专对；虽多，亦奚以为？"这里强调了诵读训练对于口头表达的重要性，甚至提出能诵诗三百是从政、出使的必备条件。无怪乎他对公西华"束带立于朝，可使与宾客言"（《论语·公冶长》），善于言语应答的才能那样赏识，竟然与子路"千乘之国，可使治其赋"、与冉有"千室之邑，百乘之家，可使为之宰"的雄才大略相提并论。

无论是讲学还是游说，孔子都以口语为主要表达方式。现存《论语》一书，就是他游说、讲学时的口语记录，从中既可以看到孔子的政治思想、教育思想的基本观点，也可以看到他运用口语的实际范例和关于口语表达、口才训练的基本见解。

在孔子的影响下，儒家学派都非常重视口才。先秦诸子百家的口才活动在春秋战国时期形成了中国古代演讲论辩活动的第一个高潮。

二 古希腊、古罗马的演说家训练

（一）古希腊的口才训练目标

古希腊、古罗马口才训练的主要目标是培养具有卓越演讲才能的演说家，起源于古希腊的雅典。在西方历史上，雅典是一个古老的、政治上较开明的奴隶制城邦国家。公元前 5 世纪，在民主政治家伯里克利的统治下，雅典的政治、经济空前昌盛，文化教育、科学和艺术也达到极大的繁荣。在意识形态领域，代表社会各阶层利益的政治主张纷呈，学说林立，当时的元老院是贵族民主政治的体现和化身，各种施政纲领都在激烈的论辩中提出，各种政见的斗争都在唇枪舌剑中进行。为了政治活动的需要，必须具备高超的口语表达能力。当时，很少有哪一位政治家不擅长演讲，也很少有哪一位演说家不关心政治的。不仅元老院的代表，外交家和军事统帅们也利用演讲、论辩达到其活动目的。广大的自由民在政治上也有一定的发言权，如讨论国家大事，参与法律诉讼，决定官员的任职、罢免等。他们也运用口才来陈述自己的政治主张，保护自己的合法利益。因此，演讲论辩是一种风靡一时的社会活动，甚至谁在这些活动中大显身手，就会成为人们敬慕的英雄。广大群众把"倾听"作为生活的享受之一。那时演说家比文学家占有更光辉的地位，雄辩术尤其成为一切高尚生活不可缺少的因素和装饰品。有的人不惜重金向演讲训练有方者求教。

为了促成和维持这种民主的政治与学术空气，就需要大力培养积极参与政治斗争和社会活动的能言善辩的政治家和社会活动家，因此，雅典的统治者不但重视对青少年实施体育、音乐、文法等方面的教育，而且相当强调培养他们的演说才能。雄辩术的学习在雅典教育活动中占据着十分重要的地位。

（二）古希腊"智者派"对口才训练的贡献

对雅典演说家口才训练做出突出贡献的是一批自诩为"智者"的人，又称"智者派"。智者派周游列国、博学多识，在游学途中，每到一处，他们一方面参与当地的各种政治活动，出入于社交场合，既为执政官出谋献策，又大胆针砭时政，起到活跃政治气氛、传播知识和信息的作用；另一方面招徒授学收纳学费，借以为生。智者派主要传授雄辩术：这是一种论战的技艺，教人们怎样就某一问题发表见解，如何在公开场合举行政治性的辩论，说服对方以博得声誉。他们主要的教授方法是练习和讨论，并往往现身说法。演讲需要充实的内容、伶俐的口齿、敏捷的反应和生动的实例，因此，智者们在教授雄辩术的时候，不仅讲授如何控制声调、形态、表情等表现形式，怎样运用神话、隐喻、典故等修辞手法，还系统地教学生有关自然、社会、政治、哲学、历史等方面的知识。他们大多知识渊博、观点新颖、演讲生动，吸引了不少门徒，在当时雅典的青年人中享有极高的声望。

普罗塔哥拉（约前481—约前411）是智者学派的著名哲学家。他自称是以传授雄辩术为职业的教师。他坚持要学生从正反两方面论证一个问题。在论辩课上，他要求学生先作肯定一面的论述，再作否定一面的论述。智者学派在研究和讲学过程中创造出"三艺"，即文法、修辞学和辩证法。

一开始，智者们没有固定的讲学场所，往往在体育馆或公共广场的一角或者借学生的私宅上课训练。随着他们的影响和声势与日俱增，到公元前4世纪左右，这种教无定所的短期讲学逐渐发展为永久性的教学制度。公元前390年，苏格拉底在雅典创立的修辞学校，就是第一个专门培养演说家的教育机构。这所学校吸引了大批慕名而来的青年，他们中有许多人来自海外异邦。修辞学校规定的修业年限为四年，教育内容广泛，除雄辩术之外，还开设有文学、历史、地理、天文、几何等课程。这所学校对后来的演说家教育影响很大。

（三）古罗马著名演说教育家昆体良

昆体良（35—95）是古罗马著名的演说家、教育家，从小随父亲到罗马求学，这期间对演说产生了浓厚的兴趣，30 岁的时候当过律师，并以自己超人的辩才获得了巨大成功。后来在罗马开设了一个专门训练演说家的修辞学校，在这里度过了他一生中长达二十余年的教学生涯。他是罗马第一位修辞学教授，把前人的"演讲术"发展为系统的演讲学理论，成为演讲学的真正创始人，代表作有《演说家的教育》《演说术原理》《论辩术原理》。在《演说家的教育》一书中，昆体良从道德水准、语言能力、知识程度、思维技巧及体态风韵等方面对演说家提出了要求。他认为，一个合格的演说家首先必须是"好人"，也是忠君爱国的政治人才，不仅需要判断是非，而且要言行一致、表里如一；其次要有一定的语言能力，除吐字清楚合乎语法外，发音还要柔和、富有节奏感；再次要擅长对事物进行抽象概括，推理要合乎逻辑，敏于寻找差别、解释疑难；复次要掌握广博的知识，为演说提供充分的证据和材料；最后还要练就健美的体魄，使演说时举止文雅，增强吸引力和感染力等等。这部巨著总结了从古希腊以来的演说家的教育思想和自己的教学经验，被称为古代西方第一部教学法专著。

三　口才训练在美国

（一）美国卡耐基口才训练

戴尔·卡耐基是美国著名的成人教育家。他运用心理学知识，对人类共同的心理特点进行探索和分析，开创和发展了一种融演讲术、推销术、做人处世术、智力开发术为一体的独特的成人教育方式。他的教育思想和教育实践，使千百万人受益。特别是在帮助人们学习如何处世上，在帮助人们获得自尊、自重、勇气和信心上，在帮助人们克服人性弱点、发挥人性优点、开发人类潜在的智能从而获得事业的成功和人生的快乐上,取得了很大的成就。卡耐基出生于美国密苏里州一个贫穷的农家。他的母亲是一个虔诚的教徒,婚前曾做过教员。她也希望卡耐基将来做个教员或传教士。卡耐基家境贫困,在州立师范大学读书的时候,全校六百多个学生中只有五六个因付不起食宿费只好走读,卡耐基就是其中的一个。所以他很自卑,越是自卑越想出人头地,改变现状。他发奋读书,得到了全额奖学金。他发现,在学校里最具影响和声望的是那些棒球运动员以及在演讲和辩论赛中获胜的人。他知道自己没有运动员的优势,于是决心在演讲中获胜,无论是在回家路上还是在挤牛奶的时候,他都抓紧时间刻苦练习。但等待他的却是一次又一次的失败,他灰心过,失望过,甚至想到了自杀,最后还是战胜自己坚持了下来。第二年情况发生了很大的变化,在一次又一次演讲中他都获得了成功,这使他更增添了信心。一些请他帮助训练的同学也获得了成功。

大学毕业后他曾当过推销员,也在艺术学校当过演员,但是,他认为过一种有意义的生活比赚钱更重要,渴望有时间学习和写作。他决心白天写书,晚间去夜校教书,以赚取生活费。可是开什么课呢?他发现在大学里所做的演讲训练对他帮助很大,特别是在帮助他克服恐惧心理、建立自信方面比其他一切课程的总和带给他的还要多。于是他就决定给商界的人士开一门公开演讲课,自此开始了他毕生从事的成人教育事业。

卡耐基的公开演讲课,主要通过在公众面前演讲,训练学生能清楚、有效和泰然自若地表达自己的思想,克服恐惧心理,建立自信。卡耐基的教育原则和方式很快被世界各地的读者公认为既实用又成功的法宝。全世界千千万万的人,在卡耐基课程与卡耐基成人教育的原则和方式的影响下,提高了自我素质,得到了生活的力量,增强了自信,学会了做人处世的技巧,在事业上、在社交上、在私人生活中,都获得了成功和幸福。卡耐基的成人教育获得了极大的成功,乃至在全世界形成一股现代成人教育的潮流,即卡耐基运动,而且经久不衰。

美国卡耐基成人教育机构、国际卡耐基成人教育机构以及遍布世界的分支机构,多达一千七百余个。接受这种教育的人,70%以上都具有大学和大学以上的学历,80%年收入都在中等以上的水平。他们之中有工厂工人、学校教员、企业经理、家庭主妇,有明星、巨商、各界领袖,也有军政要人、内阁成员,甚至还有几位总统,人数多达几千万。无论是渴望小康的普通民众，还是身居要职的各界领袖，无论是梦想飞黄腾达的军政要人，还是迅速获利的百万富翁或希望个人健康、家庭幸福的家庭主妇，都感到接受卡耐基训练是他们的一种需要。著名的企业家洛克菲勒说他愿意付出太阳底下比任何东西都更高的代价购买卡耐基训练。

卡耐基的训练还同时被认为是机关、团体事业成功的需要。很多团体、企业纷纷资助卡耐基训练。他们有的把全部管理人员都送到卡耐基机构接受训练，还有许多干脆在单位开班授课，不少还把接受卡耐基训练作为荣誉招揽生意。

卡耐基的成人教育影响了不止一个世纪，连卡耐基自己也没想到，他开设的这门课竟获得了这么大的成功。

（二）美国口才训练专家桑迪·林弗女士谈口才训练

桑迪·林弗女士原为美国电视采访记者和大学讲师，讲授"演讲艺术与语言交流"，后来任亚特兰大市口才咨询公司经理。她曾向各公司职员讲授讲话技巧。从下面的对话可以了解她对口才训练的看法：

问：林弗女士，当今要想做好工作，擅于辞令是否很重要？

答：是的，流利畅达的口才和引人入胜的讲话姿态，在今天的竞争气氛中大有必要。

问：您所说的讲话姿态是什么？

答：讲话姿态是我们每个人开口说话时表现出的某种感情或风格，其重要性大大超出讲话时使用的词句——如何措辞、发音、摆姿势，这一切决定着传达信息的效果。

问：这不仅仅是演讲技巧吧？

答：当然不是。个别谈话与对听众讲话、发表电视演说、在工商企业界或交际场合讲话的基本点完全相同。

我们教给学员一些基本东西，这样他们可逐步培养出好的讲话风格。这些基本东西天天都用得上，并不用于某些特殊场合。经理需与职员交换情况，工人也要与老板打交道，不当演员或演讲老师也要有动人心弦的讲话姿态。这是我们个人生活和工作的基石。

问：就工商企业界人士来说，这些又有何重要意义？

答:有决定性的意义。推销员、证券经纪人,房地产代理人——任何与公众打交道的人,必须与顾客建立亲密的关系,这种关系都得通过语言这条渠道疏通。

现在的统计工作和文书工作的对象也不完全是数字和文件了。从事这类工作也要与人打交道。以会计工作为例,几年前,会计师会算账就称职,现在呢?一位在会计事务所工作的中层管理人员告诉我们:"我虽然受过专业训练,但要想当个合伙人,必须能说会道,有一手招揽生意的本事。"

许多职业都是这样,建筑师、工程师、律师——他们都意识到必须具备做说服、动员工作的能力,才能吸引顾客。今天,每个人都要当一名名副其实的推销员。

问:怎样改进讲话技巧呢?

答:主要有三条渠道:(一)中学、大学、基督教青年会以及在其他社会机构举办的夜校讲话技巧课程;(二)各公司开设的讲话课程或讨论会——由公司为参加讲话学习的本单位职工办的讲习班;(三)以个人为对象的口才训练机构,如我创办的口才咨询公司。这里,我们教学员自然的表达方法,根据需要,或郑重其事,具有权威性,或热情奔放,具有感染力。

问:听学校或社区中心开设的讲话课程有何益处?

答:任何课程差不多都能有所帮助,不过在质上有很大差异,这要看教员的专业水平和班上成员文化程度如何。公共演讲课程已教授多年,有些教材已过时,依我之见,这些课程的缺点之一是没有解决实际问题,反而虚构了一些问题。

问:能举个例子吗?

答:我见过有的人站在听众面前,不敢把手放在口袋里,不敢放松,不敢表现出"自我",因为老师曾告诫他们:"讲话时要站得笔直,热情些!笑一笑!"学过讲话课程的人还往往摆出与本人风格格格不入的姿势。

问:成为一位能打动人心的演说家,是否一定要"精神焕发,情绪饱满"?

答:一定要这样!这点听起来容易,做起来就难了,尤其是对已经四五十岁的工商企业界高级管理人员来说。他们是我公司的主要顾客，一位典型的商人来我公司看了他自己的录像后说："我从来不知道我是这么一副样子，又呆又傻，令人讨厌！"为了显得庄重些，他绷紧了上唇，岂不知这使他的声音和面部表情毫无生气。他挺着胸脯站在那儿，认定男子汉都该这么站着，但这姿势使他看起来很僵硬。因此，我们教学员首先要学会放松，动作自然，我们并不打算造就衣冠楚楚、风度翩翩、机器人式的演说家，就是帮助每一个人以最有效的方法表现出他的庐山真面目。

问：关于口才训练，男性与女性是不是存在不同的问题？

答：口才训练对男女的要求基本一样，轻松自如、声音悦耳、言之有物。不过，男女的侧重点不同。一般说来，男商人倾向于注重权威，他们希望别人重视自己。他们担心如果过多表现出热情，就意味着有失尊严。而女商人呢，特别是聪明而果断者，则经常考虑，如果显示她们的聪明才智、独立性和决定力，就丧失了女子气质，失去了女性的魅力。

问：你们用什么方法教演讲人放松呢？

答：第一步，我们告诉他们要忘掉演讲的内容——只是暂时的——运一口气，使紧张情绪和神经质的感觉从体内一扫而空。呼吸时，人们自然而然会从紧张状态中松弛下来。相当多的工商企业界人士发表重要讲话或介绍情况时，屏住呼吸，一口气也不敢喘。我不明白，他们可怎么受得了？

大多数人都害怕讲话时出现的停顿或静场，所以他们总是一口气把话讲完。应该在上下句之间停顿一下，换口气，再接着讲下去。

问：停顿对讲话效果很重要吧？

答：很重要。（一）停顿一下，你有时间考虑后面该说什么；（二）一个人要在什么时候停顿——由他支配那段静场的时间——他比做不到这点的人更具权威性。

每当我面对观众，问完："你们有什么问题吗？"我就停下来等待。有人提问也只会问一个问题，因为他或她对鸦雀无声的场面比我更感到局促不安。停顿是很重要的，因为介绍商业时，问答这段时间或许是最有意义的。

问：演讲时是否最好用讲稿？

答:并不一定要用讲稿,我奉劝诸位忘掉讲稿,以提纲或便条取而代之。凡是演讲,99%都无需讲稿。观众越是感到你与他们正在交谈,你演讲的效果就越好,你与人谈话正是要与别人分享你的某些东西——你的思想、观点,如果你不愿意接受这一事实,就还没有学会什么叫做谈话。

问:但是,有时讲稿也很重要吧?

答:或许是这样,讲话要是只为了记录备案,并不是为了给人听,就有用讲稿的必要。譬如说,行政官员在听证会上作证或外交官发表重要讲话。因为在这些场合,一字一句都是至关重要的。但就工商企业界而言,经理们照本宣科"读"话,只是由于他们不愿花时间准备引人入胜的即席讲话。

这些经理们忽略了这一事实,一个人拿起讲稿"读"话时,人们对他或她相信的程度也随之降低了。我指导学员正确使用讲稿,他们需要很多时间来进行润色,简直比准备即席讲话提纲还吃力。

如果一定要用讲稿的话,要尽可能做到像是在谈话,需要停顿的地方用竖线标上,再者要尽可能练习与观众交换目光。

不要低头读稿——要看着听众,想着接下去该说些什么。

问:是不是大多数人唯恐不用讲稿就完全忘掉讲话的重点?

答:是的,这是演讲者的恐惧之一。但是,事先仔细拟好提纲,用录音机反复练习,增强信心,这种恐惧是可以克服的。用录音机磁带的另一好处是你能听到自己的声音,不然的话,听众对你讲得如何比你更有发言权。我们还向大家推荐使用录像机,你能亲眼看到你在别人眼中的形象,知道哪些演讲技巧有待改进。

问:讲话时,双手应该放在哪里?——是不是应该放在桌上?

答:首先,我希望人们不是站在桌子后,不过,人们总爱这样站着。其实,何必掩掩藏藏,这表明演讲者不敢站出来与听众打成一片。使用讲桌仅仅是为了念讲稿——这我前面已说过,一般来讲,还是不用讲稿为妙,你可把稿子放在桌上,然后离开讲桌讲话,不时回来看上几眼稿子。

现在谈谈手的问题。我们告诉学员要放松,将双臂垂在身体两侧,在此位置,双手和双臂可伸缩自如,自然地做出各种手势。

问：根据经验，讲话时间的限度应该是多少？

答：午餐会和宴会上的讲话，时间标准大约为十五至二十分钟。具体到每一次讲话，则要根据听众出席的动机，讨论问题应掌握在什么范围内而定，总而言之，简短的讲话是可取的。讲话后要留出一段时间回答问题，这段时间的长短根据观众提问的需要。

问：对于想改进讲话风格的人，您还有什么建议吗？

答：我想有以下几点，开始讲话前，留有一定的时间稳定情绪，譬如，你可以调整一下麦克风，整理讲稿，问听众是否每个人都能听见你说话等等。

◆ 要有一个经过周密计划、认真练习的开场白。这将增强你的信心，驱散登台的恐惧。

◆ 显出精力充沛的样子，在讲话时可以自如地走动，不要在讲桌后面呆傻地站着不动。

◆ 注意声调和呼吸。可考虑买一本关于发声练习的书，并用磁带录音机练习。悦耳的声调需要借助于呼吸。身体要放松，克服紧张情绪，不要提高调门说话。

◆ 不要过分幽默，不要以为开始时一定要开个玩笑，只是在完全出于自然，并能运用自如时才开点玩笑。文艺表演还是留给演员吧。

（李锦江译自《美国新闻与世界报道》，刘祖荫校）

四　日本人重视口才

在日本，口才好坏直接影响一个人的就业和晋升。一些大公司招聘时，对口才都有具体的规定，如：应聘者声如蚊子者、说话没有抑扬顿挫者、交谈时不得要领者、面谈时不能干脆利落地回答问题者、说起话来嗡嗡嗡全无生气者等，都不予以录用。

在一些企业经理学习班上都开设有口才训练课，不合格者将被解雇。在离东京五十五英里的富士山，有一所"经理人员训练学校"。这所学校的学员，都是中小公司送去的在职职工。学费由公司支付，学习班十三天的学习中，除其他课程外，有极严格的口才训练。为了使学员讲话口齿清楚，要把食指和中指插入嘴里背诵佛经；要通过极严格的"电话交谈礼仪"测验；要进行各种口试，讲述如何制定时间计划，接待顾客的礼仪，如何鞠躬，如何致欢迎词等等。如果口才训练成绩不及格，就会被公司开除。他们认为现代企业为了协同作业，上、下、左、右需要大量的、频繁的信息传递，而传递手段相当一部分是通过电话、电视、面对面对话进行的。如果某一个人说话不能有效地传递信息，不能完全正确地表达意图，就必然造成接受者理解的困难，致使信息传递失误。这就像一台大机器脱落了零件，会直接影响它的高速运转。所以，日本企业非常重视口才和口才训练。

在日本，演讲活动开展得比较广泛，一般大学里都设有演讲部。日本内阁大臣中，不少人在大学时代就是演讲部的成员。除此之外，社会上还有专门筹办演讲会的公司，演讲会的市场费已高达一兆日元，主讲者仍供不应求。近些年日本又开始举办中文演讲比赛，演讲比赛的实况通过广播、电视向全国转播，一等奖获得者被奖励到中国旅游或研修旅行。

五　中国专家谈演讲与口才训练

在我国，口才训练大范围的开展是近几年的事。1983 年我国第一份专门研究如何提高人们的演讲水平及口才的杂志《演讲与口才》问世，使口才理论研究呈现出繁荣的景象。随着口才理论研究的不断深入、口才活动的不断扩大，高校的演讲论辩活动也异常活跃起来。

（一）高校教师谈演讲与口才训练

1985 年夏天，《演讲与口才》杂志社记者对全国六大区 22 所高校的校系领导、学生工作干部、德育教师等三十余人进行了采访，下面是部分教师对演讲与口才的看法：

金炳华（复旦大学）：我们复旦大学的演讲活动开展较早，演讲协会成立也较早。几年来，我们多次举行演讲比赛。演讲比赛从班级搞起，经层层选拔，最后举行决赛，使大多数学生都有机会登台演讲。演讲不仅是学生自己教育自己的好形式，是提高他们口才的重要途径，同时也是我们了解学生思想情况的好机会。大学生思想敏锐，喜欢独立思考,敢于提出不同见解,这是思想活跃的标志,是社会进步的标志。有些人总是担心青年学生讲话"走火""脱轨",其实是多余的。要让青年探索,又不允许他们说一句错话,那是做不到的。即使他们在认识上有些偏激,只有讲出来,才能便于我们了解和疏导。因此,在各种形式的演讲活动中我们主张不要给学生"打棍子",要爱护他们,保护他们的积极性,鼓励他们的创造精神,对他们进行积极引导。

周兴健(中国人民大学):从工作实践中,我们体会到演讲是思想工作的好方式,它不仅能使学生自己教育自己,而且还能配合对精神文明建设的宣传,同时,也自然而然地提高了学生的口语表达能力。要研究讲话艺术,探讨它的规律,而且要勇于实践才能使你的口语清晰、准确、生动、活泼,易于被人接受。有的老师虽然学富五车,但由于不长于表达,结果事倍功半,不受欢迎。

杜立政(东北师范大学):口才是我们师范院系学生的基本功之一。老师主要通过自己的语言来使他们的教育对象接受他的感情,接受他的知识。语言对于教师来讲,具有特别重要的意义。它和工人的机床、车钳一样,是教师必不可少的工具。因此师范院校必须培养学生具有较好的口才,才能使他们适应未来工作的需要。

王宗光(上海交通大学):注意培养学生的社会活动能力、企业管理能力、口头表达能力,是时代的要求。改革的社会对不重创造的书生型、既成型人才不感兴趣。它所需要的是开拓型、创造型的人才,具有强烈进取精神的人才。开拓型、创造型人才必备的素质和能力之一就是口才。

郭景海(北京大学):从大学生来讲,应该培养他们多方面的能力,首先是文字表达能力,也就是能写;其次就是口语表达能力,也就是能说。当代大学生也希望自己具备多种能力,如获取知识的能力、社交能力、组织能力、活动能力等,其中就有口语表达能力,也就是口才。我们北大学生第二课堂活动较多,学校中有许多社团,其中一个就是演讲团。他们多次到各地巡回演讲,这样一方面可接触社会,扩大知识面,另一方面也锻炼了口才,成效是很大的。

郭子敬(第四军医大学):无论做思想工作也好,还是进行政治理论教育也好,中心都是传授知识,转变学生的思想。要达到这个目的,就必须注意说服力,包括吸引力和感染力。这就要求政治思想工作者有口才。我们有些教员十分重视自己的口才训练,他们常常面对墙壁、录音机苦学苦练。有些同学也十分重视自己的口才训练,如华山抢险报告团的同学就很注重锻炼自己的口才。

李铁心(吉林工业大学):过去,工科院校对学生的口语能力不重视,因此工科大学生中话说不太明白的,不乏其人。有人认为工程技术人员不需要有口才,这是十分错误的。工程师要指挥生产,就要把他的思想变成工人的思想,这就需要有较强的言传能力。因此口语表达能力对于工科大学生同样是非常重要的。尤其是一提干,更会认识到这个问题的重要性。我们学校的毕业生在各个汽车厂都有,其中很多人已经成为领导干部、基本骨干。他们要管理企业,指挥生产,调动广大工人的积极性,不会讲话或讲话枯燥都是不行的。因此从去年起,我们开始有意识地培养学生的口才,搞了一些演讲比赛、演讲会等活动。实践使我们认识到,演讲是对学生进行智商教育和德育教育,培养他们的综合能力的有效方法。

刘竹溪(西北师范大学):演讲的宣传鼓动作用是非常大的。举一个例子,在抗日初期,我做过抗日的宣传工作。那时在晋察冀,特别是冀中地区,每个县都有战地动员委员会,专门做抗战的宣传工作。我那时还年轻,拿着乐器——口琴啦、笛子啦,把群众召集起来,马上就有同志演讲。讲日本侵略者杀害中国人民的暴行,激发起人们的民族意识,于是有钱的出钱,有力的出力,大家奋起抗战,力量是无比强大的。

赵建华(山东工业大学):贝多芬说过,音乐应当使人的灵魂爆出火花。心理学研究表明,音乐的运动与人们的生活有种同构关系,这就是"同构"说。我认为音乐就是通过这种"同构"来唤起人们的情感的共鸣,给人以心灵的陶冶和精神上的享受。而演讲中思想情感的抒发,也要借助声音的传播,所以说二者有着必然的内在联系。演讲艺术如果与音乐艺术紧密结合,就会达到一个更加完美的境界。

(二) 当代语言学家谈口才训练

1986 年全国语言文学工作会议上,《演讲与口才》杂志记者对张志公、张寿康、周有光三位语言学家进行了访谈,以下是他们的访谈摘录。

张志公:在当今信息时代,科学技术的发展实在是太迅猛了,迅猛得常常出人预料,我们这里还在搞汉字编码,国外却已经有了语音处理机,或者叫做说话输入机,它可直接进行口语的输入转化,你这里刚刚把话讲完,它那边就已经给转化成文字,并可同时完成复印和存储,这个东西应用起来是不得了,它将大大推进现代化的进程。目前这种语音处理机在美国、日本等国家小面积投入使用,不久的将来,必然要在世界范围内实际应用,我国当然也在其中,这是现代化的需要啊!面对着这样一大趋势,我们不能不做一点准备。"兵马未动,粮草先行",这个"粮草",就是加速推广普通话,因为在一个国家内,语音处理机只能面对标准化、规范化的语言进行工作。万里同志曾说过,一个国家语言标准化、规范化的程度,往往反映这个国家的文明程度,这话说到了点子上。而目前我国有诸多方言土语,这些人凑在一起,彼此间都很难听懂对方的话。所以说,推广普通话,是关系到四个现代化的大问题,绝不是耸人听闻,唱高调。这随之也就提出了另一个问题,那就是要注意口语表达的准确性,你的语言不准确,那么语音处理机印出来就是病句。可见,提高全民族的口语表达能力是一件非常重要的事。话是这样说,但是做起来很难,在一些人的头脑中,传统的观念太深了。拿口头语言与书面语言相比,人们总是重书面轻口头,比如说改病句,一般都是指书面而言,而口语的错误多了,却是无所谓。由于口语的错误影响工作,造成损失,这样的事情也不少,却没人来算这种经济账,而现在,已经到了必须引起我们高度重视的时候了!

张寿康:从目前全国的情况看,推广普通话的任务很重,这是显而易见的。三十年前的全国语言文字工作会议就提出推广普通话,这次会议进一步强调了这个问题,相信又会掀起一个高潮。语言是后天习得的,"不用专门学习同样人人都会说话",这种认识是片面的。事实上,学与不学大不一样。那么这种系统的学习,应该是从幼儿园就开始的,直到小学、中学、大学,哪一个层次都不应忽视说的训练。从教学的角度讲,老师是主体,因而老师的语言非常重要,没有比把复杂的道理说得浅显明白更难的事了,这需要口才。所以,你们《演讲与口才》的担子是重的。你们的刊物越来越受欢迎,这说明越来越多的人对这个问题有了认识,并重视起来了。这也说明社会需要口才学,而你们适应了社会发展的需要。

周有光:我是1923年进的大学,那是帝国主义的教会学校,有许多坏处,但是也有一点好处,就是那里重视演讲,重视口才。那时候的英语课中,就有演讲的内容,常常是老师把题目写在小纸条上,由学生抽签,抽到题目后准备五分钟,再上讲台演讲五分钟。此外,学校里还每年举行一次演讲比赛,先是各班赛,选拔出好的参加全校的大赛。凡是全校大赛的获奖者,名字都刻在铜牌上,这铜牌放在交谊堂里,就是我们现在所说的游艺室,学生们到这里玩,也就可以顺便看到哪一年哪些人在演讲赛上得了奖。学校里不仅组织演讲,而且还组织辩论,有主辩的一方,有答辩的一方,各讲各的理,这时候就不分年级了。记得那个时候的中国交通运输很成问题,要改善局面,就要投资,可财力物力都是很有限的,是把力量放在水路上好,还是放在铁路上好呢?当时社会上有人为此争论不休,于是学校就出了这个题目,让学生们辩论,许多学生就忙着查找资料,请教能人,很有意思的。至今,外国学校还常常这样搞,我觉得这办法是不坏的,我们不能没有辩论,只有捧场。

(三) 当代大学生口才训练的三大难点

进入21世纪以来,在高校校园里,大学生们对于掌握口才技能的渴求越来越趋于强烈,学生社团中,演讲协会、辩论协会、口才训练协会等组织如同雨后春笋,蓬勃兴起。但是,由于广大青年学子们对于口才训练,尤其是中国人训练口才难以回避的三大难点认识不足,在口才训练中难免会走弯路、走错路,甚至最后走的是半途而废的夭折路。

转换一个角度来认识这个问题,也许更容易明白。近些年来,以"卡耐基口才训练"为代表的、来自境外的口才训练的书籍在图书市场上卖得很火,但是,很多人读过以后,又常常会感到对于口才水平的提高作用不大。为什么呢?根子在于我们民族的精神文化体系与外国的精神文化体系不同,所以需要解决的问题不同,需要克服的难点不同。而中国人要想提高口才水平,显然只能立足于中国人自身的实际情况。

那么,中国人,尤其是大学生,在提高自己的口才水平的过程中,需要解决什么样的问题,或者说,要克服什么样的实际难点呢?

难点有三。严格地说,这三大难点,全部来自我们这个民族的传统的精神文化积淀。

难点之一,封建的精神文化传统的影响至今犹存,压抑了中国人的口才显现。封建的精神文化传统的要害是什么? 简单地说,就是"人分三六九等"的等级体制。这一等级体制,既有社会角色的"等级差异"(例如,封建时代的官员有品级差异,今天的官员有股、科、处……的级别差异),又有"亲情角色"的伦理差异(例如,长辈、幼辈的辈份差异)。时至今日,"君臣父子"等诸如此类的等级限制,仍然在顽固地限制着人们平等地、自主地畅所欲言,限制着人们"能说什么与不能说什么,能怎么说与不能怎么说"。

口才成功显现的前提原本应当是:说话人既不因为"人微言轻"而自惭形秽,也不因为"人多权重"而以势压人,双方或多方均独立思考、平等交流,冷静理智地坚持真理,修正错误。

但是,封建的精神文化传统在我们身上刻下的印记却恰恰表现为:面对年长者、尊贵者、有权势者,难免心理紧张,以至嗫嚅而不敢言,面对年幼者、卑微者、无权势者,又难免目中无人,甚至颐指气使。于是,在言语交际中,常常听到有人自述,在与熟人、朋友、亲人进行交流时,口才尚可,但是,一旦与领导上级、陌生人(可能是领导上级)以及一群人(其中可能有领导上级)说话时,口才就不行了。此时说话人所面临的,已经不是要提高说话能力的问题,而是要如何调整说话心理的问题了。

在口才训练中,常常有青年人,只重视学习当众演讲的技巧,却忽视了如何坐下来与人平等交流的本领,进而陷入了口才训练的误区。人人都想获得好口才。激情喷涌的演讲、语惊四座的雄辩……当然都属于口才的具体表现,但是,口才的内涵决不仅限于此。从根本上说,所谓口才,是人们运用自己的话语能力解决实际问题的能力,这就不仅需要训练自己的"听话辨析"能力,同时还要训练自己在言语交际中能够倾听"不如自己,甚至远远低于自己"的人在"说什么以及怎么说"的心态。不能或者不愿意如此训练自己者,就不可能最终练就好口才。

难点之二,系统化的应试教育严重地阻碍了民族思维素质的个性化发展,进而阻碍了口才水平的提高。应试教育说到底,注重培养和训练学生的,是再现老师教给的知识和推导方法的重复能力与模仿能力。

而所谓口才，是人们运用自己的话语能力解决实际问题的能力。我们都知道，口才交际过程中，由于话题内容不同、交际对象不同、交际双方观点立场差异程度不同、利害关系冲突程度不同，导致了口才交际从内容到形式的各不相同。也就是说，口才水平的显现，在绝大多数情况下，是个性化的。口才交际水平的提高不可能按照重复、模仿某种既定的、统一的步骤和程序来完成，进一步说，虽然我们的大学生都不仅能运用母语，而且还能运用外语与他人进行言语交际，但是，这种能力绝大多数是在生活实践中被动地、感性地获得的，我们的学校教育始终没有提供理性的、系统化的教学训练方法，也没有引导学生去主动地强化自己在这一方面的个性化发展。

这一方面的欠缺又导致了大学生们对于口才训练的认识和理解的片面性。具体表现就是，一方面将原本属于素质教育（开放）体系的口才训练视同封闭体系的应试教育，常常会提出"多少时间能够完成（训练）"的问题；另一方面，将口才训练的指导书籍视同知识介绍类书籍，以通读训练教材的方式来替代口才训练。

作为一种解决问题的能力，口才训练实际上应当贯穿人们的一生，因为，每当一个人在运用自己的话语能力解决生活中的现实问题时，他实际上就是在进行口才训练。当然，学校的系统化教学训练必须表现出一种阶段性、可结束性，但是，这种阶段性、可结束性往往只能针对口才训练中"可统一要求、可重复模仿"的部分进行（例如，是否达到了朗读、朗诵、说话、演讲的一般要求，是否掌握了交谈、交涉、辩论、交锋的一般方法与技巧等等），至于其个人的知识转化应用能力，有时是很难通过考试来检测的。这是口才训练在课堂教学中展开的又一难点。

至于将口才训练的指导书籍视同知识介绍类书籍，以通读训练教材的方式来替代口才训练，则往往在教师和学生两个方面都有所表现（教师表现为"照本宣科"，学生则表现为"死记硬背"）。这种方式严格地说，可以称为"伪口才训练"（貌似训练而实际无训练）。口才训练，只能是靠训练出成绩，不可能仅凭看书就"爆出"口才。就好像你买了一本"如何训练短跑"的书，只是阅读，却没有上跑道严格训练，短跑成绩是不可能提高的；再比如你买了一本"烹饪大全"，只是反复阅读，却从不下厨房操勺实践，你的厨艺也是不可能提高的。这其中的道理基本相同。

用这种方法替代口才训练就陷入了口才训练的一个盲区：看似在进行

训练而实际上没有训练，看似有提高而实际上没有获得应有的提高。

难点之三，将口才训练看做是一门单纯的、可以游离于个人自身（个性、气质、心胸）之外的技能。

时至今日，尽管我们看到，中国人，尤其是广大学生青年，对于口才技能表现出极大的热情，但是，很少有人认识到，个性化色彩非常明显的口才交际技能实际上可以分为两个部分：可学之口才（游离于说话人人格之外的方法、技巧）与不可学之口才（依附于说话人人格魅力的思想境界闪光）。

所谓"可学之口才"，也就是在上一段"难点之二"中已经谈及的"可统一要求、可重复模仿"的部分，这一部分无论说话人心胸、气质、性格如何，人人皆可模仿，这里不再赘述。要强调指出的是，口才训练的难点实际上在于"如何学习不可学之口才"，也即，如何学习"依附于说话人人格魅力的思想境界闪光"。

所谓"不可学之口才"，是因为真正具有闪光点的成功的口才显现，往往已经同时就是说话人的人格魅力的成功显现。说其"不可学"，是指由于学口才者的人格魅力达不到理想样板的人格魅力水平，学口才者的口才显现也就不可能达到理想样板的口才显现水平；但是，"不可学"其实又"可学"，也就是说，如果说话人的人格水平（个性、气质、心胸）能够达到理想样板的水平，那么，他就能够通过训练达到理想样板的口才显现水平。

大家都知道，司马迁的《史记》中有一篇《廉颇蔺相如列传》。其中，蔺相如就可以称得上是"凭借好口才取得个人人生事业成功"的样板，他从一个地位低下的、处于帮闲地位的"舍人"直至成为赵国"上卿"的典型，但是，仔细分析"和氏璧""渑池会""将相和"三个主要风波中的蔺相如，我们不能不感受到，蔺相如的成功，与其说是取决于他的口才的卓越显现，莫如说得益于他的心胸、气度，以及人格魅力的成功展现。正因为如此，司马迁才会在《史记》中专赞道："方蔺相如引璧睨柱，及叱秦王左右，势不过诛，然士或怯懦而不敢发。相如一奋其气，威信敌国；退而让颇，名重泰山。其处智勇，可谓兼之矣！"而在中国古典文学名著《三国演义》中，周瑜则似乎是另一类典型。面对曹操强敌压境，与诸葛亮同时想到可用火攻破曹，证明其智慧不在诸葛亮之下。但是，他能战胜曹操百万大军，却敌不过诸葛亮的交际谋略，最后竟在"既生瑜，何生亮"的悲叹中活活气死，显然根子在于其心胸、气度，总起来说，也就是人格魅力略逊一筹。打一个比方，周瑜如果坚持如此心胸,不仅学不来诸葛亮的口才,即使让他去学古人蔺相如,恐怕也只能模仿皮毛,而难以得其真谛。

学好口才必须同时学好做人——口才与做人之间有着极为密切的关联,这也就是当代大学生接受口才训练的第三大难点。

能够突破这三大难点者,其口才训练就可以达到上乘水平,不能突破这三大难点者,其口才训练恐怕也就难免有"捡芝麻,丢西瓜""买椟还珠""东施效颦"的遗憾了。

六 当代大学生谈课堂演讲体验

(一) 大学生需要口才

大学生正处于智力和情感发展的高峰期,这个时期的青年就像获得了第二次生命,浑身充满青春的活力,渴求完全的独立自主,追求丰富的情感体验;他们如饥似渴地在最广阔领域内吸取新知识,希望在各方面取得成就并有所贡献;他们渴望与同辈有广泛的交往和沟通,追求自身的全面发展,而且有着强烈的自我表现欲望。演讲活动不仅可以满足他们的上述需求,而且是一种高尚的精神情感活动,同时也是综合运用多学科知识,充分张扬个性、开发潜能的活动。在这种思想沟通、情感交流活动中,青年的情绪情感得到了健康的培养和发展。

在人的个性发展中,健康的情感对一个人的品质、自我意识、人生观的影响非常突出。情感在一定程度上还制约着智力的发展,人的情感是在认识的基础上产生的,反过来又影响着人的认识活动,只有在良好情绪的伴随下,人才能进行有效的观察、记忆、想象和思考。情绪可以影响人的健康,可能导致疾病和治疗疾病;情绪会影响人际关系,甚至可能影响事业的成败和人生的幸福。研究表明,如果一个人青年时期高尚和积极的情感得到充分的发展、巩固和深化,将有利于他一生的发展和成功。反之,若青年时期的情感得不到充分的发展,甚至患上了心灵麻痹症或心理冷淡,就不会产生对家庭、对社会、对自身的责任感、义务感,也不会获得事业上的成功和人生的幸福。

大学生由于交往范围和生活领域的扩大,产生了大量新的需求。作为社会的一员,他们的情感生活越来越多地与广泛的社会生活相联系,他们积极要求参与社会活动,关心政治生活,并迫切地想理解社会生活中的种种现象,想了解人生的意义,这实际上是迫切地想解决世界观与人生观的问题。而高品位、高层次的人生观、世界观,可以为健康情绪的发展打下了良好的认识基础,并激发高水平的生活与学习的需要、奋斗与创造的需要。

口才是一个人有效说话的能力,也是一个人智慧的集中反映。口才训练不仅仅是一个人吐字出声的口头表达训练,而是包括了一个人的气质、个性、思想、情感、思维、记忆、观察、想象、逻辑、修辞、表演、交际、情绪控制、应变能力、知识经验、自信心以及为人处世在内的综合能力的训练。也可以说演讲训练是素质教育的一种很好的形式。

在当今的大学校园里,大学生们对演讲表现出非常浓厚的兴趣,他们非常喜欢以让学生自己上台演讲的方式开设的人文社科类课程,课内外的演讲活动成了他们修身的实验场、求学路上的加油站。他们用积极的思考和表达营造着大学校园里探索人生、追求真理的学术气氛。

现代科学的发展越来越趋于综合,这种趋势不仅要求不同学科、不同领域的专家进行合作或协作,而且对科学工作者的通用性、适用性也提出了更高的要求。为了更快、更多地了解有关学科和相邻学科的最新成果,处理好知识技能横向扩展的关系,现代科技工作者一方面要浏览大量的文献资料,另一方面又要参加各种研讨会、报告会、聚餐会、茶话会、科学沙龙等活动,介绍情况,交流信息,启发思维,促进合作。在这些活动中,不管是学术思想的传播、科技信息的交流还是科研成果的转让,要使学术切磋能充分发挥效能,就要求我们的科技人才善于辞令、精于表达。如果表达者语序紊乱、文理不通、词不达意或晦涩难懂,就不能达到预期的目的。

信息是一种资源,它不仅是整个经济活动与社会活动的基础,而且也是整个科技活动的基础。科技人才必须具有获取、处理、运用信息的才能。据国外资料报道,科技人员的专业信息70%—80%来自于与人交谈等文字以外的渠道。杨振宁和李政道发现宇称不守衡物理学定律的灵感,也是两人在一次谈话中突然萌发的。口头交谈是接触面最广、信息量最大、反馈最及时的一种沟通渠道,是任何现代信息交流设备都不能完全取代的。我们要获得更多的信息,口才是一个重要的工具。

在现代社会里,工程师的职业已经不局限于工程技术范围,管理已经成为工程技术中不可分割的一部分。技术和管理作为经济起飞的两翼,互相依存,缺一不可。你要组织一个课题的研究,要指挥一项工程的实施,要开发一个新产品,要组织一项成果鉴定,都需要组织管理的能力,其中,口才不仅不可缺少,而且是一种最经济最有效的手段。特别是对于企业管理者来说,会谈、会见、会议、报告、谈判、迎来送往等用说话来交流思想、传递信息、指挥生产、经营业务的活动是他们每天都要进行的。据统计,一个管理者大约70%—80%的管理工作是通过口语形式来达成的。口才好的人,其语言的吸引力、说服力、感染力会给人留下很深的印象,使人产生一种信任感,并愿意接受重托或托付重要的任务。好的口才在管理中不但能节约时间,而且能大大地提高管理效率。

随着经济的发展和市场的扩大,今天,一大批科技人才走上了各级领导岗位。作为一个能够驾驭新潮流、开创新业绩的新型领导,必须具备组织和激励的能力。如果说组织的能力还可以凭借组织机构赋予的权力去展现,那么激励的能力主要靠自身的影响力,即吸引、说服、影响并指导他人的能力去展现。这种能力的发挥与口才有极大的关系。如果一个领导者口才不好,在调查研究、宣传发动、示范说明和协调关系时,说话笨拙、言不及义或谬误百出,就会失去群众的信任,就不能把好的政策化为群众的自觉行动。特别是在现代社会,人们的自主意识不断增强,思维异常活跃,个个敢说敢言,领导者常常要面临来自群众的挑战,如果不具备周密敏捷、能言善辩的口才,纵使踌躇满志,纵使有锦囊妙计,也难以施展。古今中外的领袖人物,无一不是管理大师,也无一不是口才大师。

人是社会的人,人的一切活动都是社会交往活动。马克思主义认为,人的本质力量是交往的力量,这种力量和人的其他力量相比具有决定性。他又说:"交往本身既受每个人的不同志向、性格、爱好等因素的影响,但同时又受社会生产发展的制约。在原始社会人际交往只限于部落内部,随着生产力的发展和生产规范的扩大,人际交往逐渐开始冲破家庭、部落,打破国界,走向全球。"马克思认为,随着生产力的高度发展和共产主义的到来,人与人之间将实现普遍的交往,最后,狭隘地域性的个人为世界历史性的真正普遍的个人所代替。

中国的大思想家荀子说:"人,力不若牛,走不若马,而牛马为用,何也?曰:'人能群,彼不能群也。'"人类社会也正是在这种人与人的交往中产生和发展起来的,人的一切能力也都是在交往中应用和提高的。科技人才也是这样,如果没有交往的能力,事事孤军奋战,其个人的业务能力也不可能得到充分的发挥和有效的应用;反之,一个人的专业能力并不是很强,但有较强的交往能力,其业务上的不足之处可以得到补偿,有可能成为事业的强者。可以这样认为,人的才能在某种程度上就是进行社会交往的才能,而口才是社交活动中最重要的工具。所以我们说,科学家在某种程度上首先是一个社会活动家。

我国著名的教育家陶行知先生说过:"解放他们的头脑,让他们自己去想;解放他们的双手,让他们自己去干;解放他们的眼睛,让他们自己去看;解放他们的嘴,让他们自己去说;解放他们的空间,让他们到大自然、大社会中去取得丰富的学问;解放他们的时间,让他们干自己喜欢干的事情。"曾担任哈佛大学校长三十余年的艾略特博士认为,正确、优雅地使用本国语言是大学生必修的一项技能。

(二) 在演讲中成长

大学生是未来社会的栋梁之材,要担当起大任就必须敢于探索,勇于创造和开拓。而开拓型人才必备的素质之一就是口才。不仅师范院校的学生需要口才,其他院校的学生也需要口才;不仅文科的学生需要口才,理工科的学生也需要口才;不仅口才训练课可以训练口才,其他课程也可以通过特殊设计来训练学生的口才。下面是用演讲的方式开设的"思想道德修养"课上学生对演讲的看法:

> 林倩:这种新颖的形式对我来说是个意外,是个惊喜。我喜欢演讲,这不仅是一种口才和表达能力的锻炼,更是一种心理素质上的锻炼。"思想道德修养"课给了我锻炼和展示自己的机会。
>
> 邓颖:"思想道德修养"课的教学方式确实给了我很大的震撼,我从来都没想到单调乏味的说教课竟然可以通过如此巧妙的方式来进行。在"思想道德修养"课上我们学到了演讲的艺术,又以演讲为载体接受了思想上的教育,可谓一举两得。
>
> 吴伟:半个学年的"思想道德修养"课以一种全新的姿态,将我带入了一个全新的境界。不同于数学课,不同于英语课,更不同于政治经

济学。有幸在大班上发表了一次演讲,感觉是从来没有过的激动和兴奋。

金磊:演讲,是作为将来人才的一门必修课。往往一些很有科学思维的人却不具备演讲思维,这种人才往往不被社会认可。然而,就在这普通的课上,我们竟能学习到这么重要的思维。

张乐:本门课对我最大的益处是帮助我学习如何去思考,如何全面地思考问题,再把我的观点清晰地表达给听众。此外,老师给同学们广阔的空间,充分显示了清华学子的才华。而老师又不失时机地给同学们指导,使课程沿着正确又不失风趣的方向进行。

宋长城:上完第一节课后,我就跃跃欲试,想去体验讲演的感觉,体验评委的感觉,体验讨论的感觉,体验倾听的感觉。做评委的时候,我深深体会到清华学生的个人风采:从容不迫,言谈举止优雅,表达清晰有力,站在讲台上充满自信……这些都是值得我学习的。过了几周,我自己走上讲台的时候,心里还是有些紧张。但我知道,我自己必须经受这锻炼,只有锻炼才能让自己不断成长;失败并不可怕,可怕的是不敢去实践。

冯雪:演讲是非常锻炼个人素质的好机会。也许一个星期前甚至半个月前就已经开始准备了,自己选择题材,找资料,并完成演讲稿,每天还会对着镜子练习动作和熟悉稿件,虽然过程漫长枯燥,甚至让人觉得有点乏味,可结果总是令人欢欣鼓舞的。站在讲台前看着其他人认真地聆听你的讲演,自己的付出终究有了回报,这个时候也真正地体会了"台上一分钟,台下十年功"的艰辛。

谢海平:我今年才16岁,一直未远离父母,一上大学很不习惯,又不知道怎样与同学们交流。经过学习,听了同学们的精彩演讲和老师的针对性总结,我才慢慢地学会交流,学会怎样做好一个大学生。我以前也是毫无理想,整天混混沌沌,经过同学们的演讲,才领会到这点,确定了自己的理想,不再像以前那样,毫无动力地学习,也觉得阳光似乎更亮些了。

江亚琴:我以前是特别害怕上台,所以上台之前我特别发怵,但是没办法,还是勉强上去了。台下黑压压一片,看着同学们那熟悉或不熟悉但充满鼓励的眼光,我的心顿时镇定下来。那次演讲我发挥得出奇地好。现在我总算明白,所有的恐惧只存在于我们的心中,只要勇敢地去面对,一切都会很好。这大概是我在"思想道德修养"中学到的最高深的哲理,所以我认为那堂课是我感受最深的一堂课。

邵希:在课上,从老师的教学与同学们的演说中,我明白了许多,比如演讲是一门非常优美却又非常深奥的艺术,又比如如何能使一次演说变得成功。同时,我也懂得了许多的人生哲理,感受着或细腻或粗犷的丰富情感,领略着大千世界的精彩。然而,最大的收获莫过于能够战胜自己,进行一次演讲。以前,由于语音的不标准,很自卑,不愿与别人交流,更不用说演讲了。这门课给了我一次锻炼的机会。无数次想过退缩、放弃,但最终克服了心中的恐惧,充分准备之后,站在演讲台上,看着近200名同学,丝毫没有紧张。那一刻我觉得原来自己也可以做得很好。无论演讲好坏,我想我都是成功的。非常感激这门课,让我克服了心中的障碍,也让我明白了原来自己也很棒。

郑阳:每次上课都好像经历一次心灵旅程,听同学们的演讲,听他们的体会心得,听他们的故事,我的心灵都会有一些震撼和感动。这门课程使我的心理成长了许多,我个人认为这是完全成长为一个真正的成人的必经之路。

王小宇:一般来说,同学们都喜欢有个人观点和个人风格的演讲,希望有更多的真情实感,不喜欢长篇的说教。所以给我印象比较深的是同学们即兴发挥式的演讲。

彭雨潇:我发现大多数较为成功的演讲都有一个引人注意的标题和一篇较有水准的稿子。演讲者都很投入,声音抑扬顿挫,富有感情。

汪文立:上"思想道德修养"课,实际上是欣赏每一位同学的表演,欣赏不同风格、不同人生阅历碰撞出来的火花,这其中有严肃的,有活泼的,有凝重的,有欢快的,有沉静的,有激昂的,不一而足,几乎使每节"思想道德修养"课都笑语满堂。

宋欣然:我选择了"人要有点精神"这个话题,我希望以此来表达我内心世界对追求真正的高尚的欲望,从开始的打字,到收集资料,我从图书馆跑到机房,从中找了许多名人的故事、名人的思想,虽然这些并没有完全地体现在我的演讲中,但却深深地印在我的心中,使我真正感受到人的思想对于人的行为是何等的重要,一个有精神的人,他的灵魂是伟大的、不朽的,而没有精神的人的存在与世间的草芥毫无区别。

吴筱如:演讲这一已被西方国家十分重视的才能也是我们将来所需要的,所以大家都很乐意锻炼一下自己这方面的能力。而就演讲的内容来说,有的同学讲了自己的亲身经历,他们是我们身边的榜样,朝夕相处的同学身上具有许多高尚的品格,顽强的毅力和面对挫折不屈不挠奋斗到底的精神,这一切都让我感到了自己的不足和学习的方向;也有许多同学的发言事例丰富,论证清晰,使我了解了许多信息;还有同学感情丰富,充满了对国家兴亡、家乡发展的深深思考和责任感,也让我感受到清华人的爱国情怀。另外,我们也切实地学到了有关演讲和朗诵的许多方法和技巧。我想,这些会使我们终身受用。

赵稚杰:"思想道德修养"课给我们提供了一个开放的平台,在这里我看到了每个同学的光芒——平凡的外表、睿智的思维、大方得体的言谈举止,在这里我真正感受到了什么是清华的学生。平日的生活会使人表现得庸俗化、平凡化,但在这里大家展现出了自己的才华、个性、见地。课上用欣赏的眼光注视着演讲者,寻找他们举止神态的个性和优点,感觉自己就像是大花园中的蜜蜂,从每一朵花上吸取养分。

舒之:真正的演讲到来之前我向室友做了一次模拟演讲,才发现有那么多的问题,最大的问题是记稿子,于是室友们纷纷出主意,要我把框架先把握好,不要总去揪细枝末节。我采纳了她们的建议,结果大班演讲我做得很成功。在这个准备的过程中,我学会了如何向别人学习,听取别人正确的意见。

刘侃:当我走上讲台的那一刻,我更加清楚地印证了自己的进步,从资料收集、撰写文章,到熟悉讲稿,直到将我全部感情注入其中,那一时刻,我真切地感受到思想上的升华,就像我演讲的主题:阳光将处处与你同在。我同时十分兴奋地看到演讲带来的效果:每个人将微笑挂在脸上,将阳光珍藏在心中,我们不再"郁闷",我们将迎接"阳光"。

林倩:当主持人点到我名字的时候,我自信地空手走了上去,我试图用我的目光、我的声音语调和我的演讲稿里所蕴含的真挚感情调动起大家。看到台下一双双眼睛注视着我,我感到这是对我的一种尊敬。下课后,许多人对我说:"林倩,你讲得真好!""林倩,你真棒!"我对自己说:"你成功了。"当时刚开学不久,同学之间还不太熟悉,之后有好多天，一些我不认识的人对我说："你就是林倩吧，那天讲'出国与爱国'的那个，我的印象太深了。"于是我意识到：我做得很棒，我真的成功了，我感到一种从未有过的自豪。

朱佩佩：从同学们的演讲中，我学习到了许多演讲的技巧，如何调动现场的气氛，如何拉近与听众的距离，如何保持好的台风等等，说到底，就是如何赢得掌声。在演讲稿内容的准备上，我学到了一篇好的演讲稿必须或者事例生动新鲜，或者思想深邃，或者风趣幽默，或几者兼有，切不可人云亦云，必须拿出自己的东西，或者不为大家熟知的事件和思潮。

周武：聆听同学的演讲是学这门课的一种享受。同学的演讲风格各异，能够从中学习各种演讲技巧，而且每位同学的演讲思想水准都很高，他们的观点、他们提出的问题常会引起我的思索与共鸣。一种深层次的思想交流总是令人愉悦的。而自己准备演讲的过程更是一种在实践中提高的过程，让自己真正从实践上认识到演讲的技巧与魅力所在。而准备过程中的思索更是令自己的思想有较大的提升。

杨柳曳：同学们不管有没有经验、是不是擅长演讲，都准备得十分认真，演讲得格外投入。他们在用心诉说，而一个演讲真正打动听众的，不就是演讲者那颗心吗？用心，用情，方能感己感人。而做任何事都力求完美，全心投入，这不正是清华人的风格吗？

王睿琦：我们的课在老师极富创意的改革下，变成了同学们演讲的舞台。在课上，大家根据自己感兴趣的话题发表演讲，像冲锋号，激情澎湃，催人奋进。作为一名听众，我没有落下过一次课，因为如果错过了哪怕一位同学的演讲，都是失去了一次开阔眼界、增长知识、陶冶情操的好机会。当然，每堂课都会有画龙点睛之笔——老师的精彩点评。老师的总结往往很精练，言简意赅地道出了每次演讲的精髓所在，并指出尚存的不足之处。有了老师的指导，我们的演讲才能一次比一次更成熟，更专业，更深刻，我们对演讲的鉴赏能力才能一次比一次有所提高。在一学期的课程即将结束的时候，回头看看自己的收获，每个人都会惊喜地发现原来自己不知不觉中已经积累如此多的经验和技巧，同时也在思想上有了如此之大的转变和提高。

唐倩：课堂的时间只有短短的九十分钟，属于每一个上台演讲的同学的时间可能只有几分钟,但是为了这属于自己的几分钟,我们要在课前查阅资料,写演讲稿,选择演讲的方式,模拟演讲的过程,做大量细致的工作。查阅资料的过程让我们了解别人或是伟人的思想,写稿让我们组织自己的思维、自己的认识,也许是肤浅的,也许是不完善的,但是确确实实是属于自己内心的。演讲像一个舞台,同学们各自发挥自己的性格优势。幽默的同学采用欢快轻松的基调;严谨的同学进行严密的逻辑推理;功底深厚的同学选择朗诵大气的作品。我是个比较感性的女孩,选择了语言优美的散文,与其说在演讲,不如说是一个和同学分享自己的人生经历、思想情感的过程,不希求被人完全接受,但愿能对其他同学有所启发与感悟。每一个同学的演讲或长或短,或精彩或平淡,只要细心聆听,都让我感触颇多。

孙心童:同样的话用不同的语言由我们身边的同学来讲,就更容易让人接受,从中受到教育,吸取经验,扩充阅历,而且有助于同学间的相互了解,培养日后的友谊。其次,在这个课上我们受的教育是多层面、多角度的,从同学们的演讲中我们得到关于某个特定专题的信息,一百多个讲题,一百多种思想和情感丰富了我们对人生的思考、对自我价值实现的思考。

王轶丁:作为一名播音主持的艺术特长生,我很关注老师关于演讲的知识讲座,也从老师平时上课说话时的仪态、发声上得到了不少启示。对我来说,"思想道德修养"课的更大意义是让我意识到了自我更大的价值,主持、演讲、答辩,我不仅在课上找到自信,更在学习上不断努力。是的,我要感谢这门课。

梁奕缤:没有课本的约束,没有内容的局限,大家争先恐后挑选自己感兴趣的话题,如饥似渴地"泡"图书馆,因为每节课都是真正属于我们的。这里有亚里士多德的深刻,有林肯的激昂,有闻一多的慷慨,有马丁·路德·金的恳切。每个人都充分地施展自己的才华,每个人都尽情享受美妙的时刻。失意时,"思想道德修养"是我停靠的港湾;迷茫时,"思想道德修养"是我发现的光明;彷徨时,"思想道德修养"是脚下伸出的大道;郁闷时,"思想道德修养"是聆听心声的挚友。气势磅礴中,我听出了清华人的志存高远;婉转温柔中,我听出了清华人的丰富情感。"不上不知道,一上吓一跳","思想道德修养"真正修正了我的思维,升华了我的理想,让我从另一个侧面更深刻地了解了自己,发现了自己。

【思考与练习】

1. 谈谈你对口才与口才训练的看法。
2. 中国人练口才有什么优势和障碍?
3. 当代大学生为什么越来越重视口才训练?
4. 谈谈你练口才的趣闻与经验。

第二讲

口才系统化训练的层次与要求

口才训练既要提高人们朗读、演讲的水平,又要强化其交谈、辩论的能力;既要优化人们的习惯思维模式,又要完善其固有的心理素质。方方面面,诸多环节,其实并不杂乱无序,而是表现为三个层次的有序排列。

一 口才系统化训练的三个层次

这里,将口才系统化训练三个层次的结构示意图展示如下:

口才系统训练 { 口音规范训练 口语能力训练 口才显现训练 } 心理素质训练 风度气质训练

将口才系统化训练分解为三个层次的目的,并不在于显现其逐步提高的等级性,也不是强调必须在第一层次训练"达标"后再进入第二层次的训练,第二层次的训练"达标"后再进入第三层次的训练。三个层次的训练可以是"齐头并进"的,而在可以"齐头并进"的前提下进行这种划分的目的在于,指导学生更为自觉地对自己进行理性分析,把握自己在口才系统化训练中已有强项与尚存弱项的具体所在,明确自己在口才水平提高方面亟待解决的具体问题,以及提高、完善的具体途径。

需要强调指出的是,心理素质(训练)与风度气质(训练),因为难以列出独立的专项训练模式,但却始终对口才能力应用的效果发生着影响,因而不将其划入某一层次,而是使其标准要求一以贯之地存在于三个层次训练的始终。

这里,再将三个层次训练目标、项目、检测标准列出分表展示如下:

(一) 口音规范训练层次

口音规范训练
- 基础条件:母语方言、发声习惯
- 训练目标
  - 自身条件利用合理
  - 语言链环悦耳中听
- 训练项目
  - 母语方言修正调整
  - 发声习惯合理完善
- 训练检测标准
  - 语音规范、吐字畅晰
  - 语调适中、节奏合理

在此训练层次,我们不难看到,母语方言发声习惯既是口音规范训练的基础条件,往往同时又是规范训练需要加以改正的对象。由于任何人都不可能完全抛开自己的母语方言与发声习惯凭空训练,因而这种既要依赖母语方言与原发声习惯进行训练,又要在训练中改变母语方言与原发声习惯的矛盾冲突,就成了这一层次中普遍存在的训练难点。我们常常可以看到,由于在"改变习惯"的"可塑性"方面客观存在的差异,有的人即使经过长期训练之后,所学成的普通话仍留有程度不同的方言痕迹,以至形成诸如闽粤普通话、江浙普通话等"混杂式语言",还有的人则虽然学会了如何运用"丹田之气"发声,可是一与人交流说话,仍然又回到气息过浅、喉头过紧、声音难以持久的老习惯,其原因,就在于母语方言、发声习惯的顽固干扰。

这种顽固干扰的存在,使得口音规范训练,尤其是对于已成年的大学生而言,常常成为一项"事过倍而功难见其半"的低效率训练。在此情况下,学生如果过久地执著于这一环节的训练,往往会导致对口才系统化训练自信心下降的不良现象。为了消解这一负面影响,可以将这一层次的训练目标分解为"理想训练目标追求"与"现实训练目标追求"两个环节。理想训练目标当然是指自己应当达到的"口音规范"的标准水平,而现实训练目标则是在近阶段可能达到的最佳水平。也就是说,学生在训练中,只要能对现存问题有所改正,能在口音规范目标指导下,对自身口音条件的利用趋近合理,进而使口音显得比训练前悦耳中听,就可以算是实现了

"现实训练目标追求"。这样，显然有助于保持学生的自信心理，进而推动其在规范标准的引导下，对自己的母语方言逐步修正调整，对原发声习惯进行合理完善(而不是一味地强扭硬别，强行追求"理想训练目标"的绝对水平)，这样，反而有望在较短的时间内逐步接近"吐字畅晰、语调适中、节奏合理"，并最终实现"口音规范"的理想目标。

(二) 口语能力训练层次

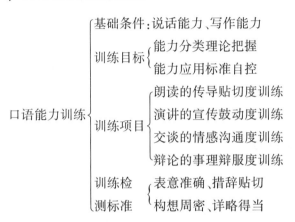

此层次的训练，是引导学生将自己原本处于自然状态下的说话能力，转化为理性自觉状态的口语能力的重要环节。

在此层次的训练中，学生的说话能力无疑是训练的基础条件。说话能力强，其口语能力训练的起点就高，相应地，其检测的具体水平也就应当随之提高。而写作能力的具体显现，由于常常可以代表说话人对该表述话题理解与显现的最高水平，因而是口才训练中，强化逻辑结构、完善语法修辞的必要的、行之有效的辅助条件(所谓辅助条件，就是说在训练中可以适当地借助，但不可过于依赖)。

此层次的训练目标，也可以分解为二：一是对口语能力专项分类的指导理论的明确把握；二是将某一口语能力应用于口才实践时，理论标准的自觉控制。

顺应这一训练目标，该层次的训练显然应以专项能力分类进行的形式展开。这里，需要明确的一点是，将口语能力分解为朗读、演讲、交谈、辩论等项目，并进行专项训练，其目的，并不只在于训练学生如何朗读，如何演讲,也不是为了训练学生成为演讲家、雄辩家,而更在于通过这些口语能力的专项训练,引导学生学习与他人进行思想、观点、立场、情感交流的不同方法与技巧,进而更有效地借助口语实现自己的目标追求。

由此则不难明白,此层次的训练中,"朗读、演讲、交谈、辩论"等四个训练主干项目的"传导贴切度、宣传鼓动度、情感沟通度、事理辩服度"的"四个度"训练目标的确定,其实只是为了突出该专项技能最具个性特色的目标追求,而这一目标追求并不排斥在本专项训练中可以兼有其他专项训练中的目标追求,或者换句话说,该层次结构示意图可以理解为,每一专项技能训练都可以以上述"四个度"作为本专项训练的目标追求。

以"四个度"为具体目标展开口语专项能力分类训练,训练形式尽管多样化,总体目标追求却是共同的,那就是检测标准中所展示的四项标准,即表意准确、措辞贴切、构想周密、详略得当。

(三) 口才显现训练层次

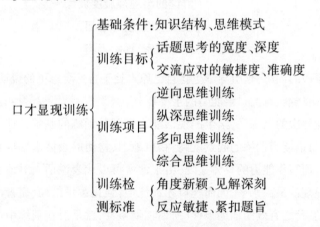

口才系统化训练的目的,其实并不只在于口音的规范(那只是语言交流思想内容的传导形式之一,而且,说话人即使达到了口音规范的水平,也并不意味着其语言表述的思想内容一定具有相当的水平),也不只在于训练学生掌握某些口语专项能力(那只是思想观点的显现形式之一,而且思想观点的显现常常并不完全遵守口语专项能力的某些规则),更在于提高话题内容的表述与交流水平,使得话题内容以口语形式显现时,能具有闪光点,并最终使得说话人的职业口语达到口才显现的水平。因此可以

说,正是在口才显现训练这一层次,体现了对口语系统训练终极目标的落实。

如果说口才系统化训练的中心环节是思维训练,那么,在口才显现训练层次,实现目标追求的基础条件就可以一分为二:一是说话人的知识结构,其知识面越是宽,知识储量越是丰富,就越是具有了口才显现的前提条件;二是说话人的思维模式,其思维模式越是接近立体化、科学化,就越是有助于实现话题内容的辩证思考,其语言表述的闪光点就可能越多,其口才显现的水平就可能越高。

因此,该层次的训练应当在已具备一定知识储量的前提下,注重于思维素质与思维模式的训练,它一方面要求说话人能准确把握话题思考的宽度、深度,另一方面又要求与他人交流应对时的敏捷度、准确度。以此"四个度"为目标追求,我们可以逐项地展开逆向思维、纵深思维、多向思维与综合思维等方面的思维素质训练。需要说明的是,这些训练并不限于"一项训练一种模式",而是可以在一项训练要求中共存多种训练模式,这就使得思维训练在该层次中又显现出一种立体化、开放性的特点;同时,这些训练模式也并非"练一遍即可",而是应该循环地、反复地训练,才能真正达到稳步提高的良性发展。

此层次的训练以"角度新颖、见解深刻、反应敏捷、紧扣题旨"为总体目标追求与实现口才显现的保证。

二　口才系统化训练的基本要求

正如在口才系统化训练的三个层次中所展示的,训练检测标准成了各自的层次训练重点要求。但是,应当看到的是,这并不意味着,每个层次的训练都只有这几项标准要求,实际上,不仅在每个层次的训练中,即使在每一项口语能力训练中,三个层次的总共十四项目标要求都同时在对说话人做出规范。因此,在具体的训练环节把握上,还必须明确辨析位居最中心的目标要求是哪一点,这样一来才有助于在具体的训练中抓纲带目、纲举目张。为了弄清这个问题,我们不妨先对口才系统化训练具体环节的分支组合关系作一番剖析。

口才系统化训练具体环节的分支组合关系图如下:

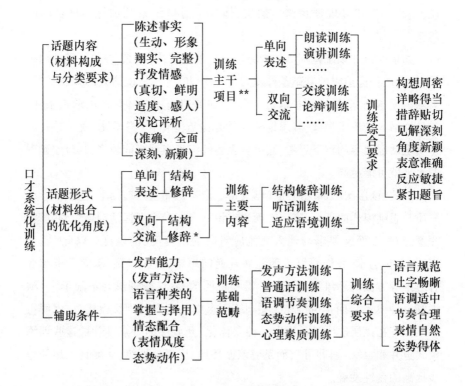

   * 所谓"结构"，即根据口才表述的具体模式，分别把握"单向表述"（一方表述为主而另一方听取为主）和"双向交流"（双方互有交流与应对）的不同特点，确立话题表述的具体形式与长短适中的篇章结构。所谓"修辞"，即充分注意到语言环境（场合、对象）的特点，进而确立与之相适应的语言风格（典雅与通俗，深奥与浅显等等）。

   ** 当主干项目中这些比较适合课堂教学轮训的项目逐一展开时，以文字写作和口头表述为主要形式的结构修辞训练，以"听话"为主要形式的"理解能力、判断能力、应对能力、快速编码反应能力"等诸项训练内容也就同时展开了。

    从上图中不难看出，任何一项口才训练都可以认为是由三个部分组成的：一是话题内容，二是话题形式，三是辅助条件。

（一）话题内容训练要求

    就话题内容（即"说什么"）而言，我们不难看到，任何人，不论他以何种形式"开口",说话内容不外乎包含着"陈述事实、抒发情感、议论评析"三个部分。而人们在倾听陈述事实时,往往希望听到"生动、形象、翔实、完整"的表述,而不会希望听到干巴、枯燥、零乱、片面甚至是不知所云的冗长絮叨;人们在倾听抒发情感时,往往希望听到"真切、鲜明、适度、感人"的倾诉,而不会愿意听到虚假空幻、模糊不清、做作,不仅听了不被感动,反而身上会起鸡皮疙瘩的无病呻吟;人们在倾听"议论评析"时,往往希望听到"准确、全面、新颖、深刻",由表及里乃至入木三分的精辟剖析,而不会满意于听到偏离话题而漫无中心,攻击一点而不及其余,陈旧迂腐而毫无新意,已是人人皆知却自以为新奇的东拉西扯。

(二) 话题形式训练要求

再就话题形式(即"怎样说")而言,高水平的口才显现,往往总是在结构与修辞这两个方面显现出风格与特色。在这里,所谓结构,即是根据口才显现的具体模式,分别把握"单向表述"(一方表述而另一方听取)和"双向交流"(双方互有交流与应对)的不同特点,确立话题表述的具体形式与长度适中的篇章结构。所谓修辞,即充分注意到口才显现的环境(场合、对象),根据语境的具体特点,确立与之相适应的语言风格(典雅与通俗、深奥与浅显等等)。

(三) 辅助条件训练要求

再从辅助条件方面而言,高水平的口才显现,往往要求说话人有较强的发声能力,这种能力一般包括发声方法的科学(以保证声音的轻松、悦耳、持久),语言种类的掌握和选择(既掌握汉语,又掌握一门乃至数门外语,既能流畅准确地运用普通话,又能自如地运用方言,以适应不同的交流与交际需要,扩大自身的口才交际的适用范围)。此外,口才能力的运用还不可忽视情态配合因素,即在口才显现过程中,如何通过准确适度的语调与节奏控制、贴切自然的表情风度与态势动作来增强话题内容的感染力。

(四) 综合素质技能要求

将上表最后十四项要求加以对比,不难看出,"构想周密、详略得当、措辞贴切、见解深刻、角度新颖、表意准确、反应敏捷、紧扣题旨"八项要求可以具体表现为"确立观点主题、组织话题材料、优化表述程序"三个环节，而这三个环节在训练中实际上是集中在"思考能力"，即思维素质训练方面的。而"语音规范、吐字畅晰、语调适中、节奏合理、表情自然、态势得体"六项要求，则主要是集中在发声器官与形体动作的"运动"方面的，例如，普通话训练，其实也可以同样理解为训练唇、齿、舌等发声器官如何按照普通话的发声规律进行"正确运动"的过程。需要指出的是，发声器官与形体动作的"运动"，除需要依赖经验与感觉的支配外，也同时有一个通过思考（思维也就同时接受了训练）确立最准确和最佳表现形式的过程。

由上述分析不难看出，思维模式优化确实处于口才系统化训练的中心环节，我们应当以思维训练去统领口才系统化训练中的各个专项技能训练。

【思考与练习】

1. 本讲中，对于口才训练总共提出了十四项评价标准，你认为，这十四项标准的整理归纳已经做到全面了吗？如果不够全面，还有哪些方面没有注意到？

2. 你赞同"思维模式优化是口才系统化训练的中心环节"这一说法吗？试以此进行一场主题讨论会，交流一下各自的理解与认识。

3. 如何看待方言和普通话的关系？有人提出"挽救××方言"的口号，你怎么看？方言在口才交际中，有时候也会产生普通话难以具有的独特魅力吗？以论证的方式发表你的看法。

第三讲

心理素质优化及成功心理培养

在现实生活中,几乎随处都可以看到以下种种现象:有的人,面对朋友、熟人,说起话来滔滔不绝,口若悬河,可是一旦面对陌生人,尤其是在有一定身份和地位的陌生人面前,马上就变得语不成句,结结巴巴;有的人在日常交往中能言善辩,巧舌如簧,可是一旦面临比较严肃庄重的场合,例如大会发言,手上如果没有可供照本宣科的文稿,则难免吞吞吐吐,词不达意……种种现象常常是发生在同一人身上,因而具有鲜明的"反差"。其实这些都在不约而同地说明着心理素质对人的口才表述的影响作用。

一 优化心理素质是口语有效表述的保证

鲁迅先生在他的小说《阿Q正传》中塑造了阿Q这个人物形象。这个人物形象有一个至今尚未引起足够注意的特点,那就是他的口才在不同的场合有着不同的表现,而且对比鲜明。例如,他在未庄时,面对王胡等一群村民,夸耀起自己的进城经历、自己亲眼所见的杀人场面,绘声绘色。可是一旦被押上衙门的大堂,则变得笨嘴拙舌,语言滞塞。想当初,他在尼姑庵偷萝卜被当场捉住,还能"无理搅三分",可是,在大堂之上,面对明明不是自己干的罪名,却一句话也辩解不出,最后,稀里糊涂地就丢了脑袋。这究竟是怎么回事呢?

对阿Q口才表现的这种变化,我们可以从两个不同的角度来进行分析。

其一是思维角度。阿Q的这种不同表现是因为其思维运动状况发生了变化所致。在未庄面对王胡等村民时,他的思维处于运动的积极状态,所以语言流畅，生动自如，想说什么就说什么，想怎么说就怎么说;可是到了衙门的大堂上，他的思维就转入了运动的消极状态，所以口才表述模糊，应对辩解滞涩，竟至于虽蒙冤而未能辩清。这也就提醒我们，从口才系统化训练的角度而言，抓住了思维环节，也就抓住了训练的关键环节。

仍以阿Q为例，刨根究底地问下去，为什么在不同的场合，同一个阿Q，其思维会出现反差如此之大的不同运动状态呢?

由此，则不难分析出根源的另一方面——心理素质的即时显现。面对从没有进过城的未庄人，阿Q以其"见多识广"而自觉"高人一等"，以居高临下的身份说话，其心理上是有优越感的，因而口才表述也是轻松自如的。可是一到衙门大堂，"自卑感"立即笼罩了他，小说中，阿Q见到大堂上端坐着的是"一个满头剃得精光的老头子，知道这人一定有些来历，膝关节立即自然而然地宽松，便跪了下去"。由此开始，顺顺从从，服服帖帖——脑子里连给自己辩解的念头都没闪过，心理上更是从没有出现过辩争的冲动，当然也就不知道还有什么话可说了。

如果我们把一个人的口才能力看成是一座高层大厦，便不难这样去理解，这座大厦的地面以上部分，包括"造什么"和"怎么造"(如何选择话题材料"说什么"和如何确定话题形式"怎么说")，内部结构是否合理有序(话题显现的层次性、条理性等)，以及大厦构建是否有独特风格(话题显现是否有思想闪光点以及有多少闪光点)等等，几乎全部是由说话人的思维素质决定的。

但是，这座大厦的地面以下部分——地基，则基本是由心理素质来决定了。心理素质在这当中，很有那么一点"成事不足，败事有余"的特点。

何谓"成事不足"?仍以大厦地基作比，不论其多么稳定，但通常都是在地面之下，几乎不被人们注意，并且既不能给大厦增加高度，也不能给大厦增加"亮彩"。当人们对大厦的构建、造型以及装饰风格进行评价时，关注的也多是地面以上的部分，而不是位于地面以下的地基，此即为"成事不足"。

但是，一旦遇到地震、飓风等意外灾害，地基中原先不够稳定的部分，哪怕只是很小的一部分，却都可能给大厦带来崩裂甚至坍塌的厄运，此即为"败事有余"。

一个人的心理素质对于其口才能力显现而言，也表现为上述同一道理。

不论他有多么良好的心理素质，都不能使自己的口才能力显现超越其本人的实有水平，而至多只能使其保持原有的、应有的最高水平（此谓"成事不足"）；但是，如果这个人的心理素质差，或者哪怕只是与他人相比不是太好，却都可能导致其在某些场合下，口才能力显现失却其应有水平，甚至失败（此谓"败事有余"）。

具体而言，口才能力的显现可有"构想周密、详略得当、措辞贴切、见解深刻、角度新颖、表意准确、反应敏捷、紧扣题旨、语音规范、吐字畅晰、语调适中、节奏合理、表情自然、态势得体"十四个方面的具体要求，这些方面虽然无不处于说话人的思维素质的主控之下，但若心理素质不佳，不仅会使其吐字有失畅晰（出现卡壳）、表情有失自然（出现紧张）、态势有失得体（出现拘谨），而且还可能使其构想有失周密（出现疏漏）、详略有失精当（出现啰唆）、应对有失敏捷（出现迟钝），至于见解的深刻、角度的新颖、表意的准确等等，也就很自然地随之而大打折扣了。

由此，我们则不难理解，心理素质对于口才能力的水平显现，可有两种不同的作用力。一是正面作用，表现为有利于口才水平的正常显现乃至"超常显现"（所谓"超常显现"，其实也只是达到本人实有水平的最佳显现）；二是负面作用，表现为阻碍口才水平的应有显现甚至导致口才交际的失败。对于前者，我们可称之为"成功心理"，对于后者，我们可称之为"失败心理"。不言而喻，心理素质优化所要完成的目标追求是：确立、强化成功心理，抑制、排除失败心理。

心理素质所具有的这两种不同性质的作用不仅对口才能力如何显现影响甚大，对人们在人生、事业的各个方面成功与否也都有着极大的影响。无论是文艺、体育方面的竞技，还是科研、教学方面的攻关，甚至做生意、炒股票，人们无不时时需要成功心理的推动，无不时时需要排除失败心理的干扰。由此，我们又不难明白这样一个道理，在口才系统化训练中，注重心理素质训练，追求成功心理的养成，其意义和价值最终将远远超过口才能力训练本身。

二 培养成功心理是心理素质优化的目标

如果说心理素质优化训练的最终目标是培养和养成一种成功心理，那么，从严格的意义上理解，这种优化训练应当从"宏观"与"微观"两个不同角度双向进行。所谓宏观角度的成功心理，是指一个人在某一个较长的时间段里，对于自己的目标追求必然成功的自信心理；所谓微观角度的成功心理，则是指在某一时刻，对于自己的目标追求必然成功的自信心理。二者之间具有一种密不可分的内在的有机联系：宏观角度的成功心理是微观角度的成功心理的基础。没有这一基础的支持，微观角度的成功心理即使形成，也比较容易受到挫折而烟消云散；反之，微观角度成功心理即使受到某种挫折，也能够在宏观角度成功心理的支持下自行恢复。转换思考角度，微观角度成功心理是宏观角度成功心理的有机组成。没有一次又一次的微观角度成功心理的显现，宏观角度成功心理的养成也是一句空话，只有通过一次又一次的微观角度成功心理的有效显现，才能够真正养成宏观角度成功心理。

成功心理的"宏观""微观"两个不同认识角度之间的辩证关系，要求心理素质优化训练，应当是以"宏观"的人生目标来促进"微观"的成功心理的形成，以"微观"的具体目标实现来强化"宏观"的成功心理的构建。这也就是将心理素质优化训练与口才系统化训练相结合，通过口才系统化训练来优化心理素质的理论依据。

关于口才系统化训练中的心理素质优化训练，其具体把握可以分解为以下四个方面的具体要求。

（一）培养对口才交际成功的渴求与自信心理

时至今日，口才能力应为人生必备技能这一点，尤其是在具有一定文化的青年之中，早已成为一种共识。只是，理性上意识到应该掌握与现实中马上投入训练之间，还是有一定差距的，尤其是即将当众进行口才系统化训练之际，怀有畏惧心理并在行为上有所表露，几乎是一种普遍现象，严重的甚至会紧张到要求免去登台当众训练。其实，这一虽有"渴求"却缺乏"自信"的问题，并不难解决。

因为口才能力（以口才表述为例）本质上是将脑子里已有的思想观念、情感评析等转化成口头语言表现的过程，对于既有一定生活阅历又有一定文化的青年来说，所缺乏的其实不是内容（说什么），不过是一时找不到合适的形式（怎么说），或者说一时找不到突破口而已。一个人从小学读到中学，直至大学，就好比是一座自来水塔，长期以来，只是往里注水，却不太注意某一出水口是否通畅,时间一久,就难免出现锈涩、堵塞现象,此时如果不去没法打开,则此出口必然永远不畅。又因为从未打开过,不知道一旦打开会怎么样,就难免有些忐忑、畏惧。而一旦勇敢地开了口,迈出了第一步,绝大多数人的口语还是会越说越流畅的。尤其是在训练初期,只要踏实训练,常常会出现一个突飞猛进的提高阶段,直至达到一定的水平后,才会出现一个停滞期,在继续坚持系统化训练并度过了这一停滞期以后,又会出现下一个飞跃阶段。这也是符合"波浪式发展"的规律的。

一个人是否具有成功心理的具体标志之一,就是自己是否敢于将已经确立的具体目标付诸行动。成功心理呼唤一种在明确目标指引下的持续进取。具体到口才系统化训练中,就是自己是否既有"提高口才水平"的渴求,又有"敢于开口"的自信。任何一次口才系统化训练的目标都肯定是"微观"的,而这种"微观"训练的价值同时还在于,以"微观"的具体目标的实现来强化"宏观"的成功心理的形成。

(二) 训练对失败的承受和防范心理

口才系统化训练在培养对成功表述的渴求与自信心理的同时,还要注意训练对失败的承受与防范心理。

市场经济体制的构造,使得很多目标追求都已染上"成败并存"的风险色彩。当然,谁都希望自己不仅是成功者,而且最好是位居第一的成功者,但是,竞争的格局与"天时、地利、人和"等条件难以全部控制在手,加上意外因素的干扰,使得不论在哪种人生竞技场上,都永远是胜利者少而失败者众。奥运会冠军只有一个,这就决定了奥运会的每一个项目里,都有一大群"失败者"。而即使是胜利者,也不可能是常胜将军,诸葛亮已妙算如天神,但也既有失街亭、斩马谡的失误,更有六出祁山、壮志未酬身先死的遗憾。由此不难理解,口才系统化训练在培养对成功表述的渴求与自信心理的同时,更有必要注意训练对失败的承受与防范心理。

可以这样说,一个难以承受失败的人,不可能成为真正的成功者,而更多只能是侥幸取胜。口才系统化训练在这一点上,和武术训练有一定的相似性。要想击败对手,先要有承受被击败的能力,一个经不起"打"的人,能是武林高手吗?

由此则不难明白,要想切实提高口才能力水平,就必须注意逐步加大训练难度，消除"花架子"，力求贴近现实。在训练中，即使是对口才基础相对比较好的人，也要设法将其逼入窘境，使其无言以答地被"晾"在台上，让其在承受失败苦涩的具体感受中去强化自己对失败的防范意识。

（三）养成百折不挠与及时转向的辩证心理

"千里之行，始于足下"，在人生道路上，任何一个有价值的目标追求，一般都不可能是一蹴而就的，并且也不常常表现为一旦开始就很快出现"不是成功，就是失败"的结局，而是会有不同的曲折、起伏，时而柳暗花明，时而峰回路转，时而曲径通幽。因此，心理素质的优化，还同时表现为百折不挠的坚定与及时转向的调适的辩证统一。一方面，要求对既定目标把握的准确与追求的执著，也就是说，一旦确立了追求的目标，就不要因为追求过程的曲折或偶尔出现的小波折而轻易放弃。但是，从更广的社会角度来看，实现对目标的追求，固然必须通过追求者的不懈努力，但执著毕竟只是必要条件之一，同时还必须依赖与外部形式多种因素的协调统一。

这就不能不考虑到另一方面，例如，形势发展已经表明或接近于表明，原定的目标追求可能难以成功，那么能否毅然决然地及时转向，在顺应形势发展的前提下去追求新的目标，同样是心理素质优化应当追求的目标之一。

以口才应用的实践为例：当自己按照原定内容登台演讲或做报告时，台下却出现了原因不明的骚动，且不时有人起身离去，此时，究竟是坚持到底，以自己的努力去征服听众，挽回局面，还是调整删节，及时收场？就事论事去看是小事，但它使说话人受到的，却是一次不容周密考虑就必须当机立断的训练，是一次心理调适训练。

（四）在成功喜悦与失败懊丧中锤炼最佳心态

如果说在人生与事业的目标追求中，人们得到的不外乎是成功与失败两种结局，那么，针对这两种不同的结局，应当抱有的最佳心态具体而言就是："胜不骄，败不馁"。当然，这种心态并不是凭主观愿望，一厢情愿地想确立就能确立的，它只能是在成功喜悦与失败懊丧中接受双重锤炼，历经"百炼成钢"式的痛苦打击，最终达至的最佳心态。而在这一只能是"必须功到,方可自然成"的过程中,心理素质训练的价值就在于:增强接受双重锤炼的自觉性,增强双重心理转换的自主性。

"胜不骄"在这里具有双重内涵:一是取得某种具体成功后,不骄矜自得,不留连玩味;二是取得成功后,立即调整好自己的进取方向,确立起自己新的目标,以一种"不断进取"的心态统领自己的行动。

"败不馁"在这里也同样具有双重内涵:一是某一具体的目标追求未能取得预想的成功,甚至遭到惨败,但自己能够控制情绪,坦然面对,镇定行事;二是遭到失败后,心境受到影响往往也是难免的,但是,自己能做到不过久地沉湎于懊丧之中,而是迅速地或者不动声色地又重新迈开新的步伐。

从竞争的角度理解,社会有如一个宏大的"角斗场",而每一个人都是站在自己的特定位置上,时时准备迎接挑战的"角斗士"。古语说得好:"天外有天,人外有人",只有从高角度、从开阔视野俯视人生,慎待胜败,才能真正做到胜不骄,成功之后很快又有新的追求;败不馁,失败之后迅速重新崛起。这样,才不会小有成功就故步自封,不可一世;小有挫折就怨天尤人,万念俱灰。才有可能在处于顺境时,英姿勃发,不断进取;在处于逆境时,埋头充实,自我强化;才可能一步一个脚印地、一个接一个地取得目标追求的成功。

持之以恒地接受系统化的口才训练,正是为了在提高口语水平的同时,从双重角度锤炼自己的最佳心态。

心理素质优化训练,从严格的意义上说,是一种"修炼功夫"的功夫,也就是说,它既不可能是一蹴而就的,也不可能是通过读一本书或几本书,或是某位导师点拨、训练几次就可以完成的。它和思维素质训练一样,将伴随人的生活实践,直至生命的尽头。而理论指导和教学训练的价值,也就在于启发对学科理论的掌握与运用,进而引导个人心理素质优化过程不走或少走弯路。由此不难理解,学科理论指导下的心理素质训练既是必要的,也是有效的,但它主要表现为一种点拨和引导,心理素质的优化最终还是要依靠个人在人生实践中的磨炼。

在口才系统化训练的同时进行心理素质优化训练,其价值在于,既贴近生活实践,具有明显的实用价值,又具有训练所独有的可不断重复性,便于提高优化的效率。

三　成功心理训练

心理素质优化训练所追求的目标就是构建与培养成功心理,而要想构建和培养自己的成功心理,首先要予以明确的是:什么是成功心理?

(一) 什么是成功心理?

首先要指出的是,成功心理并不是指某人追求某一目标成功后的自得心理。据说,哥伦布历经艰难困苦发现新大陆回国后,有一次,在为他举办的宴会上,有人当场讥讽说,哥伦布其实并没有什么了不起,他干的事别人也照样干得成。听到此话,哥伦布拿起宴席上的一只煮鸡蛋,对此人说,您能让这只鸡蛋稳立不动吗?那人回答说,这怎么可能?这时,只见哥伦布拿起鸡蛋,用尖头部位对着桌布轻轻一敲,蛋壳破了,鸡蛋稳稳地立在了桌布上。那人一见,说道,这有什么了不起,我也能干。哥伦布微微一笑,说道,您确实也能干,但是,您从来也没有想到要去干。

在这个例子里,我们看到,哥伦布在回击他人的挑衅时,心境是轻松潇洒、悠然自得的,但是,这种轻松潇洒、悠然自得的心境往往显现于目标追求成功以后。而所谓成功心理,并非指这种于成功后才显现的心理状态。具体到哥伦布发现新大陆的过程而言,它是指推动哥伦布决定去寻找新大陆,直至新大陆被发现之前持续显现于这一过程中的心理状态。不难理解,在这一相当长的过程中,心理状态往往相应地表现为一种变化的过程,其中既有兴奋,也有消沉,甚至还可能出现过忧郁、绝望,但既然称之为成功心理,显然,占主导地位并贯彻始终的,还是对目标追求坚定自信的成功心理。

然而,需要指出的是,成功心理也不能等同于决定实施目标追求之前的自信心理。《史记·淮阴侯列传》中写到,韩信在发迹之前,曾经有过一段无自立能力的寄食生涯。他在最狼狈时,曾连续多日接受过一位在河边洗棉絮的老妇人施舍的饭食;还有一次遇到泼皮无赖的挑衅,被强迫从其胯下钻过,而韩信也就从其胯下钻了过去。

综观韩信的一生,我们不难发现,韩信在接受老妇人施舍的饭食时,并没有丧失自己终将成功的自信;在接受"胯下之辱"时,也并非出自怯懦;他始终很看重自己,从不自轻自贱。例如,他曾充满感激地对给他饭吃的老妇人说:"我将来一定重重报答你!"这就是他对自己充满自信的明证。但同时我们又看到,此时的韩信无论多么看重自己,在他人生之途的前方却尚未确立具体的努力目标,因而他在此阶段的心理状态,本质上表现为一种自信心理,而非成功心理。

由此可知,在成功心理中占主导地位的,是对具体目标追求成功的自信。不难想象,这种自信在很大程度上难免会有较多的一厢情愿的主观色彩,如上例中韩信对"漂母"的答谢承诺,那时的他虽然自信,但很难说有多少实现自信的依据。因此,我们又可以这样理解,尽管成功心理中不可缺少自信,但自信心理在成功心理的总体构成中,充其量只属于要素之一,或者可以说是必不可少的前提而已。

由此,我们又不难理解,所谓成功心理,是指人们在对具体事业与目标追求实施以前与追求的过程中,推动人们坚定信念,增强毅力,克服困难,承受挫折,并最终实现既定目标的一种心理状态。它形成于长期的生活积累,显现于决定追求事业与目标之际,持续于追求过程之中,结束于完成事业、实现目标追求之际。

从人们追求成功,最后得到的却可能是失败的现实角度分析,成功心理与自信心理本质上属于"敢冒风险"的心理。敢冒风险心理无论在现实生活中曾出现过多么高的成功概率,但在成功之前的拼搏中,其成功希望是全部寄托在一厢情愿的偶然机遇之上的,而成功心理则是将勇气与行动建立在对主客观形势特点全面分析的基础之上。

正如本书前面已经分析的,成功心理具体地表现为"微观"与"宏观"的有机统一。这里,我们不妨对两种"成功心理"的特点再作辨析:所谓"微观",通常是指人们在工作、学习、生活中某一具体的目标追求过程中显现的心理状态(例如人们有时评价某人"不达目的,誓不罢休""怎么一上阵就拉稀");而所谓"宏观",通常是指人生各个阶段不同目标追求的成功心理的总体显现(比如人们评价某人"无论干什么,总是那么自信""不论干什么,总是一脸倒霉相,从来就没见他精神过"等等,实际上也就是对此人有无成功心理,以及在"微观"和"宏观"两个方面显现的总体评价)。这两个不同的角度之间有着内在的有机联系:"微观"成功心理的每次显现都有助于"宏观"成功心理的形成与确立,而宏观成功心理的确立又有助于促进"微观"成功心理的坚定与显现。"宏观"成功心理并不是抽象的、空洞的,它的每一次显现,都无不是与具体的目标追求过程有机相联,因而,它同时也就是"微观"的;而"微观"成功心理的显现,只有服从于人生目标与理想、事业的追求,才具有可贵的价值,因而,它同时也应当是"宏观"的。

成功心理还表现为一种"发展与优化"的辩证统一。具体而言,发展所追求的是心理的成熟,表现为心态稳定,充满自信,不浮躁,能够朝着既定目标稳步前进,不受外部世界阴晴寒暑的影响,并且可以自我控制喜、怒、哀、乐的情绪变化,即一种相对独立性。而优化所追求的则是保持心态的年轻,这里的心态年轻,既不是指不谙世事的幼稚可笑,也不是指老天真式的故作稚态,而是指一种对人生理想和目标追求的锐气和朝气。在这一点上,心理素质的发展与优化,既与人的生理年龄大致同步,又表现出一种不同步性。它既追求一种"少年老成",要求在人生途中及时结束那种"心态不稳定"的"幼稚"期,又追求一种"鹤发童心",要求在人生途中尽量地延长对理想、事业的追求与渴望。这样,有助于将人生途中对目标与理想追求的"有效期限"大大拉长,以有助于实现自己的人生目标。

（二）成功心理构成的四大要素

要想从"微观"与"宏观"双重角度构建自己的成功心理,并使其既处于一种持续的发展之中,又能实现不断的优化,首先需要进一步明确的是:成功心理是由哪几类要素合成的?

从理论上,我们可以将成功心理视作四大类要素的有机合成,如下图所示:

$$成功心理构成 \begin{cases} 自信心理的增强 \\ 担忧心理的抑制 \\ 目标定位的准确期待 \\ 意外挫折的极限承受 \end{cases}$$

从上图中我们可以看到,自信心理与担忧心理是一对"相生相克且密不可分"的心理要素。担忧心理要素的增强,意味着自信心理要素同时在减弱;担忧心理要素的减弱,则意味着自信心理要素同时在增强。既然自信心理要素是成功心理总体构成中必不可少的前提,而担忧心理要素的存在又实际上具有否定与动摇自信心理的作用,那么,就不难理解,成功心理的构建过程很自然地就表现为"抑制担忧心理、增强自信心理"。需要指出的是，"抑制担忧心理"并不意味着"排除担忧心理"，而只是要将其控制在一个适度的范围之内。"担忧心理"在这里是一个内涵比较丰富的概念，它包含着一组程度不同，从"一般性紧张"到焦虑、烦躁，直至"难以控制的恐惧"的心理成分，并在人们追求目标实现的过程中，对人们的追求行为产生程度不同的影响。显然，当人们对目标追求从焦虑、烦躁发展到"难以控制的恐惧"时，自信心理要素就已经被大大动摇，甚至难以存在了。但是，只要担忧心理并没有达到上述严重程度，而只是"一般性的紧张、担忧"，那么，在现实的目标追求与理想实现过程中，这种"否定"因素的存在未必不是一件好事。它有助于加强对目标追求计划周密性的反复审视、对行为可能性的不断推敲，最终，有利于按照计划，逐步地实现目标。

在看到"担忧心理要素"适度存在的积极意义的同时，还应当看到，自信心理要素在成功心理中不论占有多么重要的位置，其本质上仍然属于一种主观性较强、带有"一厢情愿"色彩的心理构成，并且最终还有待于实践的检验。因此，成功心理的构成，应当是"抑制担忧心理"，尽可能使其不要对计划实施出现负面干扰，同时，"增强自信心理"，以确保既定计划的实施。如果在某一目标追求的实施过程中，真的完全排除了担忧心理，而将成功的希望完全寄托于单方面、绝对化了的自信心理，则不仅有可能导致对计划与行动的审查不够缜密，而且有可能陷入"盲目自信"的误区，结果反而不利于充分发挥自身的有利条件，以至于不能取得本应取得的成功，甚至导致"意外失败"的结局。古语中的"人有失手，马有漏蹄""大意失荆州"，思想根源往往正在于此。

"目标定位的准确期待"与"意外挫折的极限承受"同样也是一对"相辅相成且密不可分"的心理要素。每个人在人生的每一种追求中，都无不希望自己能获得成功，而且无不希望自己与其他成功者相比，是最大的成功者。但希望不等于可能，可能又不等于现实。因此，在具体的目标追求过程中，能否冷静理智地审时度势，对自己的目标追求加以准确的定位，常常就决定了这一目标能否最后实现。

同理，"目标定位的准确期待"既不能等同于目标的实现，也不能等同于追求目标的行动的完全展开。无论定位多么精确，它都只能是根据已经得知的情况要素的总和来进行分析、总结的，本质上，它不能完全包括，也不可能完全包括那些后期出现的将对目标实现产生影响的要素。因此，在确定"目标定位的准确期待"的同时，就有必要注意审视自己对于"意外挫折"究竟具有多大的"极限承受"能力。这里，"一般挫折"的相应承受准备是不够的，一定要有明确的"极限承受"的界限，并且这个界限要与目标追求的最大值相吻合，也就是说，要想获得多大的成功，就要准备承受多大的失败，要想赢得起，先要输得起。在追求目标的过程中，只能成功不能失败是不行的，只想大成功却受不了大失败更是不行。对于"意外挫折的极限承受"，预计得越充分，所追求的目标一旦因为某种原因不能实现，因遭受挫折而需要的"心理调整期"也就越短，东山再起、重振雄风的日子也就来得越快。"留得青山在，不怕没柴烧""胜败乃兵家常事"等古语，也正是对这种心理要素的合理构建的形象表现。

在这一点上，被誉为"东方小巨人"的中国篮球新星姚明，就是一个非常典型的例子。他从国内直接加盟美国 NBA 球队，从缺乏同队队员都有的前期基础训练的不利状态开始，一跃而成为世界级的明星，和在他之前就已经去美国打篮球，但是至今未能成为热点明星的巴特尔、王治郅等人相比，无疑是一个幸运儿。但是，仔细分析姚明，我们不难看到，他在美国的状态表现，其实总体上是一个波浪形的发展曲线。这个波浪形的发展曲线显示为：他这一场的表现可能杰出得让人目瞪口呆，下一场却可能毫无建树、表现平平，而正是在这种波浪形发展之中，体现出一种宏观上的上升趋势。分析姚明的总体表现，在他的心理上，占据主导地位的就应该是这种"既要赢得起，又能输得起"的"成功心理"。

综上所述可知，成功心理本质上属于一种后天养成的心理状态，其养成主要有两条途径，一是现实生活的多种实践与锤炼，二是以学科理论为指导的系统训练，二者的有机结合，是培养成功心理的可靠保证。

（三）培养成功心理是成才的必然要求

优化心理素质，培养成功心理，其实不仅仅是保证口才交际成功的需要，更是社会对人才提出的必然要求。

特别是改革开放以来，整个中华民族在骤然面对国际社会时，首先感到困窘的，就是口语表达能力不强。还是在 80 年代初，有一次，三千日本青年来华与中国青年联欢。在联欢现场，一些青年言则寡言少语，行则拘谨木讷。其中的难堪,使人感受到极大的震动,提高口才能力,培养成功心理的历史任务凸现而出。

时至今日,随着改革开放政策的步步深入,大学生不再包分配,公务员转岗分流,工人下岗再就业,风险与机遇把提高口语水平的要求再一次推到每个人的面前。人们开始认真考虑如何提高自己的口语能力,如何培养自己的成功心理了。很显然,在这一新的历史形势下,一个人如果不能"以变应变",人生途中只怕就难免要增加坎坷与挫折了。

与民族心理层面上,个人自主意识逐步觉醒的同时,马斯洛心理学的理论迅速进入人们的视野。在马氏心理学之前,弗洛伊德心理学也曾热闹一时,只是,弗氏那种无论什么都往"性"上归结,把所有人都看做有病的理论,显然是有着一定的局限性的。而马斯洛心理学符合健康人的发展需求,具有社会层面的普遍指导意义,也有利于推动中国人培养成功心理。

马斯洛心理学的核心是一种以"需要"作为人的个性核心的人本心理学理论。他认为,人的需要按由低向高的方向发展,共分五个层次:生理需要、安全需要、社会需要、尊严需要和自我实现需要。一旦某种需要得到了满足,更高一层的需要就会出现,并且占据主导地位;而且,只有当前面的需要得到基本满足后,后面的需要才会充分显示其重要性。

马斯洛心理学的需要层次理论不仅为人们的发展需求提供了理论指导,更为重要的是,他深刻地指出,只有了解人在特定条件下的特定需求,才能激发其工作热情。他认为,从管理角度讲,主管者应当而且必须为员工创造各种条件,使其最大限度地满足"自我实现"的需要,才能最大限度地激励员工。

根据马斯洛的需求理论,我们不难理解,中国要想加快实现"四个现代化",必须最大限度地激发起全国人民的工作热情,而激发全国人民工作热情的基本方法,就是最大限度地满足其"自我实现"多方面、多层次的需求,一句话,尽量地创造条件,以激励人们养成"敢于树立新的目标,敢于追求新的目标"的成功心理。其实,人们在工作、学习、生活等诸多方面不断出现的种种新的需求,不仅是其自身发展的合理要求,而且是国家作为最高管理者应当予以尊重、保证、引导并促进其提高层次的合理要求。

这种种新的需求,不仅为成功心理的培养明确了具体的方向,而且为培养成功心理的必要性提供了坚实的依据。当国家、社会从宏观背景上为成功心理与目标追求提供了合理合法的保护以后，个人如何从微观角度明确目标追求，培养成功心理——这一历史的要求就摆在了我们每个人的面前。

（四）培养成功心理的几种途径

成功心理既是微观的，又是宏观的；既处于一种持续的发展之中，又追求不断的优化。在现实生活中，它是如何形成的呢？

我们可以从下面的关系图中找到具体的答案：

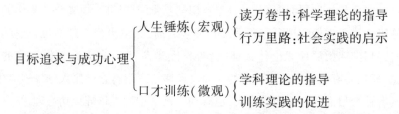

从以上关系图中，我们不难看出，成功心理的培养主要在于人生的锤炼。其具体的途径主要有两条：读万卷书与行万里路，在科学理论的指导下，在社会生活的反复实践中，确立自己的目标追求，培养自己的成功心理。

例子不胜枚举，古今中外，政治、文化、科学、教育等方面都有着为数众多的杰出人才，他们通过读书，益智明理，开阔胸襟，在自己的事业领域中为后人树立了光辉的榜样。

乔尔丹诺·布鲁诺，文艺复兴时代意大利哲学家、思想家和科学家，就可谓通过"读万卷书"以养成自己的成功心理的典范。1548 年，他出生于那不勒斯一个贫苦人的家庭。由于家境贫寒，他少年时代就开始做工，17 岁被家人送到修道院，当一名见习修士。历史并没有给布鲁诺成为历史伟人创造什么有利条件。在修道院里，布鲁诺不顾教会的清规戒律，阅读了大量的书籍，尤其是自然科学和哲学，由此眼界大开，并进而对宗教神学产生了怀疑。于是，他写了一篇《诺亚方舟》批判《圣经》。1577 年，布鲁诺被罗马教皇判为"异端"，开除出教。布鲁诺在国外度过了十六个春秋的流浪生活，在此期间，他从未停止过对科学书籍的阅读和深入、反复思考。1584 年，布鲁诺在英国出版了《论无限性、宇宙和诸世界》一书，在这本书里，他批判了亚里士多德的宇宙有限的思想，继承、捍卫和发展了哥白尼的学说。他明确指出：宇宙不仅是无限的，而且是物质的。宇宙既不可能有一个中心,也没有绝对的边缘;宇宙由无数星系组成,太阳只是宇宙无数星系中的一颗尘埃;地球环绕太阳转动,太阳也不是静止的,它与其他恒星的位置也在不断地变化着。1592年,罗马教皇把布鲁诺骗回意大利,逮捕入狱,囚禁达七年之久。面对酷刑,布鲁诺毫不动摇,直至坦然面对火刑。1600年2月17日,布鲁诺在罗马百花广场火刑柱上于临刑前宣告:"火,并不能把我征服!未来的世纪会了解我,我知道我的价值!"

通过人生锤炼培养成功心理的例子同样不计其数。正如前文所述,成功心理本质上具有一种后天养成性,因而社会实践的过程往往也就是培养成功心理的过程。有的人由于种种原因,没有机会去读万卷书,但只要有认真的人生态度,同样可以确立正确的目标追求,并养成自己的成功心理。武训可称为这方面的典型。

武训,清朝末年山东宫邑县柳林镇武家庄(今聊城)人,1838年12月5日生,1896年6月5日卒,终年58岁。据史料记载,武训出生于一个贫困的农民家庭,因兄弟姐妹中排行第七,故又称武七。他7岁丧父,不得已随母沿街乞讨,二十几岁时开始了"亦佣亦乞"的生涯,并以此为终身职业。武训能在中国历史上留下他的名字,是因为他一生锲而不舍的"行乞兴学"事迹。武训没有上过学,一字不识,自恨没有文化,提出"修义学为贫寒"。他通过一生乞讨,甚至以向有钱人磕头下跪、请人踢打等方式,积攒了一笔钱财。再通过放债生息,最后积钱万吊以上,先后创办了柳林镇崇贤义塾、临清御史巷义塾,并参与筹建了杨二庄义塾,招收了一批穷苦孩子免费入学,而他自己则食不果腹,衣不遮体。后来,武训得到清政府的嘉奖,被封为"义学正",赏穿黄马褂,他没有接受,最后穷困潦倒,贫病身亡。

至于关系图中通过口才系统化训练来培养成功心理,则是从微观角度提出的另一种成功心理培养形式。

从"读万卷书,行万里路"的成功心理培养形式我们不难看出,成功心理不仅与目标追求紧密相连,而且只有通过目标追求才可具体显现。

时至今日,成功心理已成为人们普遍企盼的,而口才能力也已成为人生不可或缺的追求目标,那么,如果能将二者合而为一,也就是说,在学科理论的指导下,通过口才系统化训练的目标追求培养成功心理,同时,通过成功心理的养成提高口语水平,不是"事半功倍"的好事吗?

（五）成功心理培养过程中的评价与对比

如果说，培养成功心理，首先要求的就是正确评价自我，那么，在一个竞争日趋激烈的时代，面对现实存在的胜败得失，人们难免要去思考原因，这就要将自己与他人进行对比。这同时就又告诉我们，培养成功心理过程中必不可少的自我评价、自我定位，有时是在评价他人并将他人与自我作对比的过程中进行的。

由此我们又不难理解，"与他人作对比"，在培养成功心理过程中，显然也是很重要的一个环节。

与成功心理相对立的是失败心理。成功心理与失败心理，其实都成型于主客观条件的对比与综合分析，当然，成功心理形成于正确的对比分析，而失败心理则形成于不正确的对比分析。

有句俗话说："人比人，气死人。"认为一个人如果与他人作横向比较，越比越会觉得命运不公、社会不公，以至能把人活活气死。因此，人生在世，最好不要与别人作什么对比。

这句话当然不能说没有一点道理，但从某种角度去看，其中消极的成分未免又多了一点，表现在否定不正确的主客观对比的同时，也否定了正确的主客观对比。它实质上是失败心理的一种反映，所谓"知足者常乐""比上不足，比下有余"，就是这种心态的形象写照。它所导致的直接后果是放弃竞争，放弃拼搏，而这在一个呼唤竞争与拼搏的时代，显然是不妥的。

当今时代，既然无法回避与他人作对比，那么索性正视"对比"，对其进行"理性制控"，力求使人们通过正确的主客观对比和综合分析，达到"人比人，更鼓劲"的积极效果，这显然是有助于推动和强化成功心理的形成的。

要实现对培养成功心理的"对比制控"，就要注意做到"四比四不比"，逐一阐释如下：

1. 不比先天条件比后天努力

自从人类进入文明社会以后，人与人之间客观存在的政治地位、经济实力、文化层次、社会背景等方面的不同构成，使得每个人在踏入社会时各有其不同的先天条件。每个人所拥有的诸方面不同的先天条件，不仅使其分处于不同的社会层次，而且也使其目标追求各有不同的成功比率。

享有优越的先天条件是很令人羡慕的,但是,从成功心理培养角度考虑,优越的先天条件其实已经隐藏了不利于成功的另一面,它们往往推动拥有优越条件者产生心理的优越感,直接的效应往往表现在两个方面:一是,条件优越者的目标追求之所以易于成功,相当一部分缘于其先天条件,而一旦这些并非出自自身的优越条件转移或消失,频频成功就可能会转为屡屡受挫,进而导致失败心理的形成;二是,条件优越者目标追求易于成功,往往容易导致其"过于自信",一旦陷入这一误区,失败的危险也就逼近了。

成功心理作为一种后天养成心理,从根本上说,并不排除任何外部有利条件,但是,它也决不会把成功之希望的重心置于先天的优越条件上,而更多的是放在后天努力上。套用当年一句曾经耳熟能详的口号,那就是:"我们希望有外援,但是我们决不依赖外援。"

值得注意的是,古人早就注意到了,对先天优越条件的过度依赖不利于成功心理的养成,俗话说"一辈子做官,三辈子打砖""富不过三代",其中无不含有某种警示。据报载,西方的富豪中,更是常见有人不将自己的财产留给子女,以促使他们完全靠自己的后天努力取得成功。

注意到前人在这一方面的人生总结是很有必要的。它提醒人们,无论先天条件多么优越,都必须把自己的人生目标追求扎根于后天努力上;无论先天条件多么恶劣,能清醒理智地意识到自己的现实定位,并由此开始扎实的努力,这同时也就是在培养自己的成功心理。

2. 不比运气好坏比扎实进取

天上有没有往下落馅饼的好事?有,彩票中奖就是一例。但是,和"守株待兔"的寓言告诉我们的道理一样,中一次奖的客观偶然性,与盼望中奖的主观想象之间,距离实在太大了。

在体育比赛场上,从同一起跑线同时出发的运动员中,总是方法正确且奋力拼搏的运动员最先到达。但是,在人生的跑道上,即使方法正确,即使奋力拼搏,成功的桂冠却不一定属于你,这就是所谓运气在不同的人身上的不同表现。所谓运气好,就是说付出了(甚至有时并没有付出)应该付出的努力,就获得了意料中的成功;所谓运气不好,是指自己付出了(甚至加倍付出了)应该付出的努力,却没有获得应该获得的成功。

运气的客观存在,最显著的特点之一,就是它有时会表现出这么一种

"不公正性"。古语说"天道酬勤"，而运气则往往反其道而行之，很显然，它对于成功心理的构成，具有一定的破坏性。

但是，成功心理面对"运气不公"的挑衅，也并不是只能束手无策地退让，而是可以积极应对的。首先，从理论上说，成功心理在实施目标追求过程中，是以连续的"线"或"面"的形式构建的，而运气不论好坏，一般都是以具体的"点"的形式出现的，即使是祸不单行的厄运，也往往只是连续的"点"。连续的"点"与"点"之间的空白，就是成功心理进行调整并重新振作的机会。再转而从实践上看，最后的成功总是属于那些从不寄希望于撞大运，并且敢于迎战厄运的人。

我们还可以从历史验证的角度来考察，以发家为例，世界上的大小富豪中，有几个是靠买彩票发迹，而不是靠实干成功的？与此形成对比的是，撞上中彩票之类的大运后，最终却因此反遭"福无双降，祸不单行"的厄运的，并不罕见。

因此，在构建成功心理的对比制控中，不与他人比运气好坏，而比扎实进取，并不是出自无奈的自慰，而是理智的抉择。

3. 不比胜负输赢比耐力意志

人生与事业的目标追求，很像体育比赛中的竞技活动，实力强、水平高者总是赢家。但是，更加具体地比较，人生与事业的目标追求并不太像短跑，而更像是一场超长距离的马拉松比赛。

在短跑比赛中，我们看到，比赛的各个环节都必须认真训练，严格把握，从起跑到冲刺，任何一个环节上稍有不慎或失误，都可能导致失败。而马拉松比赛当然也需要逐环节的认真训练，但它同时又表现为，在某一环节上偶有失误，有时并不影响最后的获胜。例如，在马拉松比赛中发生过运动员跑错了路线，知道后再转回头来回到规定的路线重跑，最后仍然得了冠军的情况。

人生与事业的目标追求，在很大程度上也正体现了这种"超长马拉松赛"的特点。从目标追求的主观方面分析，任何人都不可能将其生活、工作的节奏精确到"百米短跑"的程度，即使是工作狂也不能例外，所谓"老虎也有打盹的时候"，说的也就是这样一个道理。何况，从目标追求的客观方面分析，对情况与形式的不熟悉乃至认识不够准确，也都可能导致失误。但是，历史早已证明，失误、挫折尽管可能阻挡追求的速度，但从根本上说，它们并不能妨碍目标追求的最后成功。古语说"浪子回头金不换"，在某种意义上，也正揭示了失误、失败后重新崛起的价值所在；至于"精诚所至，金石为开"，则更是对于执著追求精神的肯定。

由此，我们又不难理解，由于种种原因出现失误并导致竞争局面出现胜负输赢的变化时，从"超长马拉松赛"的角度去理解，任何胜负都是暂时的，终极目标的实现取决于竞争各方的耐力与意志。

同时，我们也就不难理解"不以胜负论英雄"的历史内涵了。这不仅应当是我们对他人实施目标追求所持有的宽容态度，也应是我们构建成功心理时进行"对比制控"的一个有效原则。

4. 不比名利高下比成就实绩

构建成功心理的第四道"对比制控"，就是不比名利高下比成就实绩。在某种意义上，这是最高一级的"对比制控"，成功心理如果能实现这一级别的"对比制控"，也就相当接近宋朝范仲淹在著名散文《岳阳楼记》中所称道的"不以物喜，不以己悲"的崇高境界了。

人生与事业的目标追求，在文明社会里，其实是双重的。第一重是目标追求如何实现，第二重就是目标追求实现后社会如何认定，具体地说，就是社会能否从名与利的角度对目标追求者予以适当的认可。

这双重目标并不是同时出现在追求者面前的，在时间上常常表现为具有一定的先后差距，第二重目标追求常常是在第一重实现之后才显现出来。例如，某人搞发明研究，在历尽艰辛、饱受挫折之际，可以心无二用，埋头钻研，一旦成功，甚至还取得了发明权，第二重目标追求，即社会对其研究的回报要求就可能要出现了。

当目标追求的这一二重性表现出"统一"时，对成功心理的构建并无负面影响。例如，某人经过刻苦学习、钻研医术，终于实现理想成为医生，后因其勤奋努力，以至医术精湛，深得社会好评，成为有名誉有地位的医学专家，这当中，目标追求的双重性是统一的。

然而，另一种情况有时却无法回避，即目标追求的双重性是不统一的。例如，某项创造发明成功了，社会却反应冷淡，甚至有人冷嘲热讽。再如，两人原为同一项研究的合作者，当一方已投入巨大的劳动并为即将成功而欣慰时，却发现合作的另一方用不光明的手段将成果据为己有，并已占据了社会的名利回报,自己被冷落在了一边。此时,是否运用法律等手段维护自己的合法权益是一回事,而能否保持成功心理,继续努力,并且不让这种不愉快的事干扰自己的目标追求,就显然是另一回事了。当然,这"另外一回事"不是可以轻易略过的。此时,如果一气之下放弃追求,成功心理随之瓦解,前期的个人努力也就全部付之东流。

所以,成功心理所呼唤的,正是不比名利高下而比成就实绩。失去的既然已经失去,那就让新的目标追求早日开始。这确实是一种最高层次的"对比制控",是现实的、理智的,保持成功心理不致瓦解的"对比制控"。

【思考与练习】

1. 注意分析一下自己,在与不同的对象进行言语交际时,自己的心理反应及状态是不是有所不同? 自己的口才水平发挥是不是有所不同? 试总结出原因,并与同学交流。

2. 从多个角度对自己的心理素质进行一次系统的分析,尝试结合表现实例写成分析报告,与同学交流,然后再综合修改。

3. 以自我心理分析报告指导自己的言行决策,结合实践效果来反思自己的心理分析报告,并及时做出修订,最后得出关于自己的心理素质特点的结论。

4. 你有什么办法克服当众表达的恐惧心理?

第四讲

你与众不同——口才也有个性

一　口才与个性

在口语表达中每个人都有不尽相同的个性特点：有的人机智幽默，耐人寻味；有的人平实质朴，浑然天成；有的人激情满怀，思绪奔涌；有的人委婉含蓄，意味幽深。凡此种种都是由于口语表达者内在的个性心理特征的差异。凡是能言善辩、口才超群的人，无不在口语表达中表现出自己鲜明的精神个性。毛泽东挥洒自如，气势磅礴；闻一多慷慨激昂，风骨刚毅；邓小平朴实无华，坦率真诚；朱镕基诙谐幽默，谈笑风生。这都根源于他们独特的精神个性。

个性是一个人所有特质的总和，包括自然特质和社会特质，它是一个人在人生的舞台上所扮演角色的行为模式中所表现出来的内心活动。个性不同的人，行为模式也有所不同。个性在一个人的口才活动中有着巨大的影响。它不仅影响到一个人说什么，怎么说，还影响到其说话的能力和效果。俗话说"文如其人""言为心声"，一个人的心灵总要通过自己的言行表现出来；并且在表达对事物的感受、认识和自己的观点、主张的同时，他的思想、情操、胸怀、良知、道德也总是随之表现出来。"一个终生墨守着狭隘的、奴从的思想和习惯的人，决不可能说出令人击节称赏和永垂不朽的言词。是的，雄伟的风格乃是重大的思想之自然结果，崇高的谈吐往往出自胸襟旷达志气远大的人。"（朗吉努斯）

（一）价值观决定你对事物的总的看法

人的价值观是个性的重要组成部分，影响到人的思想和行为。价值观是指一个人对周围的客观事物（包括人、物、事）的意义、重要性的总体评价。比如，有的人把金钱看成是万能的，有的人则把对社会的贡献看做价值；有的人把婚姻家庭看得高于一切，也有的人把自尊看得最重要。对一个人来说，他认为最有意义、最重要的客观事物，就是最有价值的东西。价值观是人们对客观事物内在的评价尺度和标准。一个人的价值观是后天形成的，比如父母在日常生活中，对什么好、什么不好，什么重要、什么不重要等各种问题的看法会影响家庭价值观的形成，但更重要的是社会的影响，包括宣传、教育，每一种影响因素都对人的价值观产生一定的作用。特别是一个人所处的社会生产方式及经济地位，对其价值观的形成有决定性的影响。随着环境的改变、经济地位的改变，人们的价值观也会发生变化。

（二）气质不同，说话的特点也不同

气质是个性中较稳定的部分。气质不同，说话的特点也不同。有的人说话节奏快、起伏大，音量对比强烈，言语铿锵有力，就像大海的波涛，汹涌澎湃，势不可挡；有的人说话节奏慢，语调平缓，音量很弱，平静得像一池秋水。有的人说话就像高山的流水奔流回转，活泼自如；而有的人却如地下的湖泊，内心潜流奔涌，外表却波澜不生。之所以有这些差别，就是因为气质不同。气质反映的是一个人神经活动的类型，与遗传有关。气质为每一个人增添了独特的风采。气质使一个人刚出生时行为就带有一定的特色。例如，同样是饥饿的婴儿，有的拼命哭叫，有的却小声啼哭；对于外界声光的刺激，有的反应积极迅速，有的反应消极迟缓。再如，两个人同时受了领导的批评，并且都对批评感到不满，内心体验都是一样的，但行为表现却大不相同：其中一个人可能就与批评者当场顶起来，甚至说话还很难听，毫不顾及后果；而另一个人则一声不吭，独自生了好几天闷气。像这样，面对同样的刺激内容，不同的人却有不同的反应方式，就是因为气质不同。

气质反映的是一个人心智活动的外部表现形式，而不涉及活动的动机与内容。一个人的气质特征一般来说是比较稳定的，但也不是完全不能控制和调节。心理学家们通常把人的气质划分为四类：

（一）多血质的人，活泼积极，容易适应变化的生活环境，能很快地和人们接近，善于交际，在新的环境里不感到拘束，从事多变和多样化的工作成绩会很显著，特别适合做演员、公关工作或节目主持人。

（二）胆汁质的人，在活动中常表现很高的兴奋性，敢说敢干，活跃积极，感情外露，态度直率。由于神经活动不均衡，常犯冷热病。

（三）粘液质的人，态度持重，交际适度，不爱作空泛的清谈。因为神经活动不灵活，所以常常表现为惰性较强，略有点迟钝，强调按部就班，遇事因循守旧，难于革新。比较适合从事安静、持久、稳定的工作。

（四）抑郁质的人，神经活动类型是弱型，活动强度低，灵活性也低，情绪高度敏感，易受挫折，有些孤僻，在困难面前优柔寡断，面临危险时感到极度恐惧。批评抑郁质的人尤其要注意方法。抑郁质的人情绪内敛，侧重于与自己交流，有艺术家的气质。

但是需要说明的是，无论神经活动类型还是气质类型，绝不是只用四种典型就能全部囊括的，现实中真正的气质类型是千差万别的。

（三）性格与口语表达风格

性格是个性的重要组成部分。气质是性格的自然基础，对性格的形成有很大影响。但性格虽然以气质为自然基础，也能够在生活实践中遏止或发展气质的某些特征，两者是相互渗透、彼此制约的。不同的性格在口语表达中有不同的优势，对口语整体风格的形成有巨大影响。性格可以分为内向、外向和中间型。内向的人说话比较少，显得不是很活跃，话题往往比较保守、单一，说话方式也比较拘谨，常常一本正经，喜欢辩论，容易恼怒，在大众面前常常局促不安，易为赞赏所激动，不愿受人吩咐，意见易趋极端。相反，外向性格的人活泼好动，表现欲和表现力都较强，话匣子一打开就难以关上，而且话题丰富开放，讲起来津津乐道，手舞足蹈，说话流利，判断迅速，喜欢大概，不愿追根寻底，不喜欢固执争辩，在大庭广众面前落落大方，不介意别人的批评，常常冲动，但不因赞赏而激动，服从命令，很容易理解别人的语言和动作。中间型的人则兼具二者的特点。

在性格方面，存在着个体差异。就性别差异而言，美国心理学家根据对男女大学生的调查证明：男性一般具有独立性、客观性、攻击性、支配感，竞争心强、勇敢、果断、直率、自信、有抱负；女性则多具嫉妒心、同情心、依赖感强、虔诚笃信、温柔细腻、多愁善感、讲究衣貌。所以，在具体的口语表达中，女性说话往往感情色彩浓，容易和对象在感情上沟通并产生共鸣，缩短心理距离，进而说服对方；注重细节琐事，反应敏感，长于形象思维。而男性则往往相反。这种建立在性别差异上的性格"类特征"是相对稳定的,并有其深厚的社会心理基础,以至于人们往往从一种"性格刻板印象"出发来决定口语交流中评价对方的态度。

当然,上述区别还只是一种宏观把握和扫描,这种差异具有相对性。明代李贽在《焚书·读律肤说》中说:"盖声色之来,发于情性,由乎自然","故性格清彻者音调自然宣扬,性格舒徐者音调自然疏缓,旷达者自然浩荡,雄迈者自然壮烈,沉郁者自然悲酸,古怪者自然奇绝。有是格,便有是调,皆情性之谓也"。所以,要善于树立对自身性格特征的自觉,发挥特有的优势,选择适宜的风格,保持口语行为的整体和谐。

(四) 照照镜子,认清你是哪一类

你自己的个性属于哪一类或者哪几类的综合? 相信这么多年来,你对自己已经有了足够的了解。现在,如果对自己的性格还不能给出一个清楚的轮廓,那只能说明你对自己的性格不满意,试图进一步完善,因而目前不想承认自己到底是怎样的性格。最好的解决问题的方法,就是面对现实,放下面子,放下内心的障碍,放下梦想中的完美人格的情结,认认真真地面对自己,让自己的心灵照照镜子,看看哪里有小豆豆,哪里有雀斑,哪里轮廓不规整,哪里太高,哪里太低。看看自己的性格到底哪里让自己不舒服,看好之后,好好想一想那些自己不满意的地方到底是怎样让自己不满意的,怎样去改正?

性格上的优缺点都会影响到口才风格,同时,常常是口才风格上的优缺点反过来让自己觉得有性格上的优缺点。同学 A 讲话喜欢先设埋伏放置悬念,之后引别人无意中配合(更可能是别人有意配合他),实现自己说话的目的。偏巧另一同学 B 说话直来直去,还有点喜好挖苦别人,不领别人的情,不给别人面子。一日,老同学数人相聚,一阵寒暄之后,A 君静静地说了一声:唉,最近忙啊,事情好多,还要准备跑马拉松,过得好紧张啊! 语毕,环顾,期待有人搭腔,配合着说一声:啊,你参加马拉松啦! 好厉害啊! 然后他回道:啊,小意思啦,是人家拉去的啦,哈哈。岂料,别人还没说话,B 君先发言了:哦,嗨,没问题,咱们班原来的体育氛围很好,你也应该没问题,应付得了的。A 君顿时无语大窘,此后一直闷闷不乐。这二位,一个性格好表现,又很重面子,另一个偏偏不给面子;体现在言谈风格上,一个用语不直截了当,另一个单刀直入,结果是彼此不痛快。A:这小子怎么这么赌气啊!

B:那小子怎么那么虚伪!

现在,去了解自己的性格,从而了解和自己性格已经自动相配但仍需彼此磨合的口才风格,说让自己内心感到自然舒服的话,做一个同一而不是矛盾的自己吧。

性格不同,导致口才风格也不同,那么不同的性格对应的不同口才风格之间有高低优劣之分吗? 没有,绝对没有。不同风格之间只有差别,只要适得其所,没有优劣之分;同时,各种性格之间也只有差异,没有高下之分。

可能你会觉得有些职业和场合还是外向一点的人占便宜。想一想周总理,他的性格当然不是外向的,这妨碍他成为出众的外交家了吗? 相反,总理独特的性格魅力成就了他超凡的口才。

性格比较内向的人,不习惯或者不喜欢多说话,尤其是在很多人或是陌生人面前,不喜欢说出自己的看法和感受。这样虽然会给人一种木讷无言的感觉,但往往只是幻觉而已,很多这样的人都是暗藏灵气,谈锋甚健,很可能时不时冒出一句妙语,或是在老朋友面前或者网络上形象大变,口若悬河。所以,这样性格的人,最好的口才风格就是稳重、深刻观察后一语中的;相反,外向活泼的人要好好地利用自己的特点,同时努力丰富自己的素养,避免说话多而杂、频而繁、浅而近。

但是,这里需要强调的一点是,有一种性格的确完全不适合发展口才——封闭。交际和口才首先需要走出自己的小圈子,与他人沟通。众多的性格类型可以有不同的途径来实现这个目的,就像不同模样的人可以有不同的化妆方法一样。但是,封闭的人断绝了自己和外界的联系,对外界不屑、畏惧、不理解等心理因素让他们总是走出人群,有意避免和人接触,表现出来的是很内向,其实这和内向是不同的。内向而不拒绝和外界接触,可以形成独特的口才风格,而封闭则无法形成口才。

二 我是男生——口才的男士魅力

(一) 力拔山兮与西装革履

男人,是一个即使在现代文明社会中仍然让属于该性别的人觉得自豪骄傲的词,几乎就是高大、力量、勇敢的代名词。送给一个男人的最好的形容词也就是："很男人"。

怎样的男人才有魅力？

古代社会的男人标准是：威猛，强壮，吃苦耐劳，勇敢无畏，做得到力拔山兮气盖世，吟得出大风起兮云飞扬。

现代社会的性别观念发生了根本的转变，男人的概念也有了一些变化，如果说一介勇夫在古代还只是个中性词的话，放在现代可就等于说是一个白痴，单纯的身体强悍已不再是现代社会对于男人的要求了。

但是，男人仍然还是力量的代表：思想的力量，性格的力量。作为现代男人，你可以手无缚鸡之力（当然有的话更好），但是你的性格必须强如钻石；你可以天天西装革履坐在办公室，但是你的思想必须如暴风骤雨般运动不息。智慧和头脑、性格和能力是构成现代男人的首要成分；谁的胳膊粗听谁的时代一去不复返了。

如何定义现代成功男人？金钱，地位，权势……这些不在此处讨论；我们更关注的是，成为（或者准备成为）一名成功的现代男人，你需要具有怎样的男士魅力：豪爽，干脆，正直，勇敢，热情，聪颖，有活力，胸襟宽广，视野博大，思维清晰，逻辑性强，不乏温柔，幽默等等，这些都是送给男士的好的形容词。相反，懦弱，犹豫，迟钝，古板，狭隘，依赖性强，缺乏开拓精神和挑战的勇气，过于注重细节，斤斤计较，过分感情用事，多愁善感等等，放在哪个男人身上都是一种耻辱。

现代男人继承了传统男子主义的精髓：作为男人，一定要强！现代男人又发展、完善了传统：看轻了体格，更强调头脑。

不论何时何地，不论是力拔山兮还是西装革履，阳刚之气必为男士所秉承，强悍之风必为男士所率行。男士魅力可以有种种不同，这两点则是不可或缺的。

（二）说话很有男人味

口才的男士魅力体现在哪些方面？与此相应，男士的口才具备哪些特点？先看看男士说话的几种方式。

1. 流利

说话灵活、婉转、和气，让人感觉亲切柔和。措辞洗练，条理清晰，*丝丝*

入扣。没有"力拔山兮气盖世"的雄阔豪迈,无须"大风起兮云飞扬"的粗犷气概,有的只是谦谦君子般扣人心弦的脉脉细语。

2. 激进

不知忌讳,不避嫌疑,认为错的,直斥其非,认为对的,直称其是。所言率直,坦白无私,知无不言,言无不尽,完全用正直来表现自己的性格。典型的代表人物是丘吉尔,给人一种拥有无限精力的感觉,是很有感染力的类型。

3. 高远

从大处、远处着眼,好说高深的理论。并不一定就是学富五车、不同凡响,而在于表示自己对理论信而有征。

4. 浅近

小处着眼,就平常小事择其利弊指其得失,说经验,谈做法,不空谈理论而重视实际,讲话合于现实生活,为一般人乐道。

5. 朴实

恭恭敬敬,仁慈敦厚,诚实质朴,不肆意高谈阔论,也不婉转圆滑。言虽木讷,然而言必由衷。话虽简单,然语必扼要。用意都用微言显出。

6. 率真

活泼幽默,大大咧咧,满不在乎,像个大男孩,天真率直,明朗阳光,听者也觉得自己年轻活泼了很多。

这些方式各有得失:

第1种,以说话技术见长,外交家辞令,容易让大多数人接受;

第2种,以忠贞亢直见长,公正严明,这种方式易吃亏,往往容易使人恼羞成怒;

第3种,以学识渊博见长,是饱学之士的辞令,但是容易使听者以为专擅空谈,书生气太重;

第4种,以谙熟家常见闻见长,完全是富于生活经验的人的辞令,可能会让人觉得俗不可耐;

第5种,以诚恳温厚见长,长者风范,但容易让人觉得忠诚有余,能力不足;

第6种,以天真率直见长,阳光男孩,让人轻松,不过会显得不够成熟。

这只是大致的划分，很多细节很难一一区别——要知道，男人可是一种十分复杂的动物，就说话方式来说，绝不是区区六种类型就可以覆盖得了的。同时，男士们说话的风度也是千姿百态、风采迥异：可以是洋洋洒洒，侃侃而谈；可以是只言片语，适时而发；可以是谈笑风生，神采飞扬；可以是温文尔雅，含而不露；可以是沉吟再三，反复品度；可以是话题飞转，应对如流；可以是轻声慢语，彬彬有礼；可以是慷慨陈词，英风豪气……千差万别的谈吐风度对应着的是各自不同的性格特点、情趣爱好、思维习惯等等。也许你会觉得以上这些方式、风度都描述得过于"专业"，对于普普通通的男生来说，如何用普普通通的语言表现出自己的男士风度呢？

如果语言形式上没有很多文章可做，那就在语言的内容和非语言交流上下功夫：说话语气显现出坚定，同时又不乏男儿的温柔；说的话要公正有理，令人信服；表情尽量丰富一些，善于表达出自己想要表达的思想感情；避免说话死板，面无表情，犹犹豫豫，无力脆弱的感觉。如果是文字功底扎实的男生，那就可以大量发挥自己的特长，经营自己的强项，把语言和口才当做自己有利的武器，扛起"成功的男人必定是有口才的男人"的大旗，不过要注意：真正有男人味道的口才绝对不是油嘴滑舌、琐碎芜杂的口才。你的风格可以朴素，也可以华丽，但是都要表现出你的男生本色，切勿卖弄口才！

（三）女生眼中的男生

女为悦己者容，男士们也一样。如果没有另外的半边天，男士们一定会极其懒惰无聊，这个世界会变得无法容忍。男生们极其看重自己在女生们眼里是怎样的形象。不过往往这些可怜的演员不怎么清楚对面的女孩喜欢怎样的表演，不清楚为什么她们总是不理不睬。

女生眼中的男生形象是怎样的？什么样的男生形象更受欢迎？

当然，女生们的看法和喜好也是千差万别的，答案因而不唯一。但是，有一些东西还是有其共性的：

首先，女生们往往爱好清洁，所以男生们邋邋遢遢的衣着、乱七八糟的宿舍很少不让女生感到厌烦的。男生们需要改一改自己懒散的习惯，整理好自己的内务，以一个清爽整洁的形象出现在女生面前。

同样要干净的，还有自己的口语表达，脏话？NO！男生们在一起可能偶尔（不乏有人常常）说话带一些脏字，哥们儿听起来，感觉豪爽过瘾，很酷很男人，但是在女生们面前，切记要收起这一套——女生们首先注重的是你是不是一个谦谦有礼、和善待人的君子。女生们对于男生们的脏话往往嗤之以鼻，视为低俗之举，所以，各位男生请自重。

其次，男生们需要同时有坚强的一面和温柔的一面：不能像个野蛮人一样，粗声粗气，自以为豪气十足，也不能像个白面书生，文绉绉的缺乏气魄；不能像个健美运动员一样满脸横肉，也不能像漫画中的漂亮男生，活脱脱一副女子脸面；说话方面，不能干巴巴，如同机器，也不能酸溜溜，像是奶油。

再次，你可以像关羽一样富有正义感，也可以像曹操一样狡诈险恶，可以像刘备一样亲善，像孔明一样睿智，也可以像周瑜一样潇洒；你可以选择成熟稳重，也可以选择天真可爱，可以内向保守，也可以外向风流……依你的情况而定，但是——你必须要有突出的个性！人云亦云的男生，墙头草般摆动不定的男生，没有个性的男生，也许不会被女生们低看，但必为人所忽略。

女生眼中的男生，就是女生眼中的世界；世界丰富多彩，但是总缺不了光亮，男生们的魅力千差万别，但是一定会先点燃自己心灵深处的独特的光。

三　我是女生——口才的女性韵味

（一）从"三种人"说起

清华男生中流传这样一种说法：清华有三种人——男人，女人，女博士。

说得有点极端了，但是也不完全是玩笑之语。女博士给人的一般感觉就是：女强人，女天才，事事要求完美，时时讲究理性，不重衣装，工作就是人生的中心，性格强势，少有男生敢去（能去）追求。实际上女博士们是不是如此？很可能完全就是葡萄酸的虚传，出于吃不到葡萄的狐狸之口。但是，如果真有这样的女生，有上述某些甚至全部特点，那可真的让人难以接受——这离人们心目中的女性形象太远了。

人们期望的女性形象是什么样子的呢？

首先，必须承认，女性天生的姿色是天然的禀赋，在交际中占有巨大的优势，漂亮有魅力的女生，楚楚动人，让人们愿意接近，与她交往。但是，外在的美丽并不是全部。想一下，一位漂亮的女生，衣着艳丽，举止庸俗，谈吐粗野，往往只能招来人们轻蔑的目光。女性的魅力不同于女性的外貌美丽，而是源自内心的一种吸引力，是体貌、修饰、举止、气质、谈吐、教养的综合。女性的漂亮虽然可以吸引人，但不是绝对和唯一的因素。最吸引人的，是具有特殊魅力的女性，其中，自身教养占有极大比例。毕竟，天生丽质的幸运儿是少数，对于大多数女生来说，具有对自我的信心，丰富自我的教养，完善自我的个性和气质，这才是产生魅力的关键。

自强，自信，自爱，自尊，恬静朴素，温柔，高傲，坦诚，活泼但不轻浮，自然而不造作，细腻但不小气，这些都是魅力的表现。对于每一位女性来说，当然要有自己的特点，有自己的魅力。但是，温柔善良几乎是人们对于每一位女性的期望。

（二）说话很有女人味

男性说话要有男人味——阳刚之美，同样，女性说话也要有女人味——阴柔之美。

感情丰富，含蓄敏感，性格温和，善解人意，被认为是女性特有的秉性。表现在语言上，往往少粗鲁、凌厉、咄咄逼人之势，多文雅、轻舒、婉转温和之音，形成了女性语言柔美的风格。有人说，女性是感情动物。女性的感情特征很大程度上影响了女性的性格，女性语言中仍保持了天生的善良和质朴。很有趣的是，语言学家分析，女性语言中"吗""呢""吧"等语气词的使用频率大大高于男性，女性说话时着意选用这类善于表达细腻的感情、富于生活气息的词语，可以使语气变得舒缓委婉，留下温柔甜美的印象。所以，网虫们说，网上聊天时，MM经常使用的词就是"呵呵"，来礼貌地打发烦人的聊天。

话题说远了。女性语言当然也是多元的，有的庄重，有的泼辣，有的直率，有的幽默等等，但是温柔和善始终是贯穿和隐藏在每一种受人欢迎的女性口才风格中的。

在现代社会，女性参与到社会大多数工种中，而且在很多方面都和男性展开了有力的竞争。尤其是在领导管理领域，女性以其善解人意、善于组织、善于协调、善于沟通而具有很大的优势，这和女性独特的口才风格基调——柔和分不开。一个男经理可能习惯于高瞻远瞩，挥斥方遒，但是缺乏与别人亲切沟通的能力，而这正是女性的特长。看看那些管理行业的女强人，正是现代职业女性的典范。

(三) 男生眼中的女生

有一部很红的影片《我的野蛮女友》，描写了一个很现代的爱情故事和一个很异类、很"野蛮"的女友，很受年轻人的欢迎。年轻人的想法真的变了吗？对现代的女生而言，不仅仅或者不再是温柔可爱更受欢迎了吗？野蛮？好野蛮的词！

其实，野蛮女友并不野蛮，内心深处仍然是和善温柔的，这在电影结局中看得出来；如果始终保持野蛮状态，恐怕喜欢她的人数会大打折扣。

这正是男生眼中的女生：可以（欢迎）有不同的外在表现风格，但是灵魂仍然是善良温柔的。

男生当然喜欢漂亮的女生，但是决不仅仅如此，不然英俊潇洒的罗斯福为什么会娶相貌平平的埃德温？

气质的吸引力、风度的迷人、心智的发达等等内心素质的美才是最让人心动的。男生眼中最不受欢迎的，是软弱、不自信、依赖性太强、头脑简单、小家子气十足、满嘴市井言谈、不学无术、一味外表艳丽的女生。所以，不论你是美丽迷人还是相貌平平，都需要完善自己的内在素养，相信一个善良温柔、积极向上的女生，总会被阳光男孩瞩目的。

四　我是东北人——个性化的普通话口音

(一) 本是同根生，韵味各不同

汉语是中国的国家语言，但是汉语在各地都有不同的发展状况。在中华文明漫长的发展过程中，各地人民所使用的语言，由于地理、文化的隔离而渐渐发展形成了各地不同的分支——方言。各地方言可以说千差万别，虽然都是汉语，但是一个东北人听广东人说方言可能真觉得像外语一样难以理解。方言的产生和历史上各地人民交流不方便密切相关，是文化发展的必然结果。而在现代社会，人们可以极其方便地进行跨地域交流，同时，现代社会也要求各地的人进行快捷、方便、有效的交流，此时的方言，尤其是地方味儿比较重的几种方言，就有可能会给彼此的交流带来语言上的障碍。我国推广普通话，正是顺应这一一体化的要求。作为中国人，我们应当很好地掌握自己国家的语言；作为现代的中国人，我们必须掌握流利的普通话。

不过，推广普通话不等于消除地方方言。相反，推广普通话的同时，地方方言也要得到相应的新发展。普通话、地方话，二者并不矛盾，说到底，普通话就是以北京地区方言为基础的，因此，二者可以说本是同根生，韵味各不同。地方方言在很大程度上代表着当地的文化习俗，是构成中华文明丰富性不可或缺的重要部分。推广普通话，是现代化的要求，是为了交流上的方便有效，是为自己的口才构建基础。而在现代社会交际中，地方方言仍然有自己的一席之地——为自己的口才添彩。

经常见到很多人，因为自己说话时方言的味道太浓，普通话讲不好而感到不自在甚至有点自卑，结果要么越来越远离交际，远离除了本乡人以外更大的交际空间，要么破罐子破摔，几乎放弃学习普通话，就用方言四处闯荡。很可惜，这样的选择都没有看到自己原本拥有的一项资本。

普通话是一定要说，一定要掌握的，而在普通话交际的主流中加入方言交际的支流，则是锦上添花，形成自己的又一种表达特色。恰当地运用"方言"普通话，可以造就特殊的交际效应。

1. 同乡效应。这一点是再清楚不过的了，老乡见老乡，两眼泪汪汪，见到老乡，听到乡音，是件非常让人高兴的事，这个时候，不会有谁对着老乡还一本正经地讲标准的普通话。在与人交往中，如果从各种各样的口音中找到了自己熟悉的那一种，就会有一种自然的亲切感和认同感涌上心头，这个时候，乡音乡情就成了交际的向导。

2. 随和效应。中央电视台新闻主持人的普通话是绝对标准的，可是他们也只是在镜头前这样讲，镜头外，和亲朋好友在一起，谁能想象他们还用播音式的口音讲话？没错，普通话的舞台是在正式场合，因为这些场合要求你讲话清晰、简洁、易懂，同时也就意味着统一、标准和消除口音特色。但在非正式的场合，在家里和家人谈天，工作后和朋友们侃侃，这些时候讲播音式的普通话，反而会使你的表达不那么优美，其他人也会觉得不那么轻松自如。带有口音的普通话，不那么标准的普通话，让人觉得随和、亲切，不论是不是同乡，听起来会更有趣味。这不是在挖普通话的墙脚，而是让人们意识到以前没有注意到的事实——日常交往，朋友往来，带口音的普通话是更重要的。

3. 特色效应。经历过军训的人一定都还记着军训中的一点一滴，包括教官。最难忘的是教官严格的操练,还有就是教官独特的说话腔调。教官们往往来自各地,说话明显地带有各地的不同腔调,在喊号训话时就造成了特别的感觉,"一～二～一"在教官们口中显得别有韵味,想象一下如果是用标准的普通话讲出来,仿佛就少了点什么。类似的例子还有很多,我们常常看到一些性格开朗的人满不在乎地说着口音浓重的普通话,而大家也早已习惯了他们这样说话,反而哪天他们突然改说标准的普通话倒显得陌生起来。

现在你知道,地方口音会有什么潜在的交际魅力了。没错,我们完全不必为自己的口音惭愧,要做的事情就是去掉地方口音中过分让人费解的部分,说一种和大多数人口音基本一样的普通话——有地方特色的普通话就可以了。这样,你和别人的交际就不存在什么障碍,而你的口音又有一种独特的趣味。

(二) 南腔北调,各有千秋

各地方言都有各地的特色,给人不同的感觉。东北口音有一种天然的幽默、豪爽、快感。很有意思的是,现在大部分的相声小品节目都是有东北口音的,也不知道是因为人们看这些节目看得多了,觉得东北方言很幽默,还是因为东北方言本身就有幽默感,所以这些节目选择了东北口音。不管怎么说,如果一群人中间有一个东北人,他又很健谈的话,那么他们的谈话肯定是妙趣横生的,而往往"俺们那旮儿的东北人"都很健谈。

山西方言鼻音很重,讲起来语速较慢,每一个字都是很重很重地吐出来,语调变化比较少,因而不是很适合用来表达丰富的感情,但总是会让人感觉到率直朴实,踏实稳重,值得信赖,同时又有点内向,一如黄土高原给人的感觉。所以当一群人在讨论时,很少见到说山西方言的人高谈阔论,巧舌如簧,但是,当面对的人比较少时,比如,向你讲述一段故事,或者去看望老朋友、探望病人时,你又会觉得这样的口音多么贴心。

广东话,也就是粤语,一般人是听不懂的,但是带有广东味道的普通话大家都很熟悉。一般的商业场合,如果你说的恰恰是这种有特色的普通话,往往会给人一种精于商道的感觉。没错,感觉,仅仅是感觉、印象,但往往就是感觉出人意料地发挥着不一般的作用。广东话、上海话都给人一种精明、务实、行动派的感觉——现代商业社会很需要这种感觉的风格。想想看,三个人站在你面前,一个讲山西话,一个讲东北话,另一个讲广东话,都和你谈同样的一笔生意,你会更倾向于和哪个谈?当然你不能恰恰来自三地之中的某个地方,不然往往会选择老乡,这涉及方言的另一种交际效应。排除这种影响,你很可能选择讲广东话的那个,理由?很简单,甚至有点荒唐:你感觉广东人经商的多,会经商的也多,是你真正在寻找的人。

四川方言给人的最大感觉就是语速快,而大部分四川人给人的感觉是行动节奏快,有什么联系吗?不知道,可能吧。四川方言语调较少,起调比较平,也有助于语速的加快。四川话也是一种听起来让人感觉爽朗、平实的方言。

北京方言虽然最接近普通话,但是和播音员的普通话还是有很大区别的。可能和住在皇城根下有关吧,北京话带有一种天然的自信感,对很多外乡人来说,有一点点优越感和藐视感。北京话儿化音多,所以也让人觉得有一些油腔滑调。总体上说,北京话是一种非常有表现力的方言。

其实,各地的方言还有更细微的区分,每个小分支也许会有不同的特色,拿四川话来说,成都话感觉很缠绵,而重庆话则感觉爽朗干脆。尽管如此,大致划分下来,中国几大方言区各自的特色还是很清楚的。江南的方言比较婉转细腻,善于传情达意;塞北的方言比较厚重粗犷,长于展志抒情;东北的方言率直幽默,易于和人打成一片……

(三) 两手抓,两手都要硬

消除掉可能的自卑感后,我们现在要看看到底如何合理地协调使用方言口音和普通话。一句话:两手抓,两手都要硬。

不同的场合,我们可以选择不同的发音方式。和老乡们在一起,不管是随便聊聊还是正式演讲,直接用地方方言都让人觉得亲切,心理上的距离一下子就会缩短;和五湖四海的朋友,在公司和同事,在学校和同学,就可以选择带有地方特色的普通话,让大家在心里想着:那个×××人,真有趣,真有个性,真好玩;而在公共场所、正式场合,如大型的商业谈判、答辩会等情况下,一口标准的普通话无疑会像一身正式庄重的西装一样合适,在这些场合,大家更注重的是你说的内容,所以,快捷、准确地传达信息就是最重要的,非普通话不可胜任。还有,要注意避免方言几种特殊社交效应中的副作用。比如说,四个人聊天,其中三个是浙江人,另一个是四川人,这个时候,浙江人就要先想一想,如果自己用浙江方言交谈,虽然感觉比较亲切痛快,但是那个四川人听了半天什么都不懂,会不会觉得无趣甚至觉得被排挤?

总之,要正确看待方言,合理发挥地方口音的特殊效应,充分利用已有的各种可能的潜在个性化资源,大胆地和人交流,"说"出自己的一片个性蓝天。

五　我是大学生——年龄层次不同,说话特点不同

(一) 从幼稚天真到成熟世故

不同年龄的人、同一个人在不同年龄段都有不同的口语表达风格,这一点是显而易见的。婴儿只会呀呀发声;小孩子说话显出一份好奇、淘气、稚气、天真、活泼和依赖;少年说起话来总是有一种叛逆感,风风火火;青年人说话往往是天马行空,畅所欲言,无所不谈,彼此间有说不完的话题;中年人说话就有了一种叫做成熟的东西,话题不多,直奔主题,非常现实,重内容,重实际,重理论,一旦说了就做;老年人讲话、平和、沉稳,话少而精,充满人生智慧。

我们这里讨论年龄和说话特点的关系,如果只是简简单单地说小孩子说话天真活泼,童言无忌,老年人讲话缓慢沉稳,深刻世故,就显得简单浅薄了。年龄对个人的影响最主要的是提供了时间让人们去积累阅历,而往往阅历和年龄不是简单的正相关,每个人的情况都不一样。阅历积累的不同加上个人对待阅历的观点和方法不同,使得年龄对个性特征的影响比年龄对口才的影响要复杂得多。我们几乎都见到过显得老成的年轻人和身着艳装的老顽童,而这才是我们讨论的重点:如何看待这些"鹤立鸡群",不同于同年龄段大多数人口才风格的另类现象以及如何有效、个性化地在年龄段和口才风格之间建立联系。

首先,来关注"少白头"和"老顽童"。这样的例子虽然是少数,但是格外引人注目。虽是年轻人,说话却一副老年人派头,可能是此君思想成熟,人生阅历丰富,也可能是思想过分保守,性格老气横秋,也可能是兼而有之,还有可能就是摆酷装出来的沧桑感。老年人仍然活泼好动如小孩子,返老

还童,说起话来,不论是话题还是方式都是"老夫聊发少年狂",通常都和自己的性格有关。这样的老人开朗爽利,不甘于老,人老心不老,喜欢和年轻人在一起,自己也觉得变年轻起来。不管是哪种情况,不管是什么原因,都要注意度和对象。过分地显得成熟,总是一副长辈气派,说话动不动带着过来人的味道,会让人不耐烦不欢迎;太活跃太好动太前卫了,说话刻意地像年轻人一样,会让人觉得不自然不放心。而且,在一群年轻人中间显得老成些,容易树立可靠的形象,得到大家的信任,而如果是和老年人、自己的长辈在一起还是这么一副腔调的话,只会让自己显得浅薄无知;相反,一群老年人在一起,如有一个老顽童在场的话,气氛就会活跃起来,大家仿佛都被感染了,而如果是和一群原本指望着依靠、学习自己的年轻人在一起,这样的言谈举止就可能让人摸不着头脑了。

其次,更重要的是在年龄段和个性化口才之间建立连接。这里有两层意思:

1. 适时地调整自己的说话风格。成长是缓慢的,但当我们发现时,又往往是瞬时的。虽然成长基本上是个自然过程,但是每个人的适应能力不同,而且,深层次、更关键的阅历积累也差别巨大,结果就是,在日常生活中不难见到,不少几乎是中老年的女士们说话竟然嗲声嗲气,作青春少女状,俗不可耐。每个人都需要及时地发现自己年龄、角色的变化,调整说话的风格,尽快适应新情况。大学中同一年级的学生可能年龄上差好几岁,有些人可能已经到了法定结婚年龄,另一些人可能还是未成年的花季雨季少年,但大家都面对着同样的大学环境,此时就要考虑到自己的言谈风格不能和主流风格差别太悬殊了,不论年龄大小都需要使用大学时代的语言。

2. 使自己的口才具有和自己的年龄段最适应的特色,并使之与自己口才的其他特色协调统一。很可能你性格拘谨,保守内向,不善多言,如果你现在正是韶华年少时,一味地不去考虑年龄特点,固守自己的说话风格,可能就会让大家觉得木讷呆板,如同书呆子,没有一点青春活力,难以相处;而如果你扬长避短,虽然个性不改,但是苦心致力于使自己的话以一当百、一针见血,同时努力做到知识丰富,眼界开阔,这样大家就会认为你有领导才能,对你产生依靠,而这对于一个开朗外向、大大咧咧、随和率直、活泼好动、青春特点齐全的人来说就比较难做到了——这就是协调年龄和个性化口才的例子;举一反三,将来你不可避免地会到中年老年,需要你做的就不是让口才发挥沉稳性格的特长了,原来的冲动少年们此时都已经差不多沉稳了,你得继续开辟新途径了。

(二) 校园语言文化

大学生处在青春与成年的过渡期,加上校园特殊的环境,形成了自己的一套语言文化体系。活跃的气氛,跳跃式的思维,开阔的眼界,丰富的话题,专业的术语,独创的语言,无忌的交谈,既有青春年少的特点,又有即将步入社会的成年的雏形,这些共同构成了大学校园语言文化的基本特点。

高中生和上班族们很少知道"FT"为何意,但这在大学生那里却是口头禅;同样,只有大学生们才会在 BBS 上疯狂灌水,畅所欲言,不顾语法,创意十足;只有大学生们晚间卧谈有说不完的话题,从拉登到女生楼;只有大学生们互相嬉笑怒骂而不在意;只有大学生们会发明、窜改各种台词表现自己的生活……大学生是一个互相碰撞思想,互相交流梦想,互相影响生活的特殊的年轻人群体。

想了解大学生们的语言文化特色,只有深入其生活才能原汁原味地感受到,对于象牙塔外面的人来说真的有点难以想象;但是,想要从人群中辨认出一个大学生却简单得多,因为他说话太有特色了:文质彬彬,稚气未脱,活泼异常……

大学生的口才更多地体现在天马行空的超脱想象力上,没有太多的条条框框,没有烦琐的礼仪规则。所以,想要潇洒地度过大学生活的同学们别忘了自己身处的个性十足的校园语言文化氛围,在紧张的学习之余,去体味一下自己特有的口才。人生是由不断变化的现实组成的,不要总想着将来怎样怎样,也不要总沉醉于中学和儿时情景,把握好现在,不要一副学究样,不要一副上班族的样子,也不要还是毛孩子气十足,大喊一声:我是大学生!放心大胆地在这段珍贵时光中张扬你的个性吧,用特有的语言风格!

(三) 校园不等于社会

大学生终究会走出校园,步入社会,尽管校园中邮局、银行、超市等等什么设施都有,俨然是个小社会,但校园终究不是真正的社会,事实上,校园和社会之间有巨大的差异。正在走向和准备走向社会的大学生们需要清醒地看到这一点,在口才风格上,要做好从校园风格向社会风格及时转变的准备。

你可以逃某位教授的课,但可要小心,不要这么随便地逃哪一个老板的班;你可以在 BBS 上大放厥词,指点江山,评天论地,但可要注意,走向社会后不能这么放肆地和同事在酒吧间高谈阔论;你可以潇潇洒洒、大大咧咧、满不在乎、邋邋遢遢地出现在校园里,但不能衣冠不整地出现在公司里;同样,你可以天马行空、口无遮拦、自由自在地和同学大侃特侃,但在校园外,你的口才不仅仅表现为敏捷的头脑、发达的想象、自如的舌头,更多的是礼仪、技巧、经验和人生智慧的综合。

所以,这里要强调的是,在尽情地说着大学生自己的话时,要想到,这样的风格仅仅适用于现在的校园里,外面更广阔的天地有着几乎完全不同的规则。要清醒地知道,在一群大学生中显得口才出众、光芒四射的,未必在校园外仍能这么受欢迎;而一个平时和同学说话显得不怎么入流的人,很可能非常适应将来社会对口才个性的要求。了解社会和校园的不同,了解自己在校园中是怎样的一种口才风格,了解自己的现况是否和未来的要求顺利接轨,是本章最后向读者强调的,如果发现现在的口才风格可能会和将来的要求有冲突,就需要自己及时着手做准备了。这里,祝每一个大学生在享受校园特有的语言氛围的同时,为将来步入社会做好充分的准备。

六　我是 IT 业老板——行业与职位的烙印

"这个人说话有一股子官腔,颐指气使的""王老师说话头头是道,就是学究气有点太重了""老李说话很稳重,一看就像个大夫"……我们不时会听到类似这样的评论。的确,不同的行业、不同的岗位也是构成个人特征的因素之一,也会对人的口才产生影响。事实上,行业、职位与个人口才的关系极其密切。我们从两个方面讨论这个问题:首先,不同的行业、职位对个人口才产生的影响;其次,个人已有的口才风格对选择职业和岗位产生的影响。

（一）作用力:行有行话

不同的职业有不同的职业要求和职业习惯,而这直接影响到从业者的口才风格。从事科学研究的科研人员重视的是科学事实,需要的是严谨、客观、冷静、条理清晰、以理服人、行胜于言,体现在口语表达上,往往就是善于逻辑论证,长于客观处理,比较欠缺夸张、比喻和情感力量;当然也有例外,不是说科学家们个个都是冷冰冰的电脑,实际上,爱因斯坦、杨振宁等等科学大师出众的口才表达能力是世人皆知的。这里说的是就一般而言,科研工作者的口语表达有这样的一些趋向。

同样,教育工作者传道授业解惑,说话要既让人听得明白,话语本身又有很强的逻辑层次性,对学生循循善诱,悉心教导,同时拥有权威性。据统计,各种职业中说话最多的就是教师了。表现在口才上,往往让人觉得听起来舒心,但也有可能让人觉得被指导,被束缚,是一种既类似上级,又类似长辈的感觉。

从事娱乐业的人员,比如主持人、广播员、演员等等,职业的需要使得他们说话的频率仅仅低于教师。这些人说话最注重给人的印象,最注重自己的形象,因而在镜头外的时候,口才风格仍然有着明显的表现倾向。根据个人的具体情况可以进一步区分出不同,有的表现得活泼灵活,有的严肃官方,或者幽默十足,等等,共同的特点是比别的任何职业都更擅长表现。

对于医生来说,面对的经常是痛苦的患者、担忧的家人和冷酷的病魔。这就需要医生们做到冷静、温和、稳重、宽容,心胸宽广,凡事都看得开,既能自如地对付疾病,又能妥帖地关心患者及其家人。这样的职业素养造就了好医生们共有的口才风格:科学家式的冷静客观,洞明世事人情练达,同时又有世俗之外的心境,说话给人以信赖感,不能让人觉得不成熟,不能表现得好争辩、有占有欲等等。

对于中关村 IT 业年轻有为、敢想敢干、富有冒险精神和开拓勇气的企业领头人来说,效率、交流是最重要的事情,他们的口才风格就与前面的例子大不相同。行业的要求、生活的节奏和年轻人的特点让他们说话总是直率,大胆,闯劲十足,富有远见,思想活跃,不受束缚……

而对于一般的白领上班族来说,他们的口才虽然也有前者重视效率、平铺直叙的特点,但缺乏一种强烈的自信和大胆,更多的是细腻一些的生活气息,文文静静,安然自足,是我们最常见的那种类型。

还有广大的农民工人群众,他们的话朴实、踏实、率直,不怎么讲究技巧和礼仪规则,但是有丰富的民间语言财富,是极其丰富的语言宝库。

至于岗位对口才的影响,则没有行业的影响那么大,但是也决不可忽视。老板们讲话的气派和普通职工显然不同,在一群工作中的人中间无所顾忌地大声说话,指指点点,只有两种人可能做到:管理能力值得怀疑的头儿;刚被炒了鱿鱼的性格火暴的员工。开会的时候,上级领导讲话的风格和下级听众的也有明显不同,"嗯,啊,那个那个,啊"之类说得多的不会是下级。这些表现是不是正确、值不值得学习且不说,由于岗位高低有别而造成的表达风格的差异,是很明显的。

知道了不同行业、不同岗位对人们口才风格的影响不同,就可以坦然地面对不同岗位的不同从业者千差万别的口语风格,而不至于拿一个模子四处去套。要正确地看到自己身边不同职业的人的不同口才风格,同时开始理解他们身边关系亲密的人受其影响而有的不同谈吐气质(尤其是小孩子们受家长的影响),进一步了解掌握自己职业对自己口才风格的影响,学会将其运用自如,完善自己的口才特征,消除自己口语表达中和职业岗位不符合的地方,使其更加适合自己的职业要求而不至于与其冲突;在和不同职业的人打交道的时候,要充分考虑到职业差别造成的口才风格差异,让交际顺利进行,让自己感到更加舒心。

(二) 反作用力:如何选择适合自己的职业和岗位

以上我们说的是职业对口才造成的影响。实际上,口才不同也会影响到职业的选择和适应。原本就不善言谈、比较沉默的人,选择去做需要大量和人打交道的职业,比如推销、职业经理人等等,显然就比较难以适应;而一个特别能侃,特别喜好说,喜欢和人辩论直到脸红脖子粗的人,选择从医或者科研的话就显得不太合适。平时说话就舌灿莲花的人,选择常在公众面前露面的工作恰似如鱼得水;说话不坚决,商量的口气太重的人很难在这种情况下扮演好领导角色……这些已然养成的口才风格是自己的性格、习惯等其他因素造成的,所以,口才风格对选择职业、岗位有影响不仅仅是因为不同的职业、岗位要求不同的风格,更是因为口才风格是自己其他特征的表现,口才风格上的适应性代表了自己其他特征的适应性。

(三) 专业有影响吗?

说到这里,各位大学生读者可能会想:自己的专业就是将来职业的雏形,那么不同的专业对自己的口才风格会有影响吗?

答案是:有,不大。

人们常常认为,像清华、哈工大这样以理工科为主的院校,学生们普遍口才不是很出众,而且往往侧重科学严谨性,不像北大、人大这样有很浓人文氛围的院校,学生们个个巧舌如簧。真是天大的误会!西交大也是理工科为主,而回顾国际大专辩论赛,交大的成绩令人惊讶。受校园文化潜移默化的影响和人为观念的影响,不同院校的学生为人为学风格的确有一些差别,但是还谈不到在口才上有高低之差,只是在风格上略有不同而已。影响比较大的是跨度比较大的专业,比如,理工科学生和人文社科学生之间,言谈总体来讲是有不小的差别的,前者侧重以理服人,逻辑性强,后者在形式上的丰富性更为突出。

不过,在大学期间划分了不同的专业,并不等于就决定了以后的工作方向。社会对人才综合性的要求越来越高,因此,在大学期间,学理工科的多学学社科人文艺术类的优点,学社科人文艺术类的多掌握一些理工科的思想方法,是十分必要的。口才风格方面过早地定了型,对自己将来的多方面发展是不利的。我们鼓励大学生跳出本专业的小框框,综合、全面地提高自己的素质,以适应多变的社会要求。

七　我是我自己!

(一) 我的指纹——客观真实地认识自己

现在很流行一种现代的观人术——星座说。根据出生的月份日期,把一年分成十二份,每一份都根据黄道十二星座起了名字,每个人都分别属于不同的星座,每个星座又都有不同的个性特点。乐于此道的人还煞有介事地把星座和个人的婚恋、财运、性格等各方面能力联系起来,相生相克,复杂相关,形成了一套系统。不少年轻人对此津津乐道,甚至不无严肃地据此来看待自己的问题,觉得这种简单的方法还真的很有说服力,很符合实际情况。比如说,星座说认为狮子座的人普遍有王者气派,性格直率,有点火爆,属于此星座的男生爽朗有男子汉气概,女生则有天生的高贵气派;金牛座的人则往往性格沉稳,谨慎保守,吃苦耐劳,认真负责,有一种牛的品性;白羊座由于是十二星座之首,所以显得很有领导派头,积极好胜,不屈不挠,有点倔强,权力欲望重等等;有点像是把人的性格动物形象化了。

这种说法有依据吗？信不信由你。我们这里只想说：

1. 看待自己要科学认真。

2. 根据希腊神话（十二星座的起源），狮子座的狮子原是希腊一个英雄在冒险事业中杀死的一只怪兽；金牛座的牛原是主神宙斯变化成的一头白牛，诱骗一位公主渡海到欧洲；白羊座的白羊原是只金毛羊，羊毛皮成了那位英雄冒险事业中的一件战利品；星座本身则是为了辨认星空的方便而保留至今的。

3. 按照星座说的看法，最有口才的人是双子座，果然如此的话，另外十二分之十一的人都不用训练口才了，练也没用。况且，把人的个性这样分开，就个人而言，对号入座看起来仿佛的确很个性化，但是从总体上来看，就是在中国，十三亿人口才有十二种类型，未免太单调了吧？

4. 相信大多数人不会以此来看待自己，即使是热衷于此的人往往也仅仅是当做娱乐消遣而已。不过，说得多了，想得多了，可能就会潜移默化地对看待自己的方式和对自己的定位产生影响，不知不觉地也就影响了主动进行完善塑造的意识和动力——这么简单地就影响了自己可能的未来，岂不是很可惜？

5. 类似的，除了星座说，还有属相、血型、指纹等等分析方法，同出一辙。还有看起来显得比较科学的，给你几道趣味测试题，不同答案对应不同性格类型，从而决定不同趋向和能力（包括口才）。看起来，这些仿佛也是个人特征的内容，是否和自己的口才有关系呢？这些分析，该不该信呢？决定权在各位读者手上。我们不信。

（二）为自己制定口才目标

我们已经看到了一些因素是怎样影响口才的个性化以及怎样利用自己的个性特征来实现口才的个性化的，但这些因素还不是全部，还可以举出很多别的因素。

比如，你的相貌。如果你长着一张林志颖那样可爱的娃娃脸，那你最好的选择是以一种活泼、开朗、充满年轻活力、免不了有一些天真的方式来说话（当然也许你的内心完全不是这样的，但是这样的风格在大家眼中最适合你的外在形象），很可能你早已这样做了，因为你已经下意识地感觉到自己照镜子的时候刻意老成稳重权威地自言自语的样子很不自在。如果你给人的感觉有点像鲍国安,那你就有以一种权威的感觉对人说话的优势了,但是很可能那些小孩子不会对你很感兴趣。鹅卵形的脸型,大大的眼睛,弯弯的嘴角给人的感觉就是年轻,活泼,善良,可爱;方方的脸庞,浓浓的眉毛,厚厚的嘴唇,加上深深的肤色,会让人觉得直爽,坦诚,憨厚,热情;比较窄的脸型和眼睛,薄薄的嘴唇,比较瘦的体形不可避免地给人一种精明,权力欲强,意志力强的感觉。这都是人们的直观感受而已,但是,很多情况下,这些看似没道理的直观感觉往往影响到人们对你的看法,换句话说,你的形象将代表着你的实质。这种情况下,你可以选择让自己的口才和这样的形象感觉同一,也可以选择让自己的口才更强烈地代表自己本身,以纠正人们对你形象的感受,这取决于你的意向。

你的生活态度也是一项影响因素:积极的人,节奏快的人,惜时如金的人,乐观的人,从说话上就和相反的人明显不同。你的思维习惯:擅长形象思维的人,用语多比喻,夸张,表现力强;擅长抽象思维的人,说话常严谨,古板,逻辑性强。你的爱好乐趣:爱好广泛的人,话题多,话也多,显得才华洋溢;乏味的人正好相反。你的生活阅历:历经坎坷,生活阅历复杂,说话往往老成;反之往往直爽冲动。

这些都是已有的因素对口才风格的影响,此外,你完全可以自己为自己的表现增加个性因素——包装自己,就像明星们做的那样。比如说,你可以用一种独特的方式和人们打招呼,就像电影里面演的那样,只不过,这回你要堂而皇之地拿来自己用。——模仿电影?可能是吧,那又怎样?电影明星可以包装自己的形象,为什么我就不可以?况且,我们只是拿来这个好点子而已,具体用怎样的方式,我们自己来考虑;独特的手势?表情?招呼声?怎么都可以,只要和自己的个性特征统一协调就好。《东京爱情故事》里的三上一碰到朋友就右手向上一挥,说一声"呦!"很酷很有型的样子,吸引了众多日本女观众;如果你也潇洒风流,不妨考虑类似的"呦!"。

还有口头禅。似乎大家有一个共同的认识,就是口头禅的使用是影响口语交流的,提倡消除口头禅。其实,口头禅分为两种,其一是像20世纪80年代的官吏开会那样,"那个那个那个,这个这个这个,啊,同志们啊,这个问题啊……"这纯粹是口齿不俐、口才甚差、缺乏教养;另一种则不同,适时适量、分对象和场合地说,反而有一种特别的个性化效果。每当大家想到你的时候,或是每当大家学着你的样子说出你的口头禅时,都会发出一阵会心和善意的笑来，这就是你这条口头禅的妙处了。口头禅既可以像祥林嫂念叨"我们阿毛"那样为自己添上不利的个性特征，也可以像"呦！"的一声那样，简短独特，让人难忘——口头禅可以成为自己口才的一个花絮。

总之，为自己的口才量体裁衣，有意识地精心策划定制一份属于自己的口才，把整件事情看成一件工程，首先画出蓝图，然后按部就班地施工，直到拥有——

（三）自己的口才，自己的魅力，自己的成功！

我是男生，我是东北人，我是老板，我是帕瓦罗蒂……我只是我自己！

我自己——就是这种感觉！现在，你可以继续做一个普通人，继续平常的生活，继续群星、小草的角色，但是，在开始学习如何塑造口才时，你必须有自我的意识，提醒自己：时刻从自己的实际情况出发，把各种技巧和自己的个性特征结合起来，让自己的个性充实自己的口才，让自己的口才体现自己的个性，展现自己的魅力，成就自己的成功。

【思考与练习】

1. 谈谈你说话有什么特点，总结一下你自己的口语表达风格。
2. 影响你有效表达的最重要的障碍是什么？如何克服它们？
3. 制定一个适合你自己的口才训练计划。

第五讲

美化你的嗓音

一　人的声音从何而来？

　　一个人的声音能翱翔到巍峨的山巅,但它的源泉仍然是人体,语音是由人类的发音器官发出的。我们平时说话的声音是体内的气息经过肺和气管、声带和喉头、口腔和鼻腔、胸肌和横膈膜等器官一连串主动或被动的运动产生的。横膈膜保证着这一整套运动的进行。

　　横膈膜是位于胸腔和腹腔之间的一块近似于平堤的肌肉。打嗝就是由于横膈膜产生痉挛性的收缩而造成的。当你吸入空气时,横膈膜下降,引起胸肌运动,两肋间左右自然扩张,采用胸腹式呼吸时腹部有下压感,腰部有向外撑的感觉。发声时,气流通过横膈膜以及胸肌的共同作用,压入气管,并送到喉头。

　　声带是语音的发音体,喉头是声带的活动室。声带长在喉头的几块软骨中间,是两片富有弹性的肌肉薄膜。声带中间的空隙叫声门。发音时,气流冲出声门,声带就颤动发音。声带振动越快,声调就越高。

　　口腔和鼻腔是发音的共鸣器。不同的声音都是气流在口腔和鼻腔受到压制形成不同共鸣的结果。口腔部位很多,其中最灵活的是舌头。鼻腔与口腔之间以上腭相隔。软腭上升贴住咽壁,让气流冲出口腔,可发口腔音;软腭下垂堵住口腔通道,让气流从鼻腔冲出,可发鼻音;若软腭不动,让气流同时从口腔和鼻腔冲出,可发口鼻音,也叫鼻化音。

　　和其他所有的声音一样,语音是由物体振动而发出的一系列连续的音波所构成的。每一个声音都有一定的音高、音强、音长和音质。

　　音高就是声音的高低。语音的高低和人类声带的长短、厚薄、松紧有关。一般来说妇女和儿童的声带比较短而薄,所以说话时声音高一些。男子的声带比较长而厚,所以说话的声音低一些。同一个人的声音有高有低,是因为人自身有控制声带松紧的能力。总之,声带振动决定音调的高低。

音强就是声音的强弱。语音的强弱同呼出的气流量的大小和发音时用力的程度有关,说话时如果所出的气流量较大,发音也比较用力,发出的声音就比较强;反之发出的声音就比较弱。

音长就是声音的长短。它取决于发音持续的时间,发音持续的时间长声音就长,发音持续的时间短声音就短。

音质就是声音的性质,在音乐中也称音品、音色,是一个声音区别于其他声音的基本特征。不同的人用不同的发音方法、因为不同的共鸣器的不同形状,就会形成不同的音质。据研究,发声时,传递声音的气流经过一系列的扩音器(喉咙、鼻子、口腔等),声音的闻见度提高二十多倍,此时音质已形成。

口腔把声音塑造成语言,主要是依靠口腔内外各器官的运动来完成的。特别是舌头的转动。当你发"啊"时,舌头平卧在口腔内;发"呃"时,舌头就会自然拱起;发"噢"时,舌头后缩;发"鸣"时,舌根向后抬起;说"自豪感"时,舌头在口腔内不停地忙碌,一会儿抬高,一会儿降低,一会儿卷缩,一会儿舒展。嘴唇也是个活跃的家伙,你念"坡",它就爆裂开;你念"母",它就自动增长;你念"夫",嘴唇就会被上齿轻咬住。它的动作像单人乐队的乐师一样,快得令人目不暇接,而且转瞬即逝。语句的塑造是一个生动有趣的过程,你的舌头、嘴唇、牙齿、面颊、上下腭,乃至悬垂在咽喉口的"小舌头",全部紧随着那股气流,像一群猎犬追踪一只小兔子似的,把它撕碎,又重新结合,最后发出语言。

二 嗓音是你的第二张脸

现在我们知道了,气流通过喉头变成了声音,产生了声调,共鸣体使它获得了音质。不同的音质也就是不同的嗓音,嗓音好比人的第二张脸,是一个人区别于另一个人的重要素质。

多年不见的老同学,模样可能记不清了,也许变化太大已认不出来,但一听声音很快就会回忆起来。在非洲某个地区,由于近亲繁殖,人的模样都长得差不多,区别他们的很重要的一个方法就是说话的声音。嗓音与指纹一样有非常鲜明的个性特点,侦察部门利用嗓音破案有时比指纹鉴定还准确。

嗓音有着非常明显的性别差异。据科学检测表明,男性声带每秒钟约振动 120 次,女性则比男性高一倍以上,这是因为两性的喉头和声带共振器构造不同,而说话者所经历的各种情感,或兴奋或恐惧都有间接的影响。生理学家研究发现,女性嗓音低沉化倾向出现的原因,不是因为女性声带的变化,而是由于更为紧张的职业活动,以及社会作用更积极、社会责任感更高。

嗓音也是衡量一个人素质的重要标志。善于运用抑扬顿挫说话艺术的人,显得精力充沛、善于交际、意志坚定且乐观向上,更富有吸引力。悦耳的嗓音就像音乐,可以给人带来愉快的情绪。人们对这种愉快情绪的记忆比其他类型的记忆要长得多,也许已经忘记你的长相,也许对你讲话的内容已记不起,但悦耳的声音却使人不易忘记,这就是嗓音的魅力。

嗓音作为身体各器官协调配合的产物,其优劣也反映出身体各器官的健康状况。例如,情绪可改变呼吸的节律,恐惧或紧张会使喉咙麻木,导致共振器变窄,声带紧绷,嗓音嘶哑。在恐惧的状态说话,声调往往被提得很高;在良好的心境中,声调自然变得浑厚丰满。

月下老人常常让恋人为对方的面容一见钟情,也常常让独特的嗓音拨动大脑中那根神秘的弦。难怪不同的歌星有各自的歌迷,歌迷们对不同的演唱风格痴迷如醉。

嗓音是你的第二张脸,要爱护这张"脸",就要保持声音的朝气和活力,使声音更有感染力。这就要注意发声的动力系统不要松懈,不管多么疲劳,都要使呼吸得到有力的控制,使动力系统保证随时随地发出你所需要的声音;如果动力系统松松垮垮,那么声音就像穿了一双松垮的尼龙袜子,一样会影响你的形象。

这里没说声音比面孔还重要,我们强调的只是嗓音是你的第二张脸。但可不要小看这第二张脸孔。如果西施再世,一如传说中的闭月羞花,只可惜嗓音尖利、沙哑、含混不清、干瘪单调,时而模仿女巫怪叫,时而如同利器划过玻璃,恐怕追求者会大打折扣。当然这个例子有点极端,你不会那么不幸地嗓音如此恐怖,不过也不一定那么幸运地面容俊美。所以对于我们来说,调动自己所有的资源来美化自己的形象就极其重要了。

可惜的是,不少人拥有很好的嗓音,却不懂得好好完善,甚至不懂得如何去利用;还有人则是声音缺点丛生,却没有意识到或者意识到了却不曾努力去改善。几乎每个人生来就懂得如何对自己的面孔扬长避短：眉毛太稀需要抹得黑一点，鼻子笔挺就尽量少戴眼镜，鹅卵形的脸蛋就需要常常配上柔和的微笑，痘痘一定要竭力消除……但是几乎没有人生来就懂得如何美化自己的声音，甚至不知道需要美化自己的声音。现在，知道了声音的重要性，各位，开始行动吧，为自己的声音美容！嗓音是你的第二张脸，永葆嗓音的青春活力比用化妆品粉饰自己更重要。

三　真的存在有磁性的声音？

形容面孔的最好的词，不是英俊，不是美丽，不是可爱，不是娇媚，而是迷人——概括全面而且直奔目的；形容嗓音的最好的词，不是洪亮，不是清脆，不是娇气，不是雄厚，而是富有磁性。

常常听到评论说，某某歌星音域宽广，嗓音独特，极具磁性。磁性，好一个妙词！那一串特别的声波从特别的人那里传来，如同有什么魔力一般让你想让他再多说一些。到底是什么吸引着你呢？那声音可能如同教堂的钟一样撼人心扉，可能像小溪一样轻快活泼地流过心间，也有可能什么都不像，反而有一点沙哑、一点尖利，根本说不上悦耳，但就是让人想听，就像林肯的声音——这就是磁性。磁性是形容听者的感受的，不是形容声音本身的；迷人是形容对外效果的，不是形容相貌本身的。这就给我们大多数人提供了美化自己声音的可能：我们可能没有帕瓦罗蒂的嗓音，但一样可以拥有富有磁性的声音，来吸引自己想吸引的人。

还记得小时候妈妈喊自己回家吃饭的声音吗？记得妈妈唠唠叨叨嘱咐自己添衣服的声音吗？记得爸爸那有一点让自己害怕，又让自己感到安全的声音吗？多年后，在记忆中回想起这些细节，不是总觉得想要随着这声音回到往昔，回到依偎在父母身边的幼年时候吗？父母的声音永远像磁石一样吸引着孩子，是因为天下父母的嗓音都那么柔和动听吗？不，是因为父母特有的、唯一的对我们的关怀爱护让我们对父母、对父母的形象、对父母的声音有了如此大的认同。普天之下，父母的声音对孩子都是有磁性的。

声音的磁性究竟源自什么？源自你的嗓音本身以及你的嗓音对他人而言的特殊性。

人们天生就倾向于喜欢某些音色，恰如天生就喜欢某些面容。通常来讲,柔和的声音、洪亮的声音、雄厚的声音、清脆的声音、层次感强的声音比尖锐的声音、缥缈发虚的声音、单薄的声音、混浊的声音和干瘪的声音吸引人,这是源自人类听觉中枢的本能。但是,在某些情况下,一些人虽然没有以上吸引人的音色,但经过对自己声音的有意处理,或者尽量消除不利音色的比例,或者化不利为有利,把不利的音色提升为自己个性化的声音,给人留下深刻印象。让我们看看林肯。人们都认为林肯的面容相当丑陋,而且他的嗓音也常常是沙哑的,有时还发出一些令人难以忍受的尖锐的声音。初涉政坛的时候,这些都是他的不利条件。那又怎样?林肯对着高高的庄稼练习演说,抱着大大的词典修炼自己的文字应用能力,在各种公开场合发表自己的看法,用大量的幽默来赢得观众的欢迎。经过长期刻苦的演说训练,几乎所有的人都忘记了他的嗓音是不是动听,或者还记着,但是已经把它当成林肯巨大魅力的一个组成部分了。这个时候,林肯的声音无疑是具有巨大磁性的,而这磁性的构成因素,是他天生的嗓音的缺点和他展现给人们的特殊性;这略带尖厉的声音,表达的是正义真理;这显得沙哑的声音,体现的是林肯执著不屈的个性;这特殊的声音让人们感到的是正确和安全,这是独一无二的"林肯的声音"。是林肯个人的磁性吸引着人们,这个人的磁性通过声音很好地传播着,于是,声音有了磁性。

所以,如果你也希望自己有这样的磁性声音,需要做的也是两个方面:处理好自己天生的声音;让你自己有磁性。光有天生的动听嗓音是不够的——显然不是每个歌星说起话来都有磁性;"问渠哪得清如许,为有源头活水来",要长久地保持富有磁性的嗓音,首先得拥有不变的有磁性的人格。谢天谢地,正因如此,我们才有可能不被先天的因素束缚,才有可能在后天的努力中效仿林肯。

四 是先天还是后天?

不可否认,每个人的天赋都不同。绝对不是每个人都可以当好足球运动员、当好模特、当好歌星的,有些人生来小脑不发达,有些人生来长不高,生来身子长腿短,生来容易发胖,有些人生来五音不全,音色乏味。但是基因没有为我们决定一切,相反的,一切还要我们自己去决定。当然也不是随心所欲,先天只为我们提供了自然的条件,怎么运用,就看自己的态度了。

发声器官和其他器官一样，人人都不同，结果就是每个人的声音都有区别。我们自己身边就常常有这样的例子。有的同学声音浑厚，底气十足，很自然很容易就发出了好听的声音；而有的则总是提不起气来，说话软绵绵的，让人听着发虚，很自然很容易就发出了让人觉得哪里不舒服的声音；更多的人声音没什么特别之处，既不让人觉得特别舒心，也不让人觉得非常别扭，正像人的相貌一样，正态分布。已有的嗓音已经难以有什么大的变动了。

无可奈何吗？就算是吧。

无计可施，无事可做了吗？错！

要做的事还有很多！

你了解自己声音的天赋吗？

你说话的声音达到了天赋应该达到的最佳效果了吗？

不是有一些说话的习惯是后天沾染的吗？

你说话时声音没什么完全可以避免的缺点吗？

你就完全不能说得更好一点了吗？

最最重要的——你就没想到向先天发起挑战，你就认命了吗？

心还年轻的人们会说不的。

先天决定？后天改变？——这是个态度问题，不是个能力问题。下定决心想进一步完善的人会自己找到改进的方法的，也只有他们才能够为自己找到方法。

而本书下一步要做的，是提出一些参考，帮助大家寻找自己可能存在的说话发音方面的不足，提出改进方向。

五　消除可能有的缺陷

一些发音方面的缺陷，与先天根本没关系，完全是后天在说话中养成的。比如，有的人说话鼻音很重，让人听起来好像在抱怨什么或者极不情愿，声音显得很消极，没有生气，这种发音缺陷对形象很有破坏性，起码在第一次与人见面时绝对不可能引人倾慕；有的人用尖音说话，很难听；有的人说话声音沙哑；有的人说话语速太快或太慢等等。这些不良的说话习惯会夺走一个人的语言魅力，影响其社交生涯，甚至事业前途及爱情生活。

很可能有些人根本没有意识到缺陷的存在,另一些人虽然意识到了,但是没有特别注意去改正或者没有信心去改正。消除你的谈吐缺陷应该把握时机立刻开始,不要等到你为某项活动去演讲时,也不要等到你与心爱的异性去约会时。消除发声缺陷首先要找出问题所在,然后按照一定的方法加以纠正。

(一) 常见的发声缺陷

1. 鼻音

用大拇指和食指捏住鼻子,然后说"哼……哼……嗯……"你的手指就会感到发音所引起的鼻部的颤动,这就是鼻音。

现在用同样的方式捏住鼻孔,然后说"呜啾啾,呜啾、啾、啾、呜啾"。这种声音应该完全由口腔发出,要是发"啾"时会有嗡嗡之声,就表示你用鼻腔说话。要是你一开口鼻子便有嗡嗡声,你就是用鼻腔说话,这是极具破坏性的缺点,影响一个人的魅力。

为了避免用鼻腔说话,说话时嘴巴要张开,上下齿间保持半厘米距离,不要像玉米棒上的两列玉米粒一样紧紧靠合在一处,要用胸部产生共鸣。

2. 尖音

提高嗓门唤小孩子的声音就是尖音,用尖音说话,脖子紧张粗大,血管和肌键像绳索一样凸起,下颚附近的肌肉可以摸得出或看得出很紧张,这种情况下发出来的声音听起来就像海鸥叫一样尖锐。这种尖声比鼻音还难听。治疗尖音,首先要努力减轻生理紧张,放松你的下颚、舌头、嘴巴和声带。

3. 低语

低语就是丧失了大部分语调和共鸣的声音。一阵风尚未吹袭到任何东西时就是低语,一旦吹到树叶,叶子便沙沙作响。将手指放在喉头上,以正常的音量说一两句话,要是完全没有颤动感,没有嗡嗡声,你就是在用低语说话。无人时的自言自语、神坛面前的祈祷都是低语。有人说低语是声音的鬼魂。常常用低语说话的人很可能将语句中整个音节省略了,听起来使人昏昏欲睡。

4. 戛止

与低语相似的缺陷是"戛止"。这种人的声音就像暴风雨中的晶体管收音机，也许开场说得非常精彩，语句源源不断，像游鱼般自然优雅，但即将结束时，这股泉源枯竭了，余下的话语戛然而止，在声音正该达到最高峰的时候，却像一块酥饼一样崩裂四散了。这种不适当的表达，使声音的接收者仿佛也来了个急刹车，遭受了一次挫折。

5. 沙哑

如果不是因为感冒、抽烟和其他疾病，声音沙哑就是不适当的呼吸造成的。说话时气流作用于声带的强度过大，使声带很疲劳，声音就会沙哑。

6. 嗳嚅与单调

有的人说话时嘴里像含了一个什么东西一样含糊不清，说出来的话就像黏在一块，有时整个字词都省掉了；这种人说话时嘴唇好像不大动。我们常常把这种咬字不清、发音低浊、语音含糊的说话者称为嗳嚅者。

还有的人说话声音单调乏味，听起来像个节拍器嗒、嗒、嗒，或漏水的水龙头滴、滴、滴，像机器人说话，没有音调的变化，没有色彩。正常的声音包括 12 至 20 个音符的音阶，这种人很不幸，他们说话时的音符大概不超过 5 个。

7. 语速不当

说话太快或太慢，都会让人听起来不舒服，前者让人觉得紧张得喘不过气来，后者让人昏昏欲睡。正常的语速在不同的情况下有不同的标准：中央人民广播电台新闻联播播音员的速度为每分钟 350 字左右；教师课堂讲课以每分钟 200—250 字为宜；平时说话的速度不宜固定，如果不包括增加效果的停顿和情绪变化的影响，一般比朗读慢一些，每分钟约 160 个字左右。

（二）发声缺陷的矫正

1. 矫正尖音与鼻音

想矫正鼻音及尖音，必须先努力消除生理紧张。尤其重要的是，要学习放松你的下颚、舌头，张开嘴巴，使得声音由此散发，而非转从鼻中发出。

练习一：

①头部前垂，闭上眼睛，缓缓数六下。

②再慢慢地数六下,将垂悬的头抬起来,眼睛慢慢张开,直到望见天花板为止,你会感到紧张开始消散了。

③反复数次。

练习二:

头部再次前垂,下腭放松,仿佛要脱下来似的。缓缓将头转到一边,然后抬起来,再换另一边,然后再抬起来。要了解下颚放松到什么程度,首先将指尖放在耳朵那块上下颚接合之处。要是嘴巴闭起来,那个地方就会微微凸起;要是放松下巴,凸起就会消失,且凹下。

练习三:

①放松下颚,舌头无力地悬在下排牙齿及下嘴唇口。慵倦地呼吸着,仿佛麻醉药已经开始生效了。

②默默地数着一、二、三、四,此刻的呼吸听来应像打鼾前的一刹那。

③每吸一口气便以一声呻吟来代替数数,注意千万不要在呼气与吸气之间停顿,呼吸量必须连续固定,除非你想打呵欠,否则不要停止。

练习四

①轻轻闭上眼睛,合上双唇。

②放松下巴,嘴唇依然闭着。

③打一个懒洋洋的大呵欠,张大嘴巴及喉咙深处,感受到肌肉的伸张,张开喉咙。

上述练习可以帮助你消除生理紧张,祛除尖音和鼻音。

2. 治疗低语

懒散的嘴唇及懒散的腹肌往往相伴随。用低语说话的人很可能将句子中的整个音节省略。

治疗低语的最佳办法就是缓缓诵读一些多音节字,完全用呼吸辅助,要求读清每一个音节。

"W"的发音练习可以使你嘴唇活泼,也能矫正低语。

3. 避免沙哑

许多刺激都能导致声音沙哑及喉炎,如用力过度、抽烟、情绪性紧张、费力的咳嗽、大笑及不停地清嗓子都会使人竭力使用喉咙,使声带彼此摩擦。

如果感觉声带上有黏液,你最好轻轻咬舌头(如此会产生唾液),吞咽唾液来代替清嗓子。

①先打呵欠，直到感到喉咙畅通，嘴巴、舌头都松下来。

②用喉咙低缓地喘气，用嘴巴清晰顺畅地呼气吸气、呼入呼出、呼出吸入。感觉舌头上流动的清凉空气进入气管，再度循环，感受到气流将声带上的黏液拂除。

这个练习会使你喉咙干燥，因此做完之后必须咽口水。如此呼吸七八次，将全部过程反复十次以下，然后休息。如有需要，可以在一小时后再度开始。

要是喉咙真有毛病，你需要的不是语言教师，而是一位喉科专家。要想避免喉炎必须记住：

①不论你多疲劳也勿使动力中心崩散。

②勿以大喊尖叫来发泄你的挫折、伤痛、愤怒，如此只会撕裂喉咙。

③勿以为清嗓子就是清声带，用喘息的方法来消除黏液。

4. 语速矫正

要是你的语速太快，下列办法可以使你减慢，反之亦然。

① 从一数到十，第一次五秒说完，第二次十秒，第三次二十秒。

② 经常高声朗读报纸上的社论，先以铅笔将你认为要连贯的字词做个记号，朗读的同时移动铅笔，引导你的声音，要是觉得平时语度太慢，就加快一些，要是太快，就放慢一些。

③ 以录音机录音，然后倒回重放，检验自己的速度，是否流畅？是否跳顿？

④ 录下好的新闻报道，试模仿他们的速度，体会话语的顺畅。

你可以根据听众的性质、需要及说话的场合适当调整你的语速，既没有必要比子弹还快，也没有必要比河马还缓，重要的是畅顺无阻。

六　精心呵护你的嗓子

(一) 嗓音保健实质

要永葆嗓音的魅力就要注意嗓音的保健。喉是人体主要的发声器官，内部构造十分精细，使用不当或保护不好，很容易造成发声器官的损伤并引发各种嗓音疾病。嗓音保健的实质,就是科学正确地用声,使发声器官在发音过程中保持平衡和协调的活动,掌握适度用声和循序渐进的原则,避免用声过度,使发声器官负担过重,发声过程活动失调。因此嗓音保健的主要方法就是纠正错误的发声方式,养成良好的发声习惯。发声过度是一种不协调的用声方式,是指发声器官超过发声能力或者在疲劳状态下长时间工作。发声过度违反了喉的活动规律,长期坚持这种错误用声方式很容易造成嗓音疾病。常见的发声过度有:音色过于明亮,追求虚声,用声偏高或偏低,不适当地加大音量等等。这都会造成发声器官功能减退以及疾病。

过于明亮的声音,不仅使人听起来感觉单调无味,而且很不自然,同时对喉也会造成极大的负担,因为这种声音使声带并拢得很紧,中间没有一点缝隙,声带振动时两侧声带会产生连续不断的碰撞摩擦,很容易造成声带疲劳,喉咙发干不适,甚至声带充血疼痛。

发虚声虽然不会使声带闭合过紧造成摩擦碰撞,但由于声带靠拢不够,声带振动不好,不能发出明亮有力的声音;不仅限制了声音的表现力,而且久而久之也会使人发声能力降低。和明亮的声音相比,在同样呼气量下,虚声发声时间最短、效率最低,而且需要频繁地补充气息,大大加重了肺部呼吸器官的负担。这种发声方法使发声器官的负担过重,会加速发声器官的疲劳。

用声偏高,就好像把平时说话的中音区转移到了高音区,声带绷得很紧,发出的声音很尖锐。有人在演讲或上课时用这种声音说话,就像换了一副嗓子,听起来很不自然。由于音区提得过高,声带经常容易疲劳,时间长了喉部会感到沙哑。

用声过低,就是脱离了口语的自然音域去追求过低的声音,这种声音听起来很沉重很压抑,仿佛挤着喉咙发出来的,声带要用力地收缩,喉部负担同样十分沉重。

(二) 嗓音保护应注意的问题

1. 切忌高声大嗓地长时间说话,须知"情浓不必求声高"。平时可以用带点感情的低声调说话,这不仅保护了嗓子,而且也显示了你的沉着和稳健。

2. 注意说话的节奏。在说一大段话时,不必太快太急,安排一些间歇性停顿或适当辅以态势语,可以延缓嗓子的疲劳。

3. 控制情绪的大幅度波动,注意心理保健。因为最佳发声状态的前提,是最佳心理状态。大声地吼叫是对嗓子的极大破坏。

4. 养成良好的生活习惯,注意休息。睡眠不足会使声带极易疲劳。同时,要节制烟酒、咸辣和过冷过烫食物的摄入。

5. 经常保持咽喉的清洁和湿润。做长时间讲话前,可用淡盐水漱口。咽喉肿痛、声带充血、声音沙哑时要尽量少说话,能做到"缄口不言"更好。这时辅以消炎治疗,会很快复原。

6. 处于青春期的青少年,正值变声期。这时声带充血,声音会变得粗哑低沉,音量也随之减弱。这是正常现象,也是需要特别注意护嗓的时期。这时说话、唱歌均以低声调为好,切不可进行"扩声"、喊嗓的训练,勉为其难的训练会贻误终身,不可大意。

总之,嗓音是一个人的重要素质之一,我们要像爱护自己的容貌那样爱护自己的嗓音,把美化自己的嗓音看得比美化自己的外貌更重要,不要剥夺声音应有的热情、温暖,永葆嗓音的活力和朝气。

【思考与练习】

1. 练习用胸腹式联合呼吸,学会气息控制。

2. 谈谈共鸣器的使用与美化声音的关系。

3. 正确优雅地使用普通话,美化你的声音。

4. 找出你的发声缺陷,并注意纠正它。

5. 修饰你的声音比修饰你的外表更重要,你同意这种说法吗?

6. 你知道如何美化和保健嗓音吗?

第六讲

思维模式优化训练

思维科学原理告诉我们,人的思维活动是与语言紧密相连的。也就是说,语言既是人们交际的工具,也是人们进行思考的工具。二者之间的不同之处仅在于:思维过程中的语言运动是无声地进行着的而已。除此而外,二者之间则表现为一种相互依赖且相辅相成的关系。可以这样说,除了表述者有心理障碍,或者其发声功能方面有生理障碍外,口才表述与思维活动之间,原则上应呈现为一种同步发展的关系,即,口才表述(内容)水平低,其思维能力一般也差;思维水平不高,其口才水平也决不可能高到那里去。

我们可以根据上述之思维科学原理来确立思维训练原则:表述与思维的循环训练。也即,要求表述者通过对某一命题发表自己的思考与见解,将无声的内心思维语言转换成有声的口头表述语言,这种限定了表述者的思维模式的有声表述,将同时显现其思考过程,即思维轨迹,而思维轨迹的显现又将为指导教师提供可供检查的具体过程,进而便于教师针对其思维特点、思维模式进行指导。

一 思维模式优化训练的目标要求

思维模式优化训练的目标要求是根据口才交际对思维能力的需求设定的,其具体目标可以分解为四个重点要求的"度":思维宽度、思维深度、思维敏捷度、思维准确度。

所谓思维活动的宽度,具体表现为表述者在就某一话题发表看法时,是只能就事论事,呈单向线性因果发展趋势,还是可以触类旁通、广征博引,以话题为思想主脉,同时在思考面上交叉纵横,呈网状发展趋势。

所谓思维活动的深度，具体表现为表述者在就某一话题发表看法时，是浅尝辄止，只能肤浅地发表一些人所共知的观点看法，还是能紧扣话题，向思考的深层发掘，最终得以发表别人没有想到，或虽想到却认为不该说，或不知如何说出的深刻见解。

所谓思维活动的敏捷度，具体表现为表述者在双向交流过程中，对新出现的话题或观点能否在事先未做准备的情况下，迅速做出或赞同或反对的即时反应，并能以"快速编码"的方式组织适当的话语明确表述自己的立场、观点及坚持这样的立场、观点的原因。

所谓思维活动的准确度，可以理解为敏捷度的延伸。如果说敏捷度是瞬间反应检测（反应是否快捷），那么，准确度则是反应后果检测（是否准确）。具体表现为，在双向交流过程中，表述者能否把握话题的关键与实质，并准确无误地做出应有的判断。

四个"度"相比，思维的宽度和深度可以有相对充足的思考时间和准备过程，而敏捷度和准确度则常常是在口才交际过程中瞬间显现的，一般不可能有充足的思考和准备时间。

二 拓展思维模式优化训练四法

思维训练即是思维模式优化训练，这里是通过逆向思维训练、纵深思维训练、辐射思维训练和延展思维训练四个具体的训练环节合成的。

（一）逆向思维训练

训练目标：培养逆向思考问题的能力，对传统观念的批判继承能力。

训练模式：

1.本训练采用让学生轮流登台发表"反弹琵琶"式演讲的训练方式。

2.由教师框定命题方式，学生自由命题。教师规定，学生须以一部成语词典为主要对象，从其中筛选出一个成语，针对其观念已显得陈旧或传统理解原本就欠准确之处，反其原意而立论。

3.逆向论证由传统释意、情节复述、逆向辨析、新意立论四个部分合成。

训练说明：

1.高水平的口才表述要求表述者能从一般人认为是正确的观点、现象中发现谬误、不足之处,或从传统认为是错误的观点、现象中发现真理的成分。其形成特点表现为对传统思维模式作逆向思考。比如,传统思维模式为由"因"至"果",逆向思维则表现为由"新因"至"否定旧果",或由"新果"至"否定旧因",鲜明地表现出对传统的批判精神。往往随着"批判"的完成,一个尚未被发现的全新的结论即随之形成了。

2. 逆向思维运动轨迹如下图所示。

逆向思维训练

原正向思维　(传统)理由　→　(传统)结论

逆向思维1　质疑(传统)理由　→　动摇(传统)结论　→　推导(新创)结论

逆向思维2　质疑(传统)结论　→　动摇(传统)理由　→　推导(新创)理由

3. 逆向思维训练可以根据受训者自身的文化程度高低、偏好"形象思考"或偏好"理性思考"的差异,选择 A、B 两大类型的训练话题。

A 类(表象逆反)

此类思考话题注重于进行表象逆反,话题选择比较注重故事性,逆向思考注重从情节介入,有时候,顺着故事情节向前发展略作方向转移,一个具有批判意义的逆反结论就已经形成了。

这里,以一篇训练实例择要进行演示。

例 6－1　叶公好龙,有何不可?

传统释意:比喻名义上爱好某事物,实际上并不真的爱好。

情节复述:(略)

逆向辨析:

(1)叶公把他家中的所有用具都画上了龙,甚至连墙壁、屋顶上也到处都画满了龙,如果说这还不算喜爱,那么还要怎么样才算喜爱呢?

(2)天上的神龙听说叶公好龙,特地下到凡间与叶公见面,叶公感到害怕,其实,这对于从来没有见过真龙的叶公来说,是很自然的,有谁第一次见到真龙会不感到害怕呢?

(3)这里,还可以打一个比方,小男孩很少有不喜欢舞刀弄枪的,小女孩很少有不喜欢玩"当妈妈"的游戏的,可是,你能因为他们喜欢,就给小男孩玩真刀真枪,就让小女孩真的当妈妈吗?你是不是又因为他们不能玩真的,就说他们不是真的喜欢呢?

新意立论:

(1)爱好,原本就是比较喜欢的意思,同一种爱好,在不同的人的身上,也会有程度的不同。有的人可能爱到入迷的程度,有的人可能只是一般爱好,但是,不论是爱得入迷也好,还是一般爱好也好,都可以说是爱好,你不能说一般爱好的就不是爱好。

(2)豆腐白菜,各有所爱,每个人都有自己选择喜爱的目标,并且确定喜爱程度的权利。叶公见到真龙,一时感到害怕,不等于他对真龙永远感到害怕,更不等于他永远都讨厌真龙。退一万步说,即使他永远不喜爱真龙,而只喜爱假龙,也不能说他不喜爱龙,或者说他就是假喜爱龙。

B 类(抽象逆反)

此类思考话题比较注重于内涵逆反,话题选择不太注重故事性,逆反思考也不太注重从情节介入,而是抓住某一核心概念,从逻辑层面展开新角度的挖掘;其逆反结论也比较注重理性思考的周至严密,因而分论点及论证角度往往也比 A 类逆反话题要多。

这里仍以一篇训练实例择要进行演示。

例 6 – 2 "自相矛盾"其实也"并无矛盾"。

传统释意:矛盾,古代两种作用不同的兵器,矛是用来进攻敌人的,盾是用来保护自己的。自相矛盾,比喻语言、行动前后自相抵触。

情节复述:故事见《韩非子·难一》。说的是楚国有一个人,既卖矛又卖盾。他先向人夸赞他的盾,说:"我的盾最坚实,什么样的矛也刺不穿。"又向人夸赞他的矛,说:"我的矛最锐利,什么样的盾也是一刺就穿。"旁边有一个人插话说:"用你的矛去刺你的盾,将怎么样呢?"此人说不出话来了。

从这则寓言故事的字面上,我们可以看到,当这个楚国人同时夸赞自己的矛和盾时,他已将这两种商品同时置于"最坚实"和"最锐利"的对立状态,进而使自己陷入了"二者必有一错"的两难境地。

但是,转换一个角度分析其失误原因,他的这种狼狈处境,主要是由于他夸夸其谈,被人钻了空子造成的,他的"说不出话来",与他的商品质量是否属于"最一流的"之间,并未真正建立内在联系。换句话说也就是,即使他无言以对,也并不能由此证明他的矛和盾的质量就肯定存在什么问题。而这个楚国人之所以陷入狼狈境地之后未能自拔,其实是由于他的思维能力不够强造成的。实际情况是,即使真的用他的矛去刺他的盾,并且不论其结果是"刺穿"了还是"未刺穿",都不能排除"矛确实是最锐利的,盾也确实是最坚实的"的现实存在。

逆向辨析:

(1)常识告诉我们,某一事物的性质或功能是否称得上"最"字,其鉴定方式,只能是在同类事物中做比较,而不应与不同类的事物做比较。矛的锐利与盾的坚实其实属于不同类型的功能性质,二者之间不具有可比性,既不能做同类比较,更不能互相否定。也就是说,就矛而言,是否最锐利,只能是在"矛"类中比较,以这支矛是不是最锐利,或者,在所有进行比较的矛中,是不是没有比这支矛更锐利的为标准。就盾而言,是否最坚实,只能是在"盾"类中比较,以这支盾是不是最坚实,或者,在所有进行比较的盾中,是不是没有比这张盾更坚实的为标准。

(2)因此,当我们取其矛去刺其盾时,即使没有刺穿,也不等于说,这支矛就不是最锐利的矛,因为同类比较中还存在着其他多种可能。例如,用别人家出售的矛来刺这张盾,可能就不仅是"刺不穿",而是"矛尖头"都被撞断了,因此我们可以说,即使这支矛没有刺穿这张盾,也不能排除这支矛是最锐利的可能性。同理,即使盾被刺穿了,也不能说这张盾就不是最坚实的,因为同类比较中也存在多种可能。例如,这张盾在被这支矛刺穿时,可能只是出现了一个小洞眼,而用这支矛去刺其他的盾,则可能出现的是大窟窿,甚至是刺裂为两半,因而,这张盾即使被这支矛刺穿,它也可能仍然不失为最坚实的。

(3)由此,我们不难发现,在这则寓言中,卖兵器者与发难者各自的说话角度是不同的。其中,卖兵器者的话题角度是宏观式的,而且矛和盾这两个分话题均各有两层意思。矛是:(在所有的矛中)我的矛是最锐利的;没有它刺不穿的盾。盾是:(在所有的盾中)我的盾是最坚实的;没有能刺穿它的矛。而发难者的语言角度是微观式的,并且,他避开了卖兵器者话语的第一层意思,而只进攻其第二层意思:用你手中的这支矛去刺你手中的这张盾,结局将如何? 如此分析则不难看出,发难者实际上已暗中缩小了卖兵器者的原话题范围,并攻其一点,不及其余,借"二者相比较,必有一出错"的"可能性"结论,达到了对卖兵器者全盘否定的"二者皆出错"的虚假性结论。而卖兵器者没能识破或没能预先加以防范,结果使自己陷入了无话可说的窘境。

新意立论:

(1)如果我们作为假想中的旁观者,不是停留在钻语言空子的水平上,而是进一步从兵器质量本身展开宏观思考,便不难发现,确实存在着以下两种可能:一是,此矛刺穿了此盾,但此盾却确实比其他人出售的盾更坚实,或者说,此矛确实是最锐利的;二是,此矛未能刺穿此盾,但此矛确实比其他人出售的矛更锐利,或者说,此盾确实是最坚实的。

(2)由于上述这两种非常现实的可能性在这则寓言中并没有被排除,或者说完全没有被否定,因此,它们的存在也就给卖兵器者提供了"翻案"的机会:"自相矛盾"其实也并无矛盾。

训练指导:

训练实践表明,逆向思维训练是最受欢迎的训练形式之一。训练中,往往一人登台,其他人也兴趣盎然。尤其是遇到立论新颖且有深度的表述时,气氛更为活跃。

在逆向思维训练中,教师一方面要把握住说话人在训练中的思维轨迹,坚持"反弹琵琶"的要求,对该成语(或俗语)中的传统思维模式做出否定式的逆向论证;另一方面还要注意把握其思想倾向,即说话人的逆向立论应当比原成语(或俗语)的见解更为深刻、更有积极意义。同时还须注意,在进行逆向论证时,应当坚持"分论点合成"的论证方法,即围绕自己准备确立的观点(话题),应当有多个分论点("分论点"即上述诸例中,"逆向辨析"环节中所标示的诸点),分论点既是说话人的立论基础和依据,也是随后"交锋论证训练"(见本章附录)展开时,围攻者的批驳目标。将交锋论证训练具体落实到各个分论点上展开,有助于提高思维训练的水平。

此外,训练中还须防止常见的三种不佳表现及两类选题立论不当的情况。

1."曲解"型。逆向思维的特点是注重于对传统思维模式作反向运动的思考,也就是说,这一训练的前提是紧扣传统思维模式(即其成语的本来含义究竟是怎么解释的)。离开了这一点,也就谈不上是"逆向思维",即使表述言之有理,头头是道,也不能视为合格。如曾有学生对"瓮中捉鳖"作逆向思维表述,该成语的传统释意是"比喻所欲得者已在掌握之中",但该同学解释为"利用权势为所欲为",然后从"任何有权势者都不应为所欲为,也不可能为所欲为"的角度展开论述。不难看出,这样的表述就没能抓住逆向思维训练的特点。

2."抬杠"型。即学生抓住一个成语,硬性"反弹琵琶",表现出一种"斗嘴争胜"的特点。如曾有学生对"善有善报,恶有恶报"逆向立论"善有恶报,恶有善报"。尽管其表述的内容,也是从古至今,有理有据,但从思维轨迹的角度看,属于比较表面化、浅层次地思考问题,其立论不能算高明。

3."消极"型。即原成语(或俗语)对人生有一定积极指导意义,而学生的"反弹琵琶"反倒在原有的积极意义上"退后"了。如有学生选"亡羊补牢,为时未晚",作逆向立论"亡羊补牢,为时已晚",以这种命题发表演讲,其思想倾向的消极性是不言而喻的。

两类选题立论不当的情况分别如下。

1.要注意选择含有或"肯定"倾向或"否定"倾向的成语进行逆向思维审题,同时注意不要选择描写形势、状态或性质等方面的成语进行训练,此类成语比较难以展开逆向思考,如千钧一发、稳如泰山、穷凶极恶、不动声色等。

2.逆向思维立论时要注意,不要出现"未必""不一定"之类的观点,因为此类观点中实际上包含着对原观点的某种肯定,也就是说,已经弱化了逆向思维的难度,自己给自己降低了标准,如众人拾柴火焰未必高、出头的椽子不一定先烂等。此外,尤其是在逆向思维演讲完成后再附加交锋论争训练的,对于含有"未必""不一定"字眼的观点立场,就难以展开。也就是说,逆向思维的立论应当是绝对化的,对的就是对的,错的就是错的。

对上述诸种表述类型,教师应力求预先防范,训练之前就先讲清。万一仍然出现,而且教学进度又不允许学生做订正性表述,则可由教师从其思维轨迹、论证方式等不同角度进行剖析,淡化其消极影响,一般说来,不从观点方面做硬性否定。

附：交锋论争训练

训练目标：训练听讲过程中的快捷反应能力，训练与他人进行不同观点的即兴交锋能力。

训练模式：

1.该项训练为"逆向思维训练"的延续或增补，其形式为，演讲者在讲台上当众就某一成语发表了"反弹琵琶"式的逆向思维演讲后，台下的听众立即做出驳斥。

2.驳斥采取"围攻"的形式，即台下的听众以自由发言的形式围攻逆向思维演讲者。

3.该项训练为强化逆向思维训练效果而增设，在教学训练中，是否进行该项训练，由指导教师根据训练时间及学生的具体情况自行决定。

训练要求：

1.台下听众在此项训练中如欲发言，只能是进行"围攻"，不可对演讲者的观点表示赞同。

2.听众（"围攻者"）在此项训练中要注意学会如何在说话人表述的同时，对其表述内容进行快捷分析，力求发现其论证阐述中的不足与疏漏，并在其演讲结束立即发难。

3.听众（围攻者）如果一时未能发现演讲者的不足与疏漏，可以诡辩式地运用偷换概念、偏离话题等技巧进行"纠缠式发难"，努力使其难以自圆其说。

4.演讲者在此"受围攻"的过程中，要努力使自己冷静，应答快捷，语调平稳。尤其值得注意的是，即使发现自己的观点确实论证不足，也不可以当众承认，要努力使自己的观点"立得扎实，守得顽强"，坚持到指导教师中止论争。

训练提示：

1.在该训练环节，攻、守双方务必注重一个"快"字，快速发难，快速应对。

2.教师需注意，由于该项训练对于"拓展思维角度"有着明确要求，因而，当听众因一时"思维拓展不开"难以形成辩争场面时，要能及时启发，提示新的思考角度，以挑起论争。当说话人被"围攻者"所困，一时"卡壳"时，也可以对其提示、引导，以推动争辩的进行。当此训练出现热烈场面，台上台下争相说话时,教练则应注意及时规范交锋双方的说话风度,另外,要把握好时间,及时中止,并且注意不作对错评断,不提供标准答案,以有利于将交锋论争引向日常生活。

(二)纵深思维训练

训练目标:培养对问题做深入思考的能力,培养"透过现象看本质"的能力。

训练模式:

1. 本训练采取由教师规定命题模式,说话人自由命题登台演讲的方式。

2. 命题模式为"从××××现象中所想起的"或"关于××××现象的思考"("××××"现象的具体内容由学生自由选择),要求说话人能捕捉生活中某一常见但往往被熟视无睹的现象,深入分析发表演讲。

3. 纵深思考由现象简述、现象分析、现象纵深分析三个部分合成。

训练说明:

1. 高水平的口才表述,其思维过程往往表现出向纵深发展的特点,能从一般人认为不值得一谈的小事或无须做进一步探讨的定论中,发现更深一层的被现象掩盖着的事物本质,其思维形式的特点为,从现象入手,从一般定论入手作纵深发展式的剖析。

2. 纵深思维训练也可以分为 A 类、B 类两大类别。

A 类(直线纵深)

所谓直线纵深,也称感性纵深。该层次的训练比较注重于就事论事,直接就话题本身的表象进行深入思考,并就现象本身得出深入一层的理性思考的结论,具有直接下沉的特点。其思维轨迹如下图所示。

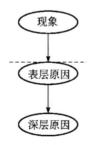

这里,以一篇训练实例择其概要进行演示。

例6-3 从"突击打扫卫生"所想到的。

现象简述：有一个同学曾评价过我们学校除了教学之外，抓得最紧的两件大事，一件是做早操，另一件是突击打扫卫生。学校突击打扫卫生，似乎已经具有了一定的规律性。只要有人来学校检查或参观，校内便会有一次大规模的突击打扫卫生，有的时候甚至不惜停课来打扫卫生。

现象分析：

(1)"突击打扫卫生"，从正面和负面两个方面给我们和学校分别带来了不同的影响。首先从正面看，每一次的突击打扫卫生，都确实提高了校园的清洁卫生水平，增强了同学们注意保持环境卫生的自觉意识，也有助于推动一部分同学改正不讲卫生的不良习惯。

(2)但是，正面与负面两相比较，负面的影响看来更大一些。首先，这种突击行为是在培养一种"重在表面"的弄虚作假作风。这种打扫卫生，不是出自自身应当讲究卫生的内在需求，而是为了表现出学校卫生水平高的表面虚荣。而且，如果说这种突击有助于推动一部分同学改正不讲究卫生的不良习惯的话，那么它实际上同时在引导全体同学学习如何弄虚作假，如何做表面工作。

纵深思考：

(1)"突击打扫卫生"其实也有它合理的一面。我们不要说学校，就说一般的家庭吧，每当有客人要来，尤其是重要的客人要来时，谁家不是先要把家里打扫整理一下，甚至于主人自己还要梳洗打扮一番呢。这是讲文明、讲礼貌的基本表现，也是对来客表现出应有的尊重。难道说，让前来检查或参观的人看到一个又脏又乱的校园，反倒更能够让来客感受到全校师生精神文明的高水平吗？

(2)但是，更应当看到，突击打扫卫生，就像老师所说的，是一种治标不治本的行为。一个学校、一个人是不是讲究卫生，更主要的，还是要看他的一贯表现、一贯水平。突击行为毕竟只能有一种短时效应，不能代表真实水平。这种弄虚作假的行为如果能够获得成功，对于我们学生的思想道德的伤害实际上更大。

B 类(偏线纵深)

所谓偏线纵深,也称理性纵深。其思维轨迹表现出一种借题发挥的特点,话题本身不过是说话人发表意见的引线,其最后结论不仅具有"透过现象看本质"的特点,而且往往结论与话题之间缺乏直接的联系。如果不借助纵深思考的连接,还可能产生一种"偏题"感,故而称之为偏线纵深(紧扣思维轨迹运动方向)。其思维轨迹如下图所示。

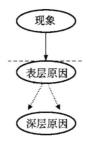

这里以一篇训练实例择要进行演示。

例 6-4 面对"8"的深思。

现象简述:近几年来,数字"8"身价倍增,电话号码、门牌号码、牌照号码等,一沾上"8"就备受青睐。

现象分析:

(1)这是历史进步的标志之一。中国人不仅不再认为"越穷越革命",而且,在物质日渐富足,生活日渐改善当中,终于又可以堂堂正正地喊出"想发财"的心声,无疑表现了历史的进步。

(2)追求者对"8"的狂热迷恋,又表明其自身精神的空虚。拍卖幸运号码的场面之热烈、成交金额之巨,虽然已成为历史的过去,但其思想深处的问题并没有从根本上得到解决。"竞买幸运号码"是以富翁们的攀比、炫耀为前提的,在这些"先富起来了"的"大腕"身上,"发财后怎么办"的精神文明问题暴露已久,至今仍未解决。

纵深分析:

(1)"8"之所以如此受欢迎,与当今中国由于脑体倒挂、管理体制上的不合理等诸多原因,有的人财发得让人看来莫名其妙有关。商界的瞬息多变,财运的难以把握,使有些人将希望寄托于冥冥,寄托在"8"上。

（2）"8"的受宠，从更深一层分析，说明中国人传统的心理定势并未改变，信天信地，信"8"信"发"，就是不敢信自己。

（3）其实，只想"发"，而没有"发"的能力，不知道怎样去"发"，不要说"发"不会从天而降，就是降下来了自己也把不住，握不牢。

（4）如果中国人再这么沉浸在"8"的迷梦中，敢问"发"在何方？

训练指导：

实践证明，纵深思维训练不仅有助于思维能力的提高，而且有助于养成"深入分析问题""透过现象看本质"的良好的思考习惯。

在这一环节的训练中，需注意把握受训者表述时的思维运动轨迹，务必引导其完成从表面现象到深层本质的纵深分析思考过程。与此同时，还要防止以下不佳表现。

1."就事论事"型。受训者在表述训练中固然也抓住了某一具体的现象，但所完成的只是对现象本身的分析，看似头头是道，但缺乏对表象之下深藏着的本质问题的进一步思考。例如，有学生曾以《从美国少年卖报、擦汽车谈起》为题，谈道："当美国少年在风雨中辛勤打工的时候，我们的一些少年正被家长陪着过马路；当美国少年在干脏活累活的时候，我们有些人连手帕也不洗……"这种对比分析当然不能说没有道理，只是说话人在对比之后得出"要去掉我们身上的惰性和依赖性"这个结论就结束了，不难看出，该篇的思维轨迹始终在就事论事的浅层次上徘徊，没有向纵深处延伸。

2."不着边际"型。有的表述为了显现出"纵深"特点，以现象引入正题后，即抛开"现象"，大谈"本质"，大量堆砌看似深刻的词语。例如，曾有人以《由同学带饭想到的》为题，谈到大学生宿舍里有同学早晨为了多睡会懒觉，请同学去食堂代买早餐，并分析了三大弊端：睡懒觉浪费了早晨的大好时光；不参加早锻炼，影响身体健康；同学带饭容易造成不公平，排队的吃了亏，"真是颠倒乾坤"（原作中语）。接着又分析了一通"中国历来称为礼仪之邦"，"仁者爱人"，"己所不欲，勿施于人"，提出"要'克己复礼'，'改弦更张'"。最后下一句定论：中国需要新的道德观。不难看出，该篇演讲的后一半已经确实让人感到不着边际了。

附：交流讨论训练

训练目标：训练在听话过程中的快捷反应能力，训练与他人进行不同观点的交流讨论能力。

训练模式：

1.该项训练为"纵深思维训练"的延续或增补。其形式为,主讲人在讲台上表述完成后,台下的听众立即参与交流讨论,各抒己见。

2.讨论采取"漫谈"式,即台下的全体听众以自由发言的形式与主讲人就其观点进行即兴讨论。

3.此项训练为强化"纵深思维训练"效果而增设,在教学训练中,是否进行该项训练,由教师根据训练时间及具体情况自行决定。

训练要求：

1.此项训练中,听众(讨论者)可任取赞同或反对的立场,但赞同者不可简单地表示附和,同时应当能立即针对其思维不足提出具体的完善性意见。反对者也不可取驳斥态度,而应当力求对其演讲进行中肯分析,"是处为是,不是处为不是",借助这种发言学习如何友善婉转地发表自己的看法。

2.原主讲者须注意,转入此项训练后,身份有所变化。在原纵深思维训练中,自己是主讲者,转入此项训练,即自行转为讨论主持人,主持以他刚刚发表的演讲为话题、类似中央电视台《实话实说》节目式的讨论。在这一主持过程中,他也应当对听众的发言做出反应,但主要是站在客观的、旁观的立场,对听众的发言进行启发、引导、鼓励、评价。此时,他应当追求的是,如何形成群言堂式的众说纷纭的讨论氛围,而不应再保留原观点立场与听众进行交流或交锋。

3.教师在此项训练中,主要是针对双方的思考深度与风度气质做出评价、引导,尤其当双方观点出现对立时,要力戒出现辩论氛围。

训练提示：

1.在该训练环节,台上台下都务必注意一个"快"字,快速反应,快速应对交流。

2.此项训练在终结时,由教师启发"主持人",对刚才的讨论进行"各取其长,归纳综合"的小结。

（三）辐射思维训练

训练目标:培养对问题做多向思考的能力,培养主动灵活地转换思考问题的角度的能力。

训练模式：

1.本训练采取先由教师规定命题模式，再由受训者自由命题登台演讲的方式。

2.辐射性思维（又称发散性思维）训练模式，其特点是从同一个信息源引出不同的结果。

3.发散思维优化训练，以思维中心点（A）和围绕中心点展开表述的不少于四个独立分话题方向的遐想点（B）两个部分合成。

其思维轨迹如下图所示。

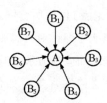

按照这一思维模式，训练规定，让受训者从生活中任选一个思维中心点，以"××（思维中心点 A）的随想（或遐想）"为题，给予一定的准备时间后，由其登台进行演讲，并规定，每篇中的"遐想点 B"一般不得少于四个（由 A 引出 B_1、B_2、B_3、B_4）。

4.该项训练不做 A 类、B 类的分割，而以能够完成 B_1、B_2、B_3、B_4……的数量作为能力提升的标志。一般来说，以能够做出三个不同角度的遐想为合格，以四个（包括四个以上）为优秀。遐想角度的拓展一般可以从外部形态、基本功能、性质特质等不同角度展开。

5.关于辐射性思维，这里以两篇训练实例择要进行演示。

例 6-5 "手"的联想。

A——"手"，联想——B。

B_1：手的最基本的动作是弯曲和伸展，从中可以领悟到一种人生的策略。处于逆境时，不妨退一步，让危急的形势缓和一下，待时机成熟，再大步前进。勾践兵败之后，卧薪尝胆，忍辱负重，终至雪耻之日。适时进退，能屈能伸，乃大丈夫之所为也。

B_2：手有五个指头，长短不一，可从没有人想把它们削齐，什么道理呢? 天既生之,必有其用,"尺有所短,寸有所长",正如五个指头各有长短而各有其用一样。今天在座各位,同样各有所长,只要在社会中选准了自己的位置,就都能有一番大作为。请坚信,天生我才必有用。

B₃:手又像一个集体,当五个指头攒成一个拳头时,便可击倒强大的敌人。一个班级如此,一个国家也如此。全班同学努力,会把这个班级建设得充满活力;全国人民万众一心,就能把我们的国家建设成为富强之邦。这是一句颠扑不破的至理名言:团结就是力量!

B₄:俗话说,手心手背都是肉,这是一种平等的意识。男人是人,女人也是人;聪明可爱的孩子是祖国的花朵,愚笨丑陋的孩子不也是祖国的花朵吗? 国有企业是我国经济建设的主体,私有企业同样有资格参与市场竞争。今天,平等已成为一种广泛的社会要求,平等的观念日渐深入人心,中国将会因此而更加充满活力,更有希望。

例6-6 "牙齿"的联想。

A——牙齿,联想——B。

B₁:人的牙齿分为上下两排,并且其工作通常都是"集体行动"的,但仔细分析,在这"集体行动"之中,又各有其"个体分工"的不同。比如,想吃一块油炸大排,得先用门齿或啃或咬地撕下一块来,再转而由白齿咀嚼之后,才能把它咽下去。这种"既有个体的作用,又有集体的协调"形象地表明了个人与集体的关系,无论是从"个人"角度,还是从"集体"角度,只有处理好这种协调统一关系,才能在日常工作和学习中行动由心,运转自如。

B₂:对于牙齿,最重要的莫过于:健康和美丽。有的牙齿表面看去洁白秀美,而内里却被虫蛀,有了空洞,不仅常常疼痛难忍,有时还难以咀嚼食物,令人遗憾;有的牙齿虽然坚实,但一张开嘴,不是发黄,就是发黑,有的还又黄又黑,排列也参差不齐,同样令人遗憾。做人也是同样一个道理,每个人都希望自己是健与美的统一体,于是,就出现了"为追求健康的锻炼和为追求美丽的修饰"。但是,纵有健美的牙齿,却咀嚼有害有毒的东西,最终牙齿还是要被毁。人同此理,纵有健美的体魄,却不肯走正道,最后也难免会留下遗憾的叹息。

B_3：牙齿保护得不好，便容易出现龋齿，哪怕是一个细微的小洞，往往也会伤及整颗牙齿，最后甚至造成松动脱落。"牙痛不是病，痛起来真要命"，病痛使我们被迫学会了"防微杜渐"，学会了"亡羊补牢"，同时还引导我们将"牙病"的道理推而广之，在生活中注意及时改正缺点，纠正错误，而不是掉以轻心，更不讳疾忌医，这样，才不会导致"早知今日，何必当初"的悔之晚矣的结局。

B_4：人们在紧要关头，常常会自觉不自觉地"咬紧牙关"。因为这样不仅有利于我们排除杂念，集中思想，还有利于坚定意志，并且可以使自己从精神上获得力量去迎战困难。然而我们无法想象咬紧唯一的一颗牙就可以"固若金汤"。实践告诉我们，只有所有的牙齿都"咬紧""贴紧"，力量才是最强大的。一个国家，一个民族，也只有真正做到了"万众一心"，才能实现"人心齐，泰山移"的伟大目标。

训练指导：

在此训练环节上，教师应注意把握两点：首先，思维的辐射面（思维宽度），即 B_1 与 $B_2 \cdots B_N$ 虽然位置上毗邻，但内容上应有一定的跳跃性，每个 B 都应是可以独立展开论述的分话题。例如，有这样一篇题名《爬山虎》的作业，其表述要点如下：

A——爬山虎。

B_1：我喜爱爬山虎（描绘其形态美的语言文字略）。

B_2：我赞美爬山虎（赞叹其生命顽强的语言文字略）。

B_3：有一次，我在大楼一处永远照不到太阳的背阴处也发现了茁壮生长的爬山虎，它顽强地一直延伸到楼顶，终于见到了阳光。

B_4：人生途中也常会遇到难见阳光的曲折和阴暗。每个人都应像爬山虎那样，不屈不挠地超越曲折和阴暗，直至重见阳光。

B_5：我看不起那些因一时困难便畏缩不前者，更鄙视那些因"命运不公正""生不逢时"而自暴自弃的人。

B_6：我赞美那些生活中的强者，更钦佩那些击败厄运，取得人生与事业成功的"硬汉子"。

这篇演讲虽然也洋洋洒洒讲了好几分钟，主题不能说没有新意和深度，但是，从多向思维训练的要求而言，其思维运动的轨迹却不理想。准确地说，全篇只是从"爬山虎"过渡到"人"的时候出现了一次"思维跳跃",与训练要求不应少于四次"跳跃"相距较大。

其次,在辐射性思维训练中,教师还应注意把握学生思维的深刻程度。一般而言,"随想"(或遐想)应紧扣话题所定材料的本质特点展开,而不应只是就其表象进行拓展。例如,曾有过一篇作业《水的随想》,其表述要点如下:

A——水。

B_1:水是液体,但又能结成冰,成为固体。

B_2:水还能变成气体。

B_3:水能灭火。

B_4:水能用来洗菜、洗衣服、拖地板。

B_5:水能浇灌农田。

B_6:水能给人和动物解渴。

B_7:水能稀释浓度高的液体。

……

该作业洋洋洒洒一直谈到 B_{13},其思维辐射面不能说没有一定的宽度和跳跃性,但是总体表现为思维层次过浅。这样的作业如果是由小学低年级学生完成的,水平应当还不错,但由一名大学生来完成,就很难说还具有思维训练的意义和价值了。

附:主持研讨训练

训练目标:训练说话人对同一话题的不同角度进行综合辨析的能力,在听讲过程中,培养即时思考并迅速做出反应的能力。

训练模式:

1.此项训练为"辐射思维训练"的延续或增补,其形式为,主讲人在台上表述完后立即转为主持,引导听众进行原表述话题的研讨。

2.讨论同样采取漫谈式,只是,此项训练中,听众一般不针对原说话人的表述内容发表评论式的看法,而应力求对其表述中没有涉及的方面进行完善式的补充。

3.此项训练为强化"辐射思维训练"的效果而增设,在训练中,是否进行此环节训练,由教师根据训练时间和学生的具体情况自行决定。

4. 主持研讨训练与"纵深思维训练"之后所附"交流讨论训练"的不同点在于：交流讨论训练的重点在于训练说话人如何引导、启发他人开口说话，以形成对自己刚完成的表述或褒或贬的"群言堂"式的热烈讨论场面；而主持研讨训练则是训练说话人如何针对别人借用自己的思维模式发表的完善性意见进行集思广益式的筛选，以对自己的表述内容进行充实提高。

训练要求：

1. 此项训练对于听众发言有一限制，即其发言也应当保持与说话人相同的思维模式，以说话人的原思维中心点为中心点，同样进行具有辐射思维特点的发言，不同点在于，听众发言没有关于"遐想点 B"的数量限制，可以想到几个就说几个。

2. 为了提高训练质量，此项训练对于主持人增设一个要求：主持人最后要对研讨过程进行总结，并对众人的发言做具体剖析。剖析要求：必须对众人的发言作"三分式"的评价，即对其中三分之一进行褒奖式评价，三分之一进行一般性评价，另三分之一进行贬斥性评价；同时，还要允许听众对此评价进行反驳，能对反驳当即做出具体的辩解。

（四）延展思维训练

训练目标：培养对问题做多向思考的能力，培养主动灵活地转换思考问题的角度的能力。

训练模式：

延展思维，又称联想思维，其思维轨迹表现为 A→B→C→D……主要是利用联想物二者之间时间与空间上的接近关系、特点方面的相似与对立关系，在原先表面看去并无有机联系的联想物之间建立有机联系，如下图所示。

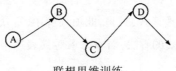

联想思维训练

延展思维训练也可以分为 A 类（三个话题要素）、B 类（四个话题要素）两种类型。两种类型主要体现在难易程度上，以 B 类（四个话题要素）为例,看起来只不过比 A 类(三个话题要素)增加了一个话题要素,但是,把三个话题要素串接成一个具有中心主题的演讲和把四个话题要素串接成一个具有中心主题的演讲,要跨越的难度相当大。因而,接受延展思维训练最好从三个话题要素开始,逐步过渡到四个话题要素(两个话题要素可以放在中小学阶段进行,五个话题要素难度太大,不拟用作训练话题)。

针对延展思维的这一特点,这一环节的训练将侧重点放在"发现"能力的培养上。其训练模式为:由全班同学每人任意选择三四个不相关联的事物(相互之间"跳跃性"越大越好),将其名称分别以点号相连,此即为话题材料。每人出一题,交给指导老师编号后,由学生自选序号(或抓阄),按所定序号之话题材料做准备后,登台发表一篇自拟标题的演讲。

1. A 类(三个话题要素)

这里以一篇训练实例择要进行演示。

例 6 – 7　小草(A)·扑克(B)·信箱(C)——小议"平凡同样重要"

A. 寒冬过后,初春来时,首先向人们报告这一信息的,不是春花,不是绿柳,而是布满大地的、虽然绿色一片,却默默无闻的小草。小草是平凡的,正如歌中所唱的,"没有花香,没有树高",平凡得常常难以引起人们的注意。然而,小草却绝不是不重要的,绿色王国没有了小草,就不成其为绿色王国。内蒙古大草原上,绿色的小草一望无际,正是它,养育了成千上万的壮牛、肥羊,也正是它,养育了草原上一代代的英雄儿女。据报道,北京城刮起的沙尘暴,竟然来自内蒙古沙化的草原! 面对着滚滚沙尘,谁还敢说小草不重要!

B. 大家都玩过扑克,都知道一副扑克有四种花色,每种花色各有 13 张牌,再加上大王、小王,共计 54 张牌就组成了一个纸牌的王国。尽管在不同的扑克游戏里,每张牌的大小等级各有不同,但是每张牌却都是必不可少的。

C. 生活中,这样的例子真是太多了,因为平凡而显得普通,又因为普通而不被人们所注意,但是无论你是如何地不注意,都无法否定它存在的重要性。就说信箱吧,平时谁会注意它呢? 可是一旦失去了它,因而只能从门缝里抽出邮递员送来的邮件时,就无法再无视它的存在了。

总之，各种各样的具体事例都在说明同一个道理：平凡同样重要。

2. B类（四个话题要素）

这里以一篇训练实例择要进行演示。

例6-8　窗户(A)·渔网(B)·汽车(C)·女人(D)——论中国女性地位的变迁

几千年来，中国女性的地位随着历史的发展变化而发展变化。

A. 在漫漫长夜般的封建社会，中国女性始终处于社会最底层，受着深重的压迫。在那时候，她们完全是从属于男子的，能够见到、感受到的只是自家窗户内外那窄小的世界。封建观念视她们为"贱妾""奴婢"。"嫁鸡随鸡""嫁狗随狗"的命运使女性就像那方窗户一样，别人把它(她)安放在什么位置上，它(她)便在那儿无法移动，任人开、任人关，任风吹、任雨打。她们依附着男子而活，如同窗户依附着砖墙而生。"窗户"一样的地位带给中国旧制度下的女性的，是"窗户"一样的苦难命运。

B. 伴随着封建王朝的被推翻，"解放女性""提高女性地位"的呼声也曾一时喊得很高。但封建王朝的垮台却并不意味着封建意识的同时消亡，封建意识如同一张极大的渔网，缠绕在近代中国女性的身上。这张渔网虽已陈旧，却很大很结实，胆小怯懦者只能在网中苟延残喘地依旧过着"窗户"似的生活；激进者多数也只是为冲出渔网做了一番挣扎，最后却仍然困居网内，留给自己的是更大的悲哀，留给别人的则是无尽的叹息。如同鲁迅先生的小说《伤逝》中的子君，她曾是那样勇敢地喊出了"我是我自己的"，并与封建之"网"进行了抗争，而结局却仍是在"网"中窒息身亡。

C. 中国女性的地位真正获得提高，还是在以汽车为主要交通工具的当代。女性和男性一样，可以参加各种社会活动，可以参政议政，参与处理国家大事，可以像驾驶汽车般掌握自己人生的方向盘。她们再也不是男子的附属，而是和男子一样拥有了自己那"半边天"。现代女性如同汽车一样，自由自在地奔驰在自己的人生高速公路上。

D. 中国女性从"窗户"时代进入到"渔网"时代，再进入"汽车"时代，走的是一条最终得到平等、自由、民主、幸福，然而其过程却极其艰辛的曲折道路。今天,我们生活在"汽车"世界的女性们回头望去,仍可见众多姐妹还在"渔网"中挣扎,还在经受着"窗户"式的苦难。我们只有更加倍地努力,为更多的女性能早日坐上自己的"命运汽车"而奋斗!

训练指导:

在延展思维训练环节中,教师应侧重于引导受训者发现事物在"互不相关"的表象下深藏着的"内在联系"的能力,也就是要求受训者发挥自己的思维想象,把命题中规定的零散材料连接成有机统一的整体,并且由此显现出一定的思想意义。因此,这一训练要把握住两个环节。

第一个是拟定题目环节。教师应要求受训者在拟题时就注意构成题目的材料之间的跳跃性。一般而言,跳跃越大,联想难度越大;可是一旦联想成功,其作业质量也高。反之,则会是另一种情况,如有学生拟定了如下的话题:《蓝天·大海·帆船·我》《上帝·宗教·人·生存》《朋友·老师·哥哥·平凡的人》等。这类话题由于构题材料之间缺乏"跳跃性",连接成文的难度不大,而表述者的思维活动反受命题束缚,很难完成具有思维的多向延展特点的演讲,勉强完成,质量也不会太高。

第二个是展开联想的训练环节。该项训练的展开过程务必要有对于话题构成的四个要素自身特点的不同角度的正面剖析,并且通过这种正面剖析的归纳和提炼,最终推导出一个他人(听众)意想不到的新的结论(文稿中的副标题)。例如,本讲中的八则示范实例就都是这样展开的。而需要避免的是,说话人没有进行特点剖析,而只是对四个要素进行了简单的串接,使得文稿在字面上出现了四个要素,这样,训练的要求就降低了,训练的目的也就没有达到。

三　综合思维模式优化训练三法

高水平的口才能力,其思维过程还有一个突出的表现,即强而有力的论证性。它突出地表现在两个方面:一是能从看似针锋相对的观点中看出彼此之间深层次的互补关系,二是能从多个不同角度对同一命题展开论证,并得出一致的结论,因而,具有很强的辩服能力。应用到现实生活中,综合思维是辩论、交谈、讨论、商榷、谈判过程中雄辩式立论的思维主体方式。

逆向思维、纵深思维、辐射思维、延展思维等诸项训练，其训练侧重点虽各有不同，但目的却基本一致，都是通过拓展思维轨迹的宽度、深度（包括辐射度、延伸度），以发现新的论点、论据，新的论证角度和论证方式。在某种意义上，可以统称之为"发现性思维"。它们注重训练的是思维过程，培养"发现"能力和"标新立异"能力。综合思维训练与之比较，侧重训练的是思维的终结环节，即"发现"已经完成后对发现结果进行论证时的思维能力。在某种意义上，这种思维可以称为"论证"性思维。综合思维轨迹如下图所示。

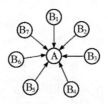

上图中，A 为发现结果，或为话题、结论，B_1—B_7 为论证的不同角度。

综合思维训练通过三个训练环节进行，一为模拟难题解答训练，二为"热点"话题讨论训练，三为观点交流训练。三个训练环节也可以理解为三个不同类别的训练层次。

（一）模拟难题解答训练

模拟难题解答训练可以理解为一种单向表述训练，其个性化特点表现为拿到话题以后，在不受来自外部的不同思考的干扰下，独自完成对话题的解答思考。

训练目标：培养换位思考问题的能力，培养综合多种角度思考问题的能力。

训练模式：

1. 先由教师规定每个受训者写出一个自己感到棘手的难题交给教师，由教师归纳编号。

2. 受训者挑选某一序号，按序号所定的题目的内容，经过准备后登台当众做出解答。

这里以两篇训练实例择要进行演示。

例 6 - 9

你有一个朋友,从小学到高中,学习成绩一直比较拔尖,但考进一所大学后,面对强手众多的班集体,觉得自己优势尽失,心理上感到很压抑,请你开导开导他。

表述概要:

A_1:你从小学到中学,直至考入大学,学习成绩一直比较拔尖,确实很不容易。这段历史足以说明,你不仅天资聪颖,而且勤奋刻苦。

A_2:不知你是否已经发现,大学的学习与中学、小学的学习有着本质的不同。其中有一点至关重要,那就是中学、小学的学习带有一定的"被动性",有很多时候是在教师、家长的指导和督促下进行的;而大学的学习则有着较强的"主动性",学生不仅要在无人督促时主动地刻苦学习,而且还要努力掌握学习方法,善于学习。

A_3:小学和中学属于基础教育,大学属于人才教育。我国当前教育体制正在由应试教育向素质教育转变,大学在这一方面步子迈得更大一些,作为学生,应积极地去适应这一变化。而你所以会在这一转变形势下觉得自己优势尽失,可能是这一适应过程还未完成。

A_4:不过,时间还来得及,我国的素质技能教育还刚刚起步,因而,即使你目前已经显得落后了,差距也不会太大,完全赶得上去。

A_5:还有一点,恕我直言,仅供参考。你现在感到心理压抑,是否有虚荣心的作用? 因为你从小学到中学,学习成绩一直拔尖,受到的表扬、奖励自然也多一些,现在,是不是因为不太容易受到表扬、奖励而心情压抑呢?

A_6:果真如此,那我就再说一句,一个只有经常受到表扬、奖励才能进步的人,心理发展是不够成熟的。把虚荣心理与压抑心情抛开,埋头去努力学习、扎实锻炼吧。毕业典礼上见分晓,如何?

例 6 - 10

你有一个朋友,性格爽朗,处事果断,但难免粗疏、浮躁。有人曾向他提出批评意见,他却回了一句:"我的人生原则是'走自己的路,让别人去说吧'。"请你就此对他谈谈自己的看法。

表述概要:

A_1："走自己的路,让别人去说吧!"是但丁的一句名言,几百年来曾鼓舞了一代又一代的人勇敢开拓、奋勇进取,确实是一句很有参考价值的人生格言。

A_2：但是,即使是真理,如果运用不当,也会如同谬误。此名言在使用时,要注意辨析"别人"二字的内涵。但丁在此语中,虽未做说明,但实际上是有特定内涵的。我们不应当把出自善意、关心而提出建议、规劝的亲人、朋友也归入不予理会的"别人"之列。要知道,"兼听则明,偏听则暗"。

A_3：兼听,还包括对"听"的内容加以分析的意思。究竟是裹着糖衣的毒果,还是苦口诤言的良药,正确的态度是,慎重对待,认真思考,"取其精华,弃其糟粕"。

A_4：市场经济的多变特点,使得我们常常会在全新的形势下,做出前人从未做过的决断。因此,在做出重大决定之前,多听听不同意见,即使是不怀好意的嘲讽,也给以一定的思考、分析,常常是必要的。

A_5：即使某一重大决策已付诸实施,但形势的发展变化也要求我们能在决策基本不变的情况下,针对内部和外部情况的变化,加以适应性的微调,以更有利于既定目标的实现。而广泛听取意见,尤其是不同的意见,是"微调"正确无误的有效保证。

A_6：这也就告诉我们,"走自己的路,让别人去说吧!"其实是有特定的适用范围的。

(二)"热点"话题讨论训练

热点话题讨论训练可以理解为一种双向交流训练,其个性化特点表现为,在完成思考进行表述时,同时受到来自外部(旁听者)的不同思维的干扰,要在受到干扰的情况下完成对话题的解答思考。

训练目标:培养换位思考问题的能力,培养综合多种角度思考问题的能力。

训练模式:由教师从报纸杂志上搜集具有一定争议性,并且可以从多种角度切入的话题材料,当堂出示给学生,并给出启发、提示,之后展开讨论。

这里以两篇讨论实例择要进行演示。

例 6 - 11　不扫一屋,可否扫天下?

(A₁、A₂……仍为轮流发言)

A₁:我认为,欲扫天下,不一定非要从扫一屋一步一步开始,扫天下是大事,扫一屋是小事,人的精力是有限的,一个成天埋头于扫一屋的人,是不可能放眼去扫天下的。

A₂:你这话说得貌似有理,其实不然。什么叫"扫"?扫就是脚踏实地,一步一个脚印,连一间屋子都没有扫过的人,能把天下扫干净吗?谁能举出实例来?

A₃:例子只怕多得你数不过来,爱因斯坦、牛顿……就都是不扫一屋却扫天下的伟人。

A₄:你举的例子不准确,扫天下必须从扫一屋开始做起,看看那些世界著名大财团的发展过程,洛克菲勒、摩根、福特、三菱、松下……这些扫天下的财团,哪一家没有一部从扫一屋开始的创业史?他们是一步登天的吗?

A₅:我觉得,扫一屋与扫天下,还有一个次要矛盾与主要矛盾的关系问题,如果我们把扫一屋视作微观的具体事务工作,把扫天下视作宏观的决策领导工作,就不难明白,一个担任"扫天下"责任的人,如果过于埋头去"扫一屋",最后天下是扫不好的。

A₆:但是,如果连一屋都没有扫过,天下也同样是不可能扫得好的。就以你举的例子来说吧,中国历史上,历朝历代的皇帝,为什么后代子孙总是一代不如一代?还不是因为后代子孙是坐享其成,没有像他们的祖先那样,从扫一屋开始,脚踏实地地努力做过?扫一屋的事从未干过,扫天下能扫得好吗?

A₇:我倒是还有一点想法,扫一屋与扫天下之间,看来还存在着一种理想与现实的关系,或是未来与现在的关系。也就是说,扫天下的宏伟目标必须通过扫一屋的落实才能实现,而我们扫一屋时还应当胸怀扫天下的宏伟目标,并以此目标来设计自己如何扫一屋。

A₈:我怎么越听越复杂了?一会儿是主要矛盾与次要矛盾的关系,一会儿是宏观与微观的关系,一会儿又是理想与现实的关系,真的,你们不说我还明白,你们越说我越糊涂了。不扫一屋到底能不能扫天下?

教师(插入):刚才这位同学提的看法,很有意思,为什么会出现这种情况?大家能否谈谈看法?(笑声)

A_9:我觉得这就是老师在训练开始时提出的,对事物认识的立体化吧。过去,我们对一个事物、一个观点的认识,一般都是平面的、单一角度的,现在看来,认识的确立,要经过多层次、多角度的思考、分析、对比、综合。

A_{10}:我还有一点看法,以上发表的这些观点,听起来针锋相对,其实并没有出现思想交锋,大家是在"各唱各的调"。

A_{11}:我也有同感。而且我觉得,为什么会出现这些不同看法,其根本原因在于对"扫"的内涵和外延的认识没有统一,我也谈"扫",你也谈"扫",但其实不是一回事,当然看法也就有不同了。

A_{12}:对,我想起来了,爱因斯坦、牛顿漠视生活小节,专注自己的事业,"前扫"与"后扫"就不是同一概念;洛克菲勒、松下,从小资本起家,发展至大财团,"前扫"与"后扫",是同一概念。这两组例子其实互相之间并不矛盾,也无对立。

……

教师(总结):今天的讨论,"不扫一屋,能否扫天下",好比一只船,大家都是在借船渡河,从原先的认识出发,到达认识的彼岸。这个彼岸有两个目的地,一个是对事物或命题自身的认识,只有通过辩证的、立体的思考,才能达到科学认识的高水平。二是通过坐船渡河,使我们对如何坐船有了新的认识,渡河时,大家只有同时朝一个方向努力,船速才能提高。如果你认为该向前用力,我认为该向后用力,船的前进就会受到影响,这也就是我们在讨论中已经感受到的,由于对"扫"的概念的内涵认定不一致,出现论而未辩、无思想交锋的情况。

例 6-12 关于"不想当元帅的士兵,不是好士兵"的讨论。

A_1:我认为,这句话没有什么错误,当士兵的,都是年轻人,年轻时有想当元帅的理想,当然有助于推动他热爱士兵职业,进而当一个好士兵,错在哪里?

A_2:不一定吧,有了当元帅的追求目标,就一定会热爱士兵职业吗?如果他想当元帅的内在原因是羡慕元帅的权力和威严,羡慕士兵对他的绝对服从,那他不仅不会热爱士兵职业,真的有一天,当上元帅了,他手下的士兵只怕会被他折磨得苦不堪言。

A_3:真能当上元帅的,能有几人?而现实的士兵又有多少?大家都想当元帅,谁来当士兵?

A_4:都想当元帅,十万士兵十万元帅,那元帅还叫元帅吗?

A_5:这话说得也不对,都不想当元帅,十万士兵,虽然都忠心耿耿,勤于职守,但却没有统帅,岂不是十万散沙,十万乌合之众?

A_6:你们俩扯远了,把可能的理想当做了必然的现实,又把这现实加以绝对化,所以都有点近似荒唐。不要忘了今天讨论的是"不想当元帅的士兵,是不是好士兵"。

A_7:你这又有点近似"纸上谈兵"了。一个士兵有没有"将来想当元帅"的理想,是会直接影响到他现在怎样当士兵的行动的。想想看,十万士兵都按"未来的元帅"来指导自己的行动,"十万士兵十万元帅"是该欢喜呢还是该忧愁?

A_8:士兵中没有想当元帅的,就是好事吗?都不想当而且都不去努力争取当,元帅岂不只能让没有当过兵的来当?试想,连兵都没当过,这个元帅他当得好吗?可是如果没有当过兵的就不能当元帅,那元帅就只能从士兵中产生。换句话说,就是从不想当元帅的人中挑选。想想看吧,让一个不想当元帅的当元帅,这个元帅他能当得好吗?

A_9:我倒还是觉得 A_1 同学的话有些道理,如果眼下只是士兵,那么,当元帅就是遥远的未来的事,向往向往也无妨;但更重要的是,不仅眼下要把士兵当好,而且还应当使"当元帅"的未来理想对眼下的当好士兵产生积极的推进作用。

A_{10}:赞成。理想能不能实现,其实是很难说的,既可能是"有志者事竟成",也可能是"有志者事不成"。所以,关键在于"有志者"是否进行了积极、踏实的努力。

A_{11}:而且,为之进行了脚踏实地的积极努力,才叫做理想。光是想,而不肯进行脚踏实地的积极努力,就是空想、幻想。空想、幻想就没有什么价值了。

A_{12}:我倒有一个想法,从刚才大家的发言中,已经可以看出,"不想当元帅的士兵,不是好士兵"这句话,问题已不在于说得是对还是错,而在于说得完备不完备。

A₁₃：我赞成你的看法，我想，这句名言本质上还是半句话，还需要补上下半句。可以这样说："不想当元帅的士兵，不是好士兵；不能脚踏实地地从士兵干起的元帅，成不了好元帅。"

A₁₄：这就告诉我们，一个人不论何时何地，处于何种环境地位，都应当胸有大志，同时，一个人不论有何大志，都应当从眼前，从脚下，脚踏实地地开始。

教师（总结）：今天这场讨论，大家各抒己见，很好。更重要的是，今天的讨论，老师没有插入发言、引导，同学们就自己总结出了观点，而且，思想认识水平也不错。这就证明了一个真理："你有一个苹果，我有一个苹果，我们交换后，双方仍是各有一个苹果。你有一个思想，我有一个思想，我们交流后，双方就各有了两个思想。"讨论课的价值正在于这种认识与思想的相互交流。

训练指导：

组织诸如此类的话题讨论，尤其是涉及法律的话题，有的已经有了相当的难度，但是在教学训练中，学生投入的热情却相当高。究其原因，一是比较符合青年人的心理成人化特点，二是具有一定的探究性，适应了他们喜欢求新求异的思维特点。

需要强调指出的是，以综合思维训练为目的的讨论训练与现实生活中的讨论，形式相同而本质有异。现实生活中的各种讨论，往往重视结论，重视最终能否达到统一认识，并以此作为讨论是否成功的标志。而以综合思维训练为目的的讨论训练，重视的是讨论过程，是讨论中出现的观点，思考是否深刻周密，角度是否新颖独特。并且，早在选择讨论话题时，就注意优选那种即使经过相当充分的讨论，也难以达到各方统一认识的话题，在讨论中也不规定学生最后要达到统一认识。

组织这类话题的讨论，至少有三个方面的价值：一是有助于学生认识自己，经过思考而知自己不足在哪里，经过表述而知困难在何处，有助于推动学生读书学习与投入训练的主动性、积极性。二是有助于推动学生改变传统的思维定势。这种讨论既无标准答案供参考，又无条规制约，可以无拘无束，有助于学生打开思路，从思维的宽度（辐射面）和深度（深刻性）等方面

"立体化"地更新思维方式。三是有助于学生学会如何在众说纷纭的情况下阐述一己之见，同时有助于推动其养成"听话"和"说话"的良好习惯。不难看出，这类讨论的多功能性不可低估。

因为这类话题具有一定的思想性和理论要求，所以，教师将"话题"交给学生之前要做好一定的准备，还要根据课堂上学生们的表现随机应变：或提示质疑，或启发鼓动，以促进学生讨论氛围的形成；在讨论展开后，则不必过早表态，而是冷静观察，因势利导；当讨论中发生争执或出现冷场、卡壳时，则应点拨化解，推动深入；在课堂教学任务完成后，应及时总结，理清头绪，突出重点，把握关键，同时承上启下，用巩固、回味、反思、再认识等方式推动学生自我训练，提高口才思维水平。

（三）观点交流训练

观点交流训练可以理解为前二者的交叉应用，其个性化特点表现为单向表述与双向交流的混合应用。

观点交流训练从表面上看，与前面的讨论训练似乎没有什么不同，也都是在进行各种不同思想的交流，但是仔细分析，还是不难发现二者之间有着层次的不同。

不同点之一：讨论训练中的发言，可以是经过深思熟虑的观点，也可以是即兴感受的看法，甚至还可以连看法都不是，而只是一种感觉上的赞成、反对或者附和。观点交流训练中，说话人所持的观点，应当是经过认真思考的相对成熟的观点。因此，讨论发言训练的发言，既可以是整体的观点，也可以是片面的、零散的，只是观点的某一方面，甚至只是某一方面的某一小点的只言片语；而观点交流训练中的发言，即使每一次都话不多，但是加以综合就应当不难看出，就某一位说话人而言，他的所有的发言，思想脉络是清晰有序的，观点、立场是整体的、成熟的。

不同点之二：讨论训练重在如何交流，在讨论过程中，赞成也好、反对也好、附和也好，都并不意味着说话人的观点已经确立，说话人可能没有自己的观点、立场，甚至连看法都没有，观点的确立应当是在讨论结束时。而观点交流训练，说话人观点的确立应当在观点交流之前就已经完成，而且在交流过程中，无论说话人在话语表达上是开门见山还是迂回曲折，自始至终都应当是观点明确、立场坚定的。

不同点之三：讨论训练重在思想上的扬长补短，因此，至讨论结束时，自己的原观点是完整确立，还是部分修正，又或者被彻底推翻，都不是最重要的，重要的是在讨论过程中，是否完成了一个集思广益的过程，是否完成了对众人发言的提炼，完成了这一过程，参加讨论就可以说取得了成功。而观点交流训练当然也重在交流，但是这一交流过程的侧重点却在于说服或者征服对方。在观点交流训练结束时，自己的观点被推翻当然属于失败，不必再说，即使自己的观点部分被修正，也意味着在这一训练回合中的失败，因此，观点交流训练在开始之前，就应当尽可能做好深思熟虑的准备，力求最终获得对方的认同。

这里以两个实例择要进行演示。

例 6 - 13　关于"我的金钱观"的交流训练。

解题：金钱，自从进入人类的社会生活之日，就有人开始了对它的研究，并得出了各种各样的不同结论。有人说它是万恶之源，有人说它是百善之本；有人说金钱是万能的，有人说金钱不是万能的。在市场经济条件下，我们如何确立符合时代需求的金钱观？

（1）几十年来我们对于金钱的情感、认识与理解的变化发展

金钱是人类进入文明时代以后的产物，随着社会文明等级的上升，其在政治、经济、文化、军事等多方面发挥作用，对于人们的日常生活的影响力也越来越大。

以新中国成立为起点，以 1978 年为界限，1949—1978 年的几十年里，曾经将对于金钱的传统的鄙视态度推向了一种极端。人们不仅越来越没钱，也越来越对钱怀有"敌意"。现代革命京剧《红灯记》中的李奶奶唱道，"我看那富贵荣华如粪土"，其中表现的观念其实正是创作《红灯记》的 60 年代的金钱观。这种鄙视中实际上包含着面对金钱在社会生活中发挥越来越大作用感到的一种困惑。在长达几十年的时间里，人们由于缺乏对金钱的本质特点与历史功能的全面把握，以至于越来越不知道如何理解金钱，当然也就不知道怎么去挣钱，不知道怎么去利用钱。其结果是国家、民族的经济越来越滑向崩溃的边缘。

从 1978 年开始，金钱在生活中的作用日益明显。"贫穷不是社会主义""让一部分人先富起来"的历史性召唤，从精神的深层次极大地

唤醒了人们的自主意识。人们开始由传统的"视金钱如粪土",一变而为努力追求金钱,甚至"以追求金钱为人生目标"。

训练思考:有人说,"金钱是万恶之源",有人说,"金钱是百善之本"。金钱究竟与善和恶之间是一种什么关系?

(2)关于现今比较普遍的金钱观的几点思考

由于我们无论是在学校教育还是在社会教育中,都没有关于金钱观的系统化教育,所以,完全凭生活的感性积累而形成的金钱观中,其实有很多问题并没有真正解决。

有人说,"金钱不是万能的,但是没有钱是万万不能的"。此话貌似辩证,实际上并不辩证。两句话前抑后扬,前虚后实。一个值得思考的问题是,前一句"金钱不是万能的"实际上是在提出问题:"究竟是不是万能的?"而后一句"没有钱是万万不能的",其实恰好反证了"金钱是万能的"。

有人说,"君子爱财,取之有道,用之有度……"这句话中,"道"是什么?"度"又应当如何确定?当合理合法的取财之道一时找不到时,有一条小道,虽然合理不合法(或者合法不合理,甚至既不合理又不合法),虽然有危险,但是走的人却很多,那么你走不走?当身边的人都在把消费的"度"从省吃俭用上升到"超前消费"时,你如何根据自己的经济实力确定自己消费的"度"?又如何坚守自己确定的度而不随波逐流?

再如,有一段话在读书人,尤其是青年学生中间颇为流行:"金钱,能够买到文凭,买不到知识;能够买到首饰,买不到美丽;能够买到药物,买不到健康;能够买到女人,买不到爱情;能够买到房屋,买不到温暖……"请认真思考:此段话中,所有被认定为"买不到"的东西,在现实生活中,究竟能不能买到?

当今社会,究竟应当怎样看待"君子不言利""君子喻于义,小人喻于利"?

有人说,当今时代,我们的生活既然确实离不开金钱,那么,完全无视它的历史作用,不愿意从本质上对它进行理解和把握,而只是或者一味地诅咒它的罪恶,或者盲目地被它左右,都不利于我们在现实生活中保持健康的心态。

金钱其实还具有以下三大特点:流动性(存在方式)、增值性(工具性能)、刺激性(价值尺度)。我们应该把握金钱的本质特点,积极主动地利用金钱来实现我们的目标追求,而不是消极被动地占有金钱。从这一角度来重新认识葛朗台老头,他对于金钱的认识和把握,其实非常深刻:他不仅知道金钱必须流动(买田置地、做葡萄酒生意、投资证券等),而且非常精通如何使已有的金钱以最快的方式增值(尔虞我诈、囤积居奇、放高利贷重利盘剥等);他甚至把金钱的刺激性也发展到了顶峰水平(他自己每天从欣赏金币的快乐中获得刺激的快感不算,妻子生病,他甚至也让她看着金币,希望借助黄金的刺激使其病情好转)。在获取金钱方面,他其实是一名真正的行家里手,一个非常了不起的成功者。那么,从当今中国的历史发展和社会生活角度来重新认识葛朗台,他的人生悲剧的根源究竟是在哪一点上?

当今中国,很多人炒股、购买奖券,甚至购置房产出租,是否正在步葛朗台的后尘? 有的学校,已经在开课教授学生如何理财,如何炒股,这究竟是在培养时代新人,还是在培养小葛朗台? 葛朗台临死时,毕竟将上千万家产全部交给了女儿,而当今西方世界很多巨富对子女分文不留,是不是比葛朗台还葛朗台?

训练思考:金钱的作用究竟有多大?

(3)关于金钱观的几道思考题

A.时间就是金钱,金钱是什么?

B.有人说,笑贫不笑娼。你怎么看?

C.有人说,男人有钱就变坏,女人变坏才有钱。你怎么看?

D.有人说,金钱不是万能的,但没有钱是万万不能的。你怎么看?

E.有人说,君子爱财,取之有道,不能为钱迷失了本性。你怎么看?

F.有人说,人为财死,鸟为食亡;千里做官,为的吃穿。有了钱,就有了一切;没有钱,一切免谈。你怎么看?

G.有人说,金钱生不带来,死不带去,挣够用的就可以了。你认为够用的具体标准是什么?

H.有人说,中国人以金钱为享乐的依据,西方人以金钱为增加财富的工具。你怎么看?

例 6-14　关于"我的道德观"的交流训练。

解题:在一个文明的社会里,每个人都应当讲道德,这似乎根本就不是一个问题。俗话说,"盗亦有道",这就是说,哪怕是做强盗,也要遵守做强盗的规矩。这个"守规矩",在某种程度上,也就可以看成一种行规,或者就是职业道德。那么,在市场经济的条件下,我们应当奉行一种什么样的道德观呢?

(1)人什么要讲道德?

浏览人类的文明发展史,道德实际上是先于法律而出现在社会之中的。在《圣经》中我们看到,耶和华上帝在给以色列人制定律法以前,就多次以降灾来威胁与恐吓,强迫当时还处在野蛮阶段的早期人类约束自己的言行与欲念,这实际上就是引导人类开始讲道德。讲道德作为一种自我约束,推动了人类社会的初期进步;在人类进入了文明社会以后,讲道德又以其强有力的自我约束力与法律相呼应,维系着人类社会的文明与进步。所以,只要你是一个置身于社会之中的人,就不能不讲道德。

道德的功能在于自我约束。人类如果不讲道德,那么整个社会就会被贪婪、凶残、暴力、罪恶所笼罩,就会成为一个野兽的世界。而且,由于人类拥有世间万物所难以抗衡的高等智力,所以一旦失去道德对自我的约束,直接后果必然是"人欲横流",世界将是一片黑暗,不堪设想。所以,只要你是一个置身于社会之中的人,就不能不讲道德。

法律不是全方位的——有些方面实际上是管不到的,例如,严重性并未达到法定犯罪标准的某些过错和失误,法律实际上就是不管的。而道德具有全方位的渗透性,不仅可以防范具有主观故意的过错,而且可以减少因主观防范不够而导致的失误。相比之下,法律具有滞后性,它只能对已经发生的罪错进行制约,对于即将发生的、可能发生的,往往显得无能为力;而道德不仅对于已经发生的罪错具有约束功能,而且对于即将发生的、可能发生的,还具有一种提前防范性。

训练思考:综合上述诸多观点,同时进行深入一步的思考,讲道德对于人类来说,还有哪些方面的必要性,然后再与别人交流,并及时吸取对方观点的合理成分。

(2)我们应当拥有什么样的道德观念标准

中华民族是一个非常重视道德教育的民族，从古至今，一代一代的伟人、名人，以他们的行为道德凝聚成了我们民族的道德规范。作为后人，尤其是尚未成年的年轻人，更是应当以他们为楷模和样板，来提高自己的文明修养，规范自己的思想言行。任何降低道德规范标准的言行，都将使我们愧对祖先。

在市场经济条件下，人们往往不再刻意追求崇高道德，而是多以一般道德自律，甚至以"不违法"自律，应当看到，"不违法的就是符合道德的"，这种观念是有其内在的来自经济基础方面的合理性的。但是也正是由于这种标准下降状况的普遍存在，使得我们在社会交往中，不宜一厢情愿地认定对方会按照传统的标准来自律，而更应当学会运用法律手段自卫和规范双方的关系。

在一个国家和社会中，众多的人口实际上不仅在经济地位方面分处在不同的层面上，其道德水准也各有不同的层次。对一个人的历史进行纵向考察，我们还可以看到，其道德观念的具体构成其实也是变化发展着的。我们应当珍视古人的总结："达则兼济天下，穷则独善其身。"尤其是其中在道德方面顺势应变的"自律"原则。

训练思考：综合上述观点，思考后确立自己觉得应当遵循的道德观念标准，再与别人进行交流。

(3) 我们应当怎样看待在道德观念内部爆发的冲突与危机

道德的防线可以说是最坚固的，如大公无私、见义勇为等，闪现出"境界崇高"的耀眼光芒。但是，道德的防线又是最薄弱的，因为如果自我约束的力度不够，一点小小的引诱都可能引发道德防线的全线崩溃。而每个人的道德防线又并非在任何情况下都能时时刻刻保持"固若金汤"的状态，在道德观念内部爆发冲突与危机其实是一种常见现象。

道德与法律，一个用于自律，一个用于他律。在当今社会，人们要自觉地用符合社会公德的标准来规范自己，如果放纵私欲，迟早要遭遇法律的强制性"他律"。他律不仅是惩罚性的，有时甚至是毁灭性的，因此，为了避免遭遇"他律"时再来后悔"何必当初"，应当时时注意加固道德的"自律"防线。

道德属于上层建筑领域。在一个经济飞速发展的时代，道德因为具有相对独立性,其观念更新的步伐也会相应加快。这也是在道德观念体系内部引发冲突与危机的原因之一。对于这一类冲突与危机,我们应当持乐观的态度。想当年,孔子面对社会的变化发展,惊呼"礼崩乐坏",结果如何?将奴隶制道德观念取而代之的,是绵延中国数千年文明史的封建道德观念体系。今天,面对改革开放给中国带来的天翻地覆的变化,又有人惊呼"道德滑坡"。这究竟是又一次出现了"礼崩乐坏",还是一个法制社会在其创建过程中同时开始的关于道德观念的"结构重建"?

　　训练思考:不要只是简单地赞同或是附和上述观点,而应该在其基础上,经过思考,形成自己的心得与观点,再与人交流。

【思考与练习】

1. 在日常生活中,一个好抬杠的人往往是不受欢迎的人,但是在口才训练中,一个好抬杠的人,往往是逆向思维素质比较优秀的人。尝试在训练中多做不同思考与独立思考的训练,注意反应的敏捷度与准确度,力求做到既快又准,同时还要注意"摆事实、讲道理",不要硬抬杠。

2. 应试教育使得学生满足于与标准答案保持一致。但是口才训练却要求学生即使有了一致结论,也要继续思考,看看能不能又有新的发现,尤其是能不能"透过现象看本质",在已有结论中继续推导出更能显现本质,同时也更能显现思想深度的结论。注意在训练中养成这一种思维习惯。

3. 广征博引、思路开阔,在口才显现上,从来都是令人羡慕的优点。如果你觉得自己思考问题往往比较狭隘,有时是放不开,有时又是收不拢,就注意多做一些发散思维训练和联想思维训练,可以由慢到快逐步自我提高要求。

4. 喜欢和同学交流自己的思考结果吗?如果原本就喜欢,那就继续保持;如果原本不喜欢,那就注意改变自己,多多参加与同学的交流,如果同学不喜欢与你交流,那就多向他们请教、求助。养成遇事多听取不同意见的习惯,锻炼自己"集思广益"的本领。

5. 当别人对你经过认真思考的结论加以批评,甚至抨击时,你的心理反应肯定不会是很舒畅的。分析自己:在心理反应已经觉得不舒畅时,还能够冷静地分辨出对自己有益的观点和思想吗?注意训练自己养成这样的习惯。

第七讲

口语表述类型

作为一门素质技能的教学训练体系，"口才应用"学科的构建，显然应当服从一个总体的目标要求，即有利于读者从训练操作的角度逐步达到全面系统的把握。换句话说，一个教学训练体系的构建，首先要有可操作性。

为了便于从"宏观角度"更为全面地把握"口才应用"的系统化训练，这里再从"单向表述"与"双向交流"的不同角度对口才能力的应用分类进行系统划分。

单向表述与双向交流，作为有着对应关系的一对概念，是从理论阐释与训练应用的角度加以区分的。

就理论阐释的角度而言，所谓单向表述，是指口才交际过程中，"说""听"双方一般都有着明确的身份限定，"说"方以"自己说"为主，"听"方以"听人说"为主。双方的这种既定身份，一般不作改换，或不宜多作改换。而所谓"双向交流"，是指交流双方一般不作"听"与"说"的身份限定，双方是"听"还是"说"，不仅身份可以互换，而且这种互换有时还是即时的、快捷的。

就训练把握的角度而言，单向表述侧重于训练自我如何进行口才表述，并努力提高其水平，而双向交流则侧重于训练如何与他人进行成功的交流。

应当看到，在现实生活中，"单向表述"与"双向交流"二者之间虽有区别，却无法截然分开，"双向交流"必然以"单向表述"为有机构成部分，没有"单向表述"，"双向交流"也就不存在了；"单向表述"又必然以"双向交流"为应用目标，失去交流目标的表述，也就失去了现实的存在价值。这也就告诉我们，"朗读、演讲"与"交谈、辩论"在口才交际的实践应用中，其实常常是交叉互容的。

这里,还有必要对"交谈"与"辩论"在口才交际中的作用加以辨析:

二者同为双向交流的口才主干技能,其实,在应用过程中,有着共同的目标追求,也即,都是为了使与自己在观点、认识、立场、态度等方面存在着分歧或对抗的交流对象,能向自己的观点、认识、立场、态度方面转移,并力求最终达到统一。

二者之间的差异主要显现在交际的风格上,这种风格差异总体上可以认定为一柔一刚。交谈为柔,在口才交际过程中,双方(或其中一方)力求以有助于淡化双方的对立的手段来追求双方最终达成一致;而辩论则为刚,在口才交际过程中,力求以强化双方的对立的手段使自己一方的观点、认识、立场、态度得到认同或被确立。

二者之间的这种差异,在实践应用中却常常表现为一种交叉互换,能柔则柔,可刚则刚,刚柔相济或先柔后刚、先刚后柔等多种形式。即以法庭审理案件为例,往往在激烈的法庭辩论之后,法庭判决之前,还有一个征得原、被告双方同意才进行的法庭调解过程,并且,即使是在法庭辩论过程中,双方也并非始终是唇枪舌剑的,即使是在法庭调解过程中,双方也并非始终是和风细雨的。

这就提醒我们,理论学习与技能训练,同时还存在着一个如何联系实践应用的问题。只有经过长期的反复训练,才能对口才能力(不论是单向表述的朗读、演讲,还是双向交流的交谈、辩论)逐步达到适时、适事而用且应用自如。

口才交际,虽然只是凭一张嘴开口说话,却因话题内容、显现形式等各方面因素的影响,形成多种应用类型。

这里,试从单向表述与双向交流两个方面,对口才交际的主干类型与目标要求展示如下。

一　单向表述主干类型与理论界定

单向表述口才应用主干类型,如下图所示:

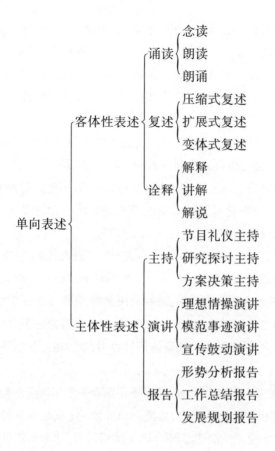

単向表述
├─ 客体性表述
│ ├─ 诵读
│ │ ├─ 念读
│ │ ├─ 朗读
│ │ └─ 朗诵
│ ├─ 复述
│ │ ├─ 压缩式复述
│ │ ├─ 扩展式复述
│ │ └─ 变体式复述
│ └─ 诠释
│   ├─ 解释
│   ├─ 讲解
│   └─ 解说
└─ 主体性表述
   ├─ 主持
   │ ├─ 节目礼仪主持
   │ ├─ 研究探讨主持
   │ └─ 方案决策主持
   ├─ 演讲
   │ ├─ 理想情操演讲
   │ ├─ 模范事迹演讲
   │ └─ 宣传鼓动演讲
   └─ 报告
      ├─ 形势分析报告
      ├─ 工作总结报告
      └─ 发展规划报告

（一）诵读

所谓诵读，是将书面文字的内容逐词、逐句、逐段地转换成口头语言的一种应用类型。根据转换过程中的不同表现形式，又可大致分为念读、朗读、朗诵三种基本形式。

1. 念读

念读可以解释为"一般化的有声诵读"。之所以界定为"一般化"，是因为这一形式几乎没有什么特定要求，念读人只要认识所读的文字，并将其正确地转换成有声语言，又不至于使听者出现理解偏差，就可以说完成了念读。至于念读时所用的是普通话还是方言，一般并无限定，念读时的断句及声调抑扬是否符合语法规则和民族使用习惯，要求也相对比较低。念读的内容极为宽泛，只要是书面文字，无论是家信、通知，还是试题、广告，都可以作为念读材料。

2. 朗读

朗读可以解释为"规范化的有声诵读"。之所以界定为"规范化",是因为在朗读过程中,朗读者应当注意使自己的语言在语调、节奏以及停顿、抑扬顿挫等诸多方面均符合语法规范和民族使用习惯,并且以使用普通话为佳,以免听者出现歧义理解。可供朗读的材料,其范围基本上和念读一致,只要是书面文字皆可。但是,细加比较,二者还是有区别的。例如,替人代读家信,念读也可,朗读也行;但播送新闻、宣读文件,一般的念读显然不妥,而应以规范化的朗读为应用形式。

3. 朗诵

朗诵可以解释为"艺术化的有声诵读"。之所以界定为"艺术化",是因为在朗诵过程中,不仅应注意保持规范化的要求,还要求在对朗诵材料充分理解的基础上,对语言再现从语调、节奏以及停顿、抑扬顿挫等诸多方面进行个性化的艺术处理。由于并不是所有的文字都适宜进行艺术化处理,所以可供朗诵的材料范围更小,一般以散文、诗歌为主。

念读、朗读、朗诵三种语言诵读形式,在实际应用中各有其不同的目标要求。其中,念读以能正确再现原文内容,并使听者的理解基本无偏差为成功;朗读则不仅要求正确再现原文内容,还要能有效防止听者理解上的曲解、误解,使用的标准语音应当具有一定示范作用;朗诵则以在认读正确、语音规范的基础上,用具有个性化、艺术化的表现形式,使听者受到一定的艺术感染为成功。

(二) 复述

所谓复述,是将已有的材料内容重新予以表现的口才应用类型。需要指出的是,复述的最基本形式是一字不改地重新表述。这种形式一般只要经过多遍简单重复至熟练后即可完成(例如背诵),这里不拟多作阐述,而将重点放在压缩式复述、扩展式复述和变体式复述三种基本形式上。

1. 压缩式复述

这是对已有的材料从篇福和内容的角度进行压缩,使其既能基本再现全貌,又能符合新的要求限定的一种复述形式。例如,看了一场电影或一部小说之后，用简略的语言向他人作内容介绍，就属于压缩式复述。压缩式复述大致相当于写作中的缩写，其指导原则可以用十六个字来概括：把握主脉、勿漏要点、删略细枝、重现全篇。其总体操作程序为：首先要把握住原材料的主脉，然后删剪省略与主脉关系不大的细节旁枝。删略时注意不要遗漏要点，以便压缩后仍能重现全篇的主题要旨。

2. 扩展式复述

这是对已有的文字材料或语言材料从内容角度进行扩展，使其既保持原材料的主脉，又比原文更为充实丰满的一种复述形式。扩展式复述大致相当于写作中的扩写，例如，有的说话人仅仅手持一张备忘的纸条，上面不过寥寥数字，或者只有自己才看得懂的一些符号，就可以作长篇大论的会议发言、法庭辩论。这种语言表述形式就属于扩展式复述。扩展式复述的指导原则也可以用十六个字来概括：完备要素，丰满场景，充实细枝，融情注理。其总体操作程序是：首先完备时间、地点、人物等事件相关要素，同时丰满场景，力求完整地再现场面，继而充实事态（话题）进程中的细节，并进行必要的旁枝扩展，同时以夹叙夹议的形式进行适度的抒情与议论，扩展式复述就可以逐步完成。

3. 变体式复述

这是对已有文字材料或语言材料的表述角度、形式与体裁加以改变，以一种新的角度和形式使话题重现的复述形式。变体式复述在生活中的应用也较为普遍，例如，法庭辩论中，当事人双方就所发生的事件进行陈述，即使双方都忠于事实，毫无增删，由于视角与感受的不同，复述内容也会大不一样，而后一个复述者的表述对于前一个复述者的表述而言，就属于变体式复述。再以训练为例，以第三人称的形式讲述了"东郭先生和狼"的故事以后，再转而分别从"东郭先生"和"狼"的立场进行事件复述，就是一种变体式复述。变体式复述的指导原则也可以用十六个字来概括：转换角度、改变人称、重新体验、再度挖掘。需要说明的是，这十六字原则一般是针对由同一人作变体式复述而言的。由于在原表述完成之后再作变体式复述，首先要考虑如何转换表述角度，改变人称关系，这就会对同一话题的复述者提出不同的要求，复述者也就需要再度挖掘其深层次的内涵，这样，变体式复述的意义和价值才能凸显出来。

三种复述形式中,变体式复述的难度要求最高。前两种复述对原话题材料表现出明显的依附性,不论是压缩式复述还是扩展式复述,其复述内容都必须严格忠实于原材料,对原内容可以增删,却不可以改变。而变体式复述对原材料的依附则少得多,而且还要求对内容与观点的重新体验和挖掘,从而使原话题材料不再处于复述内容的主脉地位,变成只是复述的依据。

(三) 诠释

诠释也是实用性很强、应用范围较广的语言形式,不仅教师、律师、政工干部、主管人员,就是营业员、推销员,甚至家庭主妇也免不了要向他人作诠释性表述。

诠释分为解释、讲解、解说三种具体应用形式。关于三者之间的区别,目前还找不到明确的理论界定。《现代汉语词典》将"解释"界定为"分析阐明,说明含义、原因、理由等",将"讲解"界定为"解释、解说",将"解说"界定为"(口头上)解释,说明",三者之间其实已出现了"循环式互证"的现象。

尽管如此,根据上述三词在实践中的不同应用,我们还是可以大致勾勒出三者之间的异同点。

1. 解释

《现代汉语词典》的界定是"分析阐明,说明含义、原因、理由等"。从在实践中的具体应用可知,"解释"一词往往注重在点的诠释上。例如,在学校考试中经常出现的题型是"请解释下题中的加点字(词)",在生活中常听到有人说:"关于这一点(这个问题、这件事),请听我解释一下。"由此又可知,"解释"带有较为显明的说明性。"解释"追求的是以点带面,即听话人由关键点至话题全貌的准确认识,因此,进行解释务必把握关键,要言不烦,而不能东扯西拉,脱离正题。

2. 讲解

《现代汉语词典》的界定是"解释、解说"。从在实践中的具体应用可知,"讲解"一词往往注重于面的诠释。例如,教师讲解课文,科学家讲解某一原理等等。讲解往往具有较为显明的剖析性,注重由浅入深,且能深入浅出。它追求的是使听话人达到对话题的本质把握。因而,要求说话人在诠释时把握层次,主次分明,忌讳看似面面俱到,实为繁杂罗唆。

3. 解说

《现代汉语词典》的界定是"(口头上)解释,说明"。从在实践中的应用可知,"解说"往往注重立体诠释,即点面结合,多角度、多层次的全方位把握。例如,电影、电视剧中的旁白解说;展览会上、旅游景点里,导游的引导解说等等。由此又可知,解说往往具有较为显明的介绍性,它融讲解、说明于一体,追求听话人对话题内容的整体把握和深刻理解。

在实际应用中,上述三者具有通用性,似乎是难以明确区分的,不过,从建立学科体系的理论要求角度可以发现,三者之间存在一种依次被包容的关系。在"讲解"中包含着"解释"(面包含点),"讲解"要求能由点及面,点面结合;"解说"中又包含着面的"讲解"和点的"解释",要求能以立体透视的方式,多角度、全方位地对话题进行诠释。

(四) 主持

《现代汉语词典》中对主持的注解是"负责掌握和处理"。由此可知,主持原来并不只是一种口才应用形式。不过,这里要研究的,主要是主持行为中的口才应用。针对现实生活中形形色色的主持行为,这里着重介绍节目礼仪主持、研究探讨主持、方案决策主持三种形式。

1. 节目礼仪主持

节目礼仪主持并不是近几年才出现的,而是古已有之,只是称呼不同罢了。例如,过去在文艺演出中,将主持人称作报幕员;在婚庆丧葬仪式上,将主持人称作司仪。虽然主持人在今天的地位和作用比过去的报幕员、司仪有了很大提升,但其主体功能并未根本改变。一般说来,节目礼仪主持人的根本任务是"串接散珠,调节情绪",将一个个风格、内容各不相同的节目、活动巧妙地串接成既有机联系、又跌宕起伏的整体(此为串接散珠),同时注意调控全场的情绪。情绪偏冷,则煽情使之热;情绪偏热,则制控使之温。节目礼仪主持人的语言要有一种动情性,犹如厨师手中的油盐酱醋等佐料一般,不可没有,又不可过度,这就又提示我们,节目礼仪主持人的语言风格应当是:"宜妙语联缀,不宜妙语连珠;宜文采闪烁,不宜文采四溢。"那些一登场就自我表现乃至喧宾夺主的人,成不了好主持人。

2. 研究探讨主持

研究探讨活动涉及的范围很广泛,例如科学研究探讨、教学研究探讨、由某部门主办的某种专题研讨等等。再如,中央电视台的《实话实说》节目,实际上也带有各抒己见式的研究探讨色彩。各种研究探讨活动对主持人有着基本一致的要求。首先,它要求主持人串接散珠,在各种不同的看法、观点之间建立起一定联系,而这种串接,更多是利用不同的思维模式与结果之间的内在逻辑关系。其次,它也需要调节情绪,但这种调节追求的不是表面的热烈与火爆,而是全体参加者的热情投入。研究探讨主持的语言,要具有一种含而不露的内在启发性,要能循序渐进,步步诱导,将研究探讨引向深入。

3. 方案决策主持

此类主持更多地出现在企事业单位和部门的日常工作中。例如,某方案尚未确定,正当众说纷纭莫衷一是之际;或者方案虽已基本确定,但还需广泛听取意见之时。方案决策主持人往往是具有领导身份和主管权力的人,他所面对的,又往往是一群具有平等权利的说话人。此时的主持,应表现出这样一种气质,既使在场的众人意识到主持人的领导与主管身份的存在,又不使他们因此而感到压抑。意识到其存在,是在于提示说话人应注意围绕决策方案的主题谈出自己的看法;不使他们感到压抑,意在引导他们畅所欲言,不至于因为担心自己的意见与上司相悖而有所顾忌。

三种主持,目标要求大致相同而风格特点各异。节目礼仪主持,宜以情、趣为主导,追求全场情绪调控的热烈有度;研究探讨主持,宜以智、理为主导,启发全体思考的全面深刻;方案决策主持,宜以求同存异为主导,寻求最终实现决策的正确。

(五) 演讲

80 年代中期在中华大地上兴起了一股演讲热,理想情操的演讲、模范事迹的宣讲、宣传鼓动的演讲等是主要的演讲内容。

1. 理想情操演讲

顾名思义,此类演讲是以理想情操为主题的。经过十几年的发展,目前此类演讲的参加者,已由教育家、理论家以及社会文化名流逐步转向了平民百姓，尤其是青年一代。此类演讲既以理想情操为题，自然追求听众的信服。因而要想打动听众，就务必以真情贯穿演讲，也就是说，这种理想情操必须真的是演讲者所追求并付诸实践的，那种理念与行为脱节的心口不一，甚至由他人代写讲稿，自己上台去作一番拿腔拿调的表演的演讲，本质上属于伪演讲，是应当摈弃的。

2. 模范事迹演讲

此类演讲以自己或他人的模范事迹为演讲主题，具有较强的真实性，因而也容易产生较强的感染力量。但在进行此类演讲时，有两点需要注意，一是在演讲中宣传模范事迹，尤其是他人模范事迹时，务平实，忌拔高；二是此类演讲往往一连多场，甚至几十场、几百场地接连进行，而演讲是一种充满激情的语言表述形式，这就有一个在连续多场之后，如何防止程式化和保持激情的问题。此类演讲一旦形成了一个固定模式，其生命力和魅力也就消失殆尽了。

3. 宣传鼓动演讲

此类演讲以宣传某种政治观念为主题，其目标是使听众接受这种政治观念。这种演讲的难度在于，它追求的是一种宣传鼓动性与挑战征服性的统一。例如，关于有神论与无神论的演讲，如果只是面对与自己观点相同的听众演讲，难度实际上就小得多；如果转向持对立观点的听众演讲，并想使对方信服，则在宣传鼓动难度大增的同时，还会产生一种挑战与征服的要求，只有勇于挑战并能征服听众的演讲，才能取得宣传鼓动的成功。

各种演讲，不论存在多少差异，总体上都有着鲜明的共性，即演讲必须以感情、思想的"真"，立意、角度的"新"以及"摆事实，讲道理"来说服、感染听众，并以说理性、动情性、鼓动性合一为特点去宣传、教育、鼓动听众。如果没有上述特点，即使贴着演讲的标签，也不能算作真正的演讲。

（六）报告

报告是一种主要作用于单位、部门内部，与其工作、生产有着密切联系的职务口才应用形式。各种报告，话题各异，从内容上主要可分为形势分析报告、工作总结报告、发展规划报告三种基本形式。当然，很多报告的内容，常常是上述三方面内容的综合,但仔细分析,还是会因为侧重点不同而显现出差异。

1. 形势分析报告

"形势"一词在这里,有大、小之分。"大"者如国内外的(政治、经济、文化、科技)形势,"小"者如本单位、本部门各方面的现状。形势分析报告,应注意以透辟准确的综合分析来求得成功。而能否达到透辟准确的水平,又以能否完成科学严密的综合分析为基础。要搞好综合分析,就必须注重多角度、多层次的立体交叉对比。例如,历史成因、现实状况与未来发展的交叉对比,同一类型之间不同方面的交叉对比,不同类型之间相同方面的交叉对比等等。立体交叉越是翔实,综合分析越是透辟,所得结论也就越是准确,形势分析报告也就越能成功。

2. 工作总结报告

此类报告应以全面翔实且纲目清晰为成功标志。任何单位、部门的工作都是既有主次之分,又要同时进行的,因此,工作总结报告应贴近工作实况,尽可能如实地反映全貌。工作总结报告的宗旨在于总结成绩,发现不足,增强大家的信心和凝聚力,以促进工作的顺利开展。因此,报告的全面翔实尤为重要,即使只是挂万漏一,也应努力避免。否则,就有可能在这"漏一"处,引发信心减退、凝聚力涣散的负面影响。

3. 发展规划报告

此类报告应以规划的具体实在与真实可信为成功。处于发展之中的各单位、各部门,无不有其规划目标,但目标的定位原则各有不同。定得过低,不利于鼓舞士气;定得过高,对士气同样会有伤害。随着规划目标的明确,还应有具体的行动方案。发展规划报告的另一重要任务在于展示规划目标的同时,使有关方面明确实现目标的措施、步骤。

在主持、演讲、报告三种口才表述形式中,报告与生产工作的关系最为密切,例如,国务院的政府工作报告,就将对国家政治、经济、文化、科技的发展,以及人民生活水平的提高产生较大的影响。由于报告主体内容的事务性特点,又由于报告文稿往往是一个单位、一个部门的领导班子集体研究的产物,而报告人往往只是这个班子的代言人等多方面原因,报告与主持、演讲相比,个人风格往往不太明显。正因为如此,至今对作报告的技巧研究还很不够,即使经常作报告的领导者,也很少研究这个问题。

二 客体性表述与主体性表述

在完成了单向表述主干类型阐释以后,这里再比较一下以诵读、复述、诠释构成的客体性表述和以主持、演讲、报告构成的主体性表述之间的差异。

综合考察诵读、复述、诠释三种表述形式,可以发现它们具有如下两点共性:(1)表述内容与表述人之间一般没有联系或没有必然联系;(2)更换表述人后,同一表述话题的表述内容基本没有改变或完全没有改变。

以诵读为例,同一诵读材料与诵读人之间一般没有什么必然联系,因此,更换诵读人后,诵读内容不发生改变。当然,以朗诵为例,朗诵者本人有时就是朗诵材料的作者,但这毕竟只是一种现象,而不是一种必然要求。

再以复述为例,同一复述内容与复述人之间一般也没有什么必然联系。虽然有时更换复述人后,复述内容会因人而异地出现重点不同等变化,尤其是变体式复述,更会因复述角度和人称的改变而出现变化,但是这种变化无论多大,均应以忠实原话题为原则,即使是变体式复述,不同的表述人就同一话题所作同一角度、同一人称的表述,内容还是基本相同的。

诠释也一样,诠释内容虽然因为诠释人的文化水平、表述风格的不同而不完全相同,但是由于受话题内容的制约,一般只能大同小异。如教师授课时对某一概念进行解释,无论其如何广征博引、口若悬河,都不能改变课文的中心地位,而且,大纲规定的内容是不可以遗漏的,不能与之有大的出入。

综上所述,在诵读、复述、诠释三种语言表述形式中,话题都处于主体地位,而表述者则处于如何将其表述内容表现得更加完美的从属地位上,故而可将此三种口才表述形式称为客体性表述。

由此则可以推知,主体性表述应具有以下特点:表述内容与表述者之间具有某种内在联系或必然联系,对同一话题,更换表述者后,表述内容随即发生重要改变或者根本改变。这一特点,从后面三类口才类型分析中,可以看得很明显。

先看主持,在主持过程中,"说什么与怎样说",与主持人本人的关系很明显,更换主持人后,同一内容的表述就会发生改变,从而导致不同结局,甚至会出现或是成功或是失败的巨变。这一特点,节目礼仪主持表现得更为明显。例如,曾经有过很高收视率的中央电视台《正大综艺》节目,曾经多次更换主持人,便很能说明这一点。而同样是中央电视台的节目主持人,有些几乎达到与栏目融为一体、不可分开的程度,正说明了表述内容与表述者之间具有某种内在联系或必然联系。此外,即使在研究探讨主持和方案决策主持中,主持人的文化修养、风度气质也无不在主持内容和形式方面留下了鲜明的印记。

演讲更是一种能充分显现个人风度气质、文化修养的口才表述形式。演讲词与演讲者之间常表现为一种不可分离的密切关系。以理想情操演讲为例,因为我的理想情操不可能等同于你的理想情操,再加上演讲人的经历、个性、气质的不同,就决定了我的理想情操演讲词不能作为你的理想情操演讲词。模范事迹演讲、宣传鼓动演讲也一样,即使话题相同,更换表述者之后,表述内容会随之发生改变或根本改变。

报告亦是如此,表面看来,报告内容与报告人之间似乎并无多少必然联系。例如,某单位的年终总结报告,可以由第一把手作,改由第二、三把手作似乎也一样,其实不然。只要不是完全按稿子念,其内容、风格总会有所不同,效果也不可能完全一样。而且,报告内容一般是由其领导班子集体研究确定的,而报告人一般也只会在领导班子内部确定,这就决定了报告内容与报告人之间具有了某种内在的、必然的联系。

在主持、演讲、报告三种口才表述形式中,由于表述者只服从表述目标的原则规定,与此同时,不仅表述内容要由自己选定,而且如何优化表述方式也要由自己确定,这就使得表述者处于表述的主体地位,故而可称为主体性表述。三大类主体性表述中,主持表述更多地偏重于个人的风格化,可称为"风格主体";演讲表述更多地偏重于表述内容与结构形式的个性化,可称为"内容主体";报告表述更多地带有职务印记,可称为"职务主体"。

两大类别的表述以此为界,分别对其表述从内容、结构到形式、风格均提出了不同的要求。

三　双向交流主干类型及其目标要求

交谈，作为人们语言交流的基本形式之一，与演讲、辩论一样，其生命史也至少可以上溯到有文字记载的历史以前。因为即使是原始人类，也需要传递情况、交流信息，彼此沟通感情、增进理解，这就决定了他们也离不开交谈。

在我国，最早以交谈形式写成、对后世影响也最大的著作，大概要算《论语》了。《论语》全书，共一百多句问答，一万多字，在中国流传两千多年，家喻户晓，是我们民族的文化瑰宝。古人云："半部《论语》治天下。"足见其影响之大、之深远。

交谈与辩论，同为双向交流的口才交际形式而有别于演讲。演讲往往是单向进行的。例如，无论是一人主讲到底的宽松限时演讲，还是每人轮流登台的严格限时演讲，大都是说话人向听众所作的单方面的口才表述。并且一般说来，在某人演讲过程中，听众是不宜打断其发言的。而在交谈与辩论过程中，"说"者与"听"者的身份是兼而有之的，有时是你说我听，有时又是我说你听，打断对方的讲话也是常有的事。

交谈与辩论相比，除了上述形式方面的共同点之外，其他方面，诸如心理态势、内容表述、交流形式等，则有着较为明显的差异。这些差异使得交谈与辩论在口才交际理论的总体框架内相对独立，成为各成体系的学科。

而本讲侧重研究的是双向交流中，交谈技能的本质特点、实用技巧和系统训练的方法与操作。

交谈与辩论相比，还有一个个性特点，即交谈具有鲜明的行业性。例如司法交谈、商贸交谈、医疗护理交谈、思想教育交谈等等，凡此种种，几乎可以没完没了地列举下去，可以说，有一个独立的行业，就会有这个行业性所要求的行业交谈，而每种行业交谈的形式、特点、常用方法和技巧又都各具"个性"，如果分门别类地加以深入细致的研究，每种交谈均可各成一本专著，各为一门学科。这一点是演讲和辩论所不具有，或虽具有却远不如交谈鲜明的特点。

这里，试将交谈的应用类型与理论界定逐一介绍如下。如图所示：

```
                              ┌ 主动性交谈与被动性交谈
               ┌ 形式分类 ┤ 单个交谈与群体交谈
               │          └ 多种选择交谈与单一抉择交谈
               │          ┌ 聊天式交谈
               │          │ 迎合式交谈
               │          │ 求助式交谈
   交谈应用类型 ┤          │ 求合式交谈
               │ 功能分类 ┤ 劝服式交谈
               │          │ 预设式交谈
               │          │ 肯定式交谈
               └          └ 否定式交谈
```

(一) 交谈形式分类

交谈形式分类取双重标准合成,一为外在形式标准(参加者的人数多少),一为内在形式标准(话题交流的形式差异),这里逐一阐释如下。

1. 主动性交谈和被动性交谈

诸种交谈同为双向交流,细加分析,可分为主动性交谈和被动性交谈。所谓主动性交谈,是指交谈双方都有与对方交流的愿望和热情,例如,处于热恋中的男女双方一见面,常常是说不完的话;日常交谈中,一朝"酒逢知己",也会在彻夜长谈之后仍难免"相见恨晚"之憾。在这类"主动性"交谈中,人们往往不需要在启发对方开口方面多花精力,而注重于如何准确、完整地把自己的意思表述出来(这就需要研究在交谈中"说什么"的问题);所谓被动性交谈,是指交谈者中有一方由于某种原因,或是畏于或是懒于与对方交谈。例如,司法交谈中,罪犯与管教对象往往害怕司法人员提审、训话;疗护交谈中,某些医生、护士懒于对病人的疑问多作解释等等。在这种情况下,希望交谈的一方必须努力去打开与对方情感联系的通道,诱发对方参与交谈的主动性(这就需要研究在交谈中"怎样说"的技巧)。

2. 单个交谈和群体交谈

交谈从双方参加人数划分,又可分为单个交谈和群体交谈。所谓单个交谈，是指交谈双方各有一人，由于语言交流只在二者之间进行，交谈构成因素相对比较单纯。如教师找学生个别谈话，一对情人在公园角落窃窃私语，此时，双方可以将主要精力集中于交谈，而对其他方面的情况视而不见、听而不闻(此类交谈的研究也可由此而分为两类：说的技巧和听的技巧)。所谓群体交谈，则是指交谈双方或其中一方以群体形式出现，如某一方面的有关领导与某一部分群众(或群众代表)交谈；外交会谈中，双方各派出多人组成代表团，举行会谈或谈判。这时，由于语言交流形式比较复杂，对于参加者来说，在会说与会听的要求之下，还会受到环境因素，包括色彩、光线、气味、座位安排等的影响，也就是说，这些因素对于交谈能否成功各有其程度不同的影响力(这就要在说和听的技巧之外，还要研究交谈中的非语言因素)。

3. 多种选择交谈和单一抉择交谈

交谈从其结局考察，又可分为多种选择交谈和单一抉择交谈。所谓多种选择交谈，是双方就某一问题进行交谈时，一方为另一方列举出其可以采纳的种种决定，并对这多种决定的后果逐一加以分析，以作为另一方"多中取一"时的参考。如在日常交谈中，做父母的常常要与高中毕业的子女就其毕业后的出路选择进行谈话：是继续升学，还是去参军；是去考招工就业，还是当个体专业户。在这种交谈里，做父母的一般都是将每种出路的利、弊加以全面剖析，有的还同时提出主导性意见。但所有的谈话内容(包括附加的父母意见)，对子女来说，都只能是子女进行选择时的参考。再如司法交谈中，在调解离婚时，司法人员多就当事人究竟是"离"还是"不离"两种选择做利与弊的分析，而使夫妻双方趋于一致的最后决定，一般都是由当事人自己做出，不能由司法人员越俎代庖。这就是由一方列出方案，供对方"多中取一"的选择交谈。所谓"单一抉择"交谈，即双方在就某一问题进行交谈时，一方只向对方提出一种抉择(伴之以分析)，或是虽提出数种方案，但通过对比分析，最终只肯定其中之一，并力争取得对方的认同。例如，情爱交谈中，一方向另一方求婚；司法交谈中，敦促案犯坦白罪行，争取从宽处理等，都属于此类。

"多种选择"与"单一抉择"，尽管都是由一方说出，供对方采用，但二者是有明显的差别，不宜混同一体的。例如，"多种选择"式交谈与"单一抉择"式交谈相比,后者往往具有某种或明显或不明显的压力。如果应当用"多种选择"式,却用了"单一抉择"式,往往就在有意无意中破坏了交谈的平等、协商特点,可能引起对方的反感,导致交谈的失败。例如,父母与高中毕业的子女就其出路作交谈,如果父母选择"单一抉择"式,子女往往会觉得父母专制,自己受到了压制,就会在心理上产生抵触情绪(在某种意义上,这正是"逆反心理"产生的基础),严重的还可能发生矛盾和冲突。反之亦然,如果应当选择"单一抉择"式而使用了"多种选择"式,对交谈也会产生副作用。例如,一方向另一方求婚,爱情的"排他性"一般都会促使求婚者在交谈中强调自己的优势和情感的坚定,并通过对比,有意无意地否定其他的求婚者。如果有谁在求婚时,只是把自己与其他求婚者放在同等地位上,"我挺好,另一位也不错",摆出一副"同意还是不同意,由你自己看着办"的态度,对方难免对你的爱情是否真诚热烈产生怀疑,就会产生不满甚至反感。

此外,即使在"多种选择"和"单一抉择"的任一种交谈形式之内,也会因交谈内容和双方关系的不同而显现出种种差别。以"多种选择"式交谈为例,如在医疗护理交谈中,当医护人员将数种治疗方案告知病人家属,由其选定时,对家属而言,是有压力的。所以,医护人员在这种情况下,往往只能侧重于单方面的告知,却不宜再通过其他语言向对方施加"非怎么不可"的压力。而在同属"单一抉择"的法庭审理和劳改劳教管理交谈中,司法人员作为国家专政机器的代表,无论他曾怎样为对方作设身处地的分析和考虑,最后一句"究竟怎么办,你自己考虑吧",看似将主动权交给了对方,但"非此不可"的压力是明显存在的。

(二) 交谈功能分类

交谈功能分类依其参加者一方或双方的目标追求的性质而定,这里逐一阐释如下。

1. 聊天式交谈

所谓聊天式交谈,其特点是以无具体目标追求的闲聊为形式,通过较为轻松的口才交流,最终实现与交流对象联络感情、增进友谊的目的。聊天式交谈,不仅应注重于"聊",即双方要有"说"有"接",有"应"有"答",而且还应注重聊的内容是"天"，即双方所谈海阔天空、无拘无束。然而，就在这看似无内在逻辑的闲聊闲扯之中，又借助思维逻辑将话题要素有机串接。

顺应着对聊天式交谈的特点的认识，我们不难理解，能够具有广博的知识和风趣的谈吐，不仅有助于使自己在此类交谈中获得成功，而且也易于使自己成为受人欢迎的交谈对象。

由此，我们又可以总结出此类交谈中的三种不良现象：

（1）"自我中心"式。此种现象的具体表现为，在聊天时，对自己感兴趣的话题，一开口就滔滔不绝，而对自己没有兴趣的话题，则既不"接"也不"答"。或者是，在聊天时，只能由他来当说话人，他说完了，别人接过来说时，他可能连招呼也不打就走掉了。

（2）"抢夺话题"式。此类现象与"自我中心"式的相似之处在于，说话人在聊天时只能处于中心地位。而不同之处则表现为，"自我中心"式聊天者对自己不感兴趣的话题，不仅是不想说，连听的兴趣都没有；而"抢夺话题"式则是不论大家正在谈什么话题，他一到场，很快就会"抢"过话题由他主讲，天下没有他不能"开口"的话题。

（3）"人云亦云"式。此类现象表现为说话人在聊天过程中，只能或是对某种观点表示附和，或是重复他人说过的话，几乎从不提出、也提不出什么带有标新立异性质的一家之言。

上述三种现象的"不良"，主要表现在违背了聊天式交谈的本质特点与功能需求。其中，"自我中心"式与"抢夺话题"式，破坏了"大家无拘无束地自由交流"的特点，使得聊天成了"作报告""讲故事"。而"人云亦云"式虽然形式上仍保留了双方交流的特点，但对方所获得的，不过是一些没有什么实际意义的附和，无助于实现聊天的目的。

2. 迎合式交谈

所谓迎合式交谈，是指在交谈过程中，其中一方以"迎合"对方作为自己的表述原则，有时不仅在话语上表示迎合，而且在行动上也同时表现出迎合。此类交谈在生活中并不少见，如热恋中的男女，一方在交谈中对另一方的迎合即可划入此种类型。

值得注意的是，此类交谈也较为普遍地存在于某些职业行为的交谈中，例如，在工商企业的公关活动中，在餐饮服务类的行业行为中，"客户是上帝""顾客永远是对的",几乎成为其行业人员进行职业交谈时的基本原则。

由此,我们也可以总结出此类交谈中的三种不良现象:

(1)"有褒有贬"式。迎合式交谈中的"迎合",应当是全方位、无保留的,并且不允许出现对对方的某一方面表示否定的话语。例如,在餐饮服务过程中,服务人员即使面对有洁癖的顾客,也不宜直言否定其洁癖;公关洽谈过程中,即使面对挑剔过甚的客户,也同样不宜公开表现出自己的不满。即使不得不就此发表意见,也应当转而使用褒奖的话语,非常婉转地表示自己的看法。

(2)"迷失目标"式。此类现象有时会显现出一种"为迎合而迎合"的特点,有的甚至还表现出"口是心非"的虚假迎合。从交谈的目标追求角度分析,迎合对方,本质上只能属于手段,而实现本方的目标追求才是目的。例如,餐饮服务中,服务人员迎合对方,其目的是为了更好地招徕顾客;公关洽谈中迎合对方,其目的是为了达成合作意向。"为迎合而迎合",显然违背了此类交谈的本质功能。

(3)"喧宾夺主"式。此类现象表现为,在"迎合"过程中,说话人往往一接过对方的话题就滔滔不绝,使对方由说话人主体降为听众客体,严重的,还会使对方不得不反过来表示迎合。消除此类现象的具体做法是,"迎合"时把握好话语的量,以略少于对方为佳。

受传统观念的制约,迎合式交谈在实践应用时往往会受到"拍马屁"之类的贬斥。应当指出的是,二者之间虽有某些形式或者表象方面的相近处,但其本质却是完全不同的。"拍马屁"所表现出的对对方的迎合,虽然同样是无条件的,但这种"无条件"却是以放弃本方应有的原则与立场为代价或标志的。而迎合式交谈,面对对方损害本方原则立场的话题,虽然有时不宜正面否定,但可以以沉默或岔开话题委婉地表示自己的态度,也就是说,维护本方的原则与立场这一点是不可动摇的。

3. 求助式交谈

求助式交谈,顾名思义,是一方以求得对方帮助为目标进行的交谈。在生活中,求助式交谈大致可分为两类:一类是向熟识的人求助,一类是向陌生人求助。向熟人求助比较容易,成功率一般也比较高,难点在于向陌生人求助。

在某些场合下,向陌生人求助,"难度"似乎正在变得越来越大,而其原因,其实也并不在于什么"道德滑坡",而是"否定性思维""周密性思维"水平的提高。好比一个孩子,幼童时代一般是不具有鉴别真话与谎言的能力的,而自少年至青年,至中年,即使是亲人、长辈甚至老师、权威的话,也难免要推敲推敲。很显然,"否定性思维"是一种进步,而不能简单地斥之为倒退。

向陌生人求助,首先面临着对方的三重"心理阻隔":

(1)"与己无关"心理。现代生活节奏的加快,使得人们无暇顾及与自己工作、生活关联不大的事情,"陌生人的求助"更是往往与自己关系不大,因而有时连过问的想法都没有,更不要说"出手相助"了。

(2)"害怕受骗"心理。对于陌生人的求助,人们往往首先想到的是,我并不了解真实情况,怎么知道这不是在骗我？因而,与其等"受骗"后再去懊恼,不如干脆不过问。

(3)"害怕陷入"心理。"受骗"与"陷入"相比,"陷入"的性质要严重得多。"受骗"往往是一次性的,"上一次当,学一次乖",下次吸取教训,而"陷入"则往往是一种长期的有时甚至不见尽头的麻烦。

面对向某些人求助时对方心理上存在的这三重阻隔,求助人无法绕开,只能是设法突破。这种"突破",又可以分解为两步:

第一步是,使对方相信你确实需要帮助。对于真正的求助者,人们一般说来还是愿意帮助的,即使是那些心中存有上述"三重阻隔"的人,也不能就简单地推断此人已无助人之心。

第二步是,说服对方付诸行动,此为求助成功的关键。面对"三重阻隔"对人们的"助人心理"的压抑,求助式交谈的具体目标就在于瓦解这"三重阻隔"。瓦解的具体方案,就是在自己求助的"总量"中,将请求对方"付出"的量减少,越是减少到接近对方的承受限度,甚至到对方认为无关紧要的程度,求助成功的可能性就越大。

4. 求合式交谈

求合式交谈与求助式交谈,形式上有相似之处而追求目标有异:求助式交谈追求的是对方对自己的帮助,对方并不介入自己的目标追求过程;而求合式交谈则谋求使对方成为自己的目标追求的合作伙伴。

目前,随着我国经济体制中多元化现象(如合作制、股份制、招工、应聘等等)的发展,此类交谈正日渐增加。

求合式交谈的特点,是全方位地亮出自己多方面的能力或优势,以满足对方的"求合"标准,进而实现自己与对方共同需求的"合作"目标。这种"满足需求"有时接近于是无条件的,对方的标准即使已近乎"苛求",也要尽力满足。

伴随这种交谈的基本特点,需要注意三种不良倾向:

(1) 不要"以势斥人"。求合式交谈以亮出自己的全部优势为手段、求得"与对方合作"为目的。因而这种"亮优",有时还需要审时度势。这种审时度势,首先要力求优势互补:一方的优势项恰好是对方的劣势项,而对方的优势项恰好是这一方的劣势项,往往比较易于构成最佳组合;双方优势项相同,往往容易产生相斥心理,不易于"求合"。此外,还应力求准确判断对方对你的"优势"的心理承受反应,这里,既有性格、心理因素,也有观念、立场因素,要防止出现"越是亮出自己的优势,对方越是失去合作兴趣"的现象。例如,青年男女之间的"求爱"交谈,也属于"求合"式交谈,如果一方只顾显现本方"财势地位"方面的优势,以至对方出现了"排斥心理"而不自知,这种求合式交谈也就难以成功了。

(2) 不要"以傲逼人"。在此类交谈中,一方具有较强的优势,当然是成功的有利条件,但越是在这种情况下,越是要注意自己说话的谦虚、平等。因为求合式交谈的根本目的是为了追求双方未来的合作,而在现实生活中,谁也不会愿意与一个盛气凌人、傲气十足的人长期合作。因此,能否在具有较强优势的条件下,表现出自己能够、也愿意以谦虚态度与对方"平等合作",对于求合式交谈往往具有决定性影响。

(3) 不要"以假诱人"。所谓"以假诱人",就是以虚假的、虚构的优势来向对方"求合"。"以假诱人"者虽然往往也能在"求合"式交谈中取得一些成功,但最终总是难免会出现与"求合"目标相背离的反面结局。因而,求合式交谈崇尚务实,不浮夸,有一是一,有二是二。自己难以符合对方要求的,就坦言相告,对方如果也有"求合"的诚意,自会理解,也应当能理解。以此种态度进行求合式交谈,所达成的合作往往最具有稳定性。

5. 劝服式交谈

劝服式交谈是以劝诱的方式向对方进行说服的交谈。此类交谈较多见于思想教育交谈、司法民事调解等过程中。其表现的总模式为：如何将对方的原"观点立场"分解为"是"与"非"两部分，即说话人常常要以对对方原观点中的"是"表示"肯定"为劝服的出发点，引导对方最终主动地认识到"非"之所在，并开始由"非"向"是"转换的努力。

此类交谈中也往往会出现三种不良倾向：

（1）"以逼代劝"式。所谓"逼"就是劝说人的话语中有"非如此不可"的逼迫。而交谈的本质特点之一，是双方在不受到外部因素干扰的情况下的语言平等交流，话语中一旦出现"逼迫"成分，无论语调高低、音量大小，交谈的本质特点实际上就已经被破坏了，此时，口才交际就可能变成具有"讨价还价"性质的"谈判"或是辩论等其他交流形式，却不再是交谈了。

（2）"以压代劝"式。所谓"压"，就是劝说人的话语中已含有与话题本身关系不大的"外部压力"，其语言总体模式为"如不这样，就将如何如何"。这里的"压"与上文的"逼"本质相同，都是在迫使对方放弃原观点、立场，但在表现上有所区别。所谓"逼"，是直接迫使对方"就范"，不允许对方作其他方面的选择，也不与对方就"如何选择"作语言交流；而"压"则是就对方的选择，从后果角度施加压力，从而迫使对方放弃原选择或原观点、立场。

需要指出的是，就对方的观点、立场作后果分析，以显现尚未成为现实的不良后果来说服对方改变，原本就是劝服式交谈的主体模式之一，如何将其主体模式与"以压代劝"相区别？这里试举例比较如下：例如，法院调解某离婚案，在劝说诉讼请求方放弃诉讼请求时指出，如果离了婚，孩子、老人等一系列问题都会接踵而至。因为这些问题都是离婚后必然连带发生的问题，以此作后果分析进行劝服，正符合"劝服式交谈"的模式特点。但如果法院告知说，另一方坚决不同意，而且法院判决离婚就跳楼，因而希望诉讼请求撤销，这就是"以压代劝"了。因为要求离婚原本就是当事人的合法权利，另一方即使被判离婚就真的去跳楼，也不能视作离婚的必然结果，不足为据。

（3）"以哄代劝"式。所谓"哄"，就是轻言承诺，并不准备真的兑现，或是虽然信誓旦旦，但根本就是哄骗。其目的，就在于诱使对方放弃原观点、立场。哄骗成分的介入，使得交谈虽徒具形式而本质已变，其后果不必赘述。这同样也是劝服式交谈中应当加以消除的现象。

6. 预设式交谈

所谓预设式交谈,即说话人借助闲聊之类的语言交流形式,将预先设定的具有探问性质的话语不露痕迹地插入交流语言之中,在对方并不知晓的情况下,从对方的应答交流中获取自己所需要的信息。

预设式交谈在生活中其实并不罕见。例如,老同学聚会上,对方与你热情交谈,而你却忘记了对方姓名,此时显然不便于直接询问或向其他老同学打听,于是,在热烈的交谈中,你看似很自然地说出一句:"以后和您怎么联系?"于是,借交换名片或互留地址,对方完全不知道你已忘记了他的姓名,而你却得到了自己所需要的信息。

预设式交谈在某些职业口才实践中也有较为广泛的应用。例如,司法人员对审讯中不肯如实交代的犯罪嫌疑人,通过看似随意进行的闲聊,插入预设性话语,诱使其吐出真情;医护人员对不肯如实介绍病因、病情的病人,借助看似随意进行的闲聊,诱使其吐露病因、病情,都属于预设式交谈。

从语言交流的形式看,闲聊是"主",而预设的话题是"宾";而实质上,闲聊是手段,是"宾",借助预设话题获取信息,才是目的,是"主"。

在预设式交谈中,也可见到三种不良的表现形式:

(1)"硬性插入"式。预设式交谈的特点为,即使说话人向对方提出预设话题时,也应当保持看似漫不经心、随意问起的"闲聊"特点,以"有机融入"来诱使对方于无意之中做出实答。而"硬性插入"则虽然将问题夹在"闲聊"话语之中,却是很突兀地向对方提出,这种做法,不仅可能将前段话语交流中培养起来的坦诚轻松气氛破坏殆尽,也会使对方因一时摸不着头脑而倍生戒心,因而很难实现预设目的。

(2)"追逼插入"式。此类现象往往出现在预设性话题已经提出,而对方却由于某种原因未能做出回答之时,说话人忍耐不住,插入直白的话语"追逼"对方作答。此类"追逼"因违逆了对方的思维定势与心理态势,往往不仅难以奏效,而且也会破坏原有的良好交谈气氛。

(3)"机械插入"式。此类"插入",多由说话人先行自我设计,然后按照程序提出问题。虽然也可能因为事先设计合理而成功,但更容易因为不能根据对方的反应随机应变、即时调整而致失败。

7. 肯定式交谈

所谓肯定式交谈，就是说话人以某种带有夸赞性、褒奖性的语言，对对方的某种言行表示肯定，以鼓励其有更好的表现。

肯定式交谈有时接近于"表扬"，但还是有所不同。表扬当然也可以在两个人之间进行，但更多的时候，还是当众公开进行的。而肯定式交谈则往往是在两个人之间进行的，尽管话语中有着与表扬相同的成分，但公开与不公开的差异，就使得表扬与肯定式交谈显现了某种"不同一性"。此外，表扬固然可以由"人"及"事"，但在很多场合下，重点在"事"而不在"人"，即表扬常常是就事论事的；而同样由"人"及"事"，肯定式交谈则往往在"人"而不在"事"，即此类谈话常常不是就事论事，而是借"事"来阐发对"人"的评价。

由此可知，作肯定式交谈时，说话人尤应注意自己所持的肯定性结论，与对方在具体"事"中的表现、与其为人的一贯表现之间的内在逻辑性。这种内在的逻辑性越是显明，肯定的力度就越强，交谈的成功比率就越高。

从上述阐释中，我们又可以大致归纳出肯定式交谈中的三种不良表现：

(1)"不着边际"式。此类表现的主要特点是，话语中有"人"而无"事"，只有对人的夸赞，却缺乏实事的依托。这种泛泛而谈的夸赞，其实只能是一种"恭维"，话语自身未必具有多少鼓动力量，因为它往往使对方摸不着头脑，两人之间也就难以形成真正的交流。

(2)"言过其实"式。此种表现中，说话人所持的评价语言与对方的实际情况不相吻合，且有"过于拔高"的倾向，这种"拔高"有时会使对方自己也难以接受，自然也就不会产生多大的鼓动力量，还可能导致对方的信任程度降低。

(3)"言不由衷"式。此种表现中，说话人的内心深处并不真想向对方表示夸赞，但是出于某种目的，不得不违心地向对方做出表示。由于"言不由衷"往往也具有一定的隐蔽性，因而有时也可以达到鼓励、鼓动对方的效果。但是，这从本质上违反了交谈的必要条件，即双方应"以诚相见"。欺骗虽可成功一时，一旦暴露，最终结局只怕适得其反。

8. 否定式交谈

所谓否定式交谈，即说话人以某种带有批评性、贬斥性的话语，对对方的某种言行表示否定,希望其加以改变。

　　否定式交谈有时接近于"批评",但也同样有所不同。首先,与批评相比,否定式交谈更具有一种婉转性。批评注重就事论事,有时,为了加强批评的分量,将"事"与"人"进行对比,以突出对"事情不该发生却发生了"的严重性的强调;而否定性交谈虽然有时也进行对比,但往往是加重对"事"的性质评价,然后再通过对"人"的某种肯定予以缓冲、缓和,以增强其改变现状的主动性。其次,批评,尤其是公开批评,往往注重于惩戒、警告;而否定式交谈的目的却是为了转换对方坚持原言行的心理定势,并不只是为了否定。例如生活中,某领导在当众批评了某人之后,又将批评对象找去单独进行一次谈话,此时,无论是比刚才的批评语气更重,还是分量变轻,话语中往往会或多或少地融入对被批评者"个人"的某种肯定,其目的正是为了更好地转换其心理定势,增强其改变原言行的主动性。

　　因此,应用否定式交谈时,有两点尤其要注意:一是在交谈中,往往要边说话边注意对方的反应,随其反应调整话语内容与措辞分量,以尽量避免对方因难以接受而情绪对立。二是当双方情绪对立,表示拒绝接受时,说话人有时还要设法转换角度,以"肯定式交谈"的话语向对方表示一些不失原则立场的"迎合",以淡化对立情绪。

　　由此,我们又可以大致总结出否定式交谈中的三种不良现象:

　　(1)"全盘否定"式。在交谈中,一方对另一方持全盘否定的态度,即使没有引发对方的当场辩驳,也会导致对方自信心降低,进而失去改变现状的主动性,显然不利于实现交谈的目标追求。

　　(2)"简单否定"式。简单否定的形式特点是话语中缺乏关于对方的观点立场与定性结论之间的内在逻辑分析。这种只是给对方扣上否定性结论帽子的做法,实质上无助于对方深刻反思自己的言行,因而也就无利于增强对方改变其言行(观点、立场)的主动性。

　　(3)"硬性否定"式。硬性否定的形式特点表现为,说话人拒绝听取对方的辩解,或者只是在行为上做出了"听"的姿态,而思想上并没有接受,更没有去分析对方的辩解,因此,不论对方作了多么充分翔实的解释,说话人对其的否定性评价并无改变,当然也就不利于增强对方改变原言行的主动性。

　　交谈就是这样,因其在分类、形式、功能等方面的特点,与辩论等其他口才交际形式相比,显示了千姿百态的风貌和引人注目的魅力。

【思考与练习】

1. 大学生口才训练与其他层次的人的口才训练要求相比,有一个特殊的要求,就是能够理性地对自己正在运用的口才形式有清楚明确的把握。请按照本讲对于口才能力应用形式的划分,对同学在训练中的表现类型加以界定,看看大家能不能达成一致结论。

2. 在当前的演讲活动中,有人常常会将朗读、朗诵、说话与演讲混为一谈。集体去旁听一场演讲比赛,看看自己能不能清楚辨析不同的口才类型,并与同学达成一致看法。

3. 在与别人进行思想交流时,你是更喜欢(或者是擅长)运用交谈,还是运用辩论?由此进一步分析自己的思维特点以及心理素质的类型,以期实现口才交际实践中更为自觉的自我把握,同时注意加强扬长避短的自我训练。

4. 本讲中,对于交谈,从目标追求角度做出了共计八种类型的划分,你觉得这种划分方法有什么不足之处?是否有遗漏?如果有,尝试做出补充。

第八讲

听话训练

口才,不论是哪一种应用形式,也不论属于哪一个行业种类,其根本目的都不外乎是交流思想、沟通信息、解决问题。因此,口才的最基本特征之一,就是双向交流性。这就要求一个人在运用口才时,不仅要会说话,而且要会听话,否则,不了解对方所要表达的意思,不了解对方的思想现状,就很难做出有针对性的反应,口才就难以取得真正的成功。

一 听话理解训练要求(初级)

听话能力,是人的文化素质在口才交际过程中的一种无形的显现。它以听话人的知识积累和理解能力为基础,借助于判断和推理能力,作用于口才交际的全过程。

在口才交际过程中,"听"与"说"可以说是两大主干环节。如果说"说"是为了向外部发布信息,那么"听"则是为了从外部接收信息。"发布"与"接收"在这里构成了相互依存并相互促进的良性循环关系。在某种意义上,"听"是为了更好地"说",听得准才能说得好,"听"服务于"说",表现为对对方表述内容的准确理解,并为听话人的言行反应提供依据。不能想象,一个听话能力很差的人,会是口才交际技能运用的佼佼者。

这就使得听话能力的训练,实际上应当围绕两项目标追求来展开:一项追求是"听"与"说"这两项基本技能的交叉运用与自我理性控制。该项要求如果换成大白话来表达,也就是"该说的时候就认真说,该听的时候就耐心听"。口才能力的训练,并不是以一个人能够随时随地就任何话题滔滔不绝地长篇大论为上乘表现的,它同时还要求人们,在应当成为听众时,努力使自己成为一名优秀的、受人欢迎的听众。

听话能力训练的另一项目标追求则是对于所听到的话语的准确分析、准确理解、准确判断、准确处理。听话能力随着人们各自文化素质的不同、分析、理解、判断、处理诸项能力水平的不同而表现出不同的层次性，而听话能力的层次性是人们口语水平差异显现的主要方面之一。一般而言，具有高层次的听话能力的人，能够对低水平的口才表示理解和做出准确的判断；而低层次的听话能力对高水平的口才则往往难以理解，并且难以做出准确的判断。因此，一个人要想成为口才方面的佼佼者，就必须努力提高自己的听话能力。

听话能力的提高具有广义和狭义两种。广义的听话能力提高过程可以延及人的一生，可以在自觉状态下有意识地进行，也可以在不自觉的状态下无意识地潜移默化，除文化知识方面的积累外，不仅包含生活阅历、社会经验等方面的感知和积累的增加，而且还包括对交际对象表述内容的辨析能力的增强。

狭义的听话能力提高，是指口才训练过程中的一种训练行为。这种训练主要培养人们在交谈瞬间对于外部信息传导的接收、储存以及辨析、理解能力。

从本质上说，在口才表述过程中进行的这种狭义的听话能力训练，只有从理性角度强化认识、促进提高的作用。应当看到，仅靠课堂内的这种短时训练是无法培养出高层次的听话能力的。高层次的听话能力的养成，主要还是要靠提高文化素质，扩大生活阅历，总而言之，还是要靠在生活中持之以恒、日积月累的努力和锻炼，即广义的听话能力的提高。

但是，这绝不意味着听话训练在口才训练过程中就处于无足轻重的地位。恰恰相反，听话训练，尤其是课堂教学中当众进行的听话训练，对于学生多方面能力的促进，有着显而易见的效用。

简言之，听话训练至少对于学生集中注意力、增进记忆力、强化理解力、培养敏捷反应、克服心理障碍，以及尊重交际对象、心中时时保留着说话者的应有地位等具有一定的作用。

课堂教学中的听话训练，通常都要求在很短的时间内(至多几分钟)完成。因此，不高度集中注意力是无法进行的。并且这种注意力高度集中的要求，常常明显比一般课堂教学中的注意听讲严格，是心不在焉者难以胜任的。它要求听话人排除一切干扰,凝神细听,对学生迅速有效地集中注意力是一个有效的促进。

听话训练对于增进记忆力也有有效的促进。听话训练或要求"听"者全文复述刚刚听到的文字内容;或要求复述其全部要点,或要求发现听话材料中隐含的错误等等。凡此种种,无不需要以完整的记忆为基础。没有良好的瞬间记忆能力,这种训练常常是无法完成的。那种记住了前面就忘记了后面,抓住了后面又丢掉了前面的"马大哈",必碰钉子。

听话训练对于强化理解力也有一定的促进作用。听话训练中,依靠机械记忆复述听到的全部文字,只是训练要求之一。其中,诸如要点式复述,则需要在机械记忆基础上,经过自己的理解重新编制程序;再如挑剔错误式复述训练,更是要在机械记忆的基础上,通过分析、判断、推理进行鉴别、辨析。而有些需要机械记忆并全文复述的材料,内涵层次较多,有的还有较强的理论色彩,全靠死记硬背难以完成,这就使得不求甚解的浮夸学风失去了领地。

听话训练对于反应的敏捷也是一种有效的促进。在训练中,要求听话人对刚听到的文字材料立即做出规定的反应,并要求反应准确。可以说,此类训练如持之以恒,对于受训者而言,反应的敏捷必将大有长进。

听话训练为心理障碍的克服提供了一个有效的模式。训练实践表明,有不少学生,同一番表述内容,坐在座位上表述、在原座位站立表述、走上讲台当众表述三种表述方式,一般以坐着表述为最佳,而以走上讲台当众表述为最差,其原因在于心理障碍的干扰。听话训练实质上也属于一种无充分准备时间的当众口语表述,这一形式对于心理障碍的克服确实具有较为明显的效用。

综上所述,听话能力是一种重要的基本学习能力,是人们汲取文化知识、了解人生社会、学习语言思维、获取有效信息的重要途径。而听话训练在口才训练中,既是一种素质方面的基础训练,也对技能的运用有明显的推动作用,是一项不应忽视、也不容忽视的重要的训练内容。

听话能力的训练,在初始的起步阶段,主要可以分解为以下三个方面的内容:

（一）听"点"：提取要点训练

所谓"听'点'"，即在听话过程中，应当时时注意对对方的散乱观点进行整理，进而努力把握其中心要点。

口才交际过程中，人们对于自己要说的话语的"量"，常常会自觉不自觉地遵守"节省"原则，也就是说，只要能够同样达到目的，那么往往能用一句话就说明白的意思，就不愿意用两三句甚至更多的话来表达；能用一两个字就说明白的意思，就不愿意说一两句话。在口才交际中，节省原则不仅有助于说话方省事省力，而且也有助于听话方更为准确地把握说话人的意图，因而更有助于口才的成功。

例如，已故著名相声表演艺术家侯宝林先生就曾说过这样一段包含着两问两答四句话共四个字的相声片段："谁？俺。咋？尿。"把一个发生在夜间，人们隔着房门进行的"门外是谁？门外是我。你在干啥？我去撒尿。"的对话浓缩成四个字，而对话双方的意图显现仍然同样清晰、准确。

这一原则同样适用于非常规范的口语场合。例如，有人注意到中央人民广播电台的报时用语发生的变化。1985 年以前，在报时信号最后一响之后，广播员说的是："刚才最后一响，是北京时间……"；1985 年以后，省略了"刚才最后一响，是"，改成了"北京时间，×点整"。报时意图的表达同样清晰准确。

但是，"节省"原则并不是人人都可以做到并且时时处处都可以做到的。在绝大多数情况下，日常对话都是并不做什么事先准备的，因此，这就直接导致对话的双方常常是以一种"边想边说"或者"边说边想"的方式来投入对话，又使得双方或者其中一方的话语由于种种原因而常常难免啰唆、重复、不着正题、东扯西拉等。口才交际过程中，既无法杜绝说话人出现这种现象，又不能因此而放弃获得成功的努力，因而听话人就必须注意训练自己对于夹杂冗余信息的话语进行筛选与过滤，以提取与口才交际的目标追求密切相关的诸要点的能力。

例 1. 一场口语对话的实况录音（语病也如实保留）

时间：1995 年 11 月 2 日，地点：广东人民广播电台新闻台新闻专线。

主:喂,怎么称呼您?

客:唉,我姓杨。

主:杨先生是吧?你有什么法律方面的问题可以咨询一下我们的钟律师?

客:唉,我就是在太和打工差不多一年多了拿不到钱,我们都到,我到法院去,劳动局搞那个仲裁,搞那个仲裁,劳动局啊,我们现在是没有合同。没有那个合同。他停工的时候给我开了一个结账单,结账单,那个劳动局说没有用。劳动局(说)没用。我就说……他说要我到法院里去起诉。法院不受理,我现在很困惑。究竟不知道怎么办?——

（材料引自钱冠连著《汉语文化语用学》）

例2. 一篇口语表述的实例

有这样一个故事:可能是春秋时候吧,不,不是,可能是战国时候,有一个东郭先生。啊,不对,是南郭先生。你瞧,我这记性,一碰到古代的事,我就糊涂。那回更可笑,司马光小时候打破水缸的故事,我却把它安到司马迁头上去了。南郭先生是齐国人。齐国的国王喜欢听竽。竽是一种乐器,不是鱼虾的"鱼",有的人老爱把"滥竽充数"写成"烂鱼充数",拿烂了的鱼充数,我弟弟就是这么写的。看,又扯远了。齐宣王不爱听一个人吹,每回都叫三百个乐师一块儿吹,南郭先生不会吹竽,也混在里头充数,领一份薪水。后来齐宣王死了,他的儿子齐缗王接了班,他喜欢听一个一个单独吹。南郭先生怕露了马脚,就连夜逃走了。

（材料引自许长庵主编《初中语文听力知识与训练》）

从上述二例中可以清楚地看到冗余信息对于口才所产生的干扰作用。例如例1,冗余信息主要表现为重复、啰唆,很多词语都是出现两次,其中又夹杂着在结构方面有问题的话语。听话人在听取的过程中,如果不能有效地将这些重复啰唆与有语病的成分加以整理,势必影响对说话人的意图与目的的理解,以至影响口才的成功。至于例2,则又有所不同,其冗余信息的存在主要表现为东拉西扯。例如,在"滥竽充数"成语故事的介绍中,先是从南郭先生扯到东郭先生,接着又从司马光扯到司马迁,从"滥竽充数"被错写成"烂鱼充数"又扯到说话人的弟弟。听话人如果不能及时地将这种东拉西扯的成分清除，势必影响对说话人的意图与目的的准确反应。尤其是，听话人如果再对这些冗余信息作出反应，例如，接过说话人的"司马迁"话题，也谈起司马迁，接过说话人的"弟弟"话题，也谈起说话人或者自己的"弟弟"，这场谈话恐怕就要越扯越远了。

这种越扯越远的现象，在生活中并不罕见。例如，当一群人坐在一起闲聊一两个小时，常常会发现，后来所谈的内容，与闲聊开始时的话题，早已"风马牛不相及"。为什么会如此？其实也就是因为，闲聊时人们往往不受明确的目的控制，在应对接话时，有时会随心所欲，甚至难免漫不经心，于是你接过这一个冗余话题说上一句，我再接过另一个冗余话题说上一句，东拉西扯的现象便出现了。

（二）听"线"：脉络把握训练

所谓"听线：脉络把握训练"，即在听话过程中，应当时时注意对对方话语的主干或主线完成环节衔接把握，同时虚化可能妨碍理解的旁支细节。

口才交际中，听话时所摄取的内容，不外乎叙事、抒情、议论三个方面。对于叙事的成分，在听取时显然必须把握事件的起因、过程、结局等具体的环节；对于抒情的成分，在听取时显然必须把握发展、起伏、跌宕等波动曲线；对于议论的成分，在听取时显然必须把握总论点与诸多分论点之间的内在有机联系。对于这三个方面的话语内容的把握，我们可以统称为"脉络把握"。

脉络把握，在具体的训练中，可以理解为学习"把握对方话语主干的环节衔接，虚化旁支细节"的原则和方法。

所谓"虚化"，是在对说话人所说的话语全部听取的同时，对于其中某些旁支细节暂时不予过多关注。旁支细节在这里表现为一种相对概念，它不同于冗余信息，冗余信息属于与口才交际的目标追求关联不大甚至阻碍口才交际目标追求实现的成分，而旁支细节则属于暂时看来与目标追求的关联不大，或者从某一角度看去与目标追求的关联不大，因而暂时不加以着重关注的成分。

虚化是听话人按照自己逻辑思维的判断能力，对于所听取的话语进行主次轻重缓急处理的一种能力。口才交际过程中，话语信息常常并不是以单一的、清晰有序的形式进行交流的，因而，听话人为了更好地把握说话人的思维脉络,更为清晰地把握话语内容的层次和条理,就必须在听话的同时,对话语进行信息处理,其中,虚化就是一种必要的处理手段。

虚化不等同于筛除。筛除是对听取的话语经过筛选后,将冗余信息永久地清除,以使得自己听取的话语要点更加明确清晰。而虚化则是不加以着重关注。话语只要说出了口,实际上也就永久地在听话人心中留下了痕迹。暂时不加以着重关注,并不等于始终不加以着重关注。

随着口才交际的话题深入,或者随着事态的发展,某些原先未曾加以关注的旁支细节逐步变得重要起来,凸显而出,是一种常见现象。例如审讯犯人时曾被疏忽的某些话语(蛛丝马迹);在交往过程中,某些当时看来不可能兑现的承诺,因时机、条件的成熟而日益接近兑现等等。这些就使得听话过程中的虚化有着具体的标准和要求。

这里,请看一段电话对话的实况录音。

时间:1995 年 11 月 2 日,地点:广东人民广播电台新闻台新闻专线《法律咨询》节目。

客:喂! （客1）

主:喂! 您好。

客:新闻台吗? （客2）

主:喂,新闻台。

客:我想请教一下钟律师呀。 （客3）

主:请问怎么称呼您?

客:我姓廖。 （客4）

主:廖先生,您谈。

客:我有一个朋友,他是在湖南,他就是办了一个牡丹卡,在外他取了钱,买了东西,没有(?)藏起来,就到我们这里来了。我们不知道是办这个事呀,衡阳公安局来抓人的时候,把我这个朋友也抓走了,抓走了以后,另外一个朋友也抓走了。罚我那个朋友罚了一万块钱。我们朋友不知道。他说我们朋友没有举报。他罚了钱写(成是)"赃款",不写"罚款",这个事怎么办呢? （客5）

钟:廖先生啊,我刚才,你谈的细节我没有听清楚。你讲的是因为牡丹卡,牡丹卡是怎么回事呢? （钟1）

客：我的朋友办了一个牡丹卡，在外边买了东西么，买东西没有把钱还给银行么，银行就说他——

钟：那就属于透支啦。　　　　　　　　　　　　　　　　（钟2）

客：透支啦。银行说他是骗子。

钟：这一个中间就要掌握这样一个细节。　　　　　　　　（钟3）

客：嗯。

钟：看是属于善意透支，还是恶意透支。如果属于恶意透支，如果属于数额比较大，这就够上违法，甚至犯罪了。　　　　　（钟4）

客：嗯。违法犯罪了。他大概九万元左右。

钟：如果像我刚才谈的，如果数额比较大，就牵扯到这样一种性质了。那么这样一种性质，作为一个执法机关，有权做出处理决定。那么说，按照行政诉讼的程序，来进行这一方面的工作。　　　　（钟5）

客：我这个朋友，办卡的人抓进去，我们不怪……另外一个朋友也抓进去了。

主：那么另外这个朋友有没有参加到这个活动？

客：没有。他在……干活。

钟：如果没有参与到的话，——　　　　　　　　　　　（钟6）

客：(插话)他罚了一万块钱。

钟：如果你谈的情况属实，那你向执法机关提出有关的这个情况的证明，对吧？那么反映这种实际情况，相信执法机关会公正地出来解决这个问题。　　　　　　　　　　　　　　　　　　　（钟7）

客：他打了一个条，用一万块钱买出来，他不是写"罚款"而是写"赃款"。

钟：这个问题呀，就是说，首先要明确这个问题的性质。这个问题的性质明确了，这个款到底是赃款还是罚款，那么就清楚了。这里首先谈不上是罚款。　　　　　　　　　　　　　　　　　（钟8）

主：廖先生，你的问题谈完了吧？

客：谈完了。谢谢您。

主：那么，好，也谢谢您打电话。(完)

从上面这一则对话实例看，我们不难理解，钟律师在听话的过程中，就恰恰运用的是"虚化"法。因为从"客"(说话人)的话语中可知,他所提供的信息并不清晰。例如在客5的那一段话语中,就一前一后出现了两个朋友,这位说话人究竟是要为哪一位朋友请求指导帮助也并不清楚。所以钟律师顺着牡丹卡的线索向前引申(见钟1),他首先关注的是第一个朋友的问题(第二个朋友的情况被虚化)。在明白了第一位朋友因为恶意透支九万元而被抓,而这其实并不是说话人所要探讨的问题后,就将其虚化,转而开始与说话人共同探讨这另外一位朋友的问题(随着第一位朋友的问题弄清楚后被虚化,第二位朋友的问题开始转而成为话题中心,这第二位朋友的有关情况也开始由虚转实)。

不难看出,"虚化"实际上是"把握对方话语主干的环节衔接",以推进口才成功的重要方法。具体到这场对话中,两个朋友只能始终表现为"一虚一实",才能有效地保证口才交际的成功推进。如果像说话人原先那样同时谈论"两个朋友"(见客5),听话人在理解上就会有一定的困难。所以钟律师在介入谈话后,首先从牡丹卡明白了"第一个朋友"的问题后,就迅速将其"虚化"(第一位朋友"先实后虚"),开始转向"另外一位朋友"("先虚后实")。

(三)听"面":中心提炼训练

所谓"听面:中心提炼训练",即在听话过程中,应当时时注意对对方话语的意图进行总结提炼,同时明确其内在的纲目层次关系。

口才交际,并不完全是以一句对一句的方式进行的,还常常难免是一方长时间地听取另一方的话语表述,而在这种长时间的单方面表述中,说话人有时是在叙事,有时是在议论,有时又是在抒情,这种话语成分和话语内容混合显现的现象的存在,就需要听话人具有对于话语的不同成分和不同内容运用不同的听话方式的能力。因此,听话人是否具有比较强的中心提炼能力,以对听取的话语内容进行归纳总结,并整理出纲目层次,对于口才交际能否取得成功,就显得非常重要了。

中心提炼能力,在某种意义上,可以看成是前两项训练(即"提取要点训练"和"脉络把握训练")的有机综合。这两种方法的交叉并用,有助于对听取信息的散点"连线连网",并在此基础上,构建对方话题表述的纲目层次,最终完成对于对方表述的整体听取。也就是说,在听取对方的长篇话语表述时，常常要及时提取对方的话语要点，筛除冗余信息，与此同时，还要能够把握对方话语主干的环节衔接，虚化旁支细节，并在逐一提取话语要点的同时，将这些散乱的要点予以有机的串接（"连点成线"），进而"串线成面"，从而从听话人的角度，构建起既忠实于说话人的原意，又融入了听话人独特理解的纲目层次。

在口语交际中，能够有效地运用这两种方法听取对方说的话，就说明你已经掌握了口语交际中听话的基本要求。

二　听话理解训练要求（高级）

"诸葛亮舌战群儒"的故事出现在《三国演义》第四十三回中，长期以来，人们面对这一故事，多极力夸赞诸葛亮卓越的口才，并将吴蜀联合发起赤壁大战击溃曹操 83 万大军的头功归于诸葛亮。应当承认，在这一过程中，诸葛亮功勋卓著是不言而喻的，但是，如果让他独占此头功，则未免有失公正，因为还有一个人应当与诸葛亮平分这一功劳，那就是鲁肃鲁子敬。

小说中我们看到，诸葛亮面对东吴群臣的轮番进攻，有问必答，时而绵里藏针、以柔克刚，时而针锋相对、义正词严，其态度是不温不火、有理有节，一场舌战，可以说是诸葛亮口才的全方位显现。但是尽管如此，我们还是不能不看到，如果不是鲁肃在旁边调节控制，在孙权面前成功地"力排众议"，诸葛亮的舌战群儒，只怕难免会以失败而告终。

小说中，"舌战"开始之前，东吴的掌权人孙权实际上就已经被以张昭为首的主降派团团围定，"低头不语"了。是鲁肃乘孙权起身上厕所之机，紧随而出，不失时机地告诉孙权："众人之意，各自为己"，而出卖的是你孙权将军和东吴江山。鲁肃不过寥寥数语，就重新振作起孙权的精神，进而为诸葛亮的"舌战群儒"打好了顺利进行的基础。然而，舌战过程中，诸葛亮又因话语过于犀利、尖刻，高抬刘备，贬低孙权，致使"孙权听了孔明此言，不觉勃然变色，拂衣而起，退入后堂"，而主降的众大臣则"哂笑而散"。眼看诸葛亮即将无功而返，又是鲁肃及时斡旋，面对因"孔明欺吾太甚"而"怒气未消"的主公孙权，一番劝说，竟使得孙权重新"邀孔明至后堂，置酒相待"，并最终挽回了局面。

鲁肃能以寥寥数语就打动孙权，既能使他从"低头不语"中振作起精神,又能让他一改对诸葛亮的怒气,重新"置酒相待",说明鲁肃的口才水平其实也不差。但是,在此过程中,更重要的是显现了鲁肃具有过人的"听话"能力,他能够准确辨析说话人的意图,把握说话人的心态,从以张昭为代表的投降派的振振有词和滔滔不绝之中,看穿他们牟取私利的真正目的,进而有的放矢,对症下药,最终帮助诸葛亮取得了成功。

听话能力是一种重要的基本学习能力,它是人们汲取文化知识、了解人生社会、学习语言思维、获取有效信息的重要途径。听话训练在口才训练中,既是素质方面的基础训练,也对技能的运用有明显的推动作用,是一项不应忽视也不容忽视的重要训练内容。而作为听话后的自然反应,迎合能力与回避能力则既可以视为与听话能力并重,又可以看做听话能力在口才交际过程中的一种延伸,这两种能力与听话能力的有机结合,推动人们一步一步地在口才应用中获得成功。

在口才交际过程中,"听"是一个非常重要的环节。通过听,可以了解对方的观点、认识、思想水平、行为个性,可以了解双方观点分歧的焦点所在。这就使得听话的过程,同时就是一个对交际对象从了解分析认识开始,至理解把握控制的过程。这一过程的完成,显然有助于对症下药地寻求解决问题的办法,以最终使口才获得成功。而且,通过听,可以及时了解情况,捕捉信息,或是达到了首先成功的提前量,或是可以防患于未然;此外,通过听,还有助于自己了解人生,扩大知识面,提高认识主观世界、客观世界的能力和水平。

如果说听话训练的起步阶段主要应侧重于"听点、听线、听面"的训练,那么,听话训练的提高阶段就应着重于"立体交叉"式的听话训练,也即着重要求自己对于听到的话语进行多角度分析、多层次理解的训练。这一训练又主要可以分解为"内外辨析""表里透视""听说有度"三个方面。

这里试以实例对听话训练的高级层次的三个方面要求逐一剖析如下。

(一) 听话训练要求学会"内外辨析"

所谓"内外辨析"的"内",就是指话语的表面意义,或者可称之为"题内话"。辨析"题内话",也即就事论事,或者叫做就话论话,话语是怎么说的,听话人就按照话语表面来理解。而所谓"内外辨析"的"外",即话语表面意思之外,虽然比较隐蔽,但却客观存在的另外一层意思,或者可称之为"题外话"。辨析"题外话"，就是在对话语的表面意义进行辨析的同时，还应当结合口才交际的场合、交际双方的关系、说话人的个性与心态、说话目的等多方面的因素，在进行交叉分析的基础上，对说话人的真正目的达到更进一步的准确把握。

口才交际中，"内外辨析"的实际应用可以大致分为两类情况：

第一类，说话人话中有话，听话人也听出了话中有话。

口才交际中，说话人出于某种原因，觉得自己的真实意图难以直言相告，于是就欲盖弥彰或顾左右而言他地以话中有话的方式说出来；或者由于某种原因，觉得如果直言相告不足以有效地刺激对方，于是就含沙射影或声东击西地把话语绕一个圈子说出来。这就要求听话时能辨析出其真正的意图和目的究竟是什么。如果说话人明明话中有话，而且希望听话人听得出来，但是听话人却没有能够听出这话中的"话"，口才交际能否取得成功就要打上一个问号了；如果听话人听出了话中有"话"，但对这"话中有话"做出反应可能对自己不利，有时也可以采取"只按照话语表面意思理解"的方式予以回避。

第二类，说话人其实原本"话外无话"，但是，听话人却听出了"话外有话"。

口才交际过程中，由于说话与听话的双方其实有着观点、立场、利益与利害关系等多方面的不同，因而，同样的一番话，不同的人做出不同的理解，不仅是很正常的，而且在生活中也是常见的。只是问题在于，当听话人从对方的"话外本无话"中听出了"话外有话"时，如果听话人出自某种原因，对此"话外之话"按照自己的理解做出应答，或者碍于情面、身份或场合、时机，虽然没有当即做出应答，但是却在心里留下了不快的印象或疙瘩，就难免会出现违背口才交际初衷的情况。

当然，应当看到，不论说话人所述是否"话外有话"，也不论听话人是及时做出反应还是有意识地不做出反应，积极培养自己对别人的话语进行"内外辨析"的能力，是任何时候都需要的。

听话过程中的内外辨析还可以分解成"言外之意"与"弦外之音"两种情况。

怎样把握"言外之意"？这里，先以言内、言外相区分，所谓"言内之意"，即上文所说的"题内话"；所谓"言外之意"，大致相当于"题外话"，但有时也与题外话有所不同。当话语中含有"言外之意"时,言内之意往往较"虚",多为表象,甚至是虚假意思,所表达的还可能并不是说话人的真实意图,此时,话语中所含的言外之意往往较"实",表达的是说话人的真实目的。

含有"言外之意"的话语,多运用于情感度并不深厚的交际双方,故而,在口才交际中,对言外之意的准确把握,往往需要说话人仔细分析与思考。

怎样把握"弦外之音"？这里,先以弦内、弦外相区分,所谓"弦内之音",即上文所说的"题内话";所谓"弦外之音",大致相当于"题外话",但有时也与题外话有所不同。当话语中含有"弦外之音"时,弦内之音往往为辅,而弦外之音往往为正,这就犹如音乐之和声,一为主旋律,一为副旋律,此时,二者之间并不表现为"真实与虚假"的对立性,而是互相融合呼应,进而大大强化语言效果。例如,《红楼梦》中,宝玉与黛玉两人之间,自幼耳鬓厮磨,心意相通,长大以后,两人心中早已各自有了心思,由此开始了几乎没完没了的互相试探,而且种种试探时真时假,有真有假。又由此真真假假的互相试探中,引发了两人之间或悲或喜的情感纠葛,而两人之间的感情正是通过这一次次含有"弦外之音"的纠葛,一步步地向爱情的顶峰发展。

含有"弦外之音"的话语,往往多用于情感度比较深厚的交际双方,因而,在口才交际中,弦外之音的准确传递,往往只需意会,无须明言。不过,如果听话人应当意会而未能意会,那就只能怪他愚笨了。

(二) 听话训练要求学会"表里透视"

所谓"表里透视",就是在听话时对于对方的话语同时进行字面意义和深层意义的分析和把握,这种分析和把握可大致分为以下四种类型。

1. 正话反说与反话正说

口才交际的目的,从内容角度看其实可以大致分为两类:一类为信息交流,一类为情感交流。作为信息交流的话语,要求含义明确、准确,以有助于对方作出判断、决断。而作为情感交流的话语则有所不同,在表现形式上具有多样化的特点,有时候,尤其是在交际双方原本有着较深感情基础的情况下,当人们觉得"正话正说,反话反说"不足以充分表现自己的情感时,就会出现"正话反说,反话正说"的现象。需要注意的是,正话反说往往具有调侃、逗趣的目的，而反话正说则往往具有讽刺、嘲弄的意思，这两类话语都要求听话人在听话后，首先还原成说话人的原意进行理解后再做出应对，否则难免出现"事与愿违"的情况。

2. 真心话与违心话

从理论上说，这二者之间应是不难辨析的。但是实际上，在很多场合，真心话与违心话都是相互掺杂、较难分清的。例如有时，人们出自某种目的，或者是为了自己的身份、面子，或者是为了取得更好的语言交际效果，常常会有意识地说一些与自己的真实思想相违背的话，以致即使在相交甚深的人之间，究竟是真心话还是违心话，也是难以分辨的。

3. 友好话与牢骚话

口才交际过程中，人们对于话语的选择使用，不仅会因人、因事而异，而且同时会因为双方的情感深浅而呈现出多样化的色彩。同样一个意思，有的人无所顾忌，直言不讳；有的人则反复思量，谨慎措辞；有的人左弯右拐，兜着圈子说出来；有的人则牢骚怪话随口而出。这些就都需要在口才交际过程时作好辨析，而不能简单推定，否则也会给口才交际带来与目标追求相背离的结果。

4. 正确话与错误话

所谓正确与错误，在这里并不取通常意义上的道德评价或是非评价的概念。人们之所以进行口才交际，说白了，是希望通过口才交际实现自己的目标追求。在口才交际中，人们的思想、观点、情感、立场以及利益追求，其实都是有所不同的，有时口才交际的双方还会在这些方面存在着某些对立性。当说话人是出自自己的思想、观点、情感、立场以及利益追求说话时，听话人在听取的过程中，必须同时进行辨析，对于确实有利于自己的思想、观点、情感、立场以及利益追求的话语，就可以视为是正确的，应当考虑，应当接受，应当采纳，凡不利于自己的思想、观点、情感、立场以及利益追求的，就可以视为是错误的，应当考虑不予接受，或者表面上予以接受而实际上置若罔闻。

（三）听话训练要求学会"听说有度"

如果说口才能力的训练实际上包含着"听与说"两项基本技能的训练，

那么,当我们将听话能力转向实践应用时,就应当学会努力使自己在口才交际中做到"听说有度"。所谓听说有度,就是该自己说话的时候才说话,不该自己说话的时候就少说话甚至不说话。《红楼梦》里有一个焦大,他在贾府里是一个资格很老的仆人,早年从死人堆里救过贾家老太爷的命。贾家感其恩,另眼相待。而他则倚老卖老,成天不干事不说,每吃醉酒必口出狂言,无论是谁都敢骂。终于有一天,他当着王熙凤的面在贾府门口骂大街,结果被绑起来塞了满满一嘴马粪。

三　倾听受制于理智与情感的交叉制控

口才交际在生活中的应用能否取得预想的成功,受制于听说双方价值标准、思想意识、人生追求的差异影响,这一点应当是没有什么争议的;但同时还受制于理智与情感的交叉制控,这一点就往往被人们忽略了。因而,在口才训练中强化训练倾听能力的同时,还必须认识到,要想使倾听能力得到提高并付诸应用,就应当理智把握个人理智判断与情感倾向对倾听效果的交叉制控。

(一) 倾听效果受制于理智判断的主控

我国古典名著《红楼梦》中,贾宝玉身边有两位同样聪明、美丽的姑娘,一是薛宝钗,一是林黛玉。小说中,宝钗的魅力也常常刺激着宝玉的情感。可是,慢慢地,宝玉与黛玉在情感上越走越近。为什么？根本原因就在于,情智倾听引导宝玉在宝姐姐、林妹妹之间做出了精准的决断。

《红楼梦》第二十八回曾写道,贾宝玉被林黛玉抢白了一顿,说:"我很知道你心里有妹妹,但只是见了姐姐,就把妹妹忘了。"宝玉后来看到宝钗时就笑问道:"宝姐姐,我瞧瞧你的红麝串子？"可巧宝钗左腕上笼着一串,见宝玉问她,就只好把红麝串子往下褪。宝钗生的肌肤丰泽,好不容易才褪了下来。宝玉在旁看着雪白一段酥臂,不觉动了羡慕之心,暗暗想道:"这个膀子要长在林妹妹身上,或者还得摸一摸,偏生长在她身上。"

有评论认为,这里已经开始显露出宝玉与黛玉之间的情感高于他与宝钗的情感(与宝钗的情感冲动还在理性控制度内,低于与黛玉的情感),其实,真正推动他在二人之间做出抉择的,是他与黛玉在价值观、人生追求方面越来越情投意合。

小说中虽然没有正面描写宝玉与宝钗之间曾经发生过什么"价值观"冲突，但是有一段是非常值得注意的。

小说第三十二回中，袭人与湘云有过这样一段对话：湘云笑道："还是这个情性不改。如今大了，你就不愿读书去考举人进士的，也该常常的会会这些为官做宰的人们，谈谈讲讲些仕途经济的学问，也好将来应酬世务，日后也有个朋友。没见你成年家只在我们队里搅些什么！"宝玉听了道："姑娘请别的姊妹屋里坐坐，我这里仔细污了你知经济学问的。"袭人道："云姑娘快别说这话。上回也是宝姑娘说过一回，他也不管人脸上过的去过不去，他就咳了一声，拿起脚来走了。……"

显然，贾宝玉对薛宝钗的逐渐"生分"，根本原因在于双方"情趣追求"方面的分歧。宝钗总希望宝玉"留心庶务"，讲讲"仕途经济"，而这一点最终正成为二人情感的分歧点。正像宝玉所说："林妹妹不说这些混账话，要说这话我也和她生分了。"凭着宝钗的智商，她绝对不会看不出她与宝玉这一分歧所在，但是一个人在日常生活中，除了某种特殊场合能应景地说一些"口是心非"的话之外，在绝大多数情况下是不可能总是违背自己的价值观去说违心的话的，这就决定了宝钗最终难以和宝玉真正达到心灵上的和谐交融，即使两个人勉强走到了一起，最终也难免会分道扬镳。而这也就是情商要素制约口才交际成功的根本原因之所在（宝钗的智商水平与黛玉相比，其实不相上下，甚至可能还要略高一筹）。

（二）倾听效果同时被情感倾向所左右

所谓"倾听同时被情感倾向所左右"，绝不意味着贬低一个人的智商（理智制控水平）在口才交际过程中的作用，而是意在强调指出，理智判断往往是和情感倾向交织在一起发挥作用的。

口才交际过程中，某一方情智水平的个性化显现必然要和交际对象情智的个性化显现（包括观点、立场、情感、倾向）发生碰撞、对抗，以至于出现进攻、防守、回避、退却等种种不同的反应，这就决定了不同的口才交际因为对象、话题的不同而必然呈现出个性化的表现，并由此形成往往是不可重复的魅力。正因为如此，我们看到，在口才交际中，是相亲相爱的情感倾诉也好、相争相斗的权益争夺也好，相嫉妒也好、相敌视也好，只要双方(或多方)以情智为基础发生话语交流,很自然地就会出现越交流越热烈(或者越交流越无话可说)的现象,说话一方总是会努力表示自己比对方"更爱(恨)……",而怎样向对方显现自己"更爱(恨)……",情智倾听也就很自然地成为口才交际的精准之舵。

例 8 - 1

2006 年 5 月 16 日,中央电视台 12 频道《第一线》栏目以"无懈可击——聂海芬"为题,专题报道了杭州市公安局刑侦支队预审大队大队长聂海芬,夸赞其作为杭州市公安局自 1960 年以来唯一荣获全国"三·八红旗手"称号的女民警的光辉业绩……她近五年来牵头主办的重特大案件达 350 余起,准确率达到 100% ……经她审核把关的重特大恶性案件,移送起诉后无一起冤假错案。

面对如此辉煌的职业成就,我们不能不认为,这位聂大队长的逻辑思维辨析判断能力是足够优秀的,其智商甚至是超群的。但是,令人意想不到的是,这位聂大队长在中央电视台亮相不过六七年,就从众星捧月的金字塔顶重重地滚落地面跌得粉碎,而导致这一人生闹剧的,竟然是她作为职业最大亮点向社会展示的"张高平、张辉叔侄强奸杀人案认定"的被彻底否定。

聂海芬为什么具有优秀的逻辑思维辨析判断能力,却最终在逻辑思维辨析判断上翻船? 综合思考,原因固然可能是多种多样的,但是有一点应当是确凿无疑的,那就是"情商"这一人生扁舟的水中之舵存在着问题。具体分析,她的问题出在"公情情商"之"职业情商要素"与"社会情商要素"上。

我们不妨先看其职业情商要素。聂海芬在电视上说,她对"预审"这项跟人打交道、比较具有挑战性的工作有兴趣,觉得"比较有意思",因此可以认定她热爱预审工作。从爱岗敬业这一点看,她的职业情商是没有问题的。但是一旦转入细致分析,职业情商的问题就出现了。

作为预审工作者,其工作性质是调查取证,核实被审讯者是否就是案犯。显然,预审工作的结果存在着"非此即彼"两种结果,但是应当看到,即使结论为"就是",也并不意味着"肯定就是",因为她这里不过是预审认定,而不是法律的最终审定(后面还有着一系列的审定步骤)。而聂海芬似乎更偏爱"将预审认定视为法律认定",只要在预审中认定被审讯者就是罪犯,她的逻辑思维辨析判断就会无保留地全力向"有罪认定"倾斜,甚至证据缺失、证人缺失都不能阻挡她的认定倾斜,以致她可以创造出向现代法律叫板的"在没有物证和足够人证的情况下,仅靠口供便成功破案"的现代神话:说你是罪犯你就是罪犯,即使没有证据证明,你也还是罪犯!

聂海芬智商一流而情商要素有问题的第二点,表现在社会情商要素上。

为了将自己的职业神话转为社会现实,聂海芬可谓调动了自己的全部智慧。仅从预审工作环节看,她甚至已经习惯于依赖第一眼的主观感觉,一旦认定对方有问题,有时候就会不让对方自主说话,更谈不上什么耐心倾听了。一段最为典型的实例写道:审讯室里,一个犯罪嫌疑人见她,一乐,"你很像我的姐姐,还像……"这时候,聂海芬的"口才利剑出鞘"了:"你不要说了,你是不是说像你女朋友,像你妈也没用!"

不言而喻,这种方式对原本已经忐忑不安的被审讯者的心理打击有时候是毁灭性的。在接受全民普法教育已经连续多年的今天,即使是非法律职业人士也已经懂得:在法律做出最后判决之前,被审讯者(尤其是预审阶段)并不是罪犯,充其量只能是犯罪嫌疑人。然而,一旦被审讯者其实并不是元凶,那么其辩解心理被瓦解得越早,冤假错案发生的可能性就越大。

由于预审的职业特点,聂海芬面对得较多的当然是过去完全没有往来的被审讯的犯罪嫌疑人,不难看出,从上述犯罪嫌疑人说聂海芬像他"姐姐"被聂海芬粗暴打断的过程来看,她的社会情商要素构成有失偏颇,"觉得你是犯罪分子你就是犯罪分子",以至于连倾听对方开场白的耐心都没有,很自然地,对方如果不是按照她预想的答案应答,也就很难说她还能有多少耐心真的听进对方的无罪辩解了。显然,聂海芬原本堪称优等的情智倾听能力之舵一旦出现方向偏差,问题也就随之出现。在这种情商要素的制控下,聂海芬越是努力,制造"冤假错案"的责任也就越大。

如果说聂海芬可以作为"情智倾听作为口才交际精准之舵"的功能出现故障以致人生翻船的反面例证,那么与之相对应的另一人则是新疆石河子监狱的驻监检察官、现在已经名扬全国的张飚检察官,职业情商要素与社会情商要素的正确构建,使他在平凡的岗位上工作一生之后,终于在临结束之际画上了一个大大的惊叹号,创造了一个足以感动全国人民的奇迹!

正如"张氏叔侄强奸杀人错案平反"的奇迹发生之后,媒体对张飚的报道所揭示的,张飚创造奇迹的基本方法是倾听,而掌控其调动逻辑思维辨析判断做出方向调整的,则是"情智倾听之舵"。

例 8 – 2

2013 年 4 月 27 日《中国新闻周刊》刊登了《叔侄冤案幕后检察官张飚》的报道(记者:杨迪)。其中有一段话固然出自张飚之口,却足以让全国渴求口才交际成功的人前所未有地认识到"情智倾听"在口才交际过程中有着多么重要的作用。

据该篇报道,作为新疆石河子监狱的驻监检察官,处理监内犯罪、解决监犯申诉是张飚的日常工作。新疆石河子监狱关押的多是司法部直接调派的刑期长、案情较重的罪犯,根据张飚的经验积累,大多数都是因为情绪不稳,或者不懂法,或者是长年羁押后寻求一个倾诉渠道。但是他却能长年累月地面对罪犯的倾诉耐心倾听。

这里我们不能不提前比对一下聂海芬与张飚对于"倾听"的不同做法:聂海芬面对的,其实是法律还没有认定身份性质的"犯罪嫌疑人",而只要她主观感觉上认为"是",对方的话语权就可能随时被剥夺——"说我像你妈也没有用";而张飚面对的则是法律已经走完认定程序并且开始执行判决的罪犯,当对方向自己倾诉时,他完全可以"一只耳朵进一只耳朵出"地敷衍,既省事、省心又无须承担任何责任,然而张飚面对服刑罪犯有时仅仅是一种情绪发泄的话语,竟然也能平心静气地倾听到底并且认真思考过滤,显然取决于他的职业情商制控下的"情智倾听"。张飚同事说,无论多么难缠的监犯,张飚都会在耐心倾听后,轻声细语地与之交谈。有人开玩笑说,张飚今天面对媒体能如此不厌其烦,也是长期与犯人打交道锻炼出来的隐忍。

一个简单对比就不难看出聂海芬与张飚在"倾听"方面的表现差距:两个人的逻辑思维辨析判断能力可以说都堪称优秀,在职业情商方面也堪称"爱岗敬业",但是,聂海芬的职业情商是"以自我为中心的",尽管她只是审理案犯的前期工作环节,但是,只要她觉得对方就是案犯,在交流过程中,对方的话语就会被她按照"是罪犯"的定势进行重组甚至曲解;而张飚的倾听是"以对方——案情为中心的",尤其值得注意的是张飚这种多年如一日的倾听是真诚、认真的,不带一点表面作秀的成分。当他发现服刑犯人张氏叔侄的判决可能有问题时,就为他们付出了长达六年时间的不懈努力,而且不顾自己"人微言轻",动用一切手段推动此案重审,直至自己退休以后,已经无须再以"职业道德"的高标准来要求自己,但是"职业情商要素"依然推动着他一直努力到冤案平反。至于他的"社会情商水平"在张氏叔侄一案中的显现，同样令人感动，因为张氏叔侄与他素昧平生，不过是他工作当中必须面对的无数罪犯之一，"耐心倾听他们的倾诉"，原本不过是安抚对方的工作手段，何况张氏叔侄蒙冤与张飙无关，他们平反张飙无从得益，但是，当发现案情有冤之后，他还是为之不懈努力，确实令人感动。

情智倾听就这样在口才交际过程中成为精准之舵，舵向正确，则倾听成功，随之而来的是目标追求成功、人生实践成功，张飙检察官就是一个实例；而舵向错误，则倾听失败，追求目标失败，甚至导致人生最终"翻船"，聂海芬预审官同样也是一个实例。

在认识到情智倾听是口才交际精准之舵后，随之而来的"怎样做到成功倾听"则是一个情商与智商有机调控的问题，它将有效控制一个人的倾听能力的运用。

四　听话训练方法

（一）全文复述式听话训练

训练目标：

训练机械记忆与即兴复述能力，克服瞬间记忆的"遗忘曲线"干扰，克服表述中的心理障碍。

训练模式：

1. 教师任选一部政论文选或文集，按学生序号逐一要求同学听读。

2. 教师慢速朗读3—5行文字（初始训练3行为宜，对优秀者可增至5行），连读三遍后，请被试同学起立，背诵复述全部文字内容。

训练说明：

1. 政论性材料比记叙文、散文、说明文等其他文体的记忆难度更大，较适合高校学生。

2. 学生在听读时不得笔录。

3. 该项训练要求被试学生瞬间思想高度集中，这种高度集中一般无法长时间坚持，为使学生在被试时发挥最好水平，除被试学生外，未轮到的学生可以在教室内看书、写信等，但不得出声，不得走动，不得对被试学生有任何提示。

4. 从教学实践看,该项训练的机械记忆难度不是很大,常常在教师读完第二遍后,就已经有一部分学生可以背诵复述了。但问题在于,一旦点名让某学生起立背诵复述,能较好地完成者少,而坐着的不相关学生能背诵者众多,二者相比,不难看出心理障碍的干扰之大。所以在训练中,教师应注意引导学生一方面集中注意力,一方面放松情绪,以消除心理障碍的干扰。

(二) 要点复述式编码训练

训练目标:

训练机械记忆基础上的理解记忆要点复述能力,克服表述中的心理障碍。

训练模式:

1. 教师事先选好政论文选或文集为训练材料,按学生序号逐一要求学生听读。

2. 教师慢速朗读6—10行文字(初始训练以6行为佳,表现优秀者可加练至10行)。连读三遍后,请被试同学起立,复述该部分文字的几个要点。

训练说明:

同上法(此处略)。

(三) 听话过程中的正误辨析训练

训练目标:

训练在记忆、理解基础上的即时判断能力、辨析能力、反应能力,克服表述中的心理障碍。

训练模式:

1. 教师可于课前准备广告词、寻人启事、失物招领、会议通知之类简短文字材料,每一份制造2—3个语法、逻辑等方面的错误(成分不全、语意不详等),按学生序号逐一要求学生听读。

2. 教师将一份材料连读三遍后,请被试学生起立,指明错误所在。

训练说明:

1. 正误辨析是学生在全文理解基础上进行的一种逻辑分析活动,需要经过思考后才能得出结论。所以此类材料同一篇中错误不宜太多,以免干扰全文理解。

2. 同一份材料，在一个班的教学中，最好只用一次，不得超过两次。如使用两次，也须拉开时间距离。

3. 被试学生一律不得用笔记录训练内容，全凭心记完成口述。

（四）模拟抗回避训练

训练目标：

训练向有关方面坚持合理请求的能力，训练谈判交涉能力。

训练模式：

1. 由指导教师在训练开始前一周公布训练项目。要求每两个学生为一个组合，两人共同商定一个话题，并明确身份（如话题为"退货请求"，确定一方为要求退货的客户，另一方为售货方代表；再如话题为"上访请求"，一方为上访的普通公民，另一方为主管部门的接待人员）。

2. 话题内容限定为一方向另一方提出请求并要求其受理，而另一方则设法推卸。训练过程中，提出请求方应想方设法使对方不得不受理请求，而推卸责任方则想方设法推卸责任，以回避对方的请求。训练展开前，双方按各自规定立场准备理由，互不通气，背靠背进行。

3. 双方的立场不得发生转变，但理由与某些程序可以虚构（例如，"上访请求"训练中，接待人员如提出明天再来，上访公民则可以在"下一回合"中立即将情景虚构为规定的第二天时间，虚构的理由与程序一经说出，则全部视为真实的，双方均不得指责对方虚假）。

4. 此项训练与第六章之"交谈模式训练"有相同之处，又有所不同。相同之处在于，同为两人一组的双向交流训练，在训练时总是一方竭力使目标得以实现，而另一方竭力使目标不能实现。不同之处在于：

（1）交谈训练中，想实现目标的一方不是否定对方的意见，而是竭力满足对方的苛刻条件以争取自己目标的实现（例如，推销训练中，无论客户对自己推销的产品提出什么苛求，都要竭力满足，以求推销成功）。而本项训练中，想实现目标的一方在向对方提出请求后，无论在交往回合中模拟多少次"让步"（比如：同意补办证明，同意改天再来），但最终还是力求否定对方推卸责任的意见，迫使对方受理自己的请求。

（2）前项之交谈训练以模拟推销、模拟求职等为主要内容，训练过程中,双方均不得有过激的言行;而此项抗回避训练中,请求方理应注意言行的文明,但因屡遭拒绝,心情可能变得恶劣。从训练应贴近生活实际出发,可以允许提出请求方模拟过激的言行,而另一方(受理方,即推卸责任方)无论对方如何表现,都只能和颜悦色、婉言拒绝和推辞。

【思考与练习】

1. 有的人在口才交际过程中,较多地偏好于自己多说话,而在别人说话时,则由于种种原因,显得耐心不够。例如,在和别人交流时,常常习惯打断别人说话。这显然不是一个好的习惯。在口才交际过程中,你也有诸如此类的表现吗?试注意检查自己,并从正反两个方面总结自己的表现。

2. 在文化水平、理解能力水平近似的情况下,听话能力的差异往往更多地起源于参加交际者的心态。例如,能不能保持与对方平等对话的心态,有时候也是一个重要原因。反思一下,自己在和别人对话时,能够保持平等对话的心态吗?

3. 在听话能力训练中,理解能力应当属于"可学"之能力,而保持平等对话心态就大概属于自我"人格修炼"的范围。如果你认同这一观点,就请在日常生活中,注意加强这一方面的"修炼与提高"。

4. 如何提高听的效率?

5. 测测你的听力(见书后所附资料库六"听力自测")。

第九讲

此处无声胜有声——态势语

在交际过程中，也许我们只专心于和朋友闲聊、与下属交谈或者说服别人，从来没有注意过自己的脸、自己的手。实际上，你的一举手，一投足，一挑眉，一弄眼，一换坐姿，虽在无意之中，但却伴随着你的交际过程。所有这些自认为的下意识和无目的行为已构成了科学家和心理学家口中的体态语——沟通中的利器。假设：当别人问你，你体重增加的具体数量是多少，面对如此尴尬的问题，你是如实回答，还是闭口不谈？当菲律宾前总统阿吉诺夫人面对记者提出的这个问题时，是"淡淡一笑"。

当你的朋友或者是家人三番五次遭受打击，面对心灵满是创伤、绝望的朋友，你是一大段鼓励还是问长问短？当父亲把受委屈的女儿紧紧地抱在怀里，此时一切语言都是多余的。身体语言用它的含蓄和委婉表述着人的内心，沟通着世界。

闻一多用他的"拍案而起"控诉着反动派的罪恶；布尔什维克党代会上，列宁用他那独特典型的姿势——微微俯身倾向听众，右手坚定有力地挥向前方，告诉人们胜利在望；罗斯福用他带有"满脸动人的表情"的演讲说服了美国的人民；有经验的法官或者警察则用他们锐利的眼神揭穿一个个谎言。

一　眉来眼去传真情

人类生来就富有动作性。当人采取行动的时候，伴随而来的就是动作与表情。从某种意义上说，动作与表情是语言的一种表达方式，它们以独特的信息形式直接显示行为的意义。人们将这些在一定程度上显示行为意义,即能够表达人的思想感情的人体动作,诸如表情、手势、姿态、服饰等等,叫做体态语言,也叫无声语言、人体语言或态势语言。

在交际中人们所获得的感觉印象大多数来源于视觉,据测定77%来自于眼睛,14%来自耳朵,9%来自其他感觉器官。而人所表达的思想绝大多数又是由体态语言来完成的。体态语言直接诉诸人们的视觉器官,所以在人际交往过程中必须重视自身的体态语言。心理学家有一个有趣的公式:一条信息的表达=7%的语言+38%的声调+55%的表情动作。这正表明,人们获得的信息大部来自视觉印象。因而美国心理学家艾德华·霍尔曾十分肯定地说:"无声语言所显示的意义要比有声语言多得多。"体态语的独特性、有形性、可视性和直接性,对于口才来说,具有不可低估的特殊价值。

人类要想准确生动地表情达意,仅仅靠口头语言是不够的,因为经过理性加工的语言往往不能直率地表露一个人的深层心理和真实意向,常常"言不达意"或"言不由衷"。从听者的角度来看,有声语言的这种无形性、隐藏性和间接性,往往令他们难以"尽解人意"。

体态语言能弥补有声语言的这些不足,它能通过有形可视的、具有丰富表现力的、各式各样的动作和表情协助有声语言将内容准确无误地表达出来。视、听作用双管齐下,能给听者以完整、确切的印象。专家们指出,医生在问诊时尤其要注意二者兼顾,这样才能给病人更有效的提示,从而获得确切的信息,做出准确的诊断。

不仅如此,体态语言还能加强表达的语气,显示出人的内在的情感和态势,使情绪、观点、意见无形中得到有力的强调。比如,教师运用一定的体态动作来教学,可以调节课堂气氛、突出教学重点、改善学生的信息接收条件。据美国心理学家调查,离学生过远、毫无表情、毫无动作地讲课,学生只能接收其所发出信息的25%;如果使用直观教具(图表、字幕等),学生的信息接收率提高到40%—50%;若利用教鞭指着讲解,并配以恰当的手势、动作,学生的信息接收率可高达75%以上。

举止表情变化产生信息交流作用,在于它能诉诸人的视觉,对人的心理产生种种暗示,使之达到心领神会。它有时甚至先于有声语言而在听者心中形成第一视觉印象,这种印象往往直接影响口语表达的效果。正确的体态语言不但能增强说话者的威信,赢得更多的听众,而且能对有声语言起到辅助、补充、辐射和渲染作用，有时甚至可以单独表意，替代有声语言传递微妙的信息。

体态语言表达思想感情有两种情形：

一是下意识的表情动作。心理学研究证明，外界事物对人的大脑的刺激，往往会使人体内部某相应组织机能在短时间内出现异常现象，并作出反应。也就是说，喜怒哀乐不仅通过口头语言，而且会通过人的肌体自然流露出来。古人曰"诚于中而形于外""喜怒形于色"，说的就是这个意思。人体各部位中，最能反映思想感情变化的部位是面部、四肢。如腿的轻颤多是心情怡然的表现；双眉剑竖、两目圆睁是愤怒的象征；伸大拇指表示赞扬；点头表示风吹草动；等等。总之，人的面部表情、四肢运作形成的"词汇"相当丰富。人们可以透过这些"词汇"看到对方的心灵，理解其思想，体会其感情。这是"下意识"动作在交际中的积极意义。

二是有意识的表情动作。人是有控制能力的，能有意识、有目的地对言谈举止进行选择、节制，为一定的交际目的服务。这种有意识的体态语言就有了更大的交际价值和特殊功能，成为交际中不可缺少的有力武器。因此，研究表达技巧，就不能不研究这种无声语言的技巧，就不能不研究有声语言与无声语言的联系，从而更好地发挥两种语言的特长和作用，大大增强我们的表达能力。体态语言技巧实质上就是有意识的态势动作与口头语言协调配合的技巧。体态语言不但与有声语言互为补充，同时还使说话者以动态、直观的形象出现在听者的面前，给他们以直接的印象。体态语言直接构成主体的体态形象，这种形象不仅仅是外观造型意义上的，还鲜明地体现着主体的内在气质，显露出主体的思想感情和文化修养。因此，人们往往通过别人的体态动作去衡量其价值，同时也通过自己的动作和姿态表现个人的风度。

体态语言的设计和运用能大大增强这种美学效果，使讲话声情并茂、形神皆备，使讲话者风度翩翩、仪态万方。有经验的口才家总是善于运用恰当、独特的体态动作来改善自己的形象。据说美国前总统肯尼迪具有"超凡的魅力"，不管说什么，只要做几个姿态，就能把听众吸引住。他的身材并不高，但他那精心设计的姿势总是能唤起一种形象高大的印象。肯尼迪的魅力，可以说是体态的魅力、风度的魅力。这种优美的体态风度能帮助谈话者建立良好的第一印象，使其形象符合对方的期待，一开始就从感觉上、心灵上建立了与对方的交流渠道。

体态语言是社会通用的一种习惯,有一定的使用范围,并具有多义性、历史性、地区性、民族性、间接性和无形性等特点。

多义性是指一种动作表示好几个意思,如点头既表示同意,也表示礼节;拍桌子既表示生气,也表示下决心或叫好。

历史性是表示一些动作过去用,现在已经不用了,如表示礼节的跪拜作揖,现在已由握手、鼓掌、注目、正步走所代替;"拂袖而去",随着社会的变化也已名存实亡了。

间接性是相对一般的语言来说,体态语言往往起辅助作用,它无法离开一定的语言环境,特别是无法完全脱离口语单独表意,给对方的影响方式比较间接,所以我们一般把体态语言作为口语的辅助语言去研究。

体态语言无声、无色,打电话体态语言就不能发挥作用;没有光亮的地方,体态语言再丰富也无济于事。体态语言必须面对面地凭知识、经验、传统等等去感受,它无法表达复杂抽象的含义,因此有一定的局限性。

各个地区和区域由于文化的差异,同样的体态语言却可能有截然不同的意思。如果身处异国他乡,与外国人交往,却忽略了同一体态语言的差异,往往会弄出许多笑话。随着社会的发展,人类的手势语言呈现出很多地区性、民族性的差别。地区性是说有些动作只用于某个地区,如天津人用头向右上稍微偏一点,表示天津人所说的"真眼口"或无可奈何的意思。民族性是指每个民族都有自己独特的动作,如拥抱、贴面是东欧贵室的见面礼,耸耸双肩是俄罗斯、德意志人表示惊讶和无可奈何的动作,碰鼻尖是新西兰岛上居民的礼节。同样的动作在不同民族中表示的意义很可能不同:如一般点头表示同意,摇头表示不同意,但印度、尼泊尔则相反;顿足是中国人愤怒的表示,而德国人却用来表示称赞;用手指计算数目,有的是先握拳然后张开食指为一,中指为二,最后为大拇指,有的先张开手,首先合上大拇指为一,然后合上食指为二;俄国人把手指在喉咙上表示"吃饱",日本人做这个动作表示"被炒鱿鱼";意大利人、西班牙人和拉丁美洲人用左手指放在眼睑上往外一抽表示"当心""请注意",而澳大利亚人则表示蔑视;同样是鼓掌,日本人与欧洲人意思也不一样,日本人表示欢迎,欧洲人表示演出不受欢迎,演员最好早退场。同样将手指朝下一挥,在阿根廷、乌拉圭和委内瑞拉都表示赞扬,"是好样的",而在秘鲁则表示"哎呀,我错了",在智利表示

"瞧，出了什么事"。

有这么一则笑话，一个日本人在向美国人推销自己的产品时，尽管一直无比热情、滔滔不绝，可最后还是被拒绝了；一个英国人在向这个美国人出售同一产品时，只说了一句话——"我相信你需要它"，就卖出了自己的产品，后来有人问那个美国人原因时，他很干脆地说道："因为那个日本人自始至终眼里只有他的产品，英国人却把我装进了他的眼睛。"

其实，真要为日本人大呼其冤了，并非他不尊重他的顾客，而是因为在日本，直视对方的眼睛可能是一种带攻击性的不礼貌行为；在美国却恰恰相反，直视对方的眼睛可能是交谈中不可或缺的润滑剂，是信任、尊重对方的表现。

拇指和食指组成圆圈，其余三指张开这个手势与"OK"近似，在英美等国含"顺利""认可""同意"之意；在意大利人的眼里，这个手势是"美丽"的意思；到了南美，许多国家把它看做是侮辱性的手势；在法国，这个手势常被理解为"零蛋""无价值"。

一位北美作家在法国旅游住旅馆时，就曾经碰到过一件十分尴尬的事情。当时，经理向作家征求意见。作家为了表达自己对所住的房间很满意，打了一个"OK"的手势。可是令作家十分惊讶的是，经理竟然非常恼怒地说："先生，您要是不喜欢，我可以马上给您另外换一个房间。"事后，作家才弄明白，原来双方对这个动作有着截然不同的理解。

在人际交往中，有时有些话用嘴说似乎难于启齿，用笔写又觉得难以达意，于是常常求助于表情这一特殊工具。人的躯体的任何一部分，都有表情的功能，但最为明显和微妙的是面部。杨炳乾先生说："人身表情之最敏速，而又最精密者，莫如面容，面容之变化，其细微有非语言笔墨所能形容者。"当我们看到一个人"眉飞色舞""喜笑颜开"的时候，就知道他心里很高兴；当看到一个人"神采奕奕""容光焕发"的时候，就知道他的心情喜悦而振奋；同样看到一个人面色铁青，就知道他愤怒；看到一个人的面部表情，就能知道他内心的隐衷。

在70万人体语言中，表情语占了35.7%。人脸部眉、目、鼻、嘴正组成了表情语最集中、最丰富的"三角区"。而"三角区"加上脸部肌肉、脸色，便组成了最容易与表达内容相配合的表情语。

表情是由脸的颜色、光泽、肌肉的收与展，以及脸面的纹路所组成的。

它以最灵敏的特点，把具有各种复杂变化的内心世界，最迅速、最敏捷、最充分地反映出来。如愉快时，面肌横伸，面孔显得较短；不愉快时，面肌纵伸，面孔显得长些。面部的舒展表情，集中于五官，尤其是眉眼。

眉眼的表情：展眉表示欢快；皱眉表示愁苦；扬眉表示满意；竖眉表示愤怒；低眉表示悲怨；弯眉表示欢乐；怀疑时眉收缩；喜悦或大笑时，眼睛半闭或全闭；惊讶时两眼张开，以扩大眼界，准备应对；愤怒时双眼收缩，集中视线以攻击敌方；不赞成时两眼下垂或左右看，像避开厌恶的东西。

嘴巴的表情：噘嘴表示不快；抿嘴表示害羞；努嘴表示暗示或者指示；撇嘴表示不愿或蔑视；歪嘴表示不服；咬嘴唇表示不赞成；咧嘴表示高兴；张嘴露齿表示愉快；咬牙切齿表示愤怒……

鼻子的表情：愤怒则张大鼻孔，以便呼吸空气；奉承则仰人鼻息；恐惧则屏息敛气，轻蔑则嗤之以鼻等等。

头部的表情动作更是人人皆知：点头表示同意；摇头表示否认、反对、不愿意；垂头表示悲哀；低头表示屈服；等等。

话剧在舞蹈里的语言，就是由面部表情加上身段动作构成的。比如欢乐时蹦蹦跳跳；不高兴或沉思时低头不语；后悔时捶胸顿足；下决心时拍胸握拳；欢迎时张开双臂；不满时猛转头或猛转身；沉思时用手拍后脑瓜或摸下巴……

俗话说："进门看颜色，出门看天气。"这是有用的经验。这里的看颜色就是观察分析对方的表情，进而作出判断，争取以合宜的方式交往，只有这样交往才能够成功。

在现实生活中，我们也有弄巧成拙的时候，主人分明一味敷衍，客人还以为受到殷勤接待，直到被下逐客令，才恍然大悟。这就是不会看脸色。为什么会出现这种相悖的现象？我们知道人是自然性与社会性的统一，人的本质是一切社会关系的总和，人在生活中总是不断地吸取正、反两方面的教训，以适应环境。因此一个人的内心世界是极其复杂的，表现于外部的表情也是极其复杂的，完全透过外部的表情去洞悉其内心世界，有时就难免会碰钉子。那么怎样判断对方的表情呢？

心理学家们认为，人的表情可以用对称与否来鉴别。一般说，诚恳、热忱、爽朗、欢愉等的情感表露是对称的、自然的，而虚伪厌烦、勉强、支吾的感情难免做作、不自然，对称不起来。动作行为真与伪的辨别上，一般认为虚伪者多带私欲、举止矫揉，真诚者感情细腻、动作自然。区分这两者的最好办法，是看对方对其他同志、对工作和事业的态度，即返回到日常生活中去考察。如果对方对周围事物的态度是一致的那就是真的，否则必然有伪，须加防备。因此，在交流中，既要善于观察表情，还要善于捕捉一刹那的感情流露，并综合其他表情，作识别判断。

大家一定经常被外国人丰富多变而又自如的表情折服，他们合宜、不夸张的表情经常为语言增添了几分诙谐。而相比之下，中国人讲究含蓄，凡事不动声色，不太善于用表情来"说话"。所以我们应加强这方面的训练，学会利用自己的神情，让听者产生共鸣，促进思想交流。交际中最忌讳的就是那种毫无表情的冷郎君，那正是朱光潜先生所批判的零度风格；但也不能在任何场合都挂着一张笑嘻嘻的脸，像一个笑面佛，近于痴傻，有损于自己的形象。除非无法控制自己的肌肉，如果高兴时作痛苦状，痛苦时作无奈状，会让人不得要领。

为了更准确地用表情语来表达自己，建议对着镜子尝试各种表情，看看是否到位，找出毛病，并加以纠正。这样就不会产生表情的"张冠李戴"。注意各种场合，想清楚什么表情不可以有，什么表情比较适合。一切都要是内心情感的最自然流露，切不可装，那样会给人一种虚伪的感觉，适得其反。

表演艺术家们说："没有离开体验的体现，也没有离开体现的体验。"这证明人的内心体验和外部体现是一个整体的两个侧面，两者有机地、不可分割地联系在一起。面部表情在传达信息方面起着重要的作用，在感情的交流中更是这样。

一些心理学家把面部表情分成上半部分和下半部分加以研究，结果出乎意料地发现，嘴在表达各种感情方面的作用比眼睛还重要，眉毛的表演方式多达二十余种。

人的面部表情能传递很丰富的感情。苏格拉底说："高贵和尊严，自卑和好强，精明和机敏，骄傲和粗俗，都能从静止或者运动的面部表情和身体姿态上反映出来，从性别和性格两方面得到证实。"一般来说女性比男性更多地运用面部表情和其他方式表达自己的感情。罗曼·罗兰说："面部表情是多少世纪培养成功的语言，是比嘴里讲到的复杂千百倍的语言。"达·芬奇在他的名作《最后的晚餐》里画了耶稣和十二个门徒的故事，熟悉《圣经》故事的人大都可以从每个门徒的举止神情中看出：豪放的是保罗，忠厚的是约瑟,沉默的是约翰,激动的是彼得……艺术家运用生动的笔触,通过举止、神情把人物刻画得栩栩如生。

有人问雅典的大演说家德摩斯梯尼:"对于一个演说家,重要的才能是什么?"他回答说:"表情。"又问:"其次呢?""表情。""再次呢?""还是表情。"人们的面部表情异常丰富,它显然能使语言更具有色彩和表述性。因此在与人交际中要注意观察对方的面部表情变化。如果他满面春风,两颊泛红,喜上眉梢,笑声朗朗,那是为彼此的会面而高兴,这时你可以无拘无束地与之倾谈;如果他脸色阴沉,双眉紧锁,脸拉得长长的,表明他与你会面心里并不乐意,你最好尽快离开,否则将引起他更大的反感;如果他的眼睛朝这一侧转动,面部却向另一侧转动,或者他扬起下巴,眼睛向上翻,鼻子也向上翘,这是蔑视你,表示你不值得一看,你最好别再"领教"了。

如果说表情是"思想的荧光屏",那么"眼睛就是心灵的窗户"。在文艺作品中,传神写照之笔多集中于眼睛,像"炯炯有神""含情脉脉""暗送秋波""会说话的眼睛"等,眼神一向被认为是人类最明确的情感表现和交际信号,在面部表情中占据主导地位。"一身精神,具乎两目",眼睛具有反映深层心理的特殊功能。

据专家们研究,眼神实际上是指瞳孔的变化行为。瞳孔是受中枢神经控制的,它如实地显示着大脑正在进行的一切活动。瞳孔放大,传达正信息(如爱、喜欢、兴奋、愉快);瞳孔缩小,则传达负面信息(如消沉、戒备、厌烦、愤怒)。人的喜怒哀乐、爱憎好恶等思想情绪的存在和变化,都能从眼睛这个神秘的器官中显示出来。因此,眼神与谈话之间有一种同步效应,它忠实地显示着话语的真正含义。

科学家研究发现,眼睛实际上是大脑在眼眶的延伸,眼球底部有三级神经元,就像大脑的皮质细胞一样具有分析综合的能力。瞳孔的变化、眼球的活动和眼睑肌的运动(睁眼、闭眼)等都接受神经元的支配,因此大脑发生的心理活动会很自然地反映在眼中。眼睛是人类五官之中最敏感的,概括大约70%—80%的感觉领域。另外,眼睛的肌肉是极其纤细的,所以每一种目光语都具有和其他目光语不同的特征。

目光语主要由视线接触的时间长度、视线接触的向度及瞳孔的变化三个方面组成。视线接触的长度即说话时视线接触停留的时间。在与人交谈时,视线接触对方脸部的时间应占全部谈话时间的30%—60%。超过这一平均值者,可以认为他对谈话者本人比对谈话内容更感兴趣;低于此平均值者,则表示对谈话内容和谈话者本人都不怎么感兴趣,或对自己的话缺乏自信。视线接触时,除关系十分亲近的人以外,一般连续注视对方的时间在1—2秒钟,以免引起对方的反感。美国人习惯于交往中视线接触仅1秒钟。除中东一些地区以相互凝视为正常的交往方式外,在许多文化背景下,长时间的凝视、直视或上下打量都是失礼行为,被认为是"对私人空间"的侵犯,往往使对方转移目光以示退让,造成心理上的不舒服,从而影响交际效果。长时间的凝视还有一种蔑视和威慑功能,有经验的警察、法官常常用这种手段来迫使罪犯坦白。因此,在一般社交场合不宜采用凝视。

如果仔细观察你就会发现,视线接触的向度即说话时视线接触的方向如平视、正视、斜视、仰视等都反映一定的语义及人与人之间的关系。

从交际主体分析,平视、正视表示理解、平等、喜欢;俯视表示宽容、爱护;仰视表示尊敬、期待。从交际客体分析,对你敬仰的人,目光往往平视;喜欢你的人目光会流露出热烈的色彩;傲慢而不可一世的人,目光是仰视、轻视;而讨厌你的人,目光会无意识地乱转,甚至会流露出疲倦的色彩;亏心的人,目光中总是有躲躲闪闪的东西;正直无邪的人,目光是沉静的并给予你诚挚的力量;恋人之间的目光会传递甜蜜的情意,朋友之间的目光会表达关切的深情;与战友离别时,目光里会流露出美好的祝愿和不尽的眷恋;互相对立的人,言辞尽管漂亮,握手尽管热烈,目光与目光在碰撞中却会迸发出挑战的火花来。

瞳孔的变化即视线接触时瞳孔放大或缩小非意志所能控制,表示高兴、喜欢、肯定时,瞳孔必然放大,眼睛很有神;表示痛苦、厌恶、否定时,瞳孔就会缩小,眼睛必然无光。情绪影响瞳孔变化,看眼神就可以知道一个人在恋爱,眼神对于爱的萌发起极其重要的心理作用。情人的眼睛能反映出内心热烈和丰富的情感,或温存或厌弃、或允诺或拒绝、或"是"或"非"、或问或答、或褒或贬、或同情或讽刺,瞳孔都能做出正确的表示。所谓"含情脉脉""怒目而视"等,都与瞳孔的变化有关。

一个人的嘴只代表他的经历,而眼代表他的内心。传神的目光示人以魅力,宁静的目光示人以稳重,快乐的目光示人以青春活力,真诚的目光可以赢得真诚的友谊。

目光的微小变化能将你心灵深处的喜、怒、哀、乐自然表现出来。

目光的对视有时会成为一场意志、毅力、忍耐力、克制力的较量。

目光的交流会变为心灵的试金石。

目光语交流中较为重要的两个影响因素有：视线的接触部位和视线接触对方面部的时间。

视线接触的部位有：

1. 近亲密区域：对方的双眼和胸部之间的三角部位。

2. 远亲密区域：双眼和腹部之间的三角部位。这两者适合亲人（如长辈对晚辈）和恋人之间。

3. 社交区域：双眼与嘴部之间的部位。这是一般人的普通交往中应该采用的。

与人交谈，要敢于和善于同别人进行目光接触，这既是一种礼貌，又能帮助维持一种联系，使谈话在频频的目光交接中持续不断。更重要的是眼睛能帮你说话。恋人们常常用眼神传递爱慕之情，特别是初恋的青年男女，使用眼神的频率一般超过有声语言。有的人不懂眼神的价值，以至于在某些时候感到眼睛成了累赘，于是总习惯于低着头看地板或盯着对方的脚，要不就顾左右而言他，这是很不利于交谈的。要知道，人们常常更相信眼睛。谈话中不愿进行目光接触者，往往让人觉得在企图掩饰什么或心中隐藏着什么事；眼神闪烁不定显得精神上不稳定或性格上不诚实；如果几乎不看对方，则是怯懦和缺乏自信心的表现。这些都会妨碍交谈。当然，不能老盯着对方。英国人体语言学家莫里斯说："眼对眼的凝视只发生于强烈的爱或恨之时，因为大多灵敏的人在一般场合中都不习惯于被人直视。"

某些人也许存在这样一个毛病：眼睛没有神采，目光呆滞。针对这种问题，为了更好地利用交际中强有力的眼神语言，建议：

1. 与人交谈时切忌游移不定，无论是你在对别人讲还是别人对你讲都不要吝啬地不给别人一个眼神，那样会让人觉得你没有耐性和他们说话。

2. 与人交谈的整个过程中放松自己的眼睛，不要老是盯着一个地方看，也不要眼皮一直眨个不停。

3. 适当的对视会更让人觉得你在用心听，并且能够让说话的人了解你的想法而调整自己的话题；同样，自己也能够通过对方的眼神，判断自己的话题效果如何。

为了更好地利用眼神，交谈时千万不要戴墨镜，否则就堵塞了你和人交流的一条相当重要的途径。不过，有时戴着墨镜或者使用其他的小技巧能帮你避免在与人交流中产生摩擦与碰撞。比如，老师戴着一副墨镜上课，让你觉得老师一直在盯着你，因而也不得不好好上课了。

一个微笑，加上一个眼神，会让你变成好的倾听者和讲述者。

要根据不同的语境，灵活使用目光语。如演讲时，不时地用眼光与不同角度的听众进行沟通；与公众交谈时，对等候交谈的人多看几眼，让他们感到自己并未被忽视；在来宾众多的招待会上，用眼神向那些没来得及亲自打招呼的客人示意，消除他们的受冷落感，力求造就一种和谐的集体气氛。在空间较大的社交场合相互对视，可以弥补交往距离过远的不足，使气氛更加融合亲切。

鉴于眼神表达的无声语言在交往中有不可忽视的意义，而我们的眼睛大部分又是睁着的，有意无意都能有所表示，所以要正确地使用自己的眼睛，该用时必须用，不该用时宁可视而不见。眼睛是心灵的窗户，这扇窗户既要善于开，也要善于关。

此外，微笑是一种"高级表情语言"，也是一种处事艺术。它不仅能解愁、健身、美容，更重要的是能给人以美感，调节人际关系。在表情语中，微笑是最有感染力的，是放之四海而皆准的人际交往的高招。往往一个微笑就能很快缩短你与他人之间的距离，表达出你的善意、愉悦甚至是道歉和拒绝（很容易让人接受和理解），给人春风般的温暖。一个微笑，邻座的人就可能成为自己的朋友。一个微笑，也会燃起一对青年男女的爱慕之情。笑能暖人心，又能体贴人心，给人以幸福感、自由感。微笑不花费什么，却会有意外的收获，向人表示：我喜欢你，见到你很高兴。微笑创造家庭快乐，建立人与人之间的好感。它使疲倦者休息，拘束者轻松，悲哀者节哀，就像一种情绪的调和剂。纽约一家大公司的人事经理表示，他宁愿雇用会微笑的小学程度的人做店员，也不愿雇用老是摆着扑克面孔的哲学博士。

在社会交往中，交谈双方目光的接触会使对方感到你对他所说的一切很有兴趣，产生知己感。而微笑则是对谈话对方的热情激励，在交谈结束时，微笑是一个最佳的"句号"，会使对方留下深刻而愉快的印象。微笑永远是受欢迎的，它来自快乐，也可以创造快乐。

笑声和微笑一样，都是面部肌肉运动模式化反应，参与了各种不同情绪的发生和人们之间各自不同情绪的信息传递。当然笑声与微笑毕竟是两种不同的伴随语言，是有区别的。与微笑相比，笑声不仅是发出声来的，而且形式复杂，语义不固定。同一形式的笑声，可能负载着正信息，也可能负载着负信息，如哈哈大笑，有时可能表示一种高兴、赞同的思想情感，也可能是一种不祥之兆；捂着嘴笑可能是不好意思，也可能是惧怕某人的威严而不敢放声大笑；含着泪笑可能是激动时的表情，也可能是有苦难言。笑声语只有在一定的语境中，语义才是明确的、单一的。

笑声语是交际中一种必不可少的辅助语言，特别是碰到比较尴尬的场合，笑声能缓和僵局，融解拘谨，改善交际氛围，这常是一般语言难以取得的效果。

二　姿态展现你的风采

从某种意义上说，姿态是说话者文化素养和情趣的侧面体现，用它微妙的作用和效果完成着语言难以完成的任务。如果恰当地运用体态语这门无声的语言，可以让你得得更加端庄、大方，增加个人魅力。你是否有过这样的经验：遇到一个人，只和他接触了片刻，就有一见如故、相见恨晚的感觉。和某个人见面之后，立刻就知道他是什么样的人而本能地开始喜欢或者讨厌这个人。

我们往往在 7—20 秒内就判断了别人，而别人也是这样就判断了你，这就是第一印象。而第一印象极难改变，并且可以延续一辈子！这就是我们为什么本能地喜欢和讨厌一些人。虽说"人不可貌相，海水不可斗量"，可是最先判断一个人就是从外在的"相"去揣测。虽然这种以貌取人很片面甚至很不科学，但却是一个不争的事实。为给初次见面的人留下良好印象，体态语不可忽视。

你是否注意到自己在交谈当中经常会无意识地点头、摇头或者侧头来辅助你的语言？其实这就是首语。首语顾名思义就是用头的活动来传递信息。对于首语的含义大家应该都清楚：点头表示赞成、肯定；摇头表示拒绝、否定；侧头表示怀疑、深思或欣赏；昂头表示自信、胜利在握、踌躇满志、目中无人或者骄傲自满；低头表示屈服、顺从、委屈、无奈或者另有想法等。

在使用首语时建议：

1. 注意和声音语言的自然配合，而且还要做到动作明显，以便对方正确理解以免误会。

2. 首语的频率不能过高，虽然在聆听对方说话时，适当的点头或者侧头会让说话的人觉得你在用心听，但是过高的频率却会影响说话者的注意力或者让人感觉有点肤浅。

3. 注意不同文化中不同首语的不同含义。

在人际交往中，怎么站、怎么走之类，似乎是不足挂齿的小节，其实却蕴藏着美与丑的学问。美者，给人以悦目、舒适的感觉；丑者，给人以反感、厌恶的印象。一个品行端庄、富有涵养的人，姿势必然优雅；一个趣味低级、缺乏教养的人，是做不出高雅的姿势来的。人们往往通过动作与姿势表现个人的优雅，同时也通过别人的动态姿势去衡量别人的价值。俗话说："站有站相，坐有坐相。"这句话可以说是对讲话人姿态的一个基本要求。说话者如果是站着讲话，则应保持正确的站姿，如头要端正、腰要直、肩要平，挺胸收腹，重心放在脚底中央稍偏外侧的位置，双手自然下垂，这样才显得精神振奋、经纶满腹、充满信心；若是坐着与人交谈，一般不能跷二郎腿；在长辈面前应双手扶膝，端坐不靠，表示出诚恳求教的姿态。动作与姿势是人的思想感情与文化修养的外在体现。坐的姿势要求端正、自然、大方：不论坐在椅子上还是沙发上，最好不要坐满，只坐一半；上身端正挺直，不要垂下肩膀，这样显得比较精神，但不宜过分死板、僵硬。年轻人或身份低的人采取这种坐姿表示对对方的崇敬和尊重，时间坐长了可以靠在沙发上，但不可双脚一伸，半躺半坐，更不可歪歪斜斜地瘫在沙发上，坐时两腿要并拢或稍分开。男性可以跷二郎腿，但不可跷得太高，不可抖动，女性可以采取小腿交叉的姿态，但不可向前直伸。切忌将小腿驾在另一条大腿上，或将一条腿搁在椅子上，这是很粗俗的。入座时动作要轻稳，不要猛地坐下，以免发出响声。入座后手可平放在腿上或沙发扶手上，也可托着下巴，但不能托着脑袋，以免显得无精打采。手不要随心所欲地到处乱摸，要绝对避免边说话边搔痒，或将裤腿捋到膝盖上。坐定以后两眼要平视，注意与你交谈的人或发言者，不要肆无忌惮地打量人家室内的陈设并因此忽视了主人。

坐相如此，吃饭、穿衣、行走等日常生活同样要讲究动作优雅，有些人貌不惊人，甚至还有些"丑"，但能赢得人们的好感和尊敬，其原因就是他们风度翩翩、姿态优美、谈吐不凡，而且心地善良、为人正直、态度谦让、文明有礼。

社交中要避免以下几个极不好的动作姿势：指手画脚，拉拉扯扯，手舞足蹈,评头品足,将身体斜靠在其他物体或人身上;站着或坐着时,连续抖动自己的腿;当着别人的面伸懒腰,挖鼻孔,掏耳朵,打哈欠,剔牙齿,喷烟圈等;不加控制地张着嘴狂笑或毫无意义地傻笑;点头哈腰装腔作势,歪头斜眼等。人的风度动作,有明显的性别之分,男人和女人各有各的美态标准。男人不喜欢男人气十足的女人,女人也不喜欢女人气十足的男人。男人要表现出男人刚劲、强壮、剽悍、英勇、威武之貌,给人一种动的壮美感;女人要有女人的特点,表现出女性温顺、纤细、轻盈、娴静、典雅之姿,给人一种静的优美感。男人的动作应有力度,女人的动作应有柔性。两者各具特色,互不相同。

在日常交际中,一个人的一举一动都属于体态语言,这些动作时刻被人所注视。如果在交际中想留给别人一个好印象,就要注意自己的姿态。如果你和人见面无精打采,对方就会猜想也许你不欢迎他;如果你左顾右盼不正视对方,对方就可能怀疑你是否有交际的诚意;如果你趾高气扬,对方可能会认为你目中无人;如果你点头哈腰、谦虚过分,对方可能怀疑你别有用心。所以在一般情况下和人见面时,你的姿态应不卑不亢、落落大方,主动欠身、握手表示欢迎问候,眼睛正视前方。

人的一点头、一拍肩、一举手、一投足都能传情达意,都能显示出他的个性心理,如果人们的交际缺乏这些"姿态语言",仅仅限于语言交际,那将乏味之极。事实上,言语交谈只是交谈的一部分,许多内容都要靠身体的各种姿势与动作来传达。所以在交际中一方面要学会察言观色,另一方面也要重视自身的姿态语言。

交际要根据交际对象、交际场合采取不同的交谈姿态,恋人间、夫妻间最好是比肩而坐,不要面对面交谈。如果与你交谈的是师长、前辈,则要坐直、稍微前倾,还可以把双手放在膝上。

观察别人的姿势也能了解对方的心理:如果对方重重坐下去,并不自觉地晃动着身子,可能他情绪烦躁,心神不安;如果他不时地晃腿或脚尖击地,可能是用这些动作来减轻内心的紧张;如果他双肘支在双膝上,上身略微向你倾过来,说明他对与你的交谈极感兴趣;如果他有意识地挪开身体,说明他想与你保持一定的距离,对你有所戒备;如果他坐着慢慢地向后靠,斜成一个半躺的姿势,可能他很自负,有强烈的优越感,你也就不必高攀。

步态就是通过行走来传递信息。说话时的走动移步也有一定的意义。

要特别注意发言和演讲时的上台下台动作。上台，也叫"亮相"，是与听众的第一次见面，影响着后边的发言是否成功。因此发言者上台时要精神饱满、步履稳健、神态自然、面带微笑。下台时则应自信从容，切不可失去常态慌张跑下，也不可漫不经心一步三晃地下去，这样会使听从对整个发言失去好感和信任。总之，走动移步要特别谨慎，每动一下都要有明确的目的，该走则走，该停则停，决不可盲目乱转。

步态可分为自然型、礼仪型、高昂型、思索型和沉郁型。礼仪型表现为上身挺直，步伐矫健，双膝弯曲度小，步幅、速度适中，步伐和手的摆动有强烈的节奏感，眼睛正视前方，这种步伐的含义是庄重、热情、礼貌；高昂型给人的感觉是愉悦、自信、有自得感；思索型是步速时快时慢，低头沉思，偶尔抬头，给人的感觉是心事重重、焦急、一筹莫展；沉郁型是低头勾脑，步伐缓慢，步幅较小甚至是趔趄不前，这种步姿的含义就是"我很郁闷！"；自然型则是步速、步幅居中，步伐稳健，两眼平视，双手自然摆动，强调的是"轻松自然，安详、平静"。

在一般性的会见、访问、出席会议等社交场合常用自然型步伐；演讲或上台发言，为了给观众一个好的印象可采用高昂型，下台则用自然型防止出现漫不经心、慌里慌张等失去常态的情况。

三　手势的运用

在口语表达中，动作主要指手势的运用。在态势语言中，手势使用频率最高，表现力最强，使用最灵活、最方便。

手势语是通过手和手指的活动变化来表达思想情感和传递信息的。手势使思想和情感的表达更加丰富，有很大的吸引力和说服力，所以有人说："手势是口语表达的第二语言。"

心理学家们认为，手势是人类进化历程中最早使用的交际工具，在发生学上是先于有声语言的。手势语在日常交际中，使用频率很高，范围也较广。早在两千年前，古罗马的政治家、雄辩家就说过："一切心理活动都伴随着指手画脚等动作。双目传神的面部表情尤其丰富，手势恰如人体的一种语言，这种语言甚至连最野蛮的人都能理解。"

一位在华讲学的心理学教授与一群聋哑儿童不期而遇，居然能用欧美流行的手势语言同他们顺利交流。事后，这位教授风趣地说："用手势语交流比不懂英文的人用手势比划更方便、更省事。"

常用的手势语归纳起来有五种含义：

一是象形手势，在口语表达中凡不好理解的事物或没有看见的东西，通过形象手势表达出来，使听者感知到具体形象。

二是指示手势，对人、物、方位都可以用指示手势，引起听众的注意并有实感作用。

三是象征手势，这种手势用来表示抽象意念，用得准确、恰当就能引起听众联想。

四是情意手势，这种手势主要用来表达演讲者的感情，使之形象化、具体化。

五是号召手势，这种手势表示领导者、组织者满怀信心，鼓舞群众实现伟大的目标。

一个人的手势根据手的动作所处的位置通常可分为：

1. 上区（肩部以上）。这种动作通常用来表达理想的、宏大的或者张扬的内容和情感，例如殷切的希望、胜利的喜悦、未来的展望、美好的憧憬或者幸福的祝愿等。

2. 中区（肩部至腹部）。这种手势通常用在记叙事物和说明事理时，此时心情较平静。

3. 下区（腹部以下）这种手势常常用来表达憎恶、不悦、卑怯的内容和情感。

在交谈中，说话者手掌伸开手心朝上，表示他诚实、直率；如果他一边说话一边用手指指点点，那么他可能相当自负；如果他一边说话一边摆弄手指，或用手指弹桌子，表明他内心紧张；如果在谈话中他用单手握拳，拳臂向上，好像在宣誓的样子，这时你可得小心点，他虽然表面上装得老实，内心却可能打着什么主意。

生活中人们常常用手势来增强口语的感情色彩，比如高兴时常常会拍桌子、捶腿、摸胡子，悲痛时捶胸脯，为难时会搓手，悔恨时自拍脑门，称赞人会竖起大拇指，蔑视、小看人时会伸出小拇指。第二次世界大战期间，英国首相丘吉尔在结束电视演讲时，举起右手握拳，伸出食指和中指构成"V"字形，以象征英文"胜利"一词的开头字母，结果引起了全场欢呼。至今人们还常用它来表示祝愿和信心。

美国心理学家麦克·阿尔奇在环球旅行时做过一次有趣的调查。在一小时的谈判中，芬兰人做手势一次，意大利人八十次，法国人一百二十次，墨西哥人一百八十次。俄国人在表露自己的感情时较为矜持，如果说话时指手画脚，会被看做缺乏教养，按俄国习惯不能用手指东西，尤其是指人；然而在西班牙和拉美国家说话时特别喜欢用手指点自己身体的某个部位。

在演讲中，手势可以激励人心。我们都非常熟悉的列宁的手势就是一例，他在演讲时，喜欢站在靠近听众的地方，讲到激动处，身体迅速前倾，用手急剧地、有力地向前一挥，手心朝上，体现了革命导师领导无产阶级摧毁旧世界的不可阻挡的力量和坚强信念，激励全世界无产者为"英特纳雄耐尔"而奋斗。还有毛泽东在延安窑洞前掰着手指向战士演讲的情景更是令人难忘。这些绝妙的手势，正如斯大林所赞扬的那样："把听众俘虏得一个不剩。"

手势还具有替代功能。它可以通过手指、手掌、手背的动作变化替代语言和内心感情。例如闻一多先生在《最后一次演讲》中谈到反动派杀害李公朴先生时，激愤地用手敲击桌子。这种手势是此时各种情感反应和情感状态的集中表现形式，比语言更有力地表达了闻一多先生的愤慨心情。

手势还表现出人们的个性风格，以征服听众。比如，周恩来同志在参加会议时，经常靠在椅背上，用富有表现力的手势增强谈话的效果；当要扩大谈话内容范围或是从中得出一般结论时，他经常用手在面前一挥；在搁浅的争议有了结果时，他又会把两手放在一起，十指相对。总之，他能恰到好处地以优雅洒脱的举止、直率而从容的姿态，显示出一个伟大革命家、外交家特有的巨大魅力、博大胸怀和泰然自若的风度，为世人所敬仰。

在运用手势时要注意紧密配合语言，做到协调一致。也就是说，手势的出示要与语言同步，不能过早也不能过晚，更不能说东指西，说西指东。另外，手势还要大方自然，幅度不可过大也不可过小：过大，会让人觉得说话者不稳重，张牙舞爪；过小，显得拘谨呆板，缺少风度。手势是最有力的表情动作。在交谈中手势不仅可以加强语气，而且还可以使静态的语言赋有动态，使表达变得有声有色，因此，善于表达的人讲话时十分注意手势的运用。手势在交际中有时还能独立地表达某种意见，如翘大拇指表示称赞、夸奖、了不起、"老大"的意思；翘小指表示蔑视、贬低、"差劲"的意思；招手为来，挥手为走；伸出不同的手指还可以表示不同的数字。有些人初次遇到较正式的场面或没有思想准备而出现在一些陌生人面前时,不知所措,不由自主地搔头皮,这种下意识的手势动作反映出其窘迫心理和为难。交谈时,当说到自己,不要用手指着自己的鼻子尖,应将手按在自己的胸口上,以显示端庄、大方、谦虚和斯文;说到别人,不能用手指着别人,尤其是在别人背后指指点点,是最不雅观最不礼貌的。介绍别人或为某人指示方向、请某人干某事时,应掌心向上,由内向外自然地伸开手臂,这样显得尊敬、有礼、谦和。手势体现人们的内心思想活动和对待他人的态度,热情或者勉强在手势上可以明显地反映出来。

在今天的文明时代,有人能够掌握三四种语言,那么手势是否同过去一样,依然有自己特有的功能呢?这是毋庸置疑的。无论在国际交往、学术会议还是体育比赛等活动中,无数人通过手势语促成人与人之间的第一次接触,彼此产生了好感。有时候,意味深长的手势,其作用远远超过娓娓动听的语言。

手势语是几千年人类文化不可分割的一部分。在科学高度发达的今天,手势语尽管已经从"主语言"降格为"辅助语言",但是仍然由于其特殊性质和作用,是人们交际语言不可缺少的一部分。前不久,哥伦比亚出版了一套两卷本词典,里面收集了两千多条拉美民族常用的手势语。学会阅读手势语,可以了解各民族的性格、文化结构、神话和习俗,以便更好地与各国人民进行友好交往。

四 服饰的魅力

服饰属于仪容,仪容是指说话者的身材、容貌、仪表、服饰等。这些虽然都是外在的因素,但在某种程度上也反映内在的精神气质,体现文化素养和审美观念,所以说话者应善于利用仪容来为口语表达服务。一般地说,一个相貌俊秀潇洒的说话者,更容易得到听众的青睐。然而一些身材容貌欠佳的人,只要巧妙地用一些"技巧",同样可以赢得听众的心。鲁迅先生身材短小,依然拥有很大的听众群。有时甚至一些身材容貌上有缺陷的残疾人,例如高位截瘫的张海迪、坐着轮椅的徐良、双目失明的史光柱等,听他们的报告或演讲,同样使人肃然起敬、心悦诚服。在他们身上,躯体的残疾反倒成了一种美好的象征。由此可见,美好的身材容貌固然是口语表达成功的因素之一,然而更重要的还是说话者美好的心灵、高尚的道德以及丰富的学识。

人往往有一种很自然的心态:面对超过自己的人,往往采取冷淡甚至生疏的态度。这也包括外貌和穿着。当然这并不说那些天生丽质之人生来就要遭人白眼,或者说为了得到他人的好印象必须时刻低人一等,而是指拒绝那种惹眼的修饰法。不难想象,如果某人为了显眼,浓妆艳抹或者梳了一个爆炸式的发型,给她好眼色的人可能为数不多。

在讲演和日常交际中,一个穿着得体、大方的人会感到惬意和自信,这种良好的"自我感觉"往往是使他的讲话获得成功的重要因素。这种情况下讲话就会更容易受到听众的尊重和喜爱,并激发自己的情绪和灵感。

有时候利用服饰的技巧来进行演讲和社会活动,会起到意想不到的作用。20世纪60年代初美国总统竞选时,尼克松本来处于优势,但由于他没有注意修饰自己,以憔悴不堪的形象出现在电视屏幕上,结果失去了许多拥护者。而他的竞争对手肯尼迪却服饰整洁、气宇轩昂,以微弱的优势战胜了尼克松。

强调仪表服饰,并不是说每个说话者都必须时髦华贵。注重自己的外观,以下是一些基本要求:

1. 适当的穿着和打扮,尽量避免怪异。

2. 从头到脚都要保持整洁。

3. 正确使用香水,不可过度。

4. 注意口腔卫生。

对于自己外表的一些缺点,完全没有必要去自卑或者遮遮掩掩。毕竟人无完人,没有瑕疵的人是不存在的。放得开了,整个人在与其他人初次交往的时候就会相当自如,用其他的优点盖住自己的不足;相反,如果过于注意自己的缺点而变得缩手缩脚,更会让别人注意到你的缺点,欲盖弥彰。所以,对待自己的一些不足应当抱着放开的心态,学习优雅的举止和谈吐。

在得体地穿着和打扮后,我们不要忘了除了外表,人们还要更多地了解你的内涵。内涵的最好体现是优雅的举止和谈吐,举手投足之间显示你的风度。

总之,衣着得体就是每个说话者应该根据自己的年龄、身份、职业,根据时代精神和社会风尚,根据说话的具体内容、具体环境选择协调适中的服饰。如喜庆场合服饰宜鲜明华丽，而悲伤场合则宜素雅端庄，参加公务交际着装宜庄重有个性，而在日常生活中则可随便些等。总之，服饰打扮必须因人而异、因时而异、因地而异。这一切，又都要紧紧围绕"口语表达"这个中心。

五　善用无声语展示你的自信

自信，无论在求职、工作、学习还是交际中都有着相当大的作用。有了自信才有挑战的勇气，有了自信才能充分地展现自我，将最优秀的一面展现出来，赢得他人的尊重。自信常常可以将常人眼中很平凡的人变得很优秀，让一只丑小鸭变成真正的白天鹅。

而如何去获得自信呢？要从细微的地方去注意。

1. 在眼神中表达你的自信。

眼神总是在不经意间将你的想法流露出来，比起你的表情，人们更倾向于相信你的眼神。因而很有必要注意和学会在眼神中表达你的自信。

首先圆睁你的眼睛，尽量打开瞳孔，让你眼中的亮区（就像是日本漫画中女生大大的眼睛中白亮的那一块）亮出来，这样便给人一种很有神的感觉，从一个侧面烘托出你的自信。同时你还可以适时地站挺或者站直，让视线高于其他人。这是因为研究显示：在一个团体中，眼睛视线最高的人通常被认为是领袖，你可以适时地从领袖感中去寻找自信。

2. 微笑使你变得坚强。

对你而言，微笑可以使你变得坚强，变得不怕困难，变得可以接受眼前的一切，不论是好还是坏。微笑可以使你显得友善、吸引人和外向，可以缩短你和他人的距离，使别人更容易接受你，于是你就拥有了自信。

当然微笑同样应在合适的时候，不要笑得太多，因为太多的笑会被人误认为是满足而不是自信。

3. 穿上你最有感觉的衣服。

大家应该都有过这样的感觉，穿的衣服总是能或多或少影响你的行动，包括说话方式、动作、表情。比如说，让一个男孩子气十足的女生穿上一套淑女裙，这个女生往往会变得收敛一些。正是因为服装对一个人如此大的影响，所以一定要穿上一套你最有感觉的衣服，那样才可以收放自如。

一套有感觉的衣服，通常是一套让你穿上自我感觉最漂亮而且最舒服的衣服，这并不是指价格昂贵，而是形式好，色彩好，穿起来合身。那样你就会有自然和大方的表情，不会因为服饰而产生潜意识的拘束和不自然，这对你的自信是最富杀伤力的。

不过，要清楚的是：最有感觉的衣服，首先要和你的内在气质和个性相吻合并能够很好地衬托，而并不是简单地抄袭或模仿别人的穿着，盲目地追求流行，成为时髦的奴隶。所以，慎重地挑选那套有感觉的衣服，穿上它，自信地走到他人旁边，开始交流吧！

4.用身体姿势投射你的自信。

在交际时，姿势和动作对于你对他人的影响力有着相当大的影响。而人们存在的最大问题就是无法适当地让自己处在最自然的姿势当中，容易产生过分的拘谨，在与别人沟通的过程当中成为不利因素。

在和陌生人相处的时候，我们经常会很自然地缩小身体所占的空间，绷紧自己的身体，手脚紧靠着身体，而这样不是显得坐立不安就是给人一种僵在那里一动不动的感觉，甚至显得受压迫或受迫害。研究显示，一般领袖人物和被理解为有力的人士，比其他人占有较多的空间，而且他们常常微微前倾，手和脚轻松且略微张开，给人一种处于主控形势的感觉。虽然，我们并不要求自己在交谈中处于主控地位，但可以借鉴他们的这个特点，在与人交谈时，适当地放松自己的身体而不要拘束地紧绷着，这样不一定就会有一种权威人士的感觉，但或多或少会减少那种因身体紧绷而产生的受迫害感。偶尔地挪动身躯更可以显得你很轻松、自信和负责。

还要注意挺起你的胸和肩，那样会让你的自信感更强。在运动场上的体操运动员正因为他们挺拔的姿势，从上到下无不闪烁着自信的光芒。通常，挺拔的站姿不仅可以给人一种朝气蓬勃的感觉，更实际的作用是，尤其对身体比较矮小的人来说，那样可以让你看起来更高，避免那种处于低人一等的被动感。相应地，在交谈中的说话和动作便可以相当地主动，运筹帷幄也变得更加容易了。

研究显示，不对称的身体姿势——身体左部的姿势和右边的不一样——比对称的姿势更有利。摆出稍微不对称的姿势，更利于投射你的自信心。

为了让你的姿势反映你的信心，建议：

第一，通过你的朋友或者通过自己照镜子，查明哪种姿势既是你自然的又是你最有力和自信的姿势，即使你觉得不快乐或软弱时也可以采用它们，保证你在沟通中不会陷于不利的境地。

第二，学会正确的站立姿势，挺起你的胸膛，直起你的腰。就像《出水芙蓉》中那位教练所说的，每天挺直你的腰，挺起你的胸膛，想着你是全世界的爱人，I am beloved！

第三，在你没有信心或者沮丧的时候，学着去微笑，用微笑使快乐的情绪感染全身的每一个细胞，那样你就会忘却缺点，不再害怕因为自己的不足给人带来什么坏印象或者因此出丑什么的。要想：这是一件很好的事情，我不害怕它，我要融入它。如此你就成功了一半。

六 体态语的使用原则

首先是自然。自然是对体态语的第一要求。动作要自然，自然见真纯。有的人说话时，动作生硬、刻板木讷；有的则刻意表演，动作和姿态做作，像在"背台词"。这都会使人觉得很别扭、不真实、缺乏诚意。孙中山曾这样告诫人们，"处处出于自然"，即使"有时词拙"，也"不可故作惊人模样"，这样才能博得人们的信赖。因此有人说，宁要自然的雅拙，不要做作乖巧。这不是没有道理的。

其次是简单明了。举手投足要符合一般生活习惯，简洁明了，易于被人们看懂和接受。不要搞得烦琐复杂，拖泥带水。不要龇牙咧嘴、手舞足蹈地像在表演戏剧。否则，不仅会喧宾夺主，妨碍有声语言的正常表达，也会让听的人眼花缭乱，不知所措。要注意克服不良的习惯动作，多余的手势必须去掉。

再次是适度适宜。所谓适度，就是要求动作适量，以不影响听者对你说话的注意力为度，不要用得过多。有的人做的动作比说的话还多，那不是口才而是表演。所谓适宜，即要求动作必须与说话内容、情绪、气氛协调一致，不要故作姿态、故弄玄虚甚至手口不一。据说美国前总统尼克松在一次招待会上举起双手招呼记者们站起来，嘴上却说"大家请坐"，使记者们大伤脑筋。于是，这一语言与动作的不协调成了轶闻。

还有，势态动作要富有变化。说话时，适当的重复动作是完全必要的，它往往能加重或强调原有的情绪。但不要老重复一种姿势，如果一种表情、一种手势一用到底，就很呆板、单调、乏味。因此，要善于随着内容、情绪的变化适当地变换动作和姿态，以期生动活泼，富有朝气和魅力。

【思考与练习】

1. 你重视体态语在表达中的作用吗？

2. 在当众表达时，你的体态语使用自如吗？在公众场合与私人场合你的体态语使用有何不同？为什么？

3. 你有过使用服饰语表达自己的经历吗？谈谈这方面的经验。

4. 如何用无声语展示你的自信？

5. 势态表情练习——"照镜子"。

第十讲

如何进行专题演讲

演讲在古希腊被称为"诱动术",其含义是劝说鼓动听众。演讲有时也称为演说,是一种在公众场合就某个问题发表见解,向听众说明事理,借助于有声语言和态势语言表达思想的综合性口语形式。它属于现实活动的实用性言态表达艺术,是一种高级的单向传播的口语语体。

作为现实活动的实用性言态表达艺术的演讲和作为欣赏艺术的戏剧、影视、相声、评书、朗诵等言态表达艺术是有区别的。它们之间的区别关键在用和非实用上。欣赏性的言态表达艺术是一种"角色"的言态表达,是通过有声语言和态势语言表达角色的思想观念,而演讲是生活中具有一定社会职业身份的现实中的人所从事的社会现实活动的一部分。演讲者作演讲和他从事社会现实活动一样的真实,表达的都是个人的思想和选择,不是任何艺术舞台上的角色,没有任何演员表演的装扮,任何一个演讲者作演讲都不过是他的真实身份在从事现实活动时的讲话。

演讲作为一门艺术,虽然也是以"讲"为主,但是这种"讲"还要体现"演"。它不仅要把事和理讲清楚,让人听明白,而且还要通过现场的直观性言态表达把事物和道理讲得生动、形象、感人,既有情感的激发力,又有声态并作的审美感染力。演讲中"演"主要表现在有声语言和态势语言两个方面,如修辞、节奏、声调、动作、表情、风度等等。这都是演讲要讲究、要追求的艺术性所在。只考虑实用性,不考虑艺术性的演讲不是高水平的演讲。演讲的表现方法是一个复杂的综合系统,只有各种表现方法相互配合、相互作用、和谐一致,才能使演讲获得成功。

演讲有很多类型,从内容上划分有政治演讲(如前面提到的理想情操演讲、模范事迹演讲、宣传鼓动演讲)、学术演讲、礼仪演讲;从形式上划分有专题演讲、即兴演讲、论辩演讲；从风格上划分有激昂型、深沉型、严谨型、活泼型。从发展趋势看，交际场合的即兴演讲和学术方面的专题演讲是备受关注的两大类型。

一　如何准备专题演讲

专题演讲是演讲者根据指定的题目或研究的主题范围，自己拟题，事先准备的演讲。在演讲比赛中专题演讲又分定题目演讲和自拟题目演讲。定题目演讲是演讲者根据演讲赛或演讲邀请单位事先确定的题目所作的演讲。自拟题目演讲是演讲者根据演讲组织者限定的主题范围，自己拟定题目进行演讲。自拟题目演讲比定题目演讲更灵活一些，演讲者只要不脱离限定的主题范围，可以选择自己熟悉的题材，就自己认识、理解的方面，谈出自己的一家之见。演讲比赛中通常采用这种形式。众多演讲者从不同的角度不同的侧面，围绕一个主题来阐明观点，论述问题，抒发感情，赞颂真、善、美，抨击假、恶、丑，有助于主题的深化。

要做好专题演讲首先要选好演讲题目，其次是了解听众，还要了解演讲的背景。这是做好专题演讲不可缺少的环节。

（一）选好演讲题目

在很多情况下专题演讲的题目都是自己选择的。在清华大学某教师用演讲方式开设的一门课程中，谈到选题，同学们这样说：

> 在众多的演讲题目里我最喜欢的是"梦圆清华"。从某种意义上说，每个走进清华的学生都经历了千辛万苦，这个题目都有话可谈，大家也愿意听各自拼搏的经历和经验，以及在清华继续奋斗的打算。

> 我对理想信念专题最感兴趣，因为我认为理想信念是一个人奋斗的动力，尽管它看上去很遥远，但是他会让人在遇到挫折以后，在迷茫之时，保留内心的一分自信。

> 听了几个同学的演讲，也有了些体会，知道作为听众，容易被什么样的内容吸引。所以我选择了讲述自己身边的事情。

我来自西部,我选的演讲题目是"西部的渴望"——

我选择了从理想信念分析一位科学名人的价值观这个主题。开始我只是把科学名人的范围放在巴斯德、邓稼先、杨振宁、陈省身这四个人之中,而最终确定为邓稼先,也是经过很长一段时间的思考的。之所以分析邓稼先的价值观,原因有三:其一,邓稼先是"两弹之父""两弹一星元勋",他对社会的贡献是巨大的。其二,他淡泊名利,隐姓埋名,舍生忘死,带给世人的不仅仅是科学上的成就,更重要的是精神上的激励,而这种热爱祖国、热爱事业的情感又是每一个清华人都必须具备的。其三,邓稼先是清华校友,因此可以让清华的学子感觉更亲切,受到的思想上的冲击更直接,教育意义也更大。

在选择题目时,一方面要联系现实中存在的现象和问题,即使讲过去、述历史也是为了说明现实问题;另一方面,要选择自己熟悉、确有见地的问题。现实中需要回答的问题很多,而我们能够有根据并做出清楚回答的却不多。演讲要求演讲者对所讲的问题必须比一般听众知道得多,认识得深,有物可讲,又能讲清。两千年前,赫拉斯就曾说过:"你们从事写作的人,在选材的时候,务必选你们能胜任的题材,多多斟酌一下哪些是担得起来的,哪些是担不起来的。假如你选择的是在你能力范围之内的,自然就会滔滔不绝,条理分明。"你的成长经历,你的求学历程,你的成长背景……其中那些曾让你深深感动的事情,也一定可以感动别人;你的事业,你的专业,你研究的课题,你所彻底明白了解的事情,一定可以讲得栩栩如生;你的理想,你的信念,你所执著追求的目标,你曾经为之付出巨大努力和心血的梦想,同样可以引起一切有心人的共鸣。

(二) 了解听众

一个好的选题,要具备两个条件:一是听众感兴趣愿意听;二是演讲者对演讲题目有过思考,有话可说。不管为了哪一种目的去演讲,都要了解你的听众,了解来听你演讲的都是些什么人。他们为什么要来听你的演讲?他们想听什么?你要通过你的演讲达到什么目的?是宣传一种观点,介绍一种知识,沟通一种情感,主张一种学术思想,推销一种产品,推举一个候选人,鼓励听众去行动,还是仅仅把有关消息传达给听众?如果想要成功地使听众接受你的思想，就要不折不扣地去了解他们。不管演讲的目的为何，听众永远是演讲者的上帝。他们关注什么，他们喜欢什么，他们爱好的表达方式是什么，他们的受教育程度，他们的文化背景，无不左右着演讲者的演讲风格、形式、语言、内容和演讲的效果。

他们是大学生、公司职员、企业家、工人、农民、军人、商人……他们关心人生理想、人生价值、事业成功、金钱名誉、婚姻恋爱、社会地位、社会发展……不同的人有不同的需求。如果去向农民谈高能物理，到公司企业大讲科学种田，就会牛头不对马嘴。演讲，也要求"对口"。

战国年间，纵横家苏秦对秦王说"连横"，后来转向山东六国谈"合纵"，一举获得六国响应。毫无疑问，他演讲的内容与对象的具体情况有关。战国时，秦国最强，欲统一天下，需要"连横"；其余诸国弱，要自保抗秦，"合纵"是最好的道路。了解了你的演讲对象，才能对症下药。

没有人会忘记林肯，他高尚的品格赢得了后世的尊重，卓越的演讲才华同样难以磨灭。在竞选总统之时，他驾着马车去车站、码头等人口聚集的地方演讲，惯常用"老乡"和"街坊"交谈的浅显易懂、朴实无华、适于表达他思想和讲他的事实的语言告诉人们：他有一个妻子、两个孩子，他们都是他的财富……不仅打动了选民的心，同时也和珠光宝气、飞扬跋扈的对手形成了鲜明的对比，最终获胜。他太了解选民的心，因此选择了这样一种演讲方式和演讲语言。演讲风格当然也和个人的性格有关，但毫无疑问，林肯选择这样一种做法迎合了人们的心理，也赢得了选票。

（三）了解演讲背景

任何一个成功的演讲家都是紧紧跟随时代前进的脉搏的。"流水不腐，户枢不蠹"，只有保持演讲内容的新鲜才能保持演讲的生命力。政治演讲必须要联系时事的发展，学术演讲也要紧扣科学的前沿，即使是从箱底翻出来的老题目，在不同的时代，也会有属于自己的不同意义。

震惊世界的珍珠港事件发生后，罗斯福向全国人民发表著名的演讲《一个遗臭万年的日子》，在六分半钟的时间内，不时被爆发的掌声打断。演讲结束后，国会仅用了三十三分钟，就在参众两院分别以 82 票对 0 票、388 票对 1 票通过了美国和日本之间存在战争状态的联合决议。这篇演讲的效果如此罕见，首先是因为它响应了突发事件——珍珠港事件，这在当时是全美国包括美国政府共同关注的问题,而演讲不仅在内容上符合了事件的性质,在感情上也准确地与与会者的思想情绪形成了共鸣。

《最后一次演讲》为闻一多先生个人带来了不幸,但这不幸也恰恰说明了这次演讲的成功。尽管事先没有充分准备讲稿,但闻先生愤怒的情绪确实是早已准备好的,随时都可以汹涌而出。演讲针对刚刚发生的李公朴先生被暗杀的事件,言人所不敢言。反动派的嫉恨有多深,闻先生的演讲在听众中的影响就有多大。

毛泽东一生进行过很多次演讲。他的演讲就如他的著作一样,应革命斗争与和平建设的需要而作,起到了宣传、组织、引导的巨大作用。《中国人民站起来了》的演讲饱含着对新中国成立的欣喜,鼓舞了全国人民;《论持久战》更是牢牢地把握住了时代的脉搏,不仅对当时的谬论进行了驳斥,更对未来做出了准确的预测。

任何一个人的任何思想和行为都离不开他所处的时代和生活环境。因此,了解演讲的背景成为专题演讲准备中不可或缺的一环。

(四) 认真练讲

成功的演讲来自充分的准备,练习就是最重要的准备。练习从椅子上站起来,练习走上和离开讲台,练习呼吸,练习目光、面部表情、手势等态势语言的运用,总之什么都要练。通常一个职业演讲家为一分钟的演讲要花半小时或两小时去准备。如果可能的话,在你要演讲的地方,站在讲台后面,试试声音能传多远。你可以对着镜子试讲,看看自己的样子,听听自己的声音,看看怎样才更自然。所谓自然并不是摆出你原来的样子就是自然,自然意味着放松自如,但同时又能控制自己。你还可以把你的试讲用录音机录下来,反复听,一边听一边想,自己说话速度是否适中,有没有变化的节奏,有没有含糊不清的地方。有条件的话还可以用摄像机录下来,看看你演讲的风度。在演讲中,你讲什么固然重要,但留给听众的形象和感觉也很重要,听众会非常注意你的一举一动,你怎么站、怎么走、怎么看人,他们会一一看在眼里;在讲台上你的姿态、手势、面部表情,所有这些非语言的表达方式,都会对听众有影响,从你站起来走上讲台开始演讲的那一分钟,他们就开始判断是不是值得听你的演讲,你越轻松自如,他们就越能接受你。

闻一多先生口角生风的口才是练出来的。他的一则日记这样写道:

"曾到钟台下练演说八遍,第二天又在外出席演说十二遍,五天以后又在天寒地冻的深夜到清华园工字厅北面土山上的凉亭里,面对着一片湖水,迎着呼啸的北风用低沉坚定、富有情感的嗓音练习演说。直到严寒刺骨才返回宿舍。但回到宿舍仍不罢口,又温演说五遍。第二天又习演说。"

古希腊口才最为卓著的大论辩家是德摩西尼(约前384——约前322),堪称群星之魁。德摩西尼年轻时就倾心于论辩术的研究,但起初的论辩活动却经常失败,他因自身的生理缺陷——口吃而在论辩中受到别人的嘲讽。德摩西尼面对失败,仍坚持不懈、毫不气馁,为了纠正口吃,他把鹅卵石放在嘴里并不停地说话;为了练演说,他搞了一个地下书房,每天把自己关在屋子里练。他怕别人引诱他出去,还把自己的头剃成阴阳头,用这种丑相逼迫自己不离开一步。终于在不知疲倦的顽强训练中取得了高超的口才技艺,并赢得了社会的承认和敬重。

你在演讲的练习过程中,常常会感到一种停滞,甚至是退步,这种心理上的现象是不可避免的。关键是要有毅力,其次要有决心和勇气,有了决心和勇气,任何困难都可以克服,不论做什么事都可以获得成功。

你已准备得相当充分,行将登台演讲了,这时候应该把握成功的要诀。因为这一次演讲的成功和失败全由你自己决定,最重要的是毅力。要身心放松,从容不迫,不要匆匆忙忙在开讲的最后一分钟才赶到现场,要给自己留下时间,既可以松弛,又可以考虑演讲;不仅从心理上做好准备,还要从生理上做好准备——职业演讲家在离开他们的住处前要做各种运动,挺胸、深呼吸、动动双膝等等;准备两到三个开场白,到时候选最合适的一个。

(五) 选择合适的开场白

"好的开头往往是成功的一半",简短有力的开头是打动听众的第一步。以下介绍几种入题快且吸引人的开篇方式:

1. 开门见山法

在演讲的一开始便直接进入论题,亮出自己的观点或态度,然后进行阐述。使用这种方法切忌含含糊糊,要求观点清晰、态度明朗。

1918年,列宁在阿列克谢也夫群众大会上的讲话是这样开头的:

今天我们党召开群众大会来谈谈这样一个问题:我们共产党人为

什么而奋斗。对于这个问题,可以作一个最简短的回答:为了停止帝国主义的战争,为了建设社会主义。

这样的开头干净利落、醒人耳目,演讲者不必再费时费力地去寻找其他的"引子"。

2. 情境借用法

演讲者利用当时当地的环境特点来渲染现场气氛,激发听众热情。

鲁迅先生曾在厦门中山中学作过一次演讲,是这样开头的:

> 今天我能够到你们学校来,实在是很荣幸。你们的学校,名为中山中学,顾名思义,是为了纪念孙中山先生。中山先生致力国民革命四十年,结果创立了中华民国。但是现在军阀跋扈,民生凋敝,只有"民国"的名目,没有民国的实际。

鲁迅先生从学校名称讲起,一针见血地指出了名与实之间的巨大反差,从而激发起中山中学的师生们为完成中山先生未竟事业而奋斗的革命热情。

借用情境,无疑是让听众迅速融入演讲的好办法。

3. 实例导入法

演讲前迅速选择一个可以表达你观点、看法的实例导入论题。

某演讲者在一次向听众强调重视安全问题的发言中,一开始就讲述了一件真人真事:

> 一位女职工临走忘了关煤气的阀门儿,下班回到家一闻煤气味很重,立刻想起去关阀门儿。她一边去关阀门儿,一边顺手摘下尼龙围巾。谁知这一摘不要紧,产生的静电火花瞬时引起了一场大爆炸……

这一令人震惊的故事使"老生常谈"的安全问题马上引起在座所有人的重视,以至随后发言者讲解"如何注意安全"时,竟无一人不洗耳恭听。

由上面的例子我们可以看出,以实例开头,可以设下悬念、引起注意、激发兴趣、诱导思考。

4. 故事启发法

演讲者可以在发言的一开始先讲一个故事,然后从中启发性地提出问题,进而亮出自己的观点。

在一次反腐倡廉的座谈会上,一位演讲者的发言从一个古代故事讲起:

故事讲的是：春秋时代，孙子带着兵书去晋见吴王，吴王看后要孙子演习他的带兵方法。于是孙子挑选若干宫女分为两队，并挑选两名吴王的宠妃为队长。演习中尽管孙子三令五申，宫女们仍不听指挥，结果孙子置吴王命令于不顾，认为"臣既已受命为将，将在外，君命有所不受"，硬是将吴王的两名宠妃杀了。之后，宫女个个乖乖听话，无人抗命……

从这个故事，演讲者引出了其发言的主题：要取得反腐败的阶段性成果，关键在于不畏权势，敢于碰硬。

在使用这种方法时，要注意两个问题，一是讲的故事要短小精悍，并且具有趣味性或代表性；二是这个故事的内容要与演讲主题相吻合，提出的问题要与演讲目的相吻合。

5. 感情沟通法

选择与听众息息相关或最能被听众接受的话题，使他们与自己在感情上强烈共鸣。

1944年，英国首相丘吉尔在美国度圣诞节发表的即席讲话是这样开头的：

我的朋友，伟大而卓越的罗斯福总统，刚才已经发表过圣诞前夕的演说，已经向全美国的家庭致友爱的献词。我现在能追随其尾讲几句话，内心感到无限的荣幸。我今天虽然远离家庭和祖国，在这里过节，但我一点也没有异乡的感觉。我不知道，这是由于本人的母系血统和你们相同，抑或是由于本人多年来在此地所得的友谊，抑或是由于这两个文字相同、信仰相同、理想相同的国家，在共同奋斗中所产生出来的同志感情，抑或是由于上述三种关系的综合。总之我在美国的政治中心地——华盛顿过节，完全不感到自己是一个异乡之客……

丘吉尔把美国总统说成是自己的朋友，短短几句话就一下子缩短了演讲者与听众之间的心理距离，取得了极好的演讲效果。

好的开头，可以引起听众的注意，集中精力听你演讲。而好的结尾应像撞钟一样，响亮而有余音，引起听众的思考和回味，产生演讲的后效应。

（六）结尾

演讲中的结语,作用在于或对演讲的内容进行提纲挈领的归纳概括,或鼓励人们去行动,或唤起某种情感和记忆。因此,演讲的结尾要给人留下深刻印象。结尾的方式多种多样:或用借境、作比等方法表达演讲者良好的祝愿;或抒发真挚、激越的感情;或展望光明美好的前景;或发出鼓动人心的号召;或引用哲言警句以其寓意深刻的道理启发听众去深思、探索;或用简洁的语句归纳全篇、点明题意。对演讲的内容进行归纳作为结尾,称为归纳式结尾;对演讲的重点、难点或精华进行画龙点睛式的概括,给听众以完整、清晰的印象,称为点睛式结尾;根据演讲的基调,留下潜在的内容让听众作进一步遐想、畅想,从而结束演讲,称为畅想式结尾;把演讲的内容延伸到其他方面去,使演讲结尾作为联系其他方面的纽带,扩大宣传效果称为延伸式结尾。

此外还有练习式结尾、评价式结尾、发散式结尾、存疑式结尾、诵读式结尾等等。有经验的演讲者认为,圆满地结束演讲是一种传播技巧,并能增强演讲的效果,因此,要力求用幽默、轻松的话语结束演讲,千万别显得匆忙,要留有足够的时间,完成这一重要的整合过程。

以上我们所谈的准备专题演讲的方法,可以帮助你学习如何选择适合自己的演讲题目,如何练习,如何开头和结尾。

要成为一名好的演讲家,与成为一名优秀的网球运动员一样,单是买副球拍和上几节网球课是不够的,要有大量的时间练习。要主动地在演讲中寻找乐趣,演讲越有经验,乐趣就越大;有了乐趣,你不但不会把演讲当成负担,而且还会主动寻找机会。勇敢地去实践吧,向着你的目标。

二　如何写演讲稿

（一）为演讲设定一个好的主题

我们把演讲中讲什么叫做选题。同一个演讲题目,可能有不同的角度、不同的主题。主题就是演讲所要分析论证的主要问题,就是你在演讲中要表达的中心思想。演讲的主题不仅是演讲者关心的,也是听众注目的,主题的确定对于演讲的成功来说是至关重要的。怎么为你的演讲设定一个好的主题？怎么选择你最感兴趣的演讲主题？你的主题怎么迎合听众的胃口？这是写稿前首先要考虑的问题。有了主题，你才有干劲、有信心去准备。

好的主题，演讲者有兴趣讲，听众也觉得有吸引力。有人说"好的主题是演讲成功的一半"，这是有道理的。所以演讲者要想演讲好，首先就应该在主题的确定上多下功夫。确立演讲主题一般应关注以下几个问题：

1. 演讲主题要注意时代性

一般来讲，以当代社会人们普遍关心的问题作为演讲主题，就会使你的演讲具有时代气息，也容易吸引听众，激发听众的兴趣。专题演讲的生命力取决于演讲主题的时代性。演讲者只有与时代共命运，与人民同呼吸，成为人民大众的代言人，才能拨动时代的琴弦，你所讲的一切才能在人民大众中引起共鸣。

2. 演讲主题应围绕听众的兴趣

所谓围绕听众的兴趣，就是演讲的主题要针对具体的听众来决定。演讲要围绕听众来进行，而不能单凭演讲者本人的主观好恶。这就需要演讲者在演讲前了解听众的基本情况，比如职业、文化程度、思想觉悟、兴趣与爱好，目前他们最感兴趣的问题以及态度如何等等。听众既有共性也有个性，而演讲的主题就必须符合具体听众的个性，这样才能抓住听众，缩短演讲者与听众的心理距离，为演讲创造良好的条件。假如对小孩子讲住房改革，就必然会导致演讲的失败。所以演讲者必须清楚地意识到每一类具体听众有各自的"兴趣圈"，要使自己的演讲主题保持在这个"兴趣圈"之内。

3. 演讲主题要适合演讲者自身的能力

演讲是演讲者对某一具体事物有比较强烈深刻的体验和比较全面的了解之后的有感而发，这就如同作家写小说一样，没有强烈的情感体验和全面的了解，就写不出优秀的小说。平时我们也有这样的体会，比如：领导要你去做工作汇报，如果你没有实实在在干过这项工作，讲出来的话会是空洞的、虚的，因为你不了解实情；只有那些踏踏实实认认真真完成了工作的人，才说得清楚这项工作究竟是怎么一回事，在什么地方有瓶颈，在什么地方遇到了困难，哪里值得注意，哪里需要改进……这都不是拍脑袋就能想出来的，也不是凭空杜撰出来的。如果你不懂或仅仅是一知半解，这些工作是做不出来的;即使别人做出来了,写成材料,你拿到材料,也是讲不出来的。所以演讲者确定主题时要看看自己的体验深度和认识程度,不要勉强去讲那些自己不了解、讲不好的问题。因为这些生活你可能见过但没有经过,没有深刻体会,不会真正了解其中的甜酸苦辣,这样就一定讲不好,还不如讲你自己的生活或是非常熟悉的事情。所以要讲那些自己喜欢、熟悉又能讲好的问题,不要舍近求远,干那些费力不讨好的事情。

除此之外,演讲主题的确定也要看演讲的时空条件,根据时间、地点、听众的情绪和当时的气氛来决定。在一些交际场合,例如喜庆活动中就不要讲什么过于严肃的问题,可以谈一些轻松愉快的话题,否则就会大煞风景,引起他人的反感。此外还要注意根据时间的长短来安排内容,时间短就讲一些小问题,时间长就讲一些较大的问题。一般不要希望在短时间内把一个大问题讲清楚。

4. 演讲主题要强调一个"新"字

老生常谈、陈旧过时的主题不会有什么听众,新颖奇特的演讲主题不仅能激发听众的兴趣,而且还会给人耳目一新的感觉。演讲的主题要强调一个"新"字。新,并非故弄玄虚,而是来自演讲者对客观事物独到的看法和敏锐的观察能力。作为演讲者要善于捕捉那些新颖的话题,善于挖掘问题的内涵,努力从多层次、多方面、多角度去探讨问题。大千世界,万事万物,芸芸众生,无不充满着矛盾,也充满了辩证法。只要我们去发现,去思考,哪怕是一些老问题、老观点,也能从中挖掘出新的东西。

5. 演讲主题要清楚明白

任何演讲的主题无论大小新旧,首先,要向听众讲清楚你要说明什么样的问题,使听众有一个清晰的认识,在你的演讲的引导下,一起来思索、来探讨,最后走向演讲者所希望的观点和主张。所以演讲者一定要用通俗易懂的语言,旗帜鲜明地交代主题是什么。其次,要注意每次演讲的主题最好只有一个,不要多,否则就会互相干扰。主题太多,演讲者不易说清楚,听众也弄不清楚你的目的所在。有不少初学演讲的人不注意主题的鲜明性,结果以失败而告终。演讲者要牢记,鲜明突出的主题不但是自己演讲的线索,也是听众思考的方向,演讲一定要使主题鲜明,让听众清楚明白。

在主题的确定上除了鲜明、集中,在选择了要讲的东西之后,还要注意一定的建设性。建设性就是要求演讲者言人所不知或知而不能或能而不敢言的东西,并且在否定和批评的基础上有所建树,指出方向。鲁迅的《魏晋风度及文章与药及酒之关系》的演讲,不仅借古讽今,而且在学术上也有其独到之处:一是关于学术本身的,讲到陶渊明时,鲁迅提出了与众不同的"别一种看法",认为"陶潜总不能超于尘世,而且,与朝政还是留心,也总不能忘掉'死'"。如今,这一主张已成为魏晋文学研究上的通说。于当时,确实有很大的独创性。二是在学术研究的方法上,他把特定阶段的文学同当时的政治、社会风习联系起来进行研究,赋予了文学研究以更加广泛的文化背景。

鲜明的主题和新颖的立意,就像是做菜的厨师,从根本上决定了一道菜的水准。

（二）演讲结构的安排要为主题服务

演讲就像一段有目的的航程,非有航行的路线图表不可。你要计划好在导语部分讲什么,在主体部分怎样把观点展开并加以阐述,在结束语部分又怎样来个总结。这三部曲听起来是老一套,但很有用。一般来说,要先准备主体部分,如果你对主体部分和结束部分很明确,导语就比较容易出来。如果你从导语部分开始,但对主体部分和结尾部分没有认真考虑,就很难走下去。准备主体部分,先问问自己,如果你是听众,围绕这个主题,你最想了解什么,然后把这些问题以最有逻辑性、最吸引人的方式排列出来,接着围绕这个主题展开来讲。

演讲并不是把你的材料按照一定的语法规则堆积起来,然后把它背熟就可以了。演讲的准备主要是去思考、去回忆,演讲的准备是思想的准备,把思想集中在你感兴趣的某一主题上,把你平时想过无数次的意见、信念聚集起来,连同你收集的材料一起加以调饰,改造成一种新型的有助于说明问题的表述,并以适合听众需要的形式呈现出来。这样你讲出来的东西才自然,而不是把不足以表现你自己的偶然思想堆积起来。如果你的演讲缺乏深思熟虑或不懂装懂,听众是会感觉出来的。

俗话说"文似看山不喜平",同样的主题,同样的材料,用什么样的方式进行组织和整理才能最大程度地吸引听众呢? 文章的结构就像排兵布阵:一字长蛇阵,二龙出水阵……不同的环境用不同的阵法,有不同的效果。环境风云诡谲,阵法也千变万化。先来看看马克·吐温在《"我是义和团"》中是如何摆开阵势的。这篇演讲是马克·吐温应邀参加以展示美国公共教育成果为内容的大会所作的。马克·吐温在开头充分赞扬了美国公共教育协会所取得的成就,然后话锋一转,由该协会"把在巴黎博览会上获得赞扬的关于学校的图片送给俄国,俄国政府对此深表感谢",联系到当时的新闻"俄国准备实行节约",此时已与公共教育无关,而马克·吐温却将话题继续徘徊在外——俄国从中国撤走三万侵略军——俄国在中国的侵略罪行——中国人民反侵略的爱国斗争,并发出"我是义和团"的呼声——希望中国人民能把侵略者赶出自己的家园⋯⋯演讲至此,似乎已离题万里,然而接下来,马克·吐温将放开的渔网慢慢收拢,原来,俄国政府实行节约的真相是为了维护巨额的军费开支而削减公立学校经费。至此,"山重水复疑无路,柳暗花明又一村",中间的一段"跑题"看似信马由缰,实是步步为营。尔后由俄国虚伪的"重视教育",本质上穷兵黩武,衬托出美国公共教育协会为促进教育事业发展而付出的巨大努力。到这里,演讲画上了一个完美的句号。

演讲的结构,不管是开宗明义,气势如虹,还是层层深入,跌宕起伏,都是为演讲的目的和演讲主题服务的。演讲要分为几个部分,每个部分讲什么,从全文来看,先讲什么,后讲什么,怎么吸引听众的注意,如何更好地表达主题⋯⋯都是"结构"要解决的问题。

从古希腊亚里士多德那里就被认定,演讲的结构的一般模式由开头、正文、结尾三个部分组成。一般来说,开头可以用来创造适合演讲的气氛和环境,可以用来建立与听众的良好互动关系,可以提出问题,吸引听众注意,可以出其不意,引起大家的兴趣⋯⋯总之要为你接下来的语言搭建一个良好的平台。要讲一些马上能引起听众兴趣的话,先送个见面礼。要有简单明了、自然大方的演讲风格,拖沓、冗长和客套是开头应该极力避免的。而结尾就是将全篇铺散开来的文字缩成一个明确的结论,让听众觉得完整而且意犹未尽。结束语要隆重,给人留下深刻的印象,你要像导演一样,设法引起观众感情的共鸣,调动和丰富他们的想象力,到最后,你会征服观众,使他们觉得听你的演讲是完全值得的。同样地,结尾也不能太长,不必客套。

而演讲的正文部分的结构,则依材料和内容而定,不拘一格:或丝丝入扣,严密论证;或纵横驰骋,恣意挥洒;或夹叙夹议,寓事以理⋯⋯"不管白猫黑猫,抓到老鼠,就是好猫",种种结构设计和行文风格各有千秋,但只要是能够恰当表达中心的,就是好的。要注意不要把观点搞得很多,不要让听众一次吃饱,要让他们有饥饿感,迫切想了解更多的内容;一般来说对于一些难懂的观点,阐述时间不要少于七分钟,这样才能使听众听懂。如果安排你做一个十五分钟的演讲,你就不必准备三十分钟那么长。

(三) 收集的材料要认真选择和分析

材料就是演讲当中所涉及的一切用以说明主题的事实根据和生活现象,其中包括事例、知识、言论、数字等等。演讲虽然是说理性的活动,但是演讲中理性的体现并非是抽象的说理,而是借事说理,寓理于事。它要依靠翔实典型的材料来加以佐证,增强理性的说服力。所以演讲的材料如同建造高楼大厦的砖一样重要,没有材料的演讲就像一棵树只有光秃秃的树干而没有茂密的枝叶或美丽的花朵,是不会有什么吸引力的。所以材料的选择、分析、概括和排列对于增强理性的说服力和吸引力有着十分重要的意义。

建议你设一个专为演讲所用的材料卷宗。从接受演讲任务的那一分钟起,你就要收集有关的材料、事例、观点、数据等所有对演讲有帮助的东西,应该注意它们的积极性、进取性。人们都喜欢光明的一面,无论是学术、政治的题材还是社会的题材,都应该是建设性的,应该是乐观的。材料合乎演讲者的身份和听众的需要,要生动、有趣味、新奇、有吸引力。

演讲的材料可以说十分广泛,既包括引人深思的社会现象,可歌可泣的英雄事迹,令人难以忘怀的历史事件,触目惊心的数字,富有哲理的名言警句,也包括自己的所思所想、所见所闻,名人逸事,笑话、故事,风土人情以及文学作品等等。对于这些材料的取舍使用必须根据演讲的需要来定。具体说来,撰写演讲稿要根据以下几点要求来选择材料:

1. 材料要有利于演讲主题的展开

材料的使用要有利于演讲主题的展开。材料的引用是为了说明观点、阐述道理和深化主题的,所以所有的材料都要紧密围绕演讲的主题和观点,使道理自然地寓于事例之中,让人听后感到顺理成章,而不能牵强附会或离题万里。

2. 材料要真实准确

演讲的材料一定要真实准确。演讲使用的材料必须是来自于客观生活的,而不能捕风捉影、道听途说,更不能无中生有、胡编乱造。只有真实准确的材料才能使听众信服。此外,演讲者还应当注意克服偏见,力求全面地、实事求是地而不是只凭个人的主观好恶来选择和使用材料。

3. 材料要有典型性

所谓典型性就是要选择最有特征、最有代表性并能有力地揭示事物的本质、表现演讲主题的材料。演讲材料在精而不在多,因为每一个具体的材料对于演讲主题的表现程度是不同的。只有典型材料才能够以一当十,更好地论证演讲的主题,突出演讲的重点,增强演讲的思想性和表现力。所以在演讲稿的写作过程中要注意从众多的材料中选择那些最有表现力和感染力的典型材料。

4. 材料要生动形象

演讲要想方设法吸引听众,那就要引用生动有趣的材料。一般来说,新颖具体、情节起伏不平、带有悬念、话语妙趣横生、具有幽默感、寓意深刻的材料都具有吸引力。生动活泼的材料可以说是演讲的调味品。但另一方面,这种材料又必须是健康的、带有抗菌性的。因此,要力避使用低级下流庸俗不堪的材料,否则就会亵渎了演讲的严肃目的,起不到教育和说服听众的作用,同时也会降低人们对演讲者的信任与尊敬。没有谁的生活经历可以丰富到能够经历一切可能存在的风风雨雨,那么,当演讲需要某些演讲者未曾有过的经历时,别人的故事——就像鲁迅先生所说的——"拿来"就可以了。每天,这个世界上发生着数不清的事情,如何在这瞬息万变的环境中进行日常材料的收集,又如何从浩繁的材料中选取恰当的例证,是任何一个演讲者都要面对的问题。

5. 对材料进行分析与处理

在选材时,首先要做的就是分析。同样的材料,同样的事实,却可以有多种理解、多个解释——所谓"仁者见仁,智者见智"。俄国作家契诃夫的小说《宝贝儿》提供的材料从主题上来说只有一个,可是契诃夫、高尔基、托尔斯泰这三位作家就各有各的看法。演讲的材料也是一样,在理解上,并没有绝对的正确答案。对同一材料的多种认识,只要不与主题相悖,能说明主题并且不牵强或者矛盾，就是可用的材料。在这些材料中，还要进行鉴别和筛选，搭配出能从多方面多角度说明主题的最佳阵容。而留下来的材料，要求大同而小异。"大同"在于能够表现同一个主题，做到主题的鲜明统一；"小异"则要求不同材料反映不同的方面，使主题的含义更加丰富。使用别人提供的材料时，要注意资料提供者是否是一个特别喜欢夸大其词的人，是否对你要谈论的主题抱有偏激的态度。

材料收集好了，在取舍前先为你的材料打个分：

（1）按照材料与主题的相关程度设定权重。

A. 不能表现主题的或与主题相悖的；

B. 能表现一定主题但有部分地方矛盾的；

C. 能正确表现主题的；

D. 能充分表现主题并能够由此展开议论的。

（2）材料的原始分。

按照材料的典型性，即是否能够深刻表现事物的本质，反映事物的规律，材料是否是广大听众所熟知的、所关注的，真实、可靠、具体、新鲜、有趣的程度，与演讲者身份的符合程度分别打分。

（3）最终得分 = 原始分累加 × 权重。

事实上，这只是一个很粗略的评分结构，每个人在演讲稿写作之前，完全可以按照演讲的主题及主题的各个方面设计出一张综合比较的表来，种种材料的优劣就一目了然了。

（四）语言的表达与修辞

卡耐基先生曾讲过这样一则故事：一位英国人，失业后没有钱，走在费城的街道上找工作。他走进当地一位大商人保罗·吉彭斯的办公室，要求与吉彭斯先生见面。吉彭斯先生以不信任的眼光看了看这位陌生人，他的外表显然对他不利：衣衫褴褛，衣袖底部已经磨光，全身上下到处显出寒酸样。吉彭斯先生一半出于好奇心，一半出于同情，答应听他谈谈。一开始，吉彭斯只打算听对方说几秒钟，但这几秒钟却变成几分钟，几分钟又变成一个小时，而谈话依旧进行着。谈话结束之后，吉彭斯先生打电话给狄龙出版公司的费城经理罗兰·泰勒，泰勒邀请这位陌生人共进了午餐，并为他安排了一个很好的工作。

这个外表潦倒的男子,怎么能够在这样短的时间内影响了如此重要的两位人物?其中的秘诀就是:他有很强的表达能力。事实上,他是牛津大学的毕业生,到美国来从事一项商业任务。不幸这项任务失败,使他困在美国,有家归不得,既没有钱,也没有朋友。但他的英语说得既正确又漂亮,使得听他说话的人立刻忘掉了他那沾满泥巴的皮鞋、褴褛的外衣和满是胡须的脸孔。他的口才成为他进入最高级商界的护照。

不管主旨有无创意,构思精巧与否,材料恰不恰当,在演讲的过程中,冲锋陷阵的是语言,是每一个字、每一个词。口语表达中常用到的修辞方法数不胜数,下面简单地介绍几种。

1. 简洁

简洁就是用较少的词语,传递尽可能多的信息,即所谓"词约意丰"。简洁表达的突出特点是:表达的内容简短明了,集中概括;表达的线条清晰,主干突出;表达的句式结构精约,短句多,节奏性强。古人曰:"事以简为上,言以简为当。"写演讲稿也是这样,演讲稿不同于普通的文章,演讲也与日常的聊天不同。语言大师们认为"简洁是天才的姐妹,是智慧的灵魂"。可见,简洁对于演讲来说是一个很高的标准。简洁表达的语言要求是:

一要去掉毫无意义的口头语和多余的感叹词之类,把信息价值不大的话减低到最低限度。

二要坚持以少胜多的原则,字斟句酌精心辨别词语,选择最能准确反映事物本质、表达思想感情的语汇,能用一个词说清楚,就绝不用两个。

三要坚持说短话。说话要抓住中心,紧扣话题,避免枝蔓太多,主干不清,不说空话废话,避免不必要的重复。

四要养成缜密思索的习惯。表达简洁与思维精细是一致的。说话不精是思维松散、不够缜密所致。语言精练是思维严密、概括力强的表现。

要做到简洁,就要善于处理思维的具体性与表达的简明性的关系,善于抓住思考中最主要的东西,把思维的精品而不是思维的过程表述出来,就可以达到简洁了。

2. 通俗

演讲的语言介于书面语与生活语言之间,既需要简洁也需要通俗。通俗是指口语表达的大众化。它包括两方面的意义:一是用语通俗,一听就懂;二是意义通俗,深入浅出。要想通俗地表达你的思想应多运用规范性词语,尽量少用对方不熟悉的文言、方言和生僻词语;多运用群众性语言,如谚语、俗语、成语等群众口头常用的大众化语言;多用短句,少用结构复杂的长句;多用质朴的语言,少用雕饰的语言。要善用比喻,人们对形象性的语言比较容易接受。使用比喻修辞和运用喻证类比推理,可以把话说得生动形象,把道理讲得平易近人。要善用比较方式。要讲清问题,较为简单实用的方法就是比较,通过比较差异、变化来说明问题,是产生说服力的通俗方法。

比如林肯演讲中的一段话:"一幢裂开的房子是站立不住的。我相信这个政府不能永远保持半奴隶半自由的状态。我不期望联邦解散,我不期望房子崩塌,但我的确期望它停止分裂。"用"房子"比喻国家政府,用房子的分裂状态比喻国家半自由半奴隶的状况,不仅恰当,而且新巧,很准确地说明了问题,又给人一种鲜明的画面感。这样的讲话通俗易懂,人们会爱听。

再比如美国著名黑人领袖马丁·路德·金讲演中的一段:"一百年前,一位美国伟人签署了《解放宣言》。现在我们站在他纪念像投下的影子里。这重要的文献为千千万万在非正义烈焰中煎熬的黑奴点燃起一座伟大的希望灯塔。这文献有如结束囚室中漫漫长夜一束欢乐的曙光。"这样的比喻自然而不落俗套,夸赞而不失真,算是口语表达中运用比喻的上品。

3. 平实

平实也是一种修辞技法,是诸多语言风格中不可或缺的要素。其表现形式是:语言质朴无华,坦率得体,分寸感强。平实的表达,首先是朴素,没有华丽辞藻的雕琢,即用最质朴平常的话,把自己的思想感情老老实实地表达出来。乍听似乎平平常常,语不惊人,但立意深远,很有力度,能给人以强烈的感染力。平实的表达,具有坦直的品格。表达者往往坦诚率直,不藏不隐,不拐弯抹角,不装腔作势,给人一种心口如一、自然亲切、真实可信的感觉,从而大大增强了口语的可信度。平实的表达还讲究洗练精到,不铺排,不夸张,没有多余的形容,没有累赘的话语,具有以少胜多的作用。

一般说来,要做到平淡之中寓意深,质朴之中见真情,需要长期的锤炼语言文字的功力。口语表达平实,必须在遣词造句上追求朴素明朗,谨防矫揉造作。古人苏东坡曾说:"凡文字,每小时须令气象峥嵘,新色绚烂,渐老渐熟,乃造平淡。其实不是平淡,乃绚丽之极也。"他说的是作文章,而口语表达也是同样的道理。由此可见,平实乃是烂熟老练、炉火纯青的标志。这就是所谓的"返璞归真"。此种境界应是表达者不断的追求。

4. 委婉

对于敏感的问题,有时使用褒此贬彼的方式,或正语反说,能起到相反相成的作用。这种表达方式也叫委婉。委婉的说法能体现表达者的善意,它常常附以得体的微笑、谅解的神情,因而较少刺激性,是处理分歧、矛盾、差异的良好表达方式。比如1961年刘少奇到湖南调查,了解到公共食堂的情况,社员们怕抓"辫子",并不直说食堂不好,而是一个劲地夸1957年生活如何好,猪喂得多,鸡鸭喂得多,自留地东西多,油水吃得重,肚子吃得饱。刘少奇从"赞扬话"中听到了言外之意的批评:"食堂太糟了。"委婉对于否定、贬斥、批评性发言有特殊的效果,运用得当可以表现说话者的策略性和对听者的尊重,避免矛盾激化,易于为对方接纳。同时委婉还能展示说话者的机智和风度,从一定程度上反映一个人的口语表达水平。

运用委婉表达关键在于选择表义词语。一方面要注意选择最佳角度,也就是选择对方最易接受的角度。为此,要注意表义词的通俗性,即要使用双方都熟悉的词汇,过于生疏的词汇影响本义表达。同时还应注意表义词和本义词的联系。如果失去联系性,就会造成晦涩难懂或言不由衷而出现歧义,造成误会。此外,还要看对象。委婉只有在对方有一定理解能力的情况下才能实现沟通,也就是说对方不仅应有听清表面语音的听知能力,还要有弄懂潜在意义的推断能力。因此,对于不具有这种能力的人就不宜使用委婉。

5. 幽默

幽默是指人们再现现实生活中喜剧性的特征和现象的一种表达能力。幽默又可分为表情幽默、动作幽默和语言幽默。

语言幽默,往往是三言两语既饶有风趣,又鞭辟入里,既使人忍俊不禁,又含义深刻,而当人们收敛笑容时,又会领悟到其中蕴涵的智慧和哲理。幽默语言意义含蓄,意味深长,启发思考,往往不直接指出问题的实质,而给人们回味的余地,使人在笑声中受到启迪和教育。因此,用幽默方式说出的严肃道理,比起直露的语言来,更易为人们所接受。

其次，幽默和讽刺还是一对孪生兄弟，用它们对不良现象进行批评，可以在轻松诙谐的气氛之中，使是非曲直泾渭分明，成为扬正祛邪的有力武器。最后，幽默还有助于人们应付复杂场合，摆脱困境，力争主动。正因为如此，幽默方式被有语言修养的人所青睐，他们用幽默把自己武装起来，成为交际中受欢迎的人。

语言幽默需要一定的语言修辞方式，再辅之以语调、动作、态势等手段，以诙谐有趣的形式表现出来。制造幽默要适应特定的语境、对象，先制造出悬念，夸张渲染，而后巧妙转换，最后突然"露底"，这时幽默就将神奇地走出来。能够产生幽默感的修辞有比喻、夸张、婉曲、反语、双关、歇后、颠倒等，多达几十种，最常见的有以下几种：

（1）对比。运用两个事物的鲜明对比，以其不一致性再现事物的强烈反差，产生幽默。如1984年里根是美国历史上年纪最大的候选人，对手蒙代尔比他年轻得多，当他们进行电视辩论时，里根笑着说："我不会把年龄当成竞选的话题。我绝不会利用对手年纪太轻、经验不足作为把柄来攻击对方。"这就是由对比而产生的幽默。

（2）双关。在谈话时，故意使某些词语在特定环境中具有双重意义，以产生幽默效果。如两个人吵架，甲说："你那么厉害干吗？你能吃人不成？"乙："我不能，因为我是回民。"

（3）婉曲。有意把本意隐含起来，话中有话，意在言外，这也是一种幽默方式。比如，某青年拿着乐曲手稿去见名作曲家罗西尼，并当场演奏。罗西尼边听边脱帽。青年问："是不是屋里太热了？"罗西尼说："不，我有一个见到熟人就脱帽的习惯，在你的曲子里，我碰到的熟人太多了，不得不频频脱帽啊！"青年的脸红了，因为罗西尼用幽默的方式道出了他抄袭别人作品的问题，使他汗颜。

（4）归谬。先假设对方的观点正确，然后合乎逻辑地推出一个荒唐可笑的结论来，欲擒故纵，亦有强烈的幽默效果。比如，某甲宣扬佛教的"轮回报应"时说："谁杀了什么动物来世就变什么，杀了牛就变牛……"乙说："那么最好去杀人。"

（5）歇后。有的歇后语本身就具有幽默性。恰当地利用歇后语的转折形式，在特定情况下可以形成幽默。比如："你这是三九寒天穿裙子——美丽动(冻)人。"

（6）反语。有时故意正话反说，或反话正说，也可以产生强烈的幽默效果。比如，毛泽东同志在谈到党八股时说："我们为什么又叫它做党八股呢？这是因为它除了洋气之外，还有一点土气，也算一个创作吧！谁说我们的人一点创作也没有呢？这就是一个。"

（7）借题。巧妙地借助别人的某一话题，引申发挥，出人意料地表达自己的某种思想。如南唐时，京师大旱，烈祖问群臣说："外地都下了雨，为什么京都不下？"大臣申渐高说："因为雨怕抽税，所以不敢入京城。"烈祖听后大笑，并决定减税。

（8）倒置。通过语言材料的变通使用，使正常情况下的人物关系在特定条件下易位，也能产生幽默。比如："你有个孝顺儿子，我呢？我没孝顺儿子。"

以上述事例可以看出，幽默就是这样一种表达方式：它是非平实的、不合常情的，对事物故意"歪曲"，把严肃的内容与不严肃甚至荒唐的东西配合在一起，可以产生幽默的喜剧效果。换言之，轻松发笑是幽默的外壳，富于哲理是幽默的内核，幽默是情趣与哲理的统一。因此，在日常社交中，可多用幽默；在学术性或政治性演讲中则要慎用幽默，应防止不适当的幽默削弱听众对主题的注意；在鼓动性的言谈中一般不用幽默。因为这类讲话一般需要使听众激动、紧张起来，幽默会松弛这种情绪和气氛。要防止滥用幽默，切忌把滑稽当成幽默。须知幽默与滑稽不同，仅仅逗人一笑的是滑稽，使人想一想才笑的才称得上是幽默。幽默是人们高尚情操和完美人格的外露，如列宁所说："幽默是一种优美的、健康的品质。"

6. 排比

运用排比可以增强话语的节奏感和语势，特别是在论辩演讲中，如果能够恰当地运用一些排比句式，可以大大地增强说话的力度。我们再来看看马丁·路德·金于 1963 年 8 月 28 日在美国首都华盛顿黑人集会上发表的演说："这就是我们的希望。这就是我带回南方的信念。怀着这个信念，我们能够把绝望的大山凿成希望的磐石。怀着这个信念，我们能够将我国种族不和的喧嚣变为一曲友爱的乐章。怀着这个信念，我们能够一同工作，一同祈祷，一同奋斗，一同入狱，一同为争取自由而斗争，因为我们知道我们终将获得自由。"这样的排比句式，如江河奔腾，气势磅礴，锐不可当，既淋漓尽致地表达了演讲者的思想和感情,又增强了语言的韵律美和节奏感。

梁启超的演讲名篇《少年中国说》结尾处,用了大串排比,饱含激情地赞美了中国少年的勃勃生机,展示了少年中国的美好未来,气势澎湃,听众想不留下深刻印象都不行:"红日初升,其道达光;河出伏流,一泻汪洋;潜龙腾渊,鳞爪飞扬;乳虎啸谷,百兽震惶;鹰隼试翼,风尘吸张;奇花初胎,橘橘皇皇;干将发硎,有作其芒;天戴其苍,地覆其荒;纵有千古,横有八荒;前途似海,来日方长。美哉! 我少年中国,与天不老! 壮哉! 我中国少年,与国无疆!"这就是排比修辞技法在口语表达中的独特作用和奇妙效果。使用排比句,要求说话者具备丰富而深刻的思想,对所讲内容非常熟悉,有较高的语言组织能力和概括能力。不然,勉强搜罗起来的排比,就会显出拼凑的痕迹,就会因为缺乏内在的联系而难以一气贯之。上举马丁·路德·金的演讲,排比中包含了层递,其中的"信念"是讲话的中心,在里边起了统领一切的作用。有了这个坚定而美好的"信念",就会无所而不为,也正是因为有了这个"信念",讲起话来也就思想丰富而集中,语气充沛而统贯。

7. 对偶

对偶句内容凝练集中,结构整齐匀称,便于口头表达和记忆,人们是比较喜欢的。最著名的如毛泽东讲的"墙上芦苇,头重脚轻根底浅;山间竹笋,嘴尖皮厚腹中空","关心群众生活,注意工作方法"等,都是地道而上乘的对偶句,意深而言精,已长久地流传于人们口中。我们平时说"前人栽树,后人乘凉","平时多流汗,战时少流血"等,也是比较好的对偶句。使用对偶应注意,不但要从结构上下功夫,做到上下联贯一致,而且要注意内容与形式的吻合,不可不顾内容而强为之。对偶的运用不宜过多,尽量做到口语化、通俗化。

8. 夸张

夸张也是一种修辞手法,是对客观事物故意作言过其实的渲染,因而感情色彩更强烈,运用得当的话表达效果也会更好。例如,"燕山雪花大如席"一句,不仅形象地表明了客观事物的情况,而且说话者自己的感情色彩也明显地表现出来了,听者对于这样的语言是不可能不深受感染的。同样,夸张虽然是"言过其实",但也必须以现实生活为基础,不能漫无边际,要使人感到既不可能,又合情合理,即要有不似真实胜似真实之妙。

9. 设问与反问

我们平时说话，总会不断地提出问题，不仅自我提问，而且向别人发问。我们所提的问题，有时并不是自己不懂不了解而请教别人，而是"明知故问"，即在说话时为了表达特殊的感情或引起听者的注意而故意发问。也就是说，讲话中的设问或反问，往往是出于修辞上的需要。

古希腊演说家德摩西尼就特别喜欢用设问和反问的方法演讲，如他《金冠辩》中的一段：

> 是谁欺骗了国家？当然是那个内心所想与口头所说不一的人。宣读公告的人该对谁公开诅咒？当然是上述那类人。对于一个演说家，还有比心思与说话不一更大的罪名吗？你的品格志趣正是这样。你还胆敢张口说话，敢正视这些人！你以为他们没有认清你吗？你以为他们昏昏沉睡或如此健忘，已忘记你在会上的讲话？

这段话，几乎全是由设问和反问组成，可以想见，德摩西尼在讲述这段话时会是一种什么样的语调和感情。如果把它们换成一般的陈述语句，效果可能就差得多了。

李燕杰在他的演讲中，也常常运用设问和反问。如在讲"爱国之心"时，他首先说明"爱国是神圣的"，为了进一步说明这一点，紧接着提出了两个问题："翻开世界史，有哪个国家的人民不主张爱国？又有哪个国家的人民不把爱国精神看做是一种伟大而崇高的心灵美呢？"然后就以古今中外大量的事实说明了爱国主义的实质和行为。这种先提出问题，然后再作解答的讲话方式，是许多作演讲的人所采用的有效方法。

使用设问和反问要注意恰到好处，发问太多就会形成另一种形式的"单调"。好的问句，不在多而在用得巧妙。

10. 先说与后说

在口语表达中，有些句子的成分是可以变换位置的。比如把主语和宾语对换，即可产生相反的意义。口语表达可以利用这种现象从表达主旨出发改变、强调重心，从而使自己的思想感情表达得更鲜明、突出。比如问"你上哪儿？"若倒过来"上哪儿，你？"就把去向作为强调的重点，这在日常口语中经常遇到。再如美国前总统肯尼迪在一次演讲中向群众呼吁："不要问你的国家能为你做些什么，而要问你能为你的国家做些什么。"语句的先后顺序一变，就把公民应为国家承担崇高的义务这一论点强烈地突现出来了。这种位置变换常常在对话中运用。如一青年问著名诗人马雅可夫斯基："你是否认为我应该把更多的热情烈火投入在诗里？"马雅可夫斯基说："不，你应该把更多的诗投入到烈火中去。"这一变化就准确有趣地表达了诗要千锤百炼这一道理，有画龙点睛的作用。经这一点化，这个青年潜心写作几年，终于成了名诗人。这种语句的先后颠倒，看起来只是位置的简单位移，但带来的语义重点的转移、强调重心的改变，却能产生意外的表达效果。

11. 引证和转述

所谓引证，就是在说话时引用别人的观点、语句等来证明或强化自己的意思，使所讲的内容更加清楚、明白、正确。在说话、作报告或演讲时，如果准确、恰当地引用一些名人的言论或普遍流行的观点、传说以及典故、格言、谚语、成语等，会使所谈更加清楚明白，多姿多彩，令人信服。请看范曾演讲时的一段话："我在艺术上也经历过苦闷的时节，我总是每一阶段订出一个努力的方向，因为我知道艺术的生命在于不断地创造；当我'上下而求索'的时候，我就是在寻找克服困难，继续前进的道路。有时确有'山重水复疑无路'的感觉，这时切莫悲观切莫松劲，胜利往往在最后的坚持。当我在某一领域有所突破的时候，那就是'柳暗花明又一村'的境界来临了。"这段话，两处引用古典诗词中的名句，简捷明快地说明了问题，并使谈话活泼生动，引人深思。

引证之外又有转述。从口语表达的角度讲，转述就是把别人的话加以变化，形成自己的话说出去。当我们需要引用某一个已经成熟的观点或需要介绍某一部著作的内容时，就要用到这种方法。例如曲啸的演讲："我记得杜勒斯临死前曾说过，他要用管乐吹垮共产党的第三代，改变前进的路标。我说，杜勒斯先生，你的预言落空了。"前边提到杜勒斯的话，就是用的转述的方法。转述是我们平时运用很多、效果也很好的一种方式，甚至可以这样说，离开转述，很难形成自己的观点或组织起一篇讲话。因为转述不仅是一个修辞的技巧，而且也有启发思想、丰富谈资的作用。

无论是引证还是转述，都是为了有所参照，便于开口讲话和说明问题，因此，引证和转述都要求准确、扼要而又自然。引证和转述过多，淹没了自己的观点并显得烦琐；生硬地照端照搬，让人感到是炫耀博学又显得做作，这是说话者要力求避免的。

12. 见解独到和画龙点睛

在口语表达中善于从崭新的角度,阐发与众不同的独到见解,鞭辟入里地说明道理,能起到奇崛的效果,使人耳目一新,由衷叹服。比如在西安事变中,东北军中下级军官杀蒋的呼声甚高。周恩来为贯彻党的和平解决的方针,去做说服工作。他说:"西安事变抓住蒋介石不同于十月革命逮捕克伦斯基,不同于滑铁卢擒住拿破仑,前者是革命胜利的结果,后者是军事失利的悲剧。而蒋介石虽然被抓住了,但他的实力并未受到损失。如果杀了蒋介石,就可能被亲日派们利用,挑起内战,加速日寇对我国的侵略。在全国人民要求抗日强大压力下,英美也主张和平解决西安事变。从国家、民族的利益出发,逼蒋抗日是完全可能的和必要的。"周恩来的精彩讲解和析理入微的言辞,见解独到,高人一筹,使那些暴躁的军官们个个顿开茅塞,频频点头,为之折服。奇崛的表达具有求新、求异、求巧的特点,它不落俗套,或者在观点上,或者在用语上,或者在方式上追求与众不同,超常出新,每每振聋发聩,启人心智,收到出奇制胜的效果。

有时人们对于错综复杂的问题或对事件发展的走向结局一时看不清楚,若能高瞻远瞩地用高度精练的概括语言,画龙点睛、提纲挈领地把问题的本质特征、关键症结和发展结局点出来,会产生使人豁然开朗的奇效。比如毛泽东讲话中对革命进程常常作一些精辟的概括:"星星之火,可以燎原""在战略上藐视敌人,在战术上重视敌人"等。这种点睛式说法,言简意赅,内涵丰富,具有高度的概括性、浓缩性,有很强的点化、启迪作用,能使人从错综纷繁的现象中理出头绪,豁然开朗,收到画龙点睛的效果。

下面对修辞作一下小结:

在一次演讲、一次发言中,人们不可能满篇珠玑,句句传神。但如果有几句体现说话者思想、精神、情感或主张的蕴涵哲理的名言隽语,就可以震撼心灵、发人深省、令人回味。如"有人可能一百岁时走向坟墓,但他生下来就已经死了"(卢梭),"从伟大到可笑,只有一步远"(拿破仑),"最容易最简单的东西往往是最难找到的"(克林凯尔),这种警策之语一出口,使人一惊,却惊而不险,出人意料之外,又在情理之中。

孔子曰:"言之无文,行而不远。"演讲稿中的"文",从何而来?从语言、修辞中来。演讲中常用到的修辞方法，不可胜数，这里提到的只是其中的一部分。这些方法的灵活运用，不仅增强了语言的表现力和表达力，更能将整个演讲的气氛带动起来，使之更活跃、更融洽。

在演讲稿的写作中，要注意回避两个倾向。一个是过分强调文采，使演讲稿的语言向散文化或诗化发展。这些都是较纯粹的书面语言，在实际演讲中，一方面不利于与听众的交流，另一方面也难以应付一些突发情况。另一个是彻底口语化，演讲啰唆不清，语句重复冗长。林肯的《在葛底斯堡国家烈士公墓落成典礼上的演说》，通篇语言朴实无华，然而却极其准确简练，成为演讲史上的精品。简洁的语言能使语言的含金量提高，同时也使得主体更加突出，而不是把时间浪费在对一个问题的无意义的重复上。

三　如何有效地登台演讲

（一）充满信心

当众演讲，对一般人来讲都是比较困难的，特别是第一次登台，都免不了精神紧张，不要说一般人，就是一些著名的演员在上台前也是手脚出冷汗的。有研究表明，在能引起人们恐惧的事件中，第一就是演讲，其次才是死亡，可见公开演讲无论对什么人来说都不是一件轻松的事。正常的神经紧张与恐惧是不一样的。演讲者和演员一样是靠充分的准备来消除恐惧感的，可以保证，人在有准备的情况下会比没有准备的情况下镇定自如得多。因此有效的演讲首先要有准备。

如果你的演讲缺乏深思熟虑，只是一味地背诵讲稿，一旦忘记就会更紧张。当然即使有准备，面对人海也难免紧张，而越是紧张越是容易出错，越是信心十足越是容易表现出色。

在你刚上台的时候，只要充分看清自己的优势，保持头脑清醒，尽量不流露出不安和胆怯，稍后，这种紧张感就会随着演讲的进行慢慢消失。

可以从别人的经验中吸取勇气。从古至今，有很多演讲名家最开始的时候也是害羞腼腆的。不论是处在任何情况、任何状态之下，绝没有哪个人是天生的大众演说家。在演讲之前，就可以想象自己开始演讲之后的情形，想象观众对于你的欢迎，想象演讲过程中他们的感动，想象自己的每一个意气风发的动作、每一句铿锵有力的话语，想象演讲结束后所获得的掌声和赞美……这一切，都有助于你增加上台演讲的信心。将自己完全投入所要扮演的角色中，你就能感受到那一方演讲台给你带来的力量，这可以帮助你出色地完成你的演讲。

事实上，信念和意志是演讲成功的关键，当然，也是任何一种成功的关键。这相当于一个正反馈的效应。你越是自信，越是能够挥洒自如，越是能够成功，而成功又可以增强你的自信。

（二）注意给听众的印象

演讲者一出现在听众面前，一举一动一言一行就都暴露在听众面前了，你留给听众的印象是良好的还是不好的会影响你说话的效果。形象是指演讲者演讲时呈现在观众面前的体、貌、服饰、风度、姿态、表情所构成的外观形式。演讲者的形象是演讲中的一个很重要的因素，也是演讲者思想、道德、情操、学识及个性的外在体现。通俗地说，演讲家要去演讲总得修饰一下自己的仪表。这是对听众的礼貌，礼貌也是你品行的表现。蓬头垢面、衣着不整邋里邋遢地出现在听众面前，或者板着一张僵硬的面孔，一副教训人的架势，或者还带着某些令人发笑的细节走上台，就会引起听众的反感。演讲者出现在讲台上，是听众的审美对象，注意自己的仪表能让听众得到美的享受，不仅让听众赏心悦目，而且自己也会感觉良好，有利于情感的表达，从而提高演讲的效果。

演讲家要追求的形象美，主要侧重在可以显示演讲家的内在精神风貌、性格气质、文化修养以及适应演讲内容和演讲环境的必要的外观修饰。所以外观形象的美不能与自然体貌的美等同起来。自然体貌的美丑具有先天性，演讲者不宜在这方面过多地追求，听众也不会在这方面过多地苛求。体貌不美，身材不好，甚至残疾者都不会从本质上影响演讲的外观形象美，因为他们同样可以显示出演讲所需要的内在精神风貌美。这并不是说演讲者的外形可以不讲究了，实际上演讲者的衣着、发型、姿态、风度、表情等都能从各自的角度显示演讲者的内在精神风貌乃至性格气质、文化教养以及与演讲内容的联系。

一般来说演讲者的衣着要整洁大方、庄重朴素、轻便协调、色彩和谐。整洁大方能表现出演讲者人格的尊严，轻便协调能表现出演讲者潇洒的风度,色彩和谐能表现出演讲者奋发的热情。总之演讲者的穿着打扮要舒服得体,不要穿以前没穿过的衣服,头次穿你会觉得不自在。衣服也不要过于华美,过于华美就会走向反面。但也不要过于随便,过于随便不是什么超凡脱俗,而是对听众的不礼貌,是缺乏修养的表现。所以一个有修养的演讲者,在演讲之前总要根据演讲的思想内容,根据听众对象,对自己的仪表适当进行一下修饰。

(三) 注意眼神

在演讲时,虽然你是主动的一方,听众是被动的一方,但你们之间仍然是需要交流的。在演讲的时候,要时时注意现场的气氛,学会用眼睛与他们交流。用眼睛表达你的善意、你的智慧;用眼睛了解他们的情绪、他们的疑问。在注视听众的时候,不要长时间专注于一个人,也不可以像探照灯一样在整个听众席上扫来扫去。最好是适时地把目光放在不同的角落,可以同听众对视,用眼睛向他们询问,对视时可以稍作停留,不要等下面的听众被你看得脸红了才收回你的目光。这样一种无声的交流对于营造现场的气氛很有效。同样,将眼神运用得恰到好处也可以大大增加你的个人魅力。事实上,眼神只是表情的一部分。你的眉毛、鼻子、嘴唇一起动起来,那才是你丰富多彩的表情。站在演讲台上是一件不简单的事情,不能嬉皮笑脸。毕竟你是在演讲,不是在说笑话。当然,也不要太严肃。不一定要微笑,也不一定要很亲切,但是一定要自然。你讲什么,你的脸上就要写着什么。不要求有表演的天赋,但是,当你把有限的自己投入到无限的演讲情绪中去,就可以自然而然地随着演讲的内容,或深沉,或激昂,或欢喜,或冷静。

(四) 注意手势动作

你有没有过这样的经历,当你在众目睽睽之下时,有时不知道手该往什么地方放? 如果是这样,那就做手势。演讲中,手势的运用可以体现你的情绪,更可以缓解紧张情绪下手“无家可归”的尴尬。而且,对于有的人,手势还是演讲时的救命稻草——他们有轻微的口吃,在情绪激动时需要加大手势才能说出话来。手势不要太频繁,你不是在用手语,更不是在跳舞,手势太多可能导致喧宾夺主,夺去听众的一些注意力。过犹不及,宁可不用手势——也许会让人觉得呆板了一些——也比花里胡哨来得好。

"恰到好处"这个词很难界定,这个火候也很难把握。但是,就像表情一样,只要深刻地理解了你自己演讲的内容,放松,自然,投入,随着演讲的进行、情绪的波动,你的手在你需要的时候就会不由自主地挥出,也会在该休息的时候回到身侧。

动作不要太单调,也不要太花哨。因为太单调或者太花哨都容易吸引听众太多的注意力,影响演讲效果。有的人每次一激动就把左手向斜上方挥动,久而久之,这竟然成了他的招牌动作。在演讲中,反复重复同样的手势就像祥林嫂反复说起阿毛一样,最终是会让人厌倦的。而太过花哨的手势会让人觉得不严肃,甚至很可笑。其实,演讲中的手势只需要几个简简单单的动作搭配,间隔地用就可以了。

动作要清楚有力。这个要求其实和语言的清晰是一样的。在演讲中,要求鲜明,切忌模棱两可。如果你只是把手在空中软绵绵地画一圈,听众不明白你的手势因何而发,甚至会以为你是在赶蚊子呢!演讲者要想使自己在听众面前树立良好的形象,除了注意自己的仪表外,必须注意自己的举止和礼仪。在会议主席介绍之后,演讲者应自然起立走上讲台,上台时步伐要保持平常从容,自然稳健地走上讲台,让听众一见你就觉得你是一个庄重朴实的人,使你的演讲有一个良好的开端。不要急急忙忙慌慌张张,大步流星地走上讲台,这样会给听众一种毛毛糙糙的感觉,也不用昂首阔步,一上台就端起架子,自以为可以姿惊四座,其实恰恰相反,很令人讨厌。松松垮垮,慢慢腾腾,随随便便,东摇西晃,抓耳挠腮,曲腰弯背,无精打采,这些姿态既无法获得听众的尊敬和信任,也无法提起听众的精神。

演讲者走上讲台后要面对听众站好,首先以诚恳、郑重、尊敬的态度,向听众致意,不要急于开口讲话,花一两秒钟注视一下听众,看看听众的反应,让他们也看看你。这种目光的交流和沟通可以起到稳定情绪、组织听众的作用,使演讲一开始就取得好的效果。演讲者在讲台上,一般站在前台中间最为合适,这样可以统观全场,也能使处在不同位置的听众看到演讲者。

演讲者的站姿要有利于表演,有利于走动,有利于发音。比较好的站法有两种:一是前进式站法,即一脚在前,一脚在后,两足稍有距离,成45度角,重心略侧重于前足,身躯微向前倾,这就给听众一种向上的、振奋的、欲动的感觉。一是自然式站法,即两足平行,相距与肩同宽。这种站姿给人一种注意力集中、精神抖擞的印象。这两种站法都较有利于表演、走动和发音。演讲者站在讲台上,不要侧着身子,不要双手拄着桌子,不要把手插在兜内,不要不时地耸肩摆弄手指。这样有损于演讲者的形象。

我们主张演讲者站在讲台中间不要不动,而是可以根据演讲的内容和会场的气氛前后、左右走动。走动需要注意以下几点:第一,向任何一个方向走动,应是一层意思的转折,一层意思的开始,而且,这层意思没有终结,决不可改变方向,否则既不协调,又易破坏意思的完整性。第二,不盲目地走动。没有意义的走动,使人感到不自然,而且容易让人心烦。第三,走动不可频繁,也不宜程度太大,要适度和恰到好处,以避免分散听众的精力。为了避免听众的精力分散,演讲者对于会场四周所发生的事情不要张望或停留目光,听众中途进场、退场,必须依然进行不要中途停止;遇到听众的掌声,应暂停,待掌声停止时再继续。

不要常看表,不要对听众的鼓噪和讥讽加以驳斥或表示怯懦。当演讲完毕走下讲台,也应该和上台时一样注意态度从容、镇静自若,无论有没有听众的掌声,都应该面带微笑,表示愉快。说了这么多,不管是仪表服饰还是举手投足,最终只有一个要求:恰如其分。

（五）注意态度

《有影响力的人类行为》一书中写道:喜欢产生喜欢。如果我们对听众有兴趣,听众也会对我们产生兴趣。如果我们不喜欢台下的听众,他们在外表或内心也会对我们表示厌恶;如果我们表现得很胆怯而且慌乱,他们也会对我们缺乏信心;如果我们表现得很无赖,而且大吹其牛,听众们也会表现出自我保护性的自大。经常地,我们甚至尚未开口说话,听众就已开始评论好坏了。因此,有充分的理由指出,我们必须事先确定我们的态度。如果你对自己的演讲都没有多大兴趣,一开始就很冷淡,表现得好像很不情愿演讲一样,听众也就会很不情愿地听你的演讲。一个无兴趣的演讲者对着一群无兴趣的听众,那演讲还有什么意思呢?相反,一个热情洋溢的演讲者,和一群被调动起来的兴致勃勃的听众,毫无疑问,双方都会得到享受和满足。这样一个双赢的结局,只需要注意一下你的态度,何乐而不为呢?

（六）注意语气

很多人因为紧张,在面对听众时,只是机械地背诵演讲稿,而他自己,也就像一个机器人。什么样的人会对这样平淡无奇,甚至在每一句话中都充满了紧绷情绪的演讲感兴趣呢?想一想吧,我们平时在和别人聊天的时候,是怎么吸引他们的呢?我们面带微笑,说的每一句话都充满了对自己所谈事物的极大热情,不管是喜欢的、厌恶的、兴奋的、恐惧的……我们的面部表情非常生动,眼睛闪闪发光,手势丰富。我们的语速时快时慢,完全与自己的情绪和听者的情绪合拍。我们的声调时高时低,就像我们所讲述的故事一样跌宕起伏。当谈到重要的地方时,我们加重语气,放慢语速,选择长长的停顿……演讲也是一样,自然大方才是吸引人的关键。《记者眼中的林肯》一书中写道:"林肯在强调某一要点时最喜欢的方法之一就是:他会以很快的速度说出几个字,当来到他希望强调的那个单词或句子时,他会让他的声音拖长,并一字一句说得很重,然后就像闪电一般,迅速把句子说完……他会把他所要强调的单词或句子的时间尽量拖长,几乎和他说其余五六句不重要的句子的时间一样长。"

(七) 纠正你的不良表达习惯

由于受社会、家庭和个人某种不良语言习惯的影响,有些人会形成一些不良的表达方式,如吐字模糊、干巴枯燥、故弄玄虚、怪声怪气、滥用辞藻、华而不实、污辱谩骂、带口头禅、颠三倒四、形象欠佳,等等。

吐字模糊、含混不清,主要是没过好语音关。鼻音、喉音太重,就会吐字不清,相近的字音不分。如果漏气,发音时就会有明显的气息声,音节含糊,使人听起来吃力,例如将"旅馆"说成"雷管","z、c、s"和"zh、ch、sh"不分等。这主要是因为不善于运用发音器官,缺乏严格正规的发音训练。应该认真学习发音吐字的基本功,学习汉语拼音,掌握普通话。

由于精神紧张产生怯场心理,发音器官失控使音节变形,所以发声颤抖、飘忽不定,也会造成吐字模糊、含混不清。纠正时,就要从心理因素上找原因,克服紧张心理和怯场心理。

如果讲话时语速太快,一带而过,也会产生吐字模糊、含混不清的现象。例如,说"西安门",快了就成了"仙门"。纠正的方法是:放慢语速,适当提高音量。

干巴枯燥、平淡无味,主要是没过好语调关。说话时停顿太少、太短,则会讲得上气不接下气,说者无法表达出思想感情,听者没有思考回味的余地,令人厌烦。停顿太多、太长,则会讲得支离破碎,说者不能完整地表达意思,听者感到莫名其妙。

由于轻重音不分,缺少升降高低变化,讲起话来像老和尚念经,使听众难以把握关键词语和讲话者的立场、态度。

节奏快慢不当也会让人觉得讲话干巴枯燥、平淡无味。前后使用一个语速,缺乏节奏感,使人感到是一种听觉上的折磨,而不是美的享受。纠正时,关键要针对听众,对自己所讲的内容有真情实感,这样才会在语音上自然流露感情,并恰当地运用语调。

故弄玄虚、怪声怪气,主要是没过好语气关。其原因有:语气区分不好;声音下滑,任意拖长;句尾字音加重等。语气分为表意、表情、表态三种,各有各的特点。如果区分运用得不好,例如,该用感叹语气时,却用了惊讶语气,会让人觉得怪声怪气。声音下滑,任意拖长会带有一种"官腔",造成某种命令、指示的意味,令人觉得故弄玄虚,装腔作势。有人喜欢在句尾几个字音上加重,因语气太足,给人一种强制感、武断感,使人听了不舒适。

滥用辞藻、华而不实,主要是语义方面的问题。其原因是:不辨词义,胡乱用词。例如,抗日战争前,广东军阀李福林不学无术,在中山大学演讲时说:"诸位大学生们,校长阁下敬请我光临贵校,本人深感侥幸,犹似鹤立鸡群,不由得使我飘飘然……"学生们听了哄堂大笑。这样胡乱用词,只能使人觉得文理不通,废话连篇。

有的人在讲话时,不注意清楚明白、通俗易懂,爱用些别人难以听懂的术语、陈词滥调来生搬硬套,甚至故作高深,文白夹杂。这样做只会影响表达效果。

有的演讲者喜欢华丽辞藻的堆砌、牵强附会的引证和过分的雕琢粉饰,结果讲起话来油腔滑调,使人感到言不由衷,哗众取宠。要纠正这种毛病,必须加强遣词造句能力的培养,多读多看,提高表达能力。

大军阀张作霖在一次训话时是这样开头的:"他妈个八子! 今儿个,咱们就说大实话:前年夏天,咱们跟吴某人老小子干了一仗,大家还记得吧?嗯,'丢人'的事都记在我账上,你们别磨不开。眼下,姓吴的又找茬了! 他妈个巴子! 你们说说,该咋办? 好! 打! 咱们丑话说在前:这回只许胜不许败,胜的升官,得奖;死的,多给抚恤金;败的,军法论罪! 我说话算数! 你们好好核计核计。我的话完了!"讲得很直率,但未免有点"太脏"了,令听者作呕。作为演讲者,追求的是真善美,决不能以污辱谩骂的形式,宣传庸俗低级的东西。

有人讲话常带些口头禅,口头禅指的是经常在讲话中出现的、没有实际意义的词语。口头禅的表达形式很多,如"是不是""对不对""大概""反正""差不多""这个""那个""嗯""啊""吧""啦"等。口头禅太多,就会破坏语言的结构,使本来有机联结的话语断断续续,前后不连贯,削弱了表达效果。

造成口头禅的原因,一是积久而成的语言习惯,或因一味模仿他人的讲话而致;二是讲话者事先无准备或准备不充分,临时现编而又来不及,只得嗯嗯啊啊、支支吾吾;三是讲话者知识少,语汇贫乏,老是用某些词语,用滥了就成了口头禅。讲话者必须力戒口头禅,有这方面毛病的人,要针对自己的具体情况,采取相应的措施,坚决加以矫正。

讲话颠三倒四也是一种不良的表达习惯。造成颠三倒四的主要原因是话语的结构安排不合理,排列顺序不恰当、不严密。纠正时,应注意语义上下贯通,词句承前启后,逻辑推理运用正确规范,从而提高口语表达的运思水平。

姿态不协调、形象欠佳的毛病主要是由于没有掌握好娴熟的姿态技巧。讲话者无论是坐着说还是站着讲,都要注意体态美和造型美,做到直腰、松肩、正头、收腹。讲话时,表情自然,由衷而发。动作要少而精,与讲话内容、思想感情相合,不可生硬模仿和矫揉造作。

总而言之,纠正不良表达方式,是一个长期自觉且有很强针对性的工作。有上述毛病的人,应根据自己的实际情况,采取相应的措施,逐步加以改正。

四 如何进行学术演讲

(一) 什么是学术演讲?

学术演讲就是在会议上向公众传播自己的最新科研成果、介绍某一学科领域的发展状况或进行科学知识普及性教育所作的演讲。一句话,就是运用演讲的方式把专门的、有系统的学问表达出来。学术演讲的运用范围比较广泛，包括学术会议上的发言、学位论文答辩、高校中的学术讲座、各种治学或创作的经验报告，以及向公众传播当今最新科技信息、普及科学观念等等。

学术演讲就学科性质来说，可分为两大类：哲学社会科学性的学术演讲和自然科学性的学术演讲。内容的科学性是学术演讲的第一个特点。离开了科学性，就不成其为学术演讲了。论证的严密性是学术演讲的第二个特点，学术演讲的威力就体现在它的逻辑力量上，体现在环环相扣的严密的论证过程中。语言的准确性是学术演讲的第三个特点，在不影响准确的基础上，要尽量做到深入浅出、通俗易懂。独创性是学术演讲的生命力所在，学术演讲的价值很大程度上就在于有没有独创性，不负责任的随便瞎说不是独创性，人云亦云的演讲也不会有多少吸引力。一般来说，这类演讲语言节奏比较平稳，没有太大的起伏，言辞精练、平易，逻辑性强，层次分明，条理清楚，比较严谨，无跳跃之感。

（二）如何提高学术演讲的效率

学术演讲的目的是为了宣传某种学术思想，传播普及科学技术知识。能否达到目的，关键在于听众的态度，听众对你所讲的内容是否感兴趣，听众的认知模式与你传递的信息是否相匹配。当然，就每个人而言情况是千差万别的，但掌握一般的规律，有助于我们提高学术演讲的效率。

1. 引起听众的兴趣

兴趣指人积极探究某种事物的认识倾向，是一种复杂的行为动机。兴趣是一种中等程度的正情绪，可以激发注意，使注意集中。在演讲中，兴趣是调动听众积极性的重要因素。在愉快、舒畅、轻松而又紧张的兴趣状态下，人对信息的接受效率最高，并能最有效地利用已有的知识经验与获取的信息，以特有的灵感碰撞出更多的思想火花，具有再创造的可能性，提高信息接受的有效性。

（1）要了解听众的兴趣。

不少学术演讲效率不高，究其原因，总有那么一条，就是演讲者只讲自己感兴趣的内容，但演讲者感兴趣不一定听众也感兴趣，而讲听众感兴趣的内容才容易成功。如何发现听众的兴趣点呢？有两个方法，一是事先调查，一是当场调查。当场调查是成熟的演讲者常用的方法,请听众递条子,向听众提问题,观察了解听众的情绪等等,了解了听众的兴趣,你的演讲也就比较有把握了。

有时你会发现听众的兴趣与你并不矛盾。由于实践活动的丰富性,人的兴趣是多种多样的。兴趣可以分为直接兴趣和间接兴趣、消极兴趣和积极兴趣、短暂兴趣和稳定兴趣。不少取得伟大成就的人在述及他们事业成功的体验时,都把积极、稳定而直接的兴趣作为重要因素。达尔文在他的回忆录中说:"在尽我所能来回忆自己在中学时代的性格时我发现,当时我已经具备的那些寄托希望于某种未来美好事物的独特品质就是:我有了极其浓厚的多种多样的兴趣,很急切地想要理解自己感兴趣的事物,而且在弄清楚任何复杂的问题或事物时,就非常高兴。"

(2)要在现场激发听众的兴趣。

当场激发听众的兴趣,也是演讲中常用的方法,主要从三个方面考虑:第一是演讲内容;第二是演讲者的态度;第三是演讲方式。一般来说听众对于急于想知道的事兴趣最大;平等待人的演讲态度,容易唤起听众的亲近感和信任感,容易受听众欢迎;互相交流的演讲方式,幽默风趣的谈吐,可以增加演讲的可听性和吸引力。一般认为某个人奋斗的真实经历是人人都感兴趣的话题。在学术演讲中不时地插入这样的内容,就是不大会演讲的人,也容易成功,使听众感兴趣。

除了使演讲的内容、方式、态度引起听众的兴趣以外,再就是要让听众对你感兴趣,引起听众对你的注意。引起听众注意的方法,一是声音要大,语音要清晰。音量要使最后一排的听众也能听清楚,音量不够大则无法引起听众的注意。二是要表现出激情。要从表情、声音、眼神自然地流露出你热切、真实的心情。这是演讲振奋人心的神奇之处。三是要注意修饰自己的仪表。演讲中最先引起听众注意的往往是演讲者的仪表。一般人们会觉得穿戴整齐者比不修边幅的人更有教养,更懂得尊敬别人。在学术演讲中如果演讲者是一个陌生人,则上述的特点如仪表、眼神、表情等外在的方面通常是决定形成何种印象的最重要因素。相反,假如演讲者是一个较为熟悉的人,如你的老师、同学,那么这些外在特点的影响力就小了,在这种情况下,内在的特点像品质、智慧、修养等就成了最具影响力的因素。

"汝果欲学诗,工夫在诗外",要想使自己的学术演讲激发听众的兴趣,并且吸引他们,给他们留下好印象,不仅要学习演讲的技巧,更重要的是修养品性,陶冶情操,培养高尚情感。一句话:既要学说话,又要学做人。

2. 提高演讲的兴趣

强调听众的兴趣并不是不考虑演讲者的兴趣。演讲者的兴趣,除了对演讲内容的兴趣外,还有对演讲工作的兴趣。一个人如果只对他从事的活动或研究的对象感兴趣,而对于如何表达宣传自己的研究成果缺乏兴趣,就无法更好地发挥自己的专业特长,扩大学术影响和科学知识的普及。强烈浓厚的演讲兴趣是科普活动的动力,也是成功有效地进行学术交流的基本前提。一般来说开拓性、创造性人才都有一种对旧思想、旧观念不可遏止的挑战冲动,都有发表自己创见的强烈愿望。而稳定持久的表达兴趣,来自内心的热爱及强烈的追求,它使人们不知疲倦地去游说、去宣传,并充满欢乐地献身于自己热爱的事业。

此外,兴趣能减少当众演讲的恐惧心理。试想,当一个人迫不及待地想将自己的研究成果和新发现告诉他人的时候,是没有心思去害怕的,反而会变胆怯为自信,变枯燥为生动。在学术演讲中,谁都想谈笑风生,举止得体,被听众信任佩服,只要演讲者对自己的研究对象有深入的了解和探求,有向他人解惑的兴趣,就会在主观上树立自信心,鼓起热情,认真审慎地对待学术演讲活动。

3. 努力与听众的认知能力相适应

上面提到学术演讲的效果和听众的态度有很大关系,而听众的态度一是取决于听众对演讲内容是否感兴趣,二是取决于你的信息传递模式和听众的认知模式是否匹配。这里我们就需要了解一下信息获取的一般规律。我们知道,信息的获得和加工,主要靠一个人的知觉,知觉在很大程度上依赖于主体的知识、经验和态度。由于人们的知识、经历、性格、情绪各不相同,不同的人对同样的事物,往往会产生不同的知觉。我们的行为由知觉所引发,反过来说,没有知觉到的刺激对行为不起作用。视而不见、听而不闻反映的就是这种有刺激而没有知觉的状态。知觉的目的在于解释作用于感觉器官的事物是什么,不是什么。对客观事物的感觉越丰富、越精确,知觉得就越全面、越正确。认知心理学认为,信息的获得不仅取决于感觉输入的外部刺激的性质,而且依赖于知觉者本人的特点。

所谓认知图式就是听众根据自己的知识和经验组合起来的知识单元。这种知识单元就是一个个信息仓库。如果这时候通过你的眼睛、耳朵等感觉器官从外界输入了信息，那么头脑中的转换开关很快会在你大脑的信息仓库中搜索，一旦找到与外来信息相同或相近的信息仓库，转换开关便停下来，让外来信息进入仓库，于是就产生了我们常有的感觉："啊，是这样的""我懂了""我明白了"。人们常说某人"脑瓜灵""头脑转得快"，就是说这个人大脑中的"转换开关"旋转得快。如果说某人"对事物领会得快"那是因为这个人的大脑中的"信息仓库"整理得好。有的人说话浅显易懂，是指说话人能使用形象的语言和比喻使听众较快地把握住内容，并在短时间内找到响应的信息仓库入口，把讲的内容送进去。如果你说的话晦涩难懂或使用一大堆生僻的专业词汇，就会使听众不得要领地胡乱转动头脑中的那个转换开关而找不到入口处。

有一种知识竞赛，计算机给你描绘一种图形，比如一种动物、一种装置，要求你在图形还没有完全描绘完以前说出它是什么，谁说得快、说得准，谁就取胜。道理与前面说的一样，当外界的信息输入的时候，头脑中已贮存的与此有关的、有组织的知识单元被激活，通过对缺少的变量的推测，就能获得对客观事物完整的知觉。尽管没看到完整图形，但是因为你头脑中已经有了现成的图式，通过对未知变量的推论，就可以猜出它是什么。如果没有现成的图式或者说缺乏对某一客观事物的知识和经验，那么对这一客观事物所提供的信息的加工就不能迅速而准确。从这一点来说，一个人获取信息的能力与知识经验有关。如果大脑中不存在与外界进入的信息相同的信息仓库，就会听不懂。表达者要尽量利用比喻等听众可能建立的信息仓库，浅显易懂地表述思想，说明事物。所以，一场好的学术演讲，不是充满高深的学术理论、生僻的专业词汇，而大多是形象的、具体的、大众化的语言（如杨振宁的演讲）。

一个心理学家做过一个实验，他以一些墨西哥和美国的小孩为被试，让他们戴上立体眼镜同时观看两个不同的场景，一边是墨西哥的斗牛场，一边是美国的小孩子在玩球的场景；观看后分别问他们看到了什么，墨西哥的小孩说看到了斗牛场，美国的小孩说看到了孩子们在玩球。由此看来认知者的经历、知识和经验制约着印象的形成。同样，在信息交流中，认知者的经历、知识和经验也制约着人们知觉的结果。此外，认知者的知识兴趣、价值观等也会影响到信息的交流和印象的形成。比如，艺术家比较注重人的仪表、相貌、身材等；伦理学家注重一个人修养水平如何，行为举止是否符合道德规范；哲学家则注重于人的智慧和理性方面的东西。

平时我们说这个人很复杂或者很简单，是指一个人的认知系统而言。一个人的认知系统有简单与复杂之分，认知系统简单者看不到人的多样性的特征，若让他介绍一个人，三言两语就叙述完毕，让人感觉语言贫乏。认知系统简单者还往往倾向于使自己的判断依从于地位高的人和权威者的意见，而不愿意参照专家的看法和事实资料，并表现出较符合传统观点的行为，缺乏创造性。认知系统复杂者则较能看到人的多样性，假如让他介绍某人的情况，他语言丰富，能从很多角度加以描述。认知系统复杂者能够认知、接受正负两种特性同时存在的事实，能对不同的观点给予尊重，给事物下判断能较多地参照事实资料和专家意见。总之，一个人的认知系统影响人的信息的获得和加工，影响人的印象的形成。

（三）宣传教育中的说服艺术

在思想政治的宣传教育中，为了更有效地影响人们的意识和行为，即改变或巩固、加强人们对某种事物、观点、政策等等的态度，就需要掌握一定的规律和艺术。生活中并非任何宣传都能够达到形成和改变人们的观点、信念和态度的目的。例如美国心理学家克莱派尔调查研究证明：在传播工具如此大规模地得到利用的情况下，它们对形成美国社会各界的观点和态度的影响是微不足道的。再如，出于从理论上研究和批判对方的需要，一些坚定的马克思主义政治家和坚定的反马克思主义学者都在认真钻研和分析对方的理论体系与著作，都握有对方的大量信息，但并不会因此改变自己的观点和态度。但是，掌握信息与改变态度也不是完全无关的，因此，我们历来强调和重视宣传教育工作对改变人们态度的重要作用。理论只要彻底，就能征服人，就能掌握群众。所谓彻底，就是实事求是。只有实事求是的信息、理论和宣传，才能说服和掌握群众，才能形成或改变群众的态度。

1. 宣传中材料的运用方法对宣传效果的影响

在宣传教育活动中，要做好群体态度的转变，必须注意宣传材料的运用。如果宣传者所要宣传的观点是当时人们一致要学习、思考与研究的，而且估计不会有持相反观点的人出来发言,所宣传的思想成了唯一观点,而且听众也不了解不同观点,在这种情况下,应当只宣传正面观点,并运用实际和理论上的确凿材料,充分论证这一观点。这样做自然有利于人们对宣传的观点持肯定的态度。在上述情况下,如果指出反面观点和材料,并与之进行辩论,就可能转移听众的兴趣,削弱对正面观点的肯定程度,甚至会使听众转而对反面观点持肯定态度。

如果听众中也有一些与所宣传的思想相对立的观点,或者一部分人中本来就存在相反的观点,在这种情况下,宣传者既讲有利于自己观点的论点,又讲不利于自己观点的论点,这样做比只讲前者的效果更好。当然宣传者在主动指出正反两种观点的同时,还应强调正面观点的正确性与科学性,特别是要用充分的证据证明反面观点错误的症结之所在,使听众心悦诚服,增强免疫力,形成对正面观点和材料的肯定态度。这就是说,在有争议的情况下,对问题作两方面、有一定目的的充分分析,对人们态度所产生的影响要比单方面的灌输大得多。

如经调查了解表明,听众对宣传的观点持肯定态度,宣传者对问题只作一方面分析与讨论效果更好。学校教育,特别是理论工作者的培养应采用这种做法,才能使培养出来的人经得起风雨。

正反两方面的观点和材料应按什么样的顺序讲出来,才有利于人们形成对正面观点和材料的肯定态度呢?心理学研究证明,宣传活动过程中的开始部分与结尾部分比中间部分对宣传对象有更强烈的影响。因为,心理学家根据对记忆的研究发现,先学习的材料对后学习的材料起抑制作用(这叫前摄抑制),而后学习的材料对先学习的材料也起抑制作用(这叫后摄抑制)。因此,在宣传活动中应首先提出正面观点和材料,把反面的观点和材料放在中间部分,最后再用新的论据论证正面的观点。这一规律可以简要概括如下:在讨论各种不同的观点时,凡在讨论的开头或结尾提出的观点,比在讨论中间提出的观点有更大的说服力。当然,心理学研究还证明,在一系列论点中,那些对听众来说是比较新的论点,会对他们产生较强的影响。所以在宣传中,要注意运用这些规律。

2. 情绪因素与理智因素对宣传效果的影响

组织宣传活动的重要原则之一,就是情感和智力的兴奋状态要恰如其分,做到情理并重。情感过于激动而不注意讲道理,缺乏逻辑性,对听众的感染力或影响力就小。心理学家对宣传影响效应的研究证明,如在宣传后不久或过几天进行测量,情绪影响的效应容易消失,而理智影响的力量在时间上要持久得多。因此,宣传中如果要立即生效(选举、作决议,需要立即行动),则以诉诸情感的宣传较能获得预期效果;如果需要对听众施加稳定的影响,使他们形成某种共同的定向,则以诉诸理智的宣传效果较好。

由此可见,除了少数场合,在宣传中应主要诉诸理智因素。当然最好是综合地运用理智因素与情感因素这两种形式。我们历来强调动之以情,晓之以理,以理服人的道理就在于此。

3. 宣传对象的态度对宣传效果的影响

宣传的效果往往取决于宣传对象对宣传者所宣传的观点持什么态度。一些人对宣传的观点事先就持赞成的态度,一些人持无所谓的态度,另一些人则可能持反对态度。人们对宣传的不同态度,决定宣传应有不同的方式,以便使赞成者更加赞成,中立者形成积极的态度,反对者转变自己的态度(对持极端观点的人要持谨慎态度,否则会适得其反)。

一些听众的观点与宣传者的观点不一样,或者一些听众的观点比较极端,对于是否接受宣传者的观点固然影响很大,但听众态度的改变还受社会支持效应的影响。就是说,如果听众的态度与宣传者的态度有很大分歧,但宣传者的观点却得到了在场多数人的支持,会使持反对观点的听众改变自己的观点或态度。因为多数人的观点会对他们形成一种压力,促使他们在两种观点之间进行协调,使认知因素恢复平衡,从而克服冲突,消除心理上的紧张感。但是如果他们的极端观点得到别人的支持(这也是社会支持效应),他们可能向相反的方向转变,即更加反对宣传者的观点。这是宣传工作者应当注意的现象。

4. 人际关系对宣传效果的影响

宣传效应的好坏,固然取决于宣传的内容及宣传是为谁服务的,但并非宣传正确的东西就一定能收到好的效果,宣传者的个人品质以及他与听众的关系是否密切,与宣传效果关系很大。

宣传者在听众中的威信,对宣传效果有很大影响。威信越高,宣传效果越好,听众越信服他,态度改变的可能性越大;反之,效果就差,甚至毫无效果。据国外心理学家的研究,有威信的人和普通人相比较,对被宣传者态度的影响相差甚大,前者为23%,后者为7%。

如果听众对宣传者有好感,就会更容易接受宣传者的观点,反之就难以接受宣传者的观点,并会对宣传者的观点持种种挑剔的态度。这种现象不仅存在于宣传者与被宣传者之间,而且存在于集体讨论之中。

宣传者在论述自己的基本观点之前,先表明自己在许多问题上与听众有一致的意见,这样会在听众中造成一种与他们有共同观点的好印象,从而削弱对立情绪,减少听众对所宣传观点的挑剔。

不仅宣传者与宣传对象之间观点一致,而且他们之间的任何相似之处都会提高宣传效果,因为相似之处会使听众把宣传者看成"自己人",这就是自己人效应。宣传者与听众在职业、民族、性别、经历等方面的相似之处都可以使听众产生这种效应,使宣传收到较好效果。

对于水平较高的听众只提供丰富的确凿资料,而不明确指明结论,效果较好;对于水平较低者,如果不明确提出结论,效果就较差。对于新知识、新观点、新政策要反复宣传,以扩大影响,人们从不同的地方、不同的角度听到同样的知识或观点,就容易相信和改变态度。真理不怕重复,常讲常新,对人能起潜移默化的作用。

5. 宣传环境对宣传效果的影响

在宣传工作中存在着一系列具有各种不同价值并能减弱或加强说服效果的情境。凡是能使人产生高昂情绪的环境,对提高宣传效果都是很有帮助的。因为这种场合能使人肃然起敬,油然而生敬仰之情,例如民族英雄或烈士纪念碑、烈士陵园、伟大人物的故居、与敌人浴血奋战的战场等等,就属于这种场合。凡是对人民有教育意义的场所,都应很好地保护并在宣传活动中充分而又恰如其分地加以利用,有助于收到良好的宣传效果。由于宣传环境与宣传效果关系密切,因此对不同会场应有不同的布置,以增加宣传上的影响力,增强其在群众中留下的印象。

态度的改变纵然离不开说服,但事实更胜于雄辩,客观事实的改变对转变人的态度有很大的作用。从理论上宣传社会主义制度的优越性、改革的必要性固然极为重要,但这只是问题的一个方面,更重要的是在社会主义的生产力发展,社会主义的物质文明、精神文明建设,人民的物质精神文化生活的提高上有成效，才更有说服力。

当一种新观点、新政策、新政治、新事物刚刚出现的时候，由于旧观点、旧政治、老框框、老传统的束缚，大多数人一时认识不清，接受不了或不敢接受，个别先进人物或仁人志士带头接受新的东西并在实践中做出成绩，对于群体态度的改变会起重大的影响。群体态度的改变反过来对个体态度的改变也会起重大作用，而且往往比个体态度的改变对群体影响更大。

一切真知都直接来源于实践活动。态度的改变离不开新知识的输入，因而参与实践活动，对于获得新知识、改变现有态度有重大作用。人们的思想大多是在参与改造世界的实践过程中得到不同程度的改造的。因此不管愿意与否，使个体与对象接触，有助于态度的改变。毛泽东在《在延安文艺座谈会上的讲话》中说他在参加革命后，同工人农民在一起，相互熟悉、了解了，改变了对工人农民的态度，不仅不再认为他们是脏的，而且认为他们是最干净的人。从心理学上讲，这就叫接触了解，通过集体活动这种接触方式，增加人们之间的交往、了解，有助于改变对对方的态度。据美国心理学家史密斯研究和美国许多事实证明，白人与黑人在一块共事，彼此增加接触了解，使大多数人的种族偏见，特别是白人对黑人的态度有很大转变。现在，在国外为教育司机注意交通安全，减少交通事故，把撞伤人的司机送到医院去护理交通事故的受害者，对司机的教育很大。这实际上也是通过与对象接触的办法，促使司机改变开车时不注意交通安全的态度。角色扮演对个人改变态度很有用。例如让护士扮演病人的角色，整天躺在病床上，有助于护士了解病人的处境，改变对病人的态度；让服务态度差的售货员扮演顾客的角色，对其提高服务质量、转变服务态度也是很有帮助的。

附：口头发表论文的注意事项

1. 论文发表前的检查事项

（1）内容是否正确；目的是否明确；

（2）导言、正文、结尾和问题解答时间分配是否妥当；

（3）导言是否有吸引力；

（4）内容是否经过精选；

（5）必要的内容是否已全部选入，不必要的内容是否已舍去；

（6）结尾内容是否全面；

（7）起、承、转、合是否妥当，是否安排了高潮部分；

（8）是否有具体的例子（数据）；

（9）投影图片与上述各部分主要内容是否一致；

（10）投影图片设计是否妥当，文字是否清楚；

（11）坐标图纵横轴的说明及单位是否已标写清楚；

（12）必要的供散发用的印刷资料是否已准备妥当；

（13）模型实物动作是否灵活，观众是否都能看清；

（14）是否进行了三次以上的试讲，两次以上的静思默想；

（15）演讲者是否能看清会场内的各个部位。

2. 论文发表当天的检查

（1）是否有忘带的东西（原稿、资料、程序表等）；

（2）与会场有关人员的具体联系事宜是否已经办妥；

（3）视听装置（投影仪、幻灯机、麦克风、录像机、多媒体等）的使用方法是否已经熟悉；

（4）投影、幻灯图片的顺序是否正确；

（5）会场布置情况是否已经熟悉；

（6）登台之前关于问和答的默契配合是否事先与友人商定妥当；

（7）与会议主持人是否打过招呼。

【思考与练习】

1. 你有过当众演讲的经历吗？谈谈这方面的体验。

2. 为什么说演讲是一门艺术？如何提高演讲的艺术性？

3. 准备一篇演讲稿，谈谈演讲稿的写作与其他文章的写作有什么不同。

4. 你口头发表过论文吗？如何进行学术演讲？进行学术演讲应注意什么问题？

5. 参与组织和参加一次演讲比赛。

第十一讲

即兴演讲的技巧

一 什么是即兴演讲

即兴演讲是演讲中的快餐,也是演讲中的精品。即兴演讲的能力,实际上是一种交际的能力,它可以使生活中的你神采飞扬,有着使你事业成功、生活幸福、人际和谐、精神愉快的无穷魅力。

什么是即兴演讲?所谓即兴演讲,就是在特定的时境和主题的诱发下,自发或被要求立即进行的当众说话,是一种不凭借文稿来表情达意的口语交际活动。它最突出的特点有两个:一是演讲者事先未作准备,处于一定时境,感事、感人、感情、感景,随想随说,可长可短,有感而发;二是被广泛应用在人们的交际中。随着经济的发展,交往的扩大,群众演讲水平的提高,即兴演讲逐渐成为一种广泛应用的演讲形式。集会、讨论、访问、会谈、参观、婚贺丧吊、宴会祝酒、答记者问、谈观后感、作来宾介绍、致欢迎词以及赛场论辩的自由发言等等都要用到即兴演讲这种形式。有研究表明,即兴演讲与学术演讲是未来演讲发展的两大趋势。

二 生活场景式的即兴演讲技巧

即兴演讲有两大类型,一是命题测试式即兴演讲,一是生活场景式的即兴演讲。命题测试式即兴演讲类似口头作文,常用于演讲比赛中。

即兴演讲原指演讲者对眼前的事物、场面、情景有所感触,兴致勃发而当场发表的演讲,因而也叫即席演讲。生活场景式即兴演讲就是这种即席演讲,据场景中的生活事件和听众情绪而作。这种针对特定的场所、特定的事件、特定的听众,以特定的身份而作的演讲,要把握好现场气氛、把握好听众情况、把握好事情实质、把握好自己的身份四个方面。如果演讲与现场气氛不和谐,就会使听众产生反感;如果不了解听众情况,就会顾及不全,或迎合了一些人,或冷落了一些人;如果没能准确地把握事情的实质,演讲就可能偏题,达不到演讲的目的;如果没有把握好自己的身份,就不能讲出既得体又适度、既有分寸又恰到好处的话。总之把握好以上四点,现场即兴演讲的立意、选材及思路展开就有了头绪,有了明确的方向。

(一) 把握时境,捕捉话题

生活场景式即兴演讲的话题,由演讲者所处的自然环境和心理环境决定,因受时境的激发而产生联想和感慨。所谓时境就是演讲者所处的时间、地点、演讲对象等一切现场环境的总和,是促使演讲者发言的特定条件和背景。

专题演讲也有一个时境的问题,但专题演讲一般仅受时境的宏观控制,即时境只决定其演讲的大方向。一旦题目确立,演讲稿完成后就不会再有太大的变动,时间、地点的改变都不会给演讲造成什么影响。一篇思想深刻、受群众欢迎的专题演讲,可以更换场地,周游十几个城市,仍可以保持内容和主题不变。

而生活场景式即兴演讲则不同,即兴演讲处于时境之中,并从不同角度反映时境,时境改变,演讲随之改变。例如,联欢会上轻松、欢快的开场白不能用于严肃的会议上;前一个人的发言说了你想说的话,就要随机应变另辟蹊径。时境是即兴演讲最直接的动因。演讲者之所以想要发表即兴演讲,是因为在特定的时境中,由于演讲者对身边的人、事、物产生了某种感触,有了演讲的意愿。同时,时境也是演讲内容的主要来源。有感于时境,进而引发联想,演讲者在现场所看、所听、所感都是充实自己发言的最佳素材,与现场紧密结合的演讲不仅言之有物,而且容易感情充沛,能够富于哲理。可以说时境既决定着即兴演讲的中心题旨,又影响着它的具体内容。由此可见灵活、正确地把握时境,是做好即兴演讲的前提和基础,也是学习即兴演讲的第一步。

由于即兴演讲是立即进行的讲话,无法事先精心准备演讲稿,所以仓促之间,常常会有人不知该说些什么。其实话题就在你身边,就看你能不能把它们挖掘出来。前面我们说过即兴演讲的题目和内容都蕴含在时境中,具体的时境就是演讲者取之不尽的话题源泉。从现场中找出使你感触颇深的某一点，再加以引申、扩展，就可以成为一个很好的演讲话题。"缘事而发，触景生情"，或事、或人、或情、或景，都是我们可以借题发挥的对象。下面从不同的方面举例说明：

1. 以"时"为题

时间是影响即兴演讲的一个重要的因素，倘若演讲者当时所处的时间具有特殊的意义，就可能因此触发灵感，成为演讲的话题。例如：

> 今天是母校成立 50 周年纪念日，20 年前我们相识在这里……时至今日，我们又聚到一起，回忆当年往事犹如昨日……（校庆纪念）
>
> 在今天这个人月两圆的日子里，虽不能回家与父母共度，但身处在老师与同学之间同样可以感受到家庭的温暖……（中秋联欢）

演讲者应学会抓住节庆假日、周年纪念这些特定的时间概念，以时为题，借此表达出自己真切的情感体验。

2. 以"景"为题

景，即地点，是构成即兴演讲的环境因素。所谓"触景生情"，场景有时是最容易引发人们回忆、激发人们联想的。

一位老知青在第二故乡的联谊会上即兴讲了这样一段话：

> 今天，我们这些老知青为了重温一个旧梦，顶着烈日，冒着酷暑，从四面八方汇集到阔别了二十多年的第二故乡——南江。在这片红色的土地上，曾洒下革命先烈的斑斑血迹，也曾留下知识青年的深深足印。当我又一次踏上这方热土时，心中涌起了多少感慨、多少欣喜……

故地重返，再见此情此景让演讲者回想起青春时代那些难忘的生活经历，对这片土地刻骨铭心的记忆使得他的演讲动情感人。

3. 以"人"为题

在演讲活动中，演讲者与听众是密不可分的，听众本身实际上就是演讲最好的题材。以听众为题，不但可使演讲轻松易行，还可让讲者与听者之间产生互动的气氛。谈论你的听众，说说他们是什么人，正在做什么，特别是对社会和人类做出了或将要做出什么贡献。

> 刚才，我听会议主持人说，在座的都是来自农村的小学校长。我也当过农村小学的校长，我深知在贫困落后的偏远山区当好这个校长是

多么艰辛和劳苦。尽管如此,你们却义无反顾地肩负起了培养跨世纪农村建设人才的重担。我本来不准备讲话,现在却想借此机会,向你们表示崇高的敬意,并说几句心里话……

演讲者在了解了听众的职业背景后,结合切身经历,说出自己的感受并表达他的敬意。这篇演讲一下子就拉近了双方之间的距离,让会场气氛更加融洽,听众马上就对演讲者产生了亲切感,同时也对演讲本身发生了兴趣。

4. 以"物"为题

在演讲现场,有时会有一样物品一下子吸引你甚至大家的注意,那么不要犹豫,马上把这条线索抓住,即时展开,它就是你最吸引人的话题。

1848年,法国著名作家维克多·雨果参加了巴黎市栽种"自由之树"的仪式,仪式中被邀发表了呼吁自由、和平的演讲:"这棵树作为自由的象征是多么恰如其分和美好呀!正像树木扎根于大地之心,自由之根是扎在人民心中的;像树木一样的,自由常青不枯,让人们世世代代享受它的荫蔽……"

雨果此番演讲紧紧扣住"自由、和平"的主题,把"自由之树"代表的意义和自己坚定的理想信念用富于激情的语言完美地表达出来,向听众传达了他珍惜自由、期待和平的呼声。

5. 以"言"为题

在某某会议上,你正集中精力听他人讲话,主持人却突然点名让你讲几句,听众的视线顿时集中到你身上,这时你不要心慌,可以从之前的发言中捕捉你自己演讲的话题。在先前倾听的过程中你受到哪些提示和启发,以此来谈谈自己的感受。针对前面的演讲话题,后面的演讲者或者可以拾遗补漏,或者可以转换角度,甚至可以因某个词、某句话的启发而构思出一场精彩的演讲。

某班学生以即兴演讲的方式竞选班长。之前发表竞选演讲的几位同学都比较平淡刻板,如"我若当选班长要做好哪些工作"或"我具备了哪些当班长的条件"。台下同学对千篇一律的发言开始厌烦,会场气氛变得焦躁不安起来。这时一位男同学大踏步地走上讲台:"我——竞选班长。如果我当班长,我将是各位忠实的代表!(掌声)你们的愿望就是我的愿望!(掌声)你们的要求就是我的要求!(掌声)请记住——选我,就是选你自己!"(热烈鼓掌)这位同学敏锐地发现了前面演讲的不足之处,及时调整自己演讲的角度和风格,运用极富号召力的语句和语调再辅之以大幅度的态势语言,营造出强烈的情绪渲染效果。

在即兴演讲时,恰当地利用当时当地的某些场境、事物来阐述题意,既可以使演讲变得生动风趣,又可以达到形象、深化主题的作用,使听众更容易理解演讲者所要传达的信息,更容易体会到演讲者的心情,对演讲产生共鸣。无论用人还是用物,恰当的话题是即兴演讲的点睛之笔,它应当是自然、贴切、牢扣主题、有感而发的,切忌牵强附会,否则会使演讲变得生硬且有矫揉造作之嫌。

话题来自于人们对现实生活的真实感受,只有经过长期经验的累积,提高对事物情理意趣的感悟性,才能真正掌握捕捉话题的技巧。

(二) 发挥联想,把话题串起来

在即兴演讲中,话题只是最原始的材料,要把它们归纳并扩展开来,才能构成完整的演讲。把这些零零散散的点组织在一起,最常用的方法就是"连缀法"。

所谓"连缀",就是通过联想,把已经选好的材料——那些看似孤立的人、事、物——有机地联系起来,并设法将这种联想上升到某种高度,以表达演讲的主题。这种连缀,即联想,绝不是点与点的简单罗列、互相关系的简单陈述、华丽词句的简单堆砌,而是通过严密的构思、有机的联想,极富创造性地把材料组织在一起,最终把它们组合成和谐统一的整体。

根据联想方式的差异,可以把联想分为平行并联式联想、双项对比式联想、左右引申式联想、层层递进式联想等等。

1. 平行并联式

平行并联式是将各点并列在一起,排比成篇,借此分析彼此间的关系,得出有意义的认识。

闻一多先生的演讲《兽·人·鬼》就采用了并联的连缀法:

> 刽子手们这次杰作我们不忍再描述了,其残酷的程度,我们无以名之,只好名之曰兽性,或超兽性。但既已认清了是兽性,似乎就不必再用人类的道理和它费口舌了。甚至用人类的义愤和它生气,都是多余

的。反正我们要记得，人兽是不能两立的，而我们也深信，最后的胜利必属于人！

胜利的道理自然是曲折的，不过有时也曲折的可笑。下面的寓言正代表着目前一部分人所走的道路：

"村子附近发现了虎，孩子们凭着一股锐气和虎搏斗了一场，结果牺牲了，于是人们便发生了这样一串分歧的议论。

——立即发动全村人手去打虎。

——在打虎发动没有周密布置前，劝孩子们暂勿离村以免受伤。

——已经劝阻过了，他们不听，死了活该。

——咱们自己赶紧别提打虎了，免得鼓励孩子们去冒险。

——虎在深山中，你不去惹它，它怎么会惹你？

——是呀！虎本无罪，祸是喊打虎的人闯的。

——虎是越打越凶的，谁愿意打谁打好了，反正我是不打的。"

议论发展下去是没完的，而且有的离奇到不可想象。当然这里只限于人——善良的人的议论。至于那"为虎作伥"的鬼的想法，就不必去揣测了。但愿世上真没有鬼，然而我真担心，人既是这样的善良，万一有鬼，是多么容易受愚弄啊！

闻一多先生在这篇演讲中将"刽子手们的兽行""善良人们的议论"和"为虎作伥的鬼"并联在一起，用隐喻的手法、寓言的形式，对当前局势下的几类人作了鲜明的褒贬，形象生动地讲清了革命的道理，鼓励人们投身于反对国民党反动派、争取民主斗争的行列。

2. 双项对比式

顾名思义，这是将对立的两个点并立在一起，通过强烈的反差对比，深刻揭示演讲的主题。

马克·吐温在纽约勃·克莱博物馆公共教育协会上所作的即兴演讲《我也是义和团》就采用了对比连缀法：

尊敬的主席刚才说，曾在巴黎博览会上获得赞扬的有关学校的图片已经送往俄国，俄国政府对此深表感谢——这对我来说，倒是非常诧异的事。因为还只有在一个钟点以前，我在报上读到一段新闻，一开头便说："俄国准备实行节约"。我倒是没有料到会有这样的事。我当即想,要是俄国实行了节约,能把眼下派到满洲去的 3 万军队召回国,让他们在和平生活中安居乐业,那对俄国来说是多大的好事。……

外国人不需要中国人,中国人也不需要外国人。在这一点上,我任何时候都是和义和团站在一起的。义和团是爱国者。他们爱自己的国家胜过爱别的民族的国家,我祝愿他们成功。义和团主张要把我们赶出他们的国家。我也是义和团。因为我也主张把他们赶出我们的国家。

我把俄国的电讯再看了一下,这样,我对世界和平的梦想便消失了。电讯上说,保持军队所需的巨额费用使得节约非实行不可,因而政府决定,为了维持这个军队,就必须削减公立学校的经费。……他们不会省下什么钱。因为每关闭一所学校,就得多修造一座监狱。……

这如同把一条狗身上的尾巴用作饲料来喂养这条狗。它肥不了。我看,支持学校要比支持监狱强。

马克·吐温以会议主席刚才说的"有关学校的图片已经送往俄国"为话题,引入"一个钟点以前"见到的一则有关俄国的新闻。连缀这两个点的"明线"是俄国,"暗线"则是辛辣对比,俄国政府对"在巴黎博览会上获得赞扬的有关学校的图片""深表感谢",同时又为维持侵略"军队所需的巨额费用"而"削减公立学校的经费",从而强烈地讽刺了沙俄对外侵略扩张的虎狼之心、对内残酷镇压的狰狞之貌。

3. 左右引申式

左右引申式以听众熟知的事物为出发点,略加变动,将其所包含的意义引申、转化为一个新的概念。

美国前总统富兰克林·罗斯福的演讲《对民主党青年俱乐部的讲话》就是运用引申的方法,巧妙地将"地理拓荒"与"政治拓荒"连缀在一起,言简意赅,令人回味无穷:

有人不认为拓荒时代已经结束,我就是持这种看法中的一个:我只认为开拓的领域改变了。地理上的拓荒阶段大体上已经完成。但是,朋友们,社会的拓荒时期却刚刚开始。我们必须清楚明白,在治理现代社会的斗争中,我们需要具有与征服大自然相同的,甚至更高的英雄气概、忠诚信念和洞察能力。

不论你们年岁几何,倘若你们能在精神上青春常在,善于梦想,能够想象出一个未来更伟大优越的美国；相信贫穷现象将大幅度地改善；相信可耻恼人的失业现象将彻底消灭；……相信国内的安定与国际和平能永远保持；相信后代子孙有一天能够使我们的国家掌握现代想象不到的物质和精神财富，令人类的生活丰富无比。如果你们怀有这样的青春梦想，今夜你们应该感谢上帝。如果这就是你们的梦想，那么我要说："深深地沉入你们的梦想，牢牢地把握住并实现吧。美利坚需要它！"

4. 层层递进式

层层递进式用递进深入的方法把各点连缀起来，使之成为步步叠加、层层深入的整体。

湖南师范大学党委副书记戴海在一次大学生晚会上的即兴演讲《矮子的风采》就采用了这种方法：

……这话题之二嘛，是"矮子问题"。（哄笑）由我当众提出这个问题，岂不惹火烧身？（鼓掌）这也要点勇气呢！老实说，在我年轻的时候我并不觉得"矮"有什么问题，直到八十年代，在舆论压力之下，才感觉成了问题。（哄笑）其实，白鹤腿长，鸭子腿短，都是生来如此，何必自寻烦恼！现在要问，矮子能有风采吗？答曰："高个儿不见得都有风采，矮个儿不见得都不风采。"（鼓掌）那么，矮个儿怎样才能具有风采呢？我有几点心得可供参考：

第一，是要有自信。论个子，我比他低一头，而论觉悟、学识、才能，可能比他更胜一筹！这也叫"以长补短"吧？（鼓掌）

第二，不要犯忌讳，大凡麻子怕说麻子，秃子甚至怕说电灯泡，其实越犯忌讳越尴尬，不如自己说白了反而没事。我常有机会跟北方汉子们在一起开会或聊天，我跟他们开玩笑：我不如你高，你可别怪我，怨只怨我们那山上的猴子就个子小些！（鼓掌、哄笑）

第三，把胸脯挺起来，但也用不着踮脚尖。衣着讲究适当，比方不穿横条、方格的衣服，但也用不着老穿高跟鞋，我主张矮要矮得有骨气，还是脚踏实地好！

第四，最重要的还是本人的德学才识，有修养，有风度，对社会有贡献，自然受人爱戴。

趁着晚会的高兴劲儿,解开这个"矮子问题",不知台下的某些同学心里是否踏实一些?（长时间热烈鼓掌）

戴海的即兴演讲阐述了四个方面,这四点是逐层展开、层层深入的。自信是关键,只有自信才不怕忌讳,才敢挺胸脯、不踮脚尖、矮得有骨气,而这一切又必须以自己的德学才识为基础。他的演讲环环紧扣,一层深似一层,又成一浑然整体。语言风趣幽默,比喻生动贴切,而又蕴涵哲理、发人深省,故而深受听众欢迎,博得满堂喝彩。

如果说话题是灵感的闪光点的话,联想就是思维的线。有效地运用它,就能串起转瞬即逝的闪念,组合出构思精巧的演讲。

在即兴演讲中要迅速地组织材料说明问题,取材是难度最大的一环,一般有三种方法:一是纵向扫描法,即扣住所讲的题目,从历史发展的角度看问题,过去、现在、将来如何,或者着眼于历史的发展与变化。二是纵向拓展法,根据事物的多面性,从相互联系的角度看问题,从事物的不同方面或不同事物的异同比较来谈。三是正反对照法,从对立统一的角度看问题,揭示其是非优劣、长短强弱,并告诉人们应该怎么选择。总之,要根据自己对题目的理解和表达的思路进行取材与展开。

（三）即兴演讲要有真情实感

一篇优秀的即兴演讲不光要有内容,还要有真情实感。如果演讲刻板平淡、毫无激情,即便找出成百条理由,列举上千个事例,也无法打动听众。没有感情的演讲就好像是没有加作料的菜一样,淡而无味。聪明的演讲者在面对他的听众时,不仅会晓之以理,还会动之以情。要想让演讲表现出充沛感情,首先要保证演讲的真实性,讲述的实例应该是真实的,所抒发的情感也应该是真实的。虚假的感情只会使演讲变得空洞和软弱,只有真实的情感才会赋予演讲以生命力。

例如闻一多先生在昆明的《最后一次的讲演》之所以成为"狮子吼"并成为千古名篇,与充满了这种真实的情感分不开。这场演讲所燃烧着的火一样的情感,其强烈的程度是历史上中外演讲所罕见的,却是最难得、最可贵的纯真之情、赤诚之情、紧迫之情,没有任何造作和勉强,是有所感有所为必发不可的情感。可以说那是为民主为正义所必发、为投身战斗的责任所必发、为崇高的诗人和斗士的人格所必发、为中华民族所必发,而唯独不是为演讲的需要而发的情感。表面看来是由现场激发拍案而起的即兴演讲,是偶然产生的激情,实际上那观点、那情感却绝非偶然兴发,而是积蕴已久的必然的火山爆发。在这次演讲之前,这种情感已经是蕴涵在火山中的岩浆了。

其次,必须融入自己的演讲中去。一个完全忘我的演讲者会用他的声音、他的肢体,用他能表达情感的一切方式去诠释他的信念和理想。这种忘我的投入,让他散发出坚定的热情和感人的活力,并用这种热情和活力感染着听众。

有这样一个事例就证明了这一点:著名演讲家卡耐基在海德公园散步时,偶然发现公园中心聚集着一些自由演讲者,正向他们的听众发表即兴的演说。这些演讲者的题目是五花八门的,包括对天体运行的论述,对家庭问题的处理,对上帝的信仰,对卡尔·马克思的高见等等。在仔细观察现场的反应后,他注意到听众并不是平均分散开的,有的演讲者面前只有寥寥数人,而有的演讲者面前却已围起了层层人墙。卡耐基逐一去听了每位演讲者的发言,想了解是不是由于演讲技术的高低而造成了这种差异。但经过比较,卡耐基认为这几位演讲者,无论是语言的表达、词汇的运用,还是选材的角度、演讲的内容都没有什么特别突出的地方,从演讲水平上来讲彼此相差无几,而唯一不同的是演讲者的热情。尤其是发表对马克思思想的高见及传播对上帝的信仰的两位发言者面前,听众之间散布着一种热烈的气氛,大家抱着专注的态度聆听这两位演讲者的演说。一边是马克思信念的追随者,一边是虔诚的天主教徒,虽然两人的主张、观点几乎是全然对立,但忘我的神情是相似的。他们仿佛在用生命和灵魂去诉说自己的信仰,挥动双臂做着激烈的手势,声音洪亮而充满自信,周身散发着坚定的热情和感人的生气。正是这关键的区别决定了听众的去留。一位慷慨激昂的演讲者,一场真情洋溢的演讲,是抓住听众的关键。听众的兴致要靠你的热情来点燃。

(四) 即兴演讲要反应迅速、短小集中

即兴演讲是受时境的激发而产生的联想和感慨,就像一场突如其来的遭遇战,有人很容易被它打个措手不及。除了一般演讲需要注意的事项以外,即兴演讲最重要的就是反应。若是命题式即兴演讲,就要快速对题目做

出反应,把握住题目的意思;若非命题式,就可以选择一个自己熟悉的、喜欢的话题和角度来讲。

即兴演讲是无准备的临时发言,要在极短的时间内,将捕捉到的话题迅速组合成演讲正文,因此比有准备的命题演讲有更高的难度,既要求对时境的整体把握,又要求紧扣主题短小集中,言简意赅。要抓住话题主干不枝不蔓,不做意义的过分渲染,不讲套话、空话,少做前景介绍,不带口头禅。用词要简洁概括,把难以直言表达的抽象感情寄寓在具体可感知的事物和行为之中,使之具体化、形象化。

在语言表达上,即兴演讲一般情况下语速都不是特别快,因为这样才能一边想,一边讲,尽量做到逻辑严密,语言流畅。但同时,也要注意面部表情,最好就像平时谈话一样娓娓道来,千万不要因为在思考就目光呆滞,面部僵硬——就如同你平时发呆一样。

卡耐基有一个"魔术公式"可以帮助你表达得更流畅。这个公式非常简单而且屡试不爽,要点就是:一开始演讲,便把你的实例的细节告诉听众,说明你希望传达给听众的具体意念。接着,以详细清晰的言辞说出你的论点。然后,陈述缘由,也就是向听众强调,他们如按你所说的去做,会有什么好处。简而言之,这个"魔术公式"就是要使演讲具体化。也就是说,你可以先确定提纲,然后在演讲中按照提纲,一步一步,一边组织材料和语言,一边讲下去。

（五）即兴演讲重在积累和练习

说到即兴演讲,有人认为,越是没有刻意准备的演讲,越让人觉得亲切、真实、自然。然而真正成功的即兴演讲不是不需要准备,而是需要更多、更长时间的准备,这些准备不是体现在演讲的当时,而是平时的积累。即兴演讲的成功取决于演讲者平时知识、经验的积累及对生活的观察和体验,特别是驾驭语言的能力。即兴演讲只不过是对平时积累的信息的提取。

闻一多先生是被国民党特务的卑劣行径"逼"上讲台的,他事先并没有准备讲话,上台后又不容他深思熟虑。在这种情况下,如果演讲者没有雄厚的思想基础、丰富的材料储备、敏捷的思辨能力和娴熟的演讲技巧,就很难打通思路,理清线索,安排材料,形成比较完善的内容体系。

据清华大学校史记载:闻一多先生"出现在昆明每一次进步集会和游

行行列中"，"他一次又一次在报刊写文章，在学生集会上演讲，毫无畏惧地抨击反动派，大声疾呼鼓舞青年进行斗争"。他认识到"真正的力量在人民。……知识不配合人民的力量，决无用处"。对敌人他表现出鲜明的立场，认为"人兽是势不两立的"。在敌人各种辱骂、造谣、利诱和威吓面前"都没有屈服，继续坚持斗争。1946 年 5 月，美国加州大学请他去讲学，他拒绝了，他认为这种时候'不能远离斗争跑出去'。不料，就在这时，反动派向民主人士开刀了。1946 年 7 月 11 日，中国民主同盟领导人、西南联大教授李公朴在昆明被国民党特务用无声手枪暗杀了。原已准备离开昆明回北平的闻一多教授决定留下来，料理丧事，处理完善后工作再走。这时已有传闻，特务的暗杀，第二个就要轮到闻一多。地下党派专人冒着生命危险深夜通知他暂时隐蔽。闻一多说：'事已至此，我今天不出去，什么事情都不能进行，怎么对得起死者？ 如果因为反动派的一枪就都畏缩不前，以后叫谁还愿意参加民主运动？' 他早已把个人的生死置之度外，毅然参加了 15 日下午在云大举行的李公朴先生追悼会。会上他拍案而起，作了最后一次演讲"。可见，演讲中的思想、情感是积蕴已久的，李公朴追悼会只不过是一个偶然的喷火口。

拥有一个丰富的材料"仓库"，是即兴演讲成功的先决条件。大凡口角生风的人，他们或博闻强记，或勤于笔耕，不断丰富和充实自己的材料"仓库"。无论什么样的材料"仓库"，其实都不外乎两大类，一类是典型事例，一类是理性思辨。当这些材料被某一主题的红线穿起来时，就可以成为成功的演讲内容。

不管你掌握了多少技巧、多少资料，最终将其变为你讲话能力的关键还是练习。

有一种益智游戏是即兴演讲练习常用的方法。这种游戏就是演讲练习里最困难的一种："站着思考"。曾玩过此游戏的人说："我们每人各在一张小纸条上写下一个题目，并立刻站起来就那个题目说上六十秒钟。同一题目我们从未用过两次。某晚，我必须谈'灯罩'。你若以为容易，不妨自己试试。不过，好歹我总算过了关。然而重要的是，自我们开始玩这个游戏以来，我们三人全机敏了许多。对于各式各样五花八门的题目我们也有更多的了解。但是，比这更为有用的是，我们都学会了在瞬间里能就任何题目即时凝聚自己的知识和思想，我们学会了如何站着思考。"

练习有多种方法,常用的有说"句"成"群"法、说话游戏法、想象连缀法等。这些练习都是在毫无准备的情况下开口说话,这种训练对提高即兴演讲的技能非常有效。经过这样的训练之后,一旦遇到即兴发言的场合,就能够将这种能力充分发挥,达到期望的效果。

美国著名的演讲家卡耐基说过,随时整理思考状态,是能随时发表演说的先决条件,也就是说你要随时假设你被指名发表即兴演讲然后针对这些假设进行准备,以后真的碰到这种特殊情况时,就不会惊惶失措,而会冷静地处理。那些即兴演讲十分精彩的人,与他平时的常备不懈有关。从这种意义上讲,即兴演讲不过是特定场合所诱发出来的长期积累的火花。

即兴演讲是现代生活中应用越来越广泛的一种演讲,也是你、我、他,每一个现代人都应具备的一种基本能力。让我们不失时机地去练习,去掌握它。

三　演讲比赛中的即兴演讲特点

命题测试式即兴演讲类似口头作文,实质上是一种无充分准备的命题演讲。与场景式即兴演讲不同,它必须按照规则当场抽题签,按题签上的题目来完成演讲,常常用于口才训练的课堂练习、课堂测试及演讲比赛中。下面从三个部分谈谈演讲比赛中的即兴演讲。

（一）演讲比赛中的即兴演讲特点

在演讲比赛中,(有充分准备的)命题演讲和(无充分准备的)即兴演讲,有很多不同的特点。

就限时性而言,命题演讲比赛可于数日前着手准备,因此有较为充裕的酝酿时间。演讲既要能放得开——层次清楚、思路开阔,又要能收得拢——结构严谨、主题鲜明。在命题演讲比赛中,这一问题实际上是在参赛的那段准备时间内解决的,而即兴演讲比赛则完全是突然袭击式,演讲者事先连题都不知道,却必须按照限定的题目在限定的时间内完成演讲。两相比较,在准备工作完成以后,命题演讲比赛只需在限定的登台时间内讲完就可以了;而即兴演讲比赛的限时性特点则具有双重的内涵:不仅要在限定的登台时间(一般限定在3—5分钟,比命题演讲比赛的单人演讲限定时间7—10分钟要短)内完成演讲,还要在限定的准备时间(一般只给5—7分钟时间)完成讲和演的准备工作。

命题演讲比赛由于有较为宽裕的准备时间,演讲者可以有效地借助报刊资料,同时,对讲稿的起、承、转、合等篇章结构的要求均在撰写讲稿时注意体现,至登台演讲时,演讲者对上述诸要求已无须再考虑。也就是说,命题演讲比赛由于只是对演讲人的讲和演做出评定,而对其自身所具备的知识广度和思想深度缺少具体的评定手段,因此,就等于在这一方面没有要求。正因为这里有个漏洞,在命题演讲比赛中,常可见到由某甲——擅长撰稿——执笔,由某乙——擅长演讲——登台的合成式演讲。对于这些由人代笔的演讲者来说,届时只需照本宣科,无须考虑其他问题。而即兴演讲的参加者总共只有几分钟的准备时间,无法利用任何报刊资料,全靠迅速组合头脑中的既存材料,边想边说,边说边想,不仅要巧妙地挖掘题意,力求讲出一点新内容,还务求结构上短小精悍。由此观之,即兴演讲比赛不仅对演讲者的讲、演能力提出了要求,而且也对其知识广度和思想深度提出了相对明确的要求。

演讲,究其"运动"的形式特点来说,是将演讲者的内心语言(非态势语)或称思维语言(心中所想的),转化为外部语言(态势语、有声语言)或称口头语言。对比两种演讲比赛,其转化特点是有明显区别的,命题演讲的转化过程常常以文字作为媒介,其过程表现为:思维语言(构思)→书面语言(撰稿)→口头语言(诵讲)。在这一过程中,思维语言转瞬即逝的特点,经书面语言(文字)的作用而定型,因此,当再由书面语言向口头语言转化时,讲和演的难度已大大降低。而即兴演讲则是将思维语言直接向口头语言转化,在这一过程中,由于有思维语言转瞬即逝的多变特点从中作梗,大大增加了转化的难度。同时,命题演讲文字稿是在未进赛场前完成的,可以反复斟酌修改,而即兴演讲的篇章只能在比赛现场,在众目睽睽之下完成,并且一经出口即已定型,二者相比,后者又比前者多了一层很大的心理压力。从上述诸方面看,即兴演讲比赛的要求更高,难度更大。

于是,顺理成章的是,无论是在思想深度和艺术高度方面,即兴演讲的比赛水平表现(无论是对某一演讲者作单个考察,还是对某场比赛的全体演讲者作总体考察)总是显得略逊一筹。明确这一点是很有意义的,即兴演讲比赛的参加者在见到演讲题后,与其像在命题演讲比赛中那样,对演讲内容、语言风格、动作态势等诸方面"勉为其难"地面面俱到，莫如重点突出，即集中精力于某一点，力求以某一方面的突出取胜。例如，在讲说方面力求达到语言流畅、吐字清晰等基本要求，而不必过于追求抑扬顿挫、慷慨激昂，以防准备不足，临场发挥不当，或放不开，或收不拢，以至弄巧成拙；在表演方面，能注意到表情适当（如面带微笑）、姿势适中即可，如能再略有适当的动作则更佳，有时实在来不及，不做动作也无伤大雅，而不必像在命题演讲比赛那样，强调动作与语言、表情的配套。

此外，在看到即兴演讲比赛难度的同时，也要看到它也有和命题演讲比赛相比相对容易的一面。例如，命题演讲比赛的准备时间较充裕，有时演讲者会因为一次卡壳、一次忘词，某个词发音不准，以及动作、表演不适度而名落孙山。而即兴演讲比赛中，上述毛病相对出现较频繁，但是，只要不比其他演讲者的次数更多，仍是优胜者。再如，命题演讲赛由于受到总题目的制约，一场比赛中常常会出现诸多演讲者对同类型内容的多次重复，以致后上场的演讲者在调动听众情绪方面难度要大得多（上场偏前者，往往也会受到因迟到的观众继续进场等原因导致的干扰）。而即兴演讲比赛的题目是多变的，一般前后不宜雷同，每一道新题的公布都犹如一剂"兴奋剂"，刺激听众保持着情绪上的激动，即使前面几名参赛者的演讲很不成功，一般说来，对于后续的登台者，听众和裁判也仍然会报以热烈的期待。场上的这种情绪，使参赛者不必为求得一个心理相容的开场白而过于耗费有限的构思时间，他可以开门见山地入题，直接阐述内容。

在即兴演讲比赛的常见题目中，我们也会发现即兴演讲比赛与命题演讲比赛相比有相对容易的一面。正如《演讲与口才》中曾介绍过的，即兴演讲比赛的命题可大致分为两类：一类为带提示式，如（1）"科学是没有国界的，可是科学家是有祖国的"，你知道这句名言吗？请以"我所崇敬的人"为题发表演讲。（2）有关资料披露这样两个统计数字：目前，大学生约占我国人口的0.2%，国家培养一个大学生每年要用一万余元资金，请以"大学生意味着什么"发表演讲。另一类为未带提示式，如1989年全国十城市青少年演讲邀请赛、吉林省青年电视演讲赛中曾出现过这样的演讲题：（1）当你被误解的时候；（2）我希望有这样的领导。

从上述两类题目中可以看出，即兴演讲往往都是一事一议，截取生活的横断面，借题发挥，阐明自己在某一问题上的真知灼见。带提示式演讲题前的提示语,不仅在某种程度上规定了演讲的内容范围,而且有助于启迪演讲者的思路,深化演讲的主题。而未带提示式演讲题,往往避免论述重大问题、复杂问题,以偏小的形式出现,并且较易于触发演讲者的思想火花。与之相比,命题演讲虽然准备时间要充裕得多,但是,参赛者常常要就同一演讲主题进行演讲(如"理想之光""三热爱""我为华夏添光辉""我的中国梦"等演讲比赛),要想在选题、立意等方面不同凡响,一鸣惊人,绝不是一件轻而易举的事。

(二) 演讲比赛中即兴演讲的心理控制

在即兴演讲比赛中,参赛者毕竟要很迟才见到讲题,即使是演讲的佼佼者,也不能保证自己可以就任何讲题作演讲都获得成功。因此,在见到演讲题之前,演讲者往往心理上压力较大。因此,演讲者能否成功地排解巨大的心理压力,就成了演讲能否成功地、充分地发挥应有的水平,进而在比赛中取胜的关键。

怎样培养参加即兴演讲的最佳心理状态? 这类比赛参赛者的心理态势可大致分为三种:

第一,见到演讲题后心中大喜:嘿,我正等着这个题目呢! 于是,"说"欲大增。这种心理状态有助于演讲者处于主动的位置上,迅速进入兴奋状态,并得以在演讲中充分显示自己的才华。只是,这种最佳心理状态在一场比赛中往往并不多见,参赛者也不宜抱有太大的幻想,认为自己必将获得最佳讲题。如果抱有太大的幻想,一旦题目出意外,情绪会一落千丈,进而导致失败。

第二,见到演讲题后,顿觉茫然:怎么偏偏给我这么个题目呢? 心情顿觉紧张,进而思路紊乱,脑子里似乎成了一片空白。这种被动的心理状态极易导致演讲的失败。遗憾的是,这种心态在比赛中并不少见。

第三,见到演讲题后,心中觉得"这个题目虽不是最理想,但还不错,前面那几位还不如我呢!"如能保持这种状态参加比赛,对演讲者来说是有很大好处的。只是,这种心态的制胜因素还未被参赛者完全认识到。要知道在比赛中,全体参赛者的心理压力是相同的,能给自己减去一分,就使自己水平的正常发挥增添了一分保证,从而也就增加了一分取胜的希望。因此,即兴演讲的参赛者不仅临至抽题都要保持较好的心理状态,而且抽题后即使大出意外,也不必过早垂头丧气,力求保持"别人还不如我呢!"的心理状态,并投入积极的准备,才是现实的成功之路。

即兴演讲比赛,在演讲者未开口之前,听众情绪就已被演讲题所牵引,他们一方面会不知不觉地自己尝试构思演讲腹稿,一方面更加注意演讲者如何开讲。考虑到听众这种积极的心理状态,演讲者可采用情感发展的逆向运行方式,即以淡化的开头去放松听众的情绪。当然,放松的目的是为了不放松,是为了更好地控制听众的情绪。以相对的冷静来对待听众追求演讲内容的热望,可有两方面的收效:既显示自己胸有成竹,又能有效地控制和刺激听众把这种积极情绪保持下去。一般说来,前面一部分的内容只要能显示出一条较为清晰的思想脉络,而不是语无伦次、东扯西拉,听众自然会听下去,耐心等待最后的惊人妙语的。演讲者见到论题后,甚至可以逆向准备腹稿,即先以大部分准备时间(虽然一共只有几分钟)用于构思结尾,然后再来准备开头和主体部分,结尾部分的语句应当是全篇演讲词的核心所在,力求具有一定的思想深度,能给听众一个豁然开朗的舒畅感,尤其是结尾句,要具有发人深省的力量,而以既出人意料又在情理之中为最佳。1986 年全国十城市青少年演讲邀请赛中,几场较为成功的即兴演讲都不约而同地追求警句式的结尾。如《当你被误解的时候》的结尾句是:"在奋斗中去寻求理解吧!"《嫉妒是一种卑劣的心理》的结尾句是:"走自己的路,让别人去说吧!"《当你遇到挫折的时候》的结尾句是:"真的猛士,将奋然而前行!"等等。

即兴演讲比赛,和命题演讲比赛相比,存在着听众心态方面的差异,因此在演讲的总体结构方面也应有所不同。它一般不追求"响开头、曲主体、蓄结尾"的格局,而可形成一种"淡开头(平缓起势)、趣主体(注重生动性)、响结尾"的风格。在某种意义上讲,由于即兴演讲比赛的开场,听众情绪偏热(不同于命题演讲赛的偏冷),一般还应避免"响开头",因为很容易导致以(演讲者的)热对(听众的)热的局面,形成开头格调过高(如语句过于华丽、开场气魄过大等),反而使得后面(无论在主体部分还是结尾部分)难以出现高潮,结果,听众注意力渐趋低落,最后落得个虎头蛇尾的结局,导致演讲失败。

（三）演讲比赛中即兴演讲的结构技巧

前面已经说过，即兴演讲可以具有"淡开头、趣主体、响结尾"的形式特点，并且，即兴演讲在限定的时间内，可采用由结尾至开头的逆向法准备讲稿。那么，具体而言，如何着手进行呢？这就需要对演讲的赛题特点再作一番认识。

常见的即兴演讲比赛题，从内容角度分析，又可分为两类：一类为问答式，如"当你遇到挫折的时候""当你被误解的时候"等，这一类演讲题中往往暗含一个"你怎么办？"的问题（演讲者要以第一人称"我"演讲）。演讲词中也很自然地会运用较多叙事成分作为例证，演讲者可以就题论题，有观点、有论证且能具有一定深度即可，而不必在思路开阔方面注入更多的精力。另一类可为漫谈式，如"大学生意味着什么""嫉妒是一种卑劣的心理"等，这类演讲题要求演讲者完成的，实际上是一篇口头议论文（演讲者多以第三人称作评析式演讲）。因此，这类演讲不宜以演讲者个人或他人的某段历史、某个事件贯穿讲稿主体，而更注重广征博引、思路开阔，演讲者必须注意构思的严密性和立论的完备性。

根据演讲题的上述分类特点，即兴演讲可有两种不同的结构形式：线形结构和扇形结构。

扇形结构的特点表现为，以中心论点为扇柄，以多个论据并列构成扇骨，各自成片，进而组成扇面。这种形式适合于漫谈式演讲。如有一篇演讲——《嫉妒是一种卑劣的心理》就有这种特点。演讲第一段开门见山，以"工人、农民、战士、大学教授"为四枝并列的扇骨，分别列举各职业中常见的"嫉妒"现象，发展成为扇面："嫉妒不仅严重地损伤了人们的积极性，而且也影响了四化事业前进的步伐。"接着，从嫉妒作为一种心理现象、一种思想意识、一种社会意识展开分析，逐步亮出扇柄（中心论点）："嫉妒是一种卑劣的心理。"最后以鼓动式句式收尾："走自己的路，让别人去说吧！"

线形结构的特点表现为单线纵向发展的形式，较适合（运用第一人称的）问答式演讲题。如有一篇演讲《当你遇到挫折的时候》就是如此。这篇演讲稿的主体是作者自己的一段生活经历，选择以下几个点，按照单线纵向发展的形式结构成：小时候极想将来能成为巴金式的大作家→四年前考取大学录取师范专业，为此而哭过，并感到失望、痛苦→去年暑假去了鄂西山区,那里环境可爱,人可爱,但落后现状令人痛心→在现实生活启迪下觉悟,摆脱了理想受挫的痛苦。这种结构叫做线形结构。需补充的一点是,线形结构多是就主体部分而言,并非全篇都是如此或只能如此。这篇演讲的开头和结尾就都不是线形纵向的形式,而有扇形横向的发展特点。如开头:"每个青年朋友可能都有过这类烦恼(此可为扇柄,以下为扇面):有的人在挫折面前倒下去了,有的人退缩了,而有的人,他冲上去,战胜了挫折……"结尾部分也是如此:"在座的朋友们在生活中也可能遇到过这种挫折吧?(此可为扇柄,以下为扇面)张海迪遇到过挫折,曲啸老师遇到过挫折,李燕杰老师遇到过挫折……"

这类演讲结构如上例所示,往往在开头、结尾部分作一些横向发展的铺垫和综述,主题部分则不向或较少向周围"蔓生枝叶"。

无论是扇形结构演讲还是线形结构演讲,即兴演讲稿的主体部分都可以采用点——片——篇的方式构思腹稿,一般说来,这种方式较省时,而且效率也较高。

所谓点,即意核,即在一般写作教材中所称的小标题或段落大意。根据演讲题,一般只需列出三五个点,一篇演讲稿的框架即可形成了。

在以点——片——篇打腹稿的过程中,有两点需要注意:

1. 在构思意核作点时,要注意各点之间的有机联系,点的分布要大致均匀(包含的内容量要大致相等),以有利于下一步扩展成片、成篇。同时,为了加强这种点式结构的稳定性(时间不允许作反复修改),可以适当借助于文字,用笔在手上写几个字或符号分别代表各点,作为登台后的救急之用(有了这几个字,就相当于有了一份文字提纲,有助于大大减轻心理压力)。

2. 构思点的工作是在做准备的时间内完成的,而扩点成片,连片成篇,则是在登台演讲的时间内完成的。这一部分的构思不同于书面文字,不必过于咬文嚼字,不必过于推敲句序,只要能扣紧点的内涵,或补充、或联想、或扩散、或举例,方法可有多种,并且台上讲的和台下刚才做准备时想的不完全一样也是正常情况。只要整体有序(点的分布、排列合理),即使局部存在无序现象(如句序的颠倒,句子的变换、重复等),也并不破坏全篇的条理性。

在5—7分钟的准备时间里,即兴演讲的参赛者需要完成的具体任务有如下三项:确定具有鼓动性和较为深刻思想性的结尾段和结束句;构思出尽可能生动的演讲主题内容;引发思路,有一个既有平缓起势特点,又不失演讲魅力的开场白。

聪明的参赛者常常从以下几个方面去构思开场白:

1. 从赛场环境中挖掘材料。如演讲《嫉妒是一种卑劣的心理》,就是从听众的成分中挖掘材料的。开场的第一句就是:"在座的有学生、工人、军人,还有大学教授……"接着,以在场的四类人为构思的点,列举上述四种职业中的常见表现,再归纳、综合,展开分析,以听众各自熟悉的内容成功地完成了演讲。在诸多场合下,这是一种效果较好的技巧。有时,场内的一幅标语、一幅画、一个物品,都可以成为引发思路的好材料。

2. 从比赛气氛中挖掘材料。如演讲《当你被误解的时候》就是这样开头的。这道演讲题,原可以就题讲题地直接开场,但演讲者却抓住场上当时的气氛来了个开场白:"有一句老掉牙的老话,叫做(用四川方言讲)万事开头难。演讲如此,即兴演讲更是如此。不过,我总感觉到,万事结束更难。我们在座的很多同志都知道《诗经》上有这样一句话:'靡不有初,鲜克有终。'也就是说,任何事情都有一个开头,但很难得到一个圆满的结尾。但好的开头也是很难的,所以我庆幸我第一个走上了即兴演讲的讲台。"这句话看似与讲题无关,但演讲者紧紧地抓住了场内当时的气氛,以自己的"冷"调门(还未进入正题)大大激起了听众的"热"情绪(话刚说完,下面响起热烈掌声)。不仅如此,在演讲的结尾,当预告"时间将到"的铃声响起来时,演讲者又抓住它来了个漂亮的收场:"大家都听到了,警告铃响了,它在向我出示黄牌。它对我说:'小伙子,你要寻求理解吗?那就少说空话,多干实事,到实践中去,到自己奋斗中去寻求理解吧!'"这样,又一次获得了热烈的掌声。

3. 从赛题中挖掘材料。这也不失为一种在边想边讲、边讲边想中引发思路的有效方法。如演讲《我最崇拜的一个人》就是用这种就题讲题的形式开始的:"看了这个题目,我想了半天,我崇拜谁呢?我崇拜曲啸老师,崇拜李燕杰老师,崇拜老山前线的战士们……我崇拜的人很多啊!我挨个说,要说上多少个五分钟呢?我记得,去年曲啸老师到我们学校讲课,我请他题词,他给我写了这样一句话:'自尊、自爱、自信、自强'。如果从这个意义上说我崇拜谁的话,我要说:'我崇拜我自己!'"对于这个开场白有两点值得注意:第一,这段话表面上听来好似演讲者的内心独白,举棋未定,实际上是演讲者紧扣讲题在作铺垫，因为题目是"我最崇拜的一个人"，扣紧一个"最"字，就必须先有诸多的崇拜者，再突出一个最崇拜的。所以，这段话看似赘语，实为妙笔。第二，突出"我自己"，是否具有某种"自我中心"的狂妄意识？没有。作者的高明之处在于，他指明自己是从自尊、自爱、自信、自强的意义上来突出崇拜自己的，而这八个字又是曲啸的题词，所以崇拜自己既有明确的前提限定，又未否定对其他人应有的感情，既在听众意料之外，又在情理之中。

4. 从反思中挖掘材料。一般说来，即兴演讲比赛的讲题，无论是有提示，还是无提示，都不难引发演讲的话头。特别是生活中已有了一定阅历的人，即使还年轻，只要在赛场保持沉着冷静，总是有话可说的。但作为比赛，演讲者必须尽可能挖掘出最佳材料，因此，见题后，迅速开动记忆的机器，调动既有的信息储存，进行筛选，也是构想内容的一个基本的、有效的手段。如演讲《男子汉的风度》就是这样展开的。这道题目，是有一定难度的，稍一紧张，就会不知如何开头。而演讲者选取了自己记忆储存中的一场话剧作为话题："男子汉的风度是当今世界的一个热门话题，上海有一部话剧，最近很热门，叫做寻找男子汉。"接着，由简评剧情中的三个女性在生活中寻找心目中的男子汉但百寻不着，引出问题：什么是男子汉？继而他又借用阿基米德的一句名言，引发对男子汉风度的评介。最后得出结论："让我们在生活的磨炼中、创造中，成为一个男子汉吧！"

命题式即兴演讲类似口头作文，要处理好两个环节，一是审题，二是取材。审题就是把握好主题，对于论点式题目如《人生的价值在于奉献》《男女生之间有纯洁的友谊》《没有理由不快乐》等，题目本身已规定了演讲的主题，你只能调动自己的一切积累去竭力证明它，不管原来怎么想，都不能谈不同观点。对于论题式题目如《青春》《我的梦》《金钱》等，可以在规定范围内，根据自己的感受确定演讲主题，有一定的选择自由和灵活性，其中的关键就是把握好"立意"。

在即兴演讲中要迅速地组织材料说明问题，取材是难度最大的一环，一般有三种方法：一是纵向扫描法，即扣住所讲的题目，从历史发展的角度看问题，过去、现在、将来如何，或者着眼于历史的发展与变化。二是纵向拓展法，根据事物的多面性，从相互联系的角度看问题，从事物的不同方面或不同事物的异同比较来谈。三是正反对照法，从对立统一的角度看问题，揭示其是非优劣、长短强弱,并告诉人们应该怎么选择。总之,要根据自己对题目的理解和表达的思路进行取材与展开。

附:即兴演讲评分标准(参考)

1. 内容切题,短小集中具体　　　　　40 分
2. 感情充沛,势态自然大方　　　　　30 分
3. 语言简洁生动,清晰流畅有序　　　20 分
4. 时间控制,3—5 分钟　　　　　　　10 分

【思考与练习】

思考:

1. 怎样才能提高即兴演讲的水平?

2. 即兴演讲在生活中的应用。

3. 如何克服即兴演讲中的紧张情绪?

练习:

1. 词语拈连练习(由一人说一成语,后面的人以成语的字头或字尾或成语中的一个字为头再说一个成语,如用数字开头还可以按数字顺序说下去。在规定时间接不上就淘汰,可以两队一组比赛)。

2. 即兴说话练习(几个人一组,每一个人在纸条上写一个词,然后叠起来混在一起,随机抽取,打开后立即站起来讲)。

3. 讲故事接龙练习(由一人先开始用自己想象的稀奇古怪的开头来讲故事,时间一分钟,时间到了另一个接着说下去)。

4. 根据教师提供的资料(录像、画面、案例)发表即兴演讲练习,时间不少于 2 分钟。

5. 说"句"成"群"练习(比如校庆聚会,你首先想到的是"聚会很高兴""勾起了美好的回忆""重逢的机会很难得""下次相聚会更好",这些句子也叫意核,让你起来说时,你只要把每一句再扩展一下,就是一篇很好的即兴演讲)。每人先构思几个意核,然后按照意核从容不迫地边想边说。

6. 命题即兴演讲练习(从若干话题中随机抽取一个题目,准备 3 分钟即开始演讲)。时间 3—5 分钟。

7. 根据生活场景随时进行即兴演讲分类练习(感人、感事、感物、感言、感景、感情、感时)。

8. 对说过的话加以总结反思,哪句话说得好,哪句话没说好? 为什么?

第十二讲

如何提高论辩水平

所谓辩论，是人们针对某一具体的话题，以公开对立的立场对对方的观点进行驳斥和否定，同时确立和强化本方观点的一种语言交流形式。

一　提高论辩水平的三项原则

要想学辩论，说难又不难。说其不难，是因为一个人只要大脑发育正常，有一定的生活阅历和实践经验，当观点、立场与他人出现对立时，即使是哑巴，他也可以"无师自通"地进行辩论。说其难，则是因为辩论固然差不多人人都会，但是要想达到高水平，却并不容易。不仅要广泛地学习知识，娴熟地掌握技巧，而且还要能够自觉地遵守如下三项原则：(1)辩论须防有"论"无"辩"；(2)辩论须遵守道德原则；(3)辩论须符合审美要求。

下面对这三项原则逐一作些阐述。

（一）辩论须防有"论"无"辩"

长期以来，人们对辩论总爱持这样的观点：不管争论如何激烈，真理却只有一个。因此，当辩论发生时，人们总是习惯于去追究到底是甲对乙错，还是乙对甲错，而很少去注意辩论过程中双方的思维方式。这种传统的思维定势，套用一句术语，是以"线性因果关系"去分析问题，也即我们常常把"肯定"和"否定"的意见双方看做在一条线性凹槽内运动的滚珠，只要有一方(或双方同时)向对方运动，就不难发生"一方战胜另一方"的情况。这种简单化地分析问题的方式，再加上长期以来，我国对辩论思维(研究)训练的忽视及对"善辩者"的不良印象，导致我们至今在"辩论思维科学"的领域里仍处于认识论方面的低水平,远远没有达到多角度、多层次的理性认识的高度。

怎样才能达到多角度、多层次的理性认识的高度?

在回答这个问题之前,我们不妨从考察生活中的一个现象入手:倘若你在南京或武汉的长江边某处,远眺长江大桥上的铁路桥,不时可以看到两列火车同时从不同的方向向大桥驶来,越来越近,在不运用已有的生活知识的情况下,远眺大桥这幅垂直方向上的"平面"图画,你难免担心两列火车要相撞;再不妨假设大桥是纯"透明"的,你从大桥的顶空俯瞰大桥,恐怕也难免担心飞驰的火车眼看就要与公路桥上迎面驰来的汽车相撞了。这个实例提示我们观察分析问题时选择正确角度的重要性,对于前一种情况,我们只要从远处走近大桥,或再走上公路桥,就不难看到位于下层铁路桥上的那两列火车是跑在两条平行轨道上的,它们并没有"相撞";而对于后一种情况,我们则只要下桥走不多远就能看到,火车和汽车并不是在同一个平面上,而是各有其运动层次的。

那么,如果我们把大桥上行驶的火车、汽车比作生活中的辩论双方,又可进而知道:其一,要辨清辩论双方是否确有冲突焦点(火车与火车或火车与汽车的撞击点)以及焦点究竟在何处,我们有时需要俯瞰(如走上桥看),有时需要平视(如走下桥去远处看),也即需要进行多角度、多层次的考察。而由于某一角度往往只能看清某一类情况,因此,要准确剖析各类问题,就得学会选择各种不同的最佳角度。"走上桥"或"走下桥",都只是为了一个目的:选择最正确的观察角度。如果只是以一个"不变"的位置和角度去观察生活中"万变"的现象和问题,很难保证不出谬误。

其二,辩论按其结局可分为两种:交锋辩论(思想有交锋)和无交锋辩论(思想无交锋)。

第一种辩论,即交锋辩论,是生活中常见的。小者如两个小商贩对同一个经营摊点位置的所有权的争夺,中者如法庭上围绕犯罪进行的辩论,大者如联合国对某一岛屿的领土归属权的辩论都属此类。这类辩论一般都以"真理愈辩愈明"的发展进程,趋向于"是非"明确的结局。

比较难以分清的是后一类"无交锋"辩论,它们在生活中同样大量存在,但结果常以"辩不出个所以然"的发展进程,趋向于"不了了之"的结局,或者由于某种原因,一方自以为"胜利结束"而对方却并未被驳倒,甚至根本就没有被驳,也就是说出现了"论"而未"辩"的现象。

我们不妨试举两个例子加以剖析。比如针对柏杨《丑陋的中国人》所进行的一场辩论:"丑陋的"和"俊美的",一般不难从字面看出,这是一对内涵针锋相对的反义词,问题在于,当这对"反义词"被引入以"中国人"为题的一场大辩论时,是否仍保持了这种针锋相对的"交锋"关系呢? 正确答案是:没有,它们并未发生真正的思想交锋!

柏杨《丑陋的中国人》,言辞固然不无偏激之处,但他所揭示的毕竟是现实中存在的"假、丑、恶"一面,而且重要的是,他并没有"以美为丑",没有把中华民族的美好品德也作为"丑陋"加以鞭挞。这一著作在国内引起反响之后,曾有不少人以"中国人丑陋吗?""俊美的中国人"等为题发表不同的看法。可读一读这些文章,我们又会发现,这些作者大谈特谈的是中华民族的传统美德及扬名于世界的成就,而且,重要的是,他们也同样没有"以丑为美",没有把中华民族的某些陈规陋习、落后保守心理作为"俊美"加以褒奖,结果,这场辩论(其实是各为单方面的"论",并未"辩"起来)表现为:柏杨用强光照亮了中华民族"坏"的心理习俗一面,热望尽快割除;反驳者用强光照亮了中华民族"好"的品德特性一面,亟盼发扬光大。双方所论的看起来是同一命题(中国人),但其实是同一命题下的两个分命题(中国人的优点和缺点两个方面)。柏杨否定了"坏"的一面,并未贬斥"好"的一面;反驳者褒扬了"好"的一面,也并未夸赞"坏"的一面:二者之间其实存在着一条清晰的"分界线"。

分析这场"论争",应当说,"丑陋的中国人"——观点并不错;"俊美的中国人"——认识也正确。而之所以会发生"辩论",是柏杨将"丑陋的"加在"中国人"身上,引起一些人民族感情方面的不愉快。当然,感情上的不愉快原本不应当导致"理智"上的判断失误,但辩论思维方面的低水平引发了这场争论。结果,这场看起来颇为热闹的论争,犹如两列对开的火车,在铁路桥上相会时,固然声震一时,但其实并未发生"撞击",它们"相遇"后擦肩而过,又各自按照"批判缺点"和"褒扬美德"两条平行轨道前进了。

再比如在哲学上,我们总是将"世界可知论"视为辩证唯物主义的世界观,而对"世界不可知论"持批判和否定态度。这种观点其实也暴露了我们的"线性因果思维方式"的弱点。"可知"与"不可知",从字面意义看,是一对针锋相对的反义词,然而,"世界可知论"与"世界不可知论"这两种看似截然对立的"世界观",却也正如铁路桥上的火车和公路桥上的汽车一样，是在两个不同层次上运行的思维运动过程。

"世界可知"论，其实是从微观认识立场提出来的（这里，"微观"一词也就是逐一认知或具体认知的意思）。我们知道，自然界中任何一个未知的现象，科研方面任何一个难题，医学上任何一个不治之症，人类都可以通过自己的主观努力，由不知到知，由知之甚少到知之甚多，直至最后全知。人类正是在这"逐一攻克"的征服世界的过程中不断扩大着对周围世界的认识。从这一角度看，世界上没有不可知的事物，"世界"当然是可知的。

而"世界不可知"论，却是从宏观认识的立场提出来的（这里，"宏观"一词也就是全面认知或完全认知的意思）。我们知道宇宙是无限大的（用∞表示），而人类的认识能力有限。虽然人类可以通过知识的代代积累来扩大自己对世界的认识，但无论积累多少代，人们对世界认识的总量必然表现为在某一个历史阶段上有一个最大值，或者说，这个最大值必然是一个实数（用 A 表示）。如果人类能够完成对宇宙（世界）的认知，则必须是认识总量/世界总体 = 1，也即 $A/\infty = 1$（请注意，这是人类对世界最终能够完成"全面认知的唯一条件"）。而一个不容置疑的事实是，无论积累多少代人的知识，其认知总量总表现为一个实数（实在的数字 A），因此，从理论上说，A/∞ 的比值虽然不等于 0，却永远不可能等于 1。试想，如果人类经过亿万年的知识积累，尚不能完成对大千世界亿万分之一的认知，那么对世界的全面认知不是永远也不可能完成吗？从这一角度理解，由于 A/∞ 的比值永远不可能等于 1，所以，人类永远不可能完成对世界的全面认知。

弄清了这两个思维过程的不同层次性，弄清了"知"字在这两个思维过程中分别具有"可知"和"（不可）全知"的不同内涵，我们就不难知道，它们其实并非属于两种对立的世界观，而是认识世界的两个层次不同的思维运动过程，在运行过程中并没有发生真正的思想"撞击"，也即它们之间并无尖锐的对立和矛盾冲突。

这一点，其实古人早已有了颇为深刻的认识。古希腊时，就曾有过一位名叫捷诺的哲学家，一次，有学生问他，为什么身为老师的他，已掌握了丰富的知识，却对自己的解答总是有所怀疑？他先是在地上画了一个大圈代表自己的知识，又画了一个小圈代表学生的知识，然后说："大圈、小圈之外是你我都未知的部分，我接触的未知的部分比你大，这就是我对自己总是有所怀疑的原因。"这段富有哲理的话语，极为准确地揭示了人们认识事物过程中的一个客观规律。随着人自身的成长、发展，随着对地球、天空认识的深化，或者换句话说，随着人们对主观世界具体认知、逐一认知的知识总量的不断增加，人们发现，关于宇宙、关于自然、关于人类自身，应当了解却未能了解的东西不是越来越少，而是越来越多。这种认识导致了人们对"世界已知"论的否定。例如，法国文艺复兴时期著名人文主义者、怀疑论思想家蒙田这样评述他的时代对于人类在自然界中真实地位的思考：

> 谁又能使他相信——那苍穹的令人赞叹的无穷的运动，那高高在他头上循环运动着的日月星辰之永恒的光芒，那辽阔无边的海洋的令人恐惧的起伏——都应该是为了他的利益和他的方便而设立，都是为了他而千百年生生息息的呢？这个不仅不能掌握自己，而且遭受万物的摆弄可怜而渺小的尤物自称是宇宙的主人和自尊，难道能想象出比这更可笑的事吗？其实，人连宇宙的分毫都不能认识，更谈不上是指挥和控制宇宙了。（转引自恩斯特·卡西尔《人论》）

这种观点绵延至于今日，更是达到了一种理性认识水平，那就是，一方面，我们认为世界是具体的、可知的；另一方面，我们也认识到，对无穷大的世界完成全面认识也是不可能的。杰里米·里夫金和特德·霍华德在其合著的《熵：一种新的世界观》中写道："我们正在进入一个无所不知而又一无所知的时代。"在某种程度上，这也可以看做是对"可知论"和"不可知论"的矛盾的一种新的认识。

上述二例证实了根据辩论思维多角度、多层次性的特点，我们在观察事物时选择正确角度的重要性。但是，仅仅知道这一层道理还是不够的，这一特性还告诉我们，当对同一事物进行多角度、多层次考察时，出现在我们面前的形象是不同的，它们虽然都无错误，但往往各有其片面性。因此，要全面把握事物的本质，则不仅要学会"由合而分"——对辩论双方分别进行准确辨析，还要学会"由分而合"——将多角度、多层次的考察结果加以科学的综合归纳。比如，分别从平视角度和俯视角度拍摄的某一汽车的照片，"形象"就是不同的，但是，人们会很自然地根据"经验"将其"合而为一"，一般绝不会认此照片为一汽车，认彼照片为另一汽车，更不会根据"照片摄于同一的点"而断言它们正在相"撞击"。从这一角度说，"瞎子摸象"在生活中只能作为笑话出现。

但是，当我们在理论上对某一论题进行不同角度、不同层次的考察时，由于"线性因果"思维方式的制约，往往并不善于把两种不同的考察结果"合而为一"，恢复论题的完整面目，而往往将同一论题的不同侧面看做是不同的论点，甚至是互相冲突的论点。

比如，以"按劳付酬"原则对"按酬付劳"思想加以批判就是一个典型的例子。我们总习惯从褒义去理解"按劳付酬"（按照个人创造的劳动价值取得相应的报酬），从贬义去理解"按酬付劳"（给多少钱，干多少事，绝不多干一点）。其实，这都是注意了理论的某一侧面而忽视了另一面。"按劳付酬"难以解决的一面是：不同的"劳动"很难制定数量和质量的科学合理的统一标准，结果，往往不是劳动的"数量"一面被"否定"——同为操作工，三级工与八级工的劳动数量差与工资差不成比例，就是其"质量"被否定的一面；同为副教授，水平又有高低之分，最后只好以"平均主义"妥协。也就是说，我们往往以具有某种差异的"平均主义"充作科学意义上的"按劳取酬"。而"按酬付劳"的另一层意思是：拿了这份报酬，就要按质按量地完成这份工作，绝不当"滥竽充数"的南郭先生，不当"不撞钟"的和尚！从这层意义上说，"按酬付劳"的思想又体现了高度的责任心。

认识了这一点以后，当我们再对"按劳付酬"和"按酬付劳"各自两面的含义加以综合归纳，会发现二者之间并无矛盾。"按劳付酬"是从"管理"的角度提出来的，"按酬付劳"则是从"劳动"的角度提出来的，二者既含有对"完善分配制度"的盼望和追求——按照各人的劳动付给相应的报酬，既然取得了一定的报酬就要付出相应的劳动，也含有对现行分配方式中"不合理因素"的否定和制约——由于劳动的数量（或质量）未能在分配上得到承认，劳动者不愿再继续付出这种被否定的劳动。二者共同追求的是分配方式的合理和完善，其间并无思想冲突，或者说，双方都正确阐述了理论的一个方面，又各自有其不全面性，唯有使二者"珠联璧合"，才能构成完整的"分配"理论。但长期以来，我们仅根据它们谈的都是"分配"问题（"照片摄于同一的点"），就错误地判定它们是两种对立的观点（发生了"撞击"），于是，以一方去硬性否定另一方，以"按劳付酬"去否定"按酬付劳"，在理论研究中犯了"瞎子摸象"的错误。

再如，前不久，我国在关于廉政建设的讨论中曾发生过一场争论：对于国家公职人员，究竟应当高薪养廉，还是应当勤俭养廉？高薪养廉论者主张较大幅度地提高公职人员的工资，并使之日渐丰厚，以防止贪污受贿腐败现象；勤俭养廉论者则认为高薪资并不能作为廉政的保证，要惩贪倡廉，还是要靠理想，讲精神，尤其要讲法制。这场争论十分激烈，双方各有其道理，看起来也不易调和。其实，顺着双方思维轨迹，明确其理论角度后，便不难看出，二者之间也存在着某种程度的互相依附和互相补充关系。如高薪养廉主要是向国家当局这一最高管理者提出的要求，具有很强的政策性，因为公职人员的工资取自国家，如果政策不当，以至于其中一部分或绝大部分人员都很难维持和逐步提高生活水平，那么不仅大大影响其工作效率，也确实会诱发贪污受贿等腐败现象的发生。而勤俭养廉侧重于向公职人员自身提出要求，克己奉公、廉洁奉公是每个国家公职人员应有的职业道德，在国家经济困难的条件下，公职人员更应严格要求自己，不能置大局于不顾，向国家提出更高的要求，更不能以薪资金低作为自己贪污受贿的理由。因此，这两种对立的观点不能相互否定，完全可以合而为一。首先，双方理论的出发点一致：为廉政建设出谋划策；最终目的一致：从国家角度而言，如果能及时调整公职人员的工资，使其解决衣食住行的后顾之忧；从每个公职人员自身而言，如果能严于律己，不为钱、财、物所惑，"位卑未敢忘忧国"，则廉政建设自有光明前途。

值得注意的是，甚至有的大思想家，由于对辩论思维多角度、多层次性的特点认识不足，往往也会发出看似"争鸣"，其实与原论题并不矛盾的议论。德国大文学家歌德就有过这样一件趣事：有一天，他看到自己的孩子在纪念册里摘录了一位名人的语录："人生在这里有两分半钟的时间，一分钟微笑，一分钟叹息，半分钟爱。因为在爱的这一分钟里，他死去了。"歌德不同意这种说法，于是提笔在下面写道："一个钟头有六十分钟，一天就超过了一千分钟，小儿子，要知道这个道理，人能够有多少贡献。"表面看来，歌德与这位名人的看法相悖，其实不然。把人生看做只有两分半钟时间，是从宏观角度来把握的：时光易逝，时不再来，要想有所作为，就要分秒必争；歌德则是从微观角度来把握的：一天有一千多个一分钟，每分钟都是有价值的，要想有所作为，就要分秒必争。经此分析不难看出，双方的观点实质上完全一致（都强调要抓紧时间！），而不同之处仅在于：一个从"时光易逝"角度立论，另一个从"寸光阴价值"角度立论。强调"时光易逝"并不意味着否定"寸光阴价值",强调"寸光阴价值"也同样未必否定"时光易逝",只有"合而论之",既强调"时光易逝"也强调"寸光阴价值",才能更为有力地强调抓紧时间的重要(达到理论上的完备性)。在这场"辩论"中,由于双方思维运行轨迹几乎完全平行,而且是运行方向一致的平行,歌德的立论充其量只是"借题发挥",或者是"补充论证",而并未构成"驳论"。

在投身于辩论之前,先对辩题及双方观点作一番分析,判定该辩论究竟是属于"交锋"辩论还是"无交锋"辩论,是很有必要的。它有助于辩论者避免卷入无谓的辩争,并使自己在辩论中发挥出更高一级的水平。

(二) 辩论须遵守道德原则

从纯理论的角度说,辩论双方均应遵守道德原则,这是谁都会举手赞成的。但是从实践的角度考察,由于辩论的参加者有"小人、士君子、圣人"的差异,辩论的话题内容又与参辩者的名誉、利益、观点、立场以及政治态度等诸多方面有不同程度的关系,所以,人们在辩论中对于道德原则的遵守也会有不同的表现和不同的判断标准。

例如,鲁迅先生在《且介亭杂文末编·半夏小集》中有一篇文章写道,革命者"B"被敌人抓获,在审讯中供出革命内部的秘密,革命者"A"谴责了"B"的叛变行为,而"B"则辩解说,自己所以将秘密供出是因为自己从不说谎。此文篇幅不长,但我们从中却不难看出,对于"B"的这一行为,不同政治立场是有着不同的道德评价标准的。在革命者一边,无疑是要认定"B"是一种无耻的叛变行为;而在敌人一边,则当然认为"B"是"投诚反正"的大好事(至于"B"本人,面对"A"的谴责,以"一生从不说谎"来为自己的叛变行为辩护,只能视为理屈词穷的搪塞,姑且不论)。

通过此例,我们还可以进一步认识到,在辩论中双方均应遵守道德原则的理性认识,在实践中却会因为具体的道德标准不同而产生不同的表现,甚至可能一方坚持要遵守某一道德标准,而另一方则无视甚至反对这一标准,或者以另一标准来反对这一标准。这也告诉我们,辩论必须遵守道德原则的要求并不是一概抽象而论的,其"道德"的内涵不仅是具体的,而且有时只针对一方发生作用。

这里,我们拟针对辩论发生时,想提高自己辩论水平的一方应当如何遵守道德原则,提出如下认识。

辩论必须遵守道德原则,可以具体分解成四个环节予以落实:(辩论)动机分析,(辩论)过程控制,(辩论)结局审查,职业道德标准监督。逐一剖析如下。

1. 辩论动机分析

所谓辩论动机分析,就是在辩论即将发生之前要冷静地思考:与对方辩论的目的是什么? 目的有无价值? 对方是什么素质和水平? 等等。这种分析的目的在于对某些不值得介入的辩论话题、某些不值得与之辩的人,采取回避态度。

这里不妨举个例子。宋朝苏轼所写的《艾子杂说》中有这样一个故事:

营丘有个读书人,喜欢争论不休,爱把无理说成有理。一天他问艾子:"大车上面和骆驼颈项上,总要挂一个铃铛,那是为什么?"

艾子说:"车子和骆驼都很大,夜间走路怕狭路相逢,所以系上铃铛,对方一听铃声,就好互相让路了。"

营丘士人说:"宝塔上也挂铃铛,难道也因为夜间要走路而互相避让吗?"

艾子说:"鸟雀喜欢在高处做窝,撒下粪便会弄脏地面,所以高塔上挂铃铛,风吹铃响,就会把鸟雀赶跑。你为什么要拿它来跟车子、骆驼比呢?"

营丘士人问:"鹰和鹞的尾巴上也挂着铃铛,难道鸟雀会到鹰的尾巴上做窝吗?"

艾子说:"鹰鹞出去捉鸟雀,或飞往林中,缚在脚上的绳子容易被树枝绊住,只要它一拍翅膀,铃就会响起来,人呢可以循着铃声去寻觅。怎么可以说是为了防鸟雀做窝呢?"

营丘士人还问:"我看过大出丧,前面有人摇着铃子,嘴里唱着歌。从前总不懂这是什么道理,现在才知道这是因为怕给树枝绊住脚跟。但不知缚在那人脚上的绳子是皮绳呢,还是麻绳?"

艾子给缠得发火了,就讽刺他说:"那是给死人开路的,就因为死人生前专爱诡辩争论,所以摇摇铃让他开心吧!"

铃铛有各种不同的种类,有各种不同的用途,营丘士人最初的提问并不难解答,艾子回答得也很明白。但营丘士人偏要节外生枝,胡搅蛮缠。这种"正理歪讲,无理胡讲"的人一旦在辩论中遇到,还是趁早回避为好。

2. 辩论过程控制

所谓辩论过程控制,就是在辩论发生的过程中,注意以道德原则约束自己,不出现"有违道德"的言行。

辩论是以语言来进行的,就其内容而言,无论是立论还是驳论,都应当以"摆事实,讲道理"的主体形式来进行,这其实也就是辩论过程中的道德原则控制。任何言行,只要违背或干扰了"摆事实,讲道理"的语言进程,都属于辩论过程中的不道德言行,都属于对道德控制原则的违反。

违反道德原则的言行,通常可有以下数种:

(1) 违背事实,违背法律的言行;

(2) 强词夺理,歪曲理解对方原意的言行;

(3) 趋炎附势,以势压人的言行;

(4) 恶言相击,有辱对方人格的言行;

(5) 与辩论话题无关,揭对方之短的言行,等等。

上述言行,对于想提高辩论水平的人来说,是须时时注意,并在辩论过程中加以防范和杜绝的。

这种防范和杜绝,在辩论的进程中,又因辩论形势的变化而有不同的难度。辩论形势从总体上分可有:对我有利,对我不利,以及双方势均力敌、胜负难辨三种情况。

道德控制在"对我有利"的情况下,是比较容易做到的。因为其时事实、道理均有利于"我",只要坚持"摆事实,讲道理",就可以在语言上击败对方,此时,除非有"双方积怨过深"等原因的干扰,有利一方往往会或自觉或不自觉地遵守道德原则,以确保自己在辩论中不仅在"事实与道理"上获胜,同时,也在"形象和风度"上占优势。

当辩论双方处于势均力敌、胜负难分的胶着状态时,坚持道德自我控制的难度显然也增大了。双方既然辩论,自然以获胜为目标,面对"公说公有理,婆说婆有理"的胶着状态,比较急于取胜的一方,有时就难免会将获胜的希望扩大到"事实与道理"之外的其他方面去,这种做法未必是上策。辩论在实践中不仅表现为真理与谬误的交锋、双方口才水平的较量,同时也是双方人格的显现。以违背道德原则的言行介入辩论,无疑是对行为人的人格的损害，即使获胜，从长远看，对自身形象也未必有利。同样，也很难说有什么"水平"。反之，在双方势均力敌，胜负难分的形势下，心态不急不躁，坚持"摆事实，讲道理"，并由此而最终获得辩论的胜利，同时也是自身辩论水平高的表现。

当辩论形势变得"于我不利"时，坚持道德自我控制的难度显然是最大的。因为此时说话人心理压力急剧增大，为了维护观点、坚持立场以及保护面子、利益等不受损害，往往会"欲达目的，不择手段"，或是恶言相向、或是强词夺理、或是人身攻击、或是以势压人的言行，会自觉不自觉地施展出来。而这种情况一旦出现，就明显地违背了辩论的道德原则，于说话人一方极其有害，必须竭力控制。

在"于我不利"的形势下，有时候说话人会采用诡辩的方式，运用偷换命题、循环论证、模糊语言、以偏概全等技法来应对。应当指出的是，诡辩在辩论中的出现，从本质上说，并不能认定是对道德控制的违背，它是说话人在形势对自己不利情况下的一种"回避"技巧（这一点在后文"诡辩"篇中再作详述），是一种只要对方能识破其诡辩技巧，就可以凭借自己的语言揭穿或予以还击的语言形式。从探求真理、明辨是非的角度考察，在辩论中运用诡辩技巧，使对方陷入"有理讲不清"的无可奈何之中，即使取得了胜利或成功，辩论水平也谈不上"高"。

3. 辩论结局考察

所谓辩论结局考察，指在辩论临近结束或结束以后，注意以道德原则规范自己的言行，以使辩论结局尽可能圆满。

辩论临近结束或结束以后，说话人此时的心理，与辩论刚开始和辩论过程中是有所不同的。辩论刚开始和辩论过程中，双方一般总是认为自己真理在握，辩之必胜，或是对方纵有一些道理，但自己掌握的是更大部分的真理，因此表现得理直气壮，咄咄逼人。但是，当辩论接近尾声或结束以后，情形与前一阶段可能会有所不同。此时，双方经过激烈的语言交锋，结局已趋向明朗或已经明确，辩论双方的表现就不一样了。一般说来，辩论的结局大致可分为三种情况：第一种是，局势越来越对自己有利，自己一方已稳操胜券；第二种是，辩论虽临近结束，但这只是时间意义上的暂时中止，离话题的辩论结束显然还有一个过程；第三种是，辩论临近结束或结束，语言交锋的结果证明自己的立场、观点处于不利的地位或已宣告失败。

三种不同的情况下,遵守道德原则要求的具体内涵是不同的。

第一种,当己方已稳操胜券时,要注意自己的言行与风度。要"胜不骄",不要以骄矜的神色对待对方,要控制自己,只是"就事论事",不要借"胜"发挥,做出"画蛇添足"式的与辩题无关而对对方有损的言行。除了重大问题与原则立场之外,一般情况下"得饶人处且饶人",力求使自己在辩论获胜的基础上,再在人格上、风度上获胜。在某种意义上,人格上、风度上有优秀表现,同时也就是遵守了道德原则的要求。

第二种,辩论暂告中止,但还未结束,此时及此后一段时间,话题必然萦绕在自己心头,已经发生的辩论也难免会像"过电影"似的在眼前浮现。很自然地,为了争取在下一轮辩论中获胜,自己也会对已发生的辩论加以总结,调整立论的角度,强化驳论的力量。这种调整往往会以发生过的辩论中的对方言行为依据。此时需要注意,从大的角度而言,自己应当"坚持真理,修正错误",即继续坚持和强化已经辩论证明是正确的部分,修正或放弃已被证明是错误的部分,而不应当处心积虑地去思考如何强词夺理,如何文过饰非。从小的角度而言,自己应当注意,要更加全面地理解对方的原因和理由,而不应抠住对方的某种"口误"不放,攻其一点,不及其余。这样,无论最后结局如何,都会"赢得光彩,输得体面",最终使辩论在一个高水平上结束。

当辩论的结局宣告或等于宣告自己失败时,即在第三种情况下,此时如果自己在"摆事实,讲道理"方面已没有更有力的材料来"改变局面",那就应当坦然地面对现实。有的辩论与自己的切身利益关系至大,失败实在难以面对,也要努力使自己胸襟坦荡,视胜败为"兵家常事",而不要耿耿于怀,更不必为自己在辩论中的某种失误而时时揪心。要尽快地使这种失败成为过去,早日走出因辩论失败而导致的"人生低谷"局面。

4. 职业道德标准监督

辩论因其功能与目的多样性,客观上还存在着一个受到职业道德标准监督的问题。例如学术与科研中的辩论、案件审理中的辩论、商贸谈判中的辩论等,就分别受到不同职业道德标准的监督。

以学术和科研中的辩论为例,应当是即是,非即非,既敢于坚持真理,也敢于修正错误。在这类辩论中，很重要的一个标准是"对事不对人"，既不能对不同的说话人设立不同的标准（出现"权威至上"的问题），也不能以科学观点是否独立来认定感情亲疏关系和政治立场问题。

以司法辩论为例，其职业道德控制的标准之一就是"以事实为依据，以法律为准绳"。任何违背这一标准的司法辩论都谈不上是有水平的辩论。

而常常发生于商贸谈判中的辩论，则更多地体现出一种"灵活性"。因为商贸谈判的主要目的是寻求一种互利式的合作关系，其中"利"的分割方式常常是引发辩论的中心问题。谈判双方无不希望本方能尽可能大地占有"利"的比例，为了保证合作的成功且自己一方又尽可能大地获取利益，谈判中常常要以充分认识到对方"利"的合理要求为前提，而辩论作为谈判语言形式的一种，也不能漠视这一前提，在辩论发生时，无论何时何地，都要自觉地尊重和保护对方对"利"的合理要求，同时坚持和维护自己一方的合法权益。高水平的商贸辩论，应是双方利益在总体目标一致前提下的统一。

从上述三例中我们不难理解，诸多与职业行为有关的辩论，实际上是受到一般道德与职业道德双重标准的审察的。如果辩论双方都经得起这一双重审察，这样的辩论无疑可以称作是高水平的；如果辩论中只有一方经得住这种双重道德的审察，则我们可以说辩论的这一方是高水平的。

（三）辩论必须符合审美要求

19 世纪的大文豪歌德，青年时代曾攻读法律，并从事过一段时间的律师工作。只是，他的律师生涯并不成功，因为他的辩护词中"带有一股热情的行吟诗人的气质"，以至法官们听了后不敢苟同，甚至会"微笑地摇头"，而旁听者也深表不满，对方律师更是不失时机地对他进行批驳和讥笑。由于歌德的发言中未能去掉那种"戏剧般的感叹"，法官们不得不告诫歌德，法庭不允许用"诗的语言"来作辩护。

这段名人轶事告诉我们，人们对于以听、说为交流形式的辩论语言，其实自有其判断标准，这个标准，我们可以称之为"审美要求"。

辩论语言的审美要求，往往表现为听众（非辩论参加者）的要求。对于符合了他们这一审美要求的，他们就会欣赏、赞叹，也会为之鼓掌，感情就会向这一边倾斜；甚至原先持不同观点的，也会发生立场的转变。

辩论语言的审美要求也是"全方位"的，是落实到辩论语言的每一个环节的。大致可分为三个部分,即思辨美、语言美、风度气质美。逐一分析如下。

1. 思辨美

辩论语言从内容构成上可分为立论和驳论两大部分。辩论的任何一方,无不认为自己立的是"理",驳的是"错",这就导致了自己一方要坚持的,正是对方要否定的;自己一方要否定的,正是对方要坚持的。也就是说,当自己在"立理"时,同时就是在为对方树起作为进攻目标的"靶子";当自己在"驳错"时,实质上是在进攻对方要竭尽全力捍卫的"理"。

而究竟孰对孰错的结论,往往要通过辩论,通过双方各抒己见的思想交锋与正误辨析,在辩论临近结束时才可得出。即使是旁听者,也往往要听完辩论才能得出自己的结论。因此,作为辩论重要武器的语言,首先要具有较强的理性分析特点——"思辨美"。

思辨美的具体内涵可分为两个层次:立论扎实、驳论犀利;广征博引、深入浅出。

(1) 立论扎实,驳论犀利。

思辨美的这一要求,分别作用于辩论语言的两大内容构成。它首先要求立论的语言周到严密,论证扎实稳健,形成密不透风、固若金汤之势。细致分析,又可以落实到论点、论据、论证三个方面。

论点中又有中心论点和分论点之分。二者之间应呈现一种"塔形结构",即分论点在下,为基础,注重条分缕析,互相印证,共同托起塔顶——中心论点。在这一结构中,分论点越多,并且分论点之间越是能构成互相印证的结构关系,则中心论点就越是立得扎实,坚实难摧。分论点之间能否构成共同印证中心论点的"互补"结构至关重要,这也是辩论语言能否具有"思辨美"的关键之处。

论据一般可以分为两类:事实论据和理论论据。引用论据在辩论中的最大好处往往是:论据一出,是非即明。这是"事实胜于雄辩"的观念产生的根源之一("事实胜于雄辩",其实是一种误解,关于这一点,在后文"雄辩"篇中再作剖析)。论据在辩论中的运用,本质上是为了强化本方的辩服力量,因此,选择和运用论据,一般都遵守以下标准:第一,事理是已经得到普遍公认的;第二,已经受到过实践的检验,一般不会受到质疑的。这样的论据对于强化思辨感染力的作用是不言而喻的。由于在辩论中对方也会很注意优选论据以强化本方的说服力，因此，选择论据忌讳选择那些只被部分（人）承认（例如辩论对方就不予承认的）或者自身的真实性还有待证明的，以免弄巧成拙。

论证在辩论中表现为一种思考过程，它贯穿辩论的始终，是论点和论据的有机串接方式。在论点和论据齐备的情况下，优化论证方式对于强化辩论的思辨美至关重要。论证方式，通俗地说，就是论点和论据的有机编排和组合，这种编排组合"仁者见仁，智者见智"，风格是多样化的，但有经验的辩论者大都会自觉地避免以下几种情况：第一，忌讳孤证，即一个论据证明一个论点，不仅说服力不强，而且容易被对方否定；第二，忌讳实用主义，即不遵守真理的客观标准，只要可以为我所用，就先用上再说。如此一来，论点与论据之间不是有机的组合，而是拼凑。结果，在实际辩论中，有时还难免出现自己的论据被对方"夺去"，转而用来进攻自己的狼狈局面。

驳论中的思辨美对于论点、论据、论证的组合要求，与立论在本质上无多大区别，但思辨美要求驳论犀利，更注重于要求其语言具有相当的攻击力。辩论中，当一方向对方的观点进攻时，其实对方也常常是事先做好了充分的防守准备，并且会全力防守。因此，驳论中对进攻犀利的要求也要有步骤地实行。第一步是辩论展开前对对方观点的审察，在尽可能多地了解对方的前提下，重点剖析对方观点的薄弱环节，作为预想的攻击点，此为有备进攻；第二步则是辩论交锋开始后的即时反应，它不像"有备进攻"，可以在辩论开始前相对从容地做准备，甚至可以请他人参谋、指导，而只能是依靠辩论者自身的思维反应，这种反应有时可以达到一种"下意识"的程度。在辩论中，这种反应越是快捷，越是准确，进攻力就越强。驳论的犀利程度还体现在进攻的"力度"上，对方的理论工事一旦被打开缺口，就必须持续进攻，并直捣其中心论点，力求使对方防线全线崩溃，而不可浅尝辄止，错失良机。

（2）广征博引、深入浅出。

思辨美的这一要求，是侧重于针对辩论者的思维素质（主要是指思维的"广度"和"深度"）提出的。

所谓思维的"广度"，在这里，是指辩论者在辩论前和辩论中能否在辩题之外，尽量多地从貌似与辩题无关的材料中，发现对自己有利的成分，并借助"类比"等技巧,使其成为自己的论证语言的有机组成部分,进而以话题为思考主脉,同时在思考面上交叉纵横,呈"网"状发展趋势。所谓思维的"深度",是指辩论者在辩论前和辩论中,能否紧扣辩题,向思想深处发掘,最终确立对方无法辩驳或不知如何辩驳的深刻见解。在辩论中,一个人只能就事论事,不敢或是不能在辩题之外去寻求获取更多的论点和论据的支持,也就很难谈得上什么思维的"深度"和"广度",谈不上什么思辨的闪光了。

思辨美在要求广征博引的同时,还要求论证能深入浅出。"深入"者,就是要求对辩题的思考具有一定的深度,表述语言具有一定的理论色彩,因为理论色彩是增强论证的权威性、增强雄辩力的重要因素。"浅出"者,是指语言要保持通俗易懂的特点。辩论语言不同于书面语言,书面语言一遍没有读懂,还可以读第二遍,辩论语言的"一次性陈述"特点,要求说话人做到自己说的话对方或听众(旁听者)一听就明白,这样才能使人具体感受到思辨美所具有的感染力量。需要指出的是,深入浅出在理论上固然可以一分为二,在实际辩论中却难以截然分开,而是相依相存,缺一不可,顾此则失彼。有的人在辩论中一谈理论就难以通俗,还有的人语言通俗但缺乏理论深度,这些都不符合"广征博引、深入浅出"的要求,当然也是缺乏思辨美的一种表现。

2. 语言美

语言美,在辩论过程中,有着特定的内涵。它既不等同于显现人们精神世界的语言文明,也不等同于人们抒情表意时的语言精妙,而是特指语言为适应立论、驳论的需要,一经组合成有机同一的整体内容后,借助声音所特有的魅力在人们心头所激起的美感。

具体地说,辩论中的语言美是借助修辞、语调、语速、节奏等多种因素综合构成的。

辩论语言的修辞,不同于一般写作意义上的修辞,它主要表现为在观点确立以后,为强化本方在表述中的语言感染力量而进行的语言修饰,即注重于立论和驳论中辩服他人的语言感染力度。

本节文字开头所引述的歌德的一段轶事,正可以为辩论语言的修辞目的作一个形象的注释。歌德进行法庭辩护时,未能改变他那诗人风格的语言，以至竟在辩词中写下"啊！如果喋喋不休和自负能预先决定明智的法院的判决，而大胆和愚蠢竟能推翻经得起证明的真理……"试想一下，这种"戏剧性的感叹"究竟是对本方观点有加强论证的作用呢，还是对对方观点有强化驳斥的作用呢？可以这样说，歌德的法庭辩论之所以失败，其辩论语言修辞不当无疑是原因之一。

辩论语言的修辞，在陈述事实、辨析道理的基础上，可以适当地运用反问、反诘、设疑、质询等语言句式，以强化进攻力度；同时应当注意庄重、朴实、准确、严谨，是即是，非即非，不故弄玄虚，不夸大其词。它当然不排斥运用描写、抒情，但是对关键词则忌讳运用感情色彩比较浓烈的修饰语。

在表述语言（文字）确定的基础上，语言美主要是借助语调、语速、节奏的最佳选择来体现的。

辩论语言具有明显的论争色彩。因此，辩论语言的主语调不宜过于低沉，而应保持在中声区略偏上的音区，以较明亮的音色突出"舌战"的特点。但这里并不是"一律如此"的限定，当然可以有音区高低、音色明暗的对比变化。例如，当辩论进入焦点和高潮时，语调难免偏高；而当语言转入回忆和追溯时，则又自然转入中低声区。需要注意的是，这种高低音区的变化，只能是一种调节性的变化，而且尤其强调变化的自然，忌讳那种故作姿态的"戏剧性变化"。语调变化的目的有二，一是为了增强语言的表现力（当然也就增强了语言美），二是为了以适度的变化，更突出保持在中声区略偏上的主语调，突出辩论语言的主语调。

辩论语言的速度应比一般的语言交流（例如交谈）要快一些，节奏也应当偏快，以适应辩论的抗争特点。当然，这种偏快也不是"一律如此"的，可以针对语言的内容变化作一些"舒缓张弛"的调整，但主体风格还是偏快的。无论是立论还是驳论，语言都应当具有一定的进攻力，这种进攻力应当是"内在"的，是通过语言交流"内容"发挥作用的。这就意味着辩论表述语言的速度如果舒缓，在单位时间内话语的信息量不能给对方以足够的刺激，也就不可能对对方形成"压力"，实质上也就等于给对方提供了组织反击的机会，这就不仅不利于击败对方的观点，而且也不利于本方的立论。

3. 风度气质美

辩论在要求思辨美、语言美的同时，还要求辩论者的风度气质美。风度气质是否美,通常只能是在语言交锋过程中随机表现出来。

辩论的胜负与军事上的胜负在某种意义上有相同之处。例如,二者都有着攻、守、退、避的形势变化,在战略战术方面也都会运用迂回包抄、欲擒故纵、以退为进、釜底抽薪等方法技巧,但二者之间也有一点重要的不同,即军事上的进攻有时可以完全不理会旁观者(舆论)的评价(例如,第二次世界大战中,德、意、日法西斯无视国际舆论发动对他国的公开进攻和占领),而辩论则不能对舆论反应置若罔闻。因为在辩论过程中,作为旁观者的舆论评价有时会对辩论者的既定目标能否实现产生很大的影响,既可以是正面的、推动实现既定目标的积极影响,也可能是负面的、干扰实现既定目标的消极影响(例如,法庭辩论中说话人给法官、陪审员和听众留下的印象)。

而辩论者要想获得旁观者(舆论)正面的积极影响,就必须注意保持自己在辩论时的公众形象,具体地说,必须注意保持自己的风度气质美。

概括说来,风度气质美可以表现在以下三个环节上:(1)语言表述上,攻守有度,亦庄亦谐;(2)交锋过程中,得势不骄,失势不馁;(3)辩论结束时,豁达大度,给对方留后路,给自己留退路。

前文已经说过,辩论的基本特点之一是"得理不让人",但是,这个"不让人"只是宏观意义上的一个总体原则,并不意味着事无巨细,得了理就寸步不让、寸利必得,而是具体问题具体对待,根据事理的性质以及辩论对象的关系,确立一个具体的"度"("让"还是"不让","让"多少)。同样,在"守"上也有个"度"的问题,辩论中,当对方"得理"而向本方进攻时,本方就免不了一个"守"字。"守"在辩论中是和"攻"并存的,可以这样说,无"攻守"则无辩论。但如何"守",该不该"守",是"寸步不让"的"死守"还是"逐步后撤"的"防守",均需具体分析。明知理已"亏",还要"死守",明明有"理"却不去力争,只消极地"守",在辩论中都是不应有的表现。而"攻守有度"可谓辩论的风度气质美的表现之一。

辩论中一方有理,就意味着另一方无理。谁都不愿意在辩论中以无理而告失败,因而双方都会全力以赴,这就使得辩论往往不知不觉地就充满了"争战"式的火药味;而随着这种"火药味"的逐步浓郁,有的辩论者往往嗓门渐高而至声嘶力竭,挥手舞臂而至咄咄逼人,这无疑是对自身风度气质的一种伤害。反之,如能在辩论中保持亦庄亦谐,甚至在进入"针锋相对"的"白热化"的关键时刻仍不失其潇洒从容,保持语言、体态的平静(同时注重语言的内在分量），无疑可以称为辩论的风度气质美的又一表现。

辩论的交锋过程，常常有如战争场面，胜负交错，形势多变，有时是自己一方占上风，有时又被对方的发难弄得措手不及，这种局面的变化无疑会给辩论者的心态带来一定的影响。但是，在辩论中，如果一占上风就气势骄横，一处劣势就张皇失措，无疑难以给人们留下好印象。因此，优秀的辩论者应当注意，不要使自己的心态变化过早过快地露于形色，而应保持得势不骄，失势不馁，以镇定稳健、一如平时的外在形象去迫使对方体味自己语言的内在力量，此为辩论风度气质美的又一表现。

辩论尽管有时是以不了了之结束，但很多情况下还是有胜负之分的，或者有时即使没有"胜负"方面的裁定，舆论上还是有"谁有理，谁无理"的评价的。不论是惨遭失败，还是虽无失败却被舆论认为是"没有道理"，对任何人都不是一件体面的事。因此，"一败涂地"应是双方都要竭力避免的。而避免落入这一尴尬局面的具体做法之一，就是不走极端，给对方留后路，给自己留退路，以"豁达大度"的形象显示自己的气质。

中国有句古话："过头的饭不好吃，过头的话不好说。"意思是，饭如吃得过饱，就会适得其反，闹起毛病，就会走到吃饭的"初衷"——吸收营养的反面；话说得过了头，也会走向动机的反面——原先有理的、得到舆论支持的，可能因此而失去舆论的支持。而在辩论中，如能给对方留后路，给自己留退路，就可以有效地防止自己"说过头话"。

给对方留后路，并不是说在辩论中对对方错误的批驳有所保留，而是指在语言交锋充分展开后，注意不要把对方逼到"走投无路"的绝境，那样不仅可能迫使对方孤注一掷，"无理搅三分"，因而增加自己"取胜"的困难度，而且有可能因为自己原本就有某一方面的不足和疏漏，导致"转胜为败"。给自己留退路，就是说自己在辩论中即使真理在握，也不要把话说到绝对化的程度。因为就"真理"而言，原本就具有"相对性"的特点，而且人们对真理的认识，又在客观上存在着水平的差异。说话留有余地，也就是给"相对性"和"差异性"的存在提供了一种"安全保障"，使得自己在辩论中即使暴露某种疏漏和不足，也不至于处于难以辩解的尴尬境地。

尤其是在辩论"得势"时，能给对方留后路，给自己留退路，无疑可以视作风度气质美的又一表现。

二 辩论交锋的基本类型

综观辩论的种种现象,上自联合国论坛,下至村妇口角,大大小小,形形色色,无所不有、无时不有、无处不有。试将辩论交锋的基本类型分别陈述如下。

(一) 雄辩迎战雄辩

这类辩论的特点是,辩论双方都认为自己是掌握真理的一方(并且也确实都各自掌握了部分真理或道理)。在辩论之初和过程中都发自内心地认为自己必胜,因而双方都不回避问题实质,以雄辩法为辩论手段,都抓住论题的"条件、手段、目的、起因过程、后果……"等诸多方面"应当明确而未能明确"的部分,作为自己进攻对方的"突破口",力求用"丰富内涵"以"缩小外延"的基本手法,使命题的"概念、判断、推理"愈来愈趋于完备、周密,直至最后一方因技高一筹而获胜。这类辩论较多地出现在学术论争、案件分析等场合。莎士比亚的著名喜剧《威尼斯商人》中的"法庭辩论"一场,就堪称"雄辩迎战雄辩"的范例。犹太商人夏洛克为报宿怨,趁安东尼奥急需用钱之际,立了一张借据。上面写明,三个月期限一到,倘还不出所借之3000元,则从安东尼奥身上割下一磅肉作为赔偿。夏洛克也可谓精明人,深知在人体的不同部位,一磅肉的意义是不同的。他用"丰富内涵、缩小外延"的方法,在契约上明确割肉的部位是他的胸部,靠近心口的所在。倘若真的履行条约,安东尼奥可谓必死无疑。但是,仔细推敲这份合同,还可发现"应当明确而未能明确"的地方,例如:流血怎么办?救护问题怎么解决?当然,应当看到,这些"模糊"部分对辩论双方原本是同等不利的:既然条约上没有明确,那么在执行条约过程中,既可以准许流血,也可以不准流血;既可以准许安排救护,也可以不准安排救护。在法庭上,鲍西姬比夏洛克更高一筹,她先承认夏的要求合法,使其麻痹(夏洛克要求兑现合同,也确实有其合法性,唯其不合情理而已),继而"以退为进"——以代求情的口吻请夏洛克发善心,做善事。报复心过于迫切的夏洛克自以为大功告成,以合同上没写为理由无情地拒绝了这一要求。这就实际上对原合同作了补充修改,使其"外延"进一步"缩小",把原来既可以"此"也可以"彼"的"模糊部分"

变成"只要是合同上没写的都不可以"的"修正规定"。于是，鲍西娅开始反攻：合同上没写流血——不可以流血；合同上规定一刀割下一磅肉——一刀下去，多于或少于都是违反合同。结果，夏洛克虽已磨刀霍霍，但最终却步步后退直至彻底惨败。

检视夏、鲍二人的辩论方法，本质上是一样的。虽然鲍一开始先"以退为进"，兜了圈子，绕了弯子，而夏则是直言陈述，正面进攻，但他们在进攻对方时都是针对其"应当明确而未能明确的部分"，双方的话语中都不见似是而非、偷换命题、回避辩争等"诡辩"的常见特点，因此，两人都是"雄辩"。

再如《演讲与口才》曾于 1985 年第 12 期、1986 年第 7 期、1987 年第 5 期上发表了施真强、孙其昂关于"该不该说假话"的争论，也可看做一场"雄辩迎战雄辩"的辩论。我们不妨先对其内容作一简单回顾。

论争是由施真强的《该说的假话》一文引起的。施在文中提出，生活中现实存在着该说的假话，比如，在对敌斗争中，以假材料、假情报、假地址等愚弄敌人；生活中，有时以假话暂时掩饰自己或对方的某种巨大痛苦（亲人病故、病重等）。故而施文提出："可见，话的好坏之标准，并不是'真'与'假'的问题，而是'当'与'不当'的问题，不当，真话也可能是丑的、恶的；适当，假话也可以是美的、好的。"适当的假话是指从一个良好的愿望出发而又能取得良好效果的假话，这样的假话就是该说的假话。

不久，孙其昂发表了与施真强商榷的《划清与假话有关的几个方面》一文。他认为，所谓假话，就是指违背事实真相的语言。如果对其进一步划分，可有：对敌斗争中使用的"假话"，称为违背事实真相的策略性语言；劝慰朋友亲人、激励同志、善意地奉承别人等方面使用的"假话"，称为违背事实真相的假借性语言；认识事物过程中出现的"假话"，称为违背事实真相的认识性语言。这三类所谓"假话"，完全可以不用"假话"这一名称，而各自归入相应的领域中去。策略性假话归入对敌斗争领域，属于对敌斗争语言的研究对象；假借性假话归入生活用语，属于文明礼貌语言的研究对象；认识性假话则保持了逻辑学中的性质，仍然属于形式逻辑的范畴。它们都不叫假话，是各自语言领域中的一种语言。而与欺诈、虚伪相联系的"假话"，称为违背事物真相的虚伪性假话，它是假、丑、恶的统一，受到人们的唾弃，而讲假话的人则遭到社会舆论的谴责和人们的憎恨。孙文认为，由于施真强没有给假话以明确的界定，以致造成分析有混乱，理解有困难，甚至结论有错误。

此后,施真强又发表了与孙其昂榷的《关于〈划清与假话有关的几个方面〉一文的思考》。施文反驳孙文道:不论假话可以分为几种,它"违背事物真相"的本质特点总是确定的。前三种假话固然可以各自归入相应的领域,可是,这是否就改变"违背事实真相"的性质特点了呢?反之,如果说这三种"假话"可以进入相应的领域而不再叫假话,那么,所谓"虚伪性假话"是否也可以归入某一相应领域(比如归入不道德行为领域),而不成其为假话了呢?施文更进一步阐述道:我认为可以将假话分为三种:善意性假话、恶意性假话和无意性假话。善意性假话指从一个良好的愿望出发,为达到一个良好的目的而说的假话;恶意性假话则指从一个恶劣的愿望出发,为达到一个卑劣的目的而说的假话;无意性假话指由于对客观事物认识不够,因而不自觉地说出的假话,说话时并无明确的善恶动机。三种假话在生活中常被运用,但善意性假话运用得当,在生活中能巧妙地起到良好的作用,产生良好的效果,这也就是我原先提出的"该说的假话"。

上文摘引虽未能概括这场论争的全部内容,但已不难看出:双方追求的目标是共同的,都探求什么是假话和该不该说假话。目标的一致导致了双方论争方法的本质一致,如孙文提出四分法,施文提出三分法,都紧扣命题(什么是假话,该不该说假话),并通过论证使其渐趋明确,这也就是所谓"真理愈辩愈明"的情况。

(二) 事实迎战诡辩

在辩论交锋中,诡辩无论其前提、推理还是结论,都有着虚假的成分,一旦摆出事实,往往不攻自破。

> 林肯在就任美国第16任总统以前,当过律师,他曾为这样一个案子作过辩护:一个叫阿姆斯特朗的孩子,被控为谋财害命。原告方面的证人福尔逊提出证据说:10月18日(相当于我国农历九月初八或初九),晚上11点钟,在月光下清楚地看到阿姆斯特朗用枪击毙了死者。林肯为被告辩护。他问原告:"你真的看清了是阿姆斯特朗吗?"
>
> 福尔逊:"是的。"
>
> 林肯:"你在草堆后,阿姆斯特朗在大树下,两处相距二三十米,能

看清楚吗?"

福尔逊:"看得很清楚,因为月光很亮。"

林肯:"你肯定不是从衣着方面看清楚的吗?"

福尔逊:"不是的,我肯定看清了他的脸,因为月光正照在他脸上。"

林肯:"你能肯定时间在 11 点吗?"

福尔逊:"充分肯定。因为我回屋看了时钟,那时是 11 点一刻。"

林肯:"我不能不告诉大家,这个证人是个彻头彻尾的骗子。上弦月的晚上 11 点,谁看见过那么亮的月亮?月亮早就下山了……"

晚上,只要天晴,一般都有月亮,而福尔逊所指控的时间是"晚上",他是利用这两个"晚上"的表面相似之处作了诬告,而林肯以"10 月 18 日晚上 11 点,月亮早已下山了"的无可辩驳的事实,揭穿了对方以似是而非的虚假前提构筑起来的错误结论。

还可举出一例,《纽伦堡:1945 年审判纳粹主要战犯实录》一书的作者艾雷·尼夫曾参加纽伦堡国际军事法庭工作,他以生动翔实的笔调,记录了纽伦堡国际军事法庭将希特勒第三帝国 20 名活着的纳粹党头目作为战犯审判的事实,其中对德军元帅、德国空军总司令戈林的审讯很有价值。

当盟国检察当局开始审讯戈林时,他已经在证人席上待了一个星期。第一个起诉人是美国方面的罗伯特·杰克逊,审讯开始不到 10 分钟,杰克逊就陷入了困境,他很快就被文件搞得晕头转向,而戈林则看出了每个问题后面的企图,他甚至用洪亮的声音表示愿意帮助杰克逊。在整个审讯中,戈林越来越主动,而杰克逊则越来越被动,他多次在法庭上出现失态的举动,怒气冲冲地摔耳机,有一次几乎要哭了,而戈林则仿佛仍然是第三帝国的元帅。在这一个斗争回合里,戈林获胜了。他先在证人席上待了一个星期,对审讯程序的特点有所了解,也有所准备,同时,他熟悉盟国所缴获的全部文件,知道自己的弱点在什么地方。相比之下,杰克逊对文件没有准确的把握,同时主动权掌握得也不好,不仅没能发挥自己的能力,诱使证人陷入预先设好的圈套,反而允许他长时间地夸夸其谈。结果,原本应以雄辩获胜的杰克逊反而败在了戈林的诡辩之下(这一个回合其实可以看做是下文将要论及的"以诡辩迎战雄辩"的一个例证)。

在下一个星期天,戈林故伎重演。在作证时,戈林坚持说,当50名英国皇家空军的战俘军官于1944年春被枪杀时,他正在休假。此事是对这位前帝国元帅最明确的战争罪行的指控之一,可是他声称,在他们被处死之前,他对此事一无所知。但是,英国的起诉人戴维·马克思韦尔·法伊夫爵士对材料烂熟于心,他像审讯小偷似的套出了戈林的一个"口供"。戈林声称他是3月29日到达大本营的,这时距越狱发生已有5天。法伊夫当即指出,枪杀飞行员是分批进行的,一直持续到4月13日(针锋相对,以事实戳穿谎言),接着他向戈林出示了文件。文件证明,德国空军作战部曾就此事告知他们的总司令戈林(以物证、事实进一步戳穿谎言)。至此,戈林阵脚已乱,而法伊夫则不紧不忙,稳扎稳打,一步一步将他逼进了死胡同。

作为诡辩的老手,戈林对盟国掌握的材料又非常熟悉,不难想象,仅凭一般性审问是难以制服他的(杰克逊的败北即为一例),但法伊夫凭着对材料的高度熟悉,以戈林难以否认的文件和他自己口供的矛盾,最后击败了他。

(三) 雄辩迎战诡辩

诡辩素来凭借"以假乱真"的"辩"取胜,所以辩论交锋中,光靠"摆事实"往往是不够的,同时还要"讲道理",也即用更高一筹的雄辩去迎战诡辩。

孟子是先秦儒学大师,以辩术高超而著称于世。有一次,他与彭更(后来是孟子的弟子)辩论"士"不做工是否应该得食的问题。彭更问:"带着几部随从车辆、几百名学生,在诸侯中到处接受款待,是不是有点过分?"孟子说:"不合理,一筐饭也不能接受;合理,即使舜从尧那里接受了天下,也没什么过分。你觉得过分吗?"彭更不能反驳,只好把论题转变为"我不是说圣贤,我是说'士'这类人,不做工,以接受人家的奉养为生,那是不可以的。"孟子答:"如果不实行各做其事、互通有无,农民就有多余的粮食,织妇就有多余的布,但别人却无衣无食;如果实行,那么木匠、车工便都能得到食物了。假如有人在家孝父母,在外敬尊长,谨守先王之道,培养后来的学者,却又得不到衣食,你何以如此轻视那些传播仁义的人呢?"彭更又一次转移了话题:"木匠、车工做事的动机就是要混口饭吃,难道君子们传播仁义,也是混饭吃吗?"孟子再次反驳道:"你怎么可以单就动机如何来讨论问题呢?

他做的事对你有利,需要奉养就奉养他嘛。你给人饭吃,是根据他的动机,还是他做的事是否有益于你呢？这里有一个胡闹的人,他掀去房上的瓦,乱涂画墙壁,其动机就是要混口饭吃,你给吗?"彭更答:"不给。"孟子马上回到原先的问题上来:"那你给人饭吃,就不是根据其动机,而是根据其所做的是否有益于你。"

将上述之"事实迎战诡辩"与"雄辩迎战诡辩"作对比分析,不难看出二者之间的异同。其相同点在于,二者都强调对命题的深入透彻的把握,都要凭辩才取胜。即使是"事实战胜诡辩",也是通过大脑的思维,经过对材料的筛选,进而战胜对方。如林肯一例中,10 月 18 日晚上 11 点,月亮早已下山了;戈林一例中,3 月 24 日(英国飞行员逃跑)、3 月 29 日(戈林到大本营)和 4 月 13 日(50 名飞行员被分批全部枪杀完毕)的时间推断,远非如囊中取物般容易,而是需要通过缜密的分析。但"事实战胜诡辩",多表现为公布有利于本方观点的事实材料,且多以正面陈述为主,往往一经出示材料,对方的观点便不攻自破;而"雄辩战胜诡辩",则更多地需要运用概念、判断、推理等逻辑手段,类比、归谬、矛盾等论证方法去展开内容,以本方观点的雄辩性来进攻对方观点的薄弱环节,摧毁对方的理论。如孟子与彭更一辩中,彭更以似是而非的手段两次偏离原命题,都被孟子拉了回来,继续紧扣原论立论,因而"辩"的色彩比前一类更显明。

（四）诡辩迎战诡辩

诡辩迎战诡辩是现实生活中常有的情况,只是,至今还没有被人们上升到方法论的高度来认识。其实,现实生活中,人们早已有意无意地对这类辩论作了总结。譬如,"以其人之道还治其人之身",就是这类情况的显著特点之一——当对方以诡辩向自己挑战时,答辩者所用的"其人之道"不是诡辩又是什么呢？

例如,《谐史》中载,丘浚拜谒和尚释珊,珊"见之殊傲",而对州将子弟则"降阶迎之,甚恭"。丘浚质问和尚:"和尚接浚甚傲,而接州将子弟乃尔恭耶?"珊曰:"接是不接,不接是接。"浚勃然起,杖珊数下曰:"和尚莫怪,打是不打,不打是打。"和尚轻贫重富,狗眼看人,还要编出"接是不接,不接是接"的诡辩之辞来搪塞。丘浚接过他的话题类比组合,以语言结构相同的"打是不打,不打是打",针锋相对地"以其人之道还治其人之身",使和尚吃亏而无言以对。

又例如,《孟子》中记有这样一件事:任国有人问屋庐子:"礼和食哪个重要?"答:"礼重要。"又问:"礼和色哪个重要?"答:"礼重要。"问:"如果守礼节,就会饿死;不守礼节,就得到食物,难道还必须守礼节吗? 如果按礼节亲自去迎娶,就得不到妻子;反之就能得到妻子,难道一定要按礼节迎亲吗?"屋庐子被难住了,就去求教于孟子。孟子立刻指出:说金子比羽毛重,并非说一个金钩子比一车子羽毛重。任国人的错误在于"取食之重者与礼之轻者而比之"。接着孟子告诉屋庐子:"你可以这样去反驳他:'扭住哥哥的胳膊抢去他的食物,就能得食;翻过邻居的墙去抱人家的姑娘,就能得到老婆,不去就得不到,你去不去?"

任国人的一番话语,从形式逻辑的角度来考察,属于混淆了部分与整体关系的诡辩,但分析孟子的发言,同样混淆了部分与整体的关系。只是,任国人"取食之重者与礼之轻者而比之",而孟子则是"取食之轻者与礼之重者而比之"。这样针锋相对地反击,对方的荒谬不说自明。这也是以"诡辩战胜诡辩"的例子。

从此例中还可看出一个情况,在孟子这些古代大思想家、大雄辩家身上,诡辩与雄辩并非绝缘的,它们往往共存于一身,当用雄辩则用雄辩(前例中孟子与彭更一辩),当用诡辩则用诡辩(本例中孟子答任国人一辩)。

(五) 诡辩迎战雄辩

纯粹从方法论的角度而言,雄辩战胜诡辩是不言而喻的,雄辩立足于事实,立足于事物(命题)的真相或本质,而诡辩则反其道而行之,因此,诡辩要想战胜雄辩是不可能的。但是,如果考虑到辩论者的个人因素,情况就并不是如此单纯了。同为辩论者,由于口才能力的强弱差别,对辩论方法、技巧运用能力的强弱差别,具体到辩论过程中,完全可能出现诡辩战胜雄辩的情况。

如前文"事实迎战诡辩"一节中,戈林对杰克逊的一段辩论就可以算作"诡辩迎战雄辩"的例子。从杰克逊的公诉人身份来说,他的任务是要将戈林的诸种罪行事实公布于众,并依此给戈林定罪,同时,通过立足于事实真相的雄辩驳倒戈林。他所运用的方法当然只能是雄辩。但是,由于他对材料掌握得不够(相比之下,戈林对这些自己亲身经历的事实要熟悉得多,因而知道如何绕开要害问题，避重就轻），结果公布和辨析事实反而似乎成了他难以克服的困难。

那么，此案能否作为"事实胜于雄辩"的例证呢？不能。因为事实对于戈林是不利的，所以戈林不会、也不可能以事实真相去反驳杰克逊的进攻，而只能是避重就轻，狡辩抵赖。打一个比方，"事实"在这里就好比是一个千头万绪的线团，杰克逊的任务就是从这些纷繁复杂之中理出头绪来，以最有力的材料打击对方，他由于准备不足，未能解开这个线团。而深知线团一旦解开，必对自己不利的戈林又处处作梗，以至这个线团越搅越乱，似乎反而有利于戈林。可是，一旦换了能解开线团的人（如下一个回合中的英国的法伊夫爵士），对事实感到害怕的只能是戈林。故而此例中，只能认为杰克逊是输在"辩"上，是败给了戈林的诡辩，而不是败给了事实。所以此例只能算是"事实胜于诡辩"。

在现实生活中，这类辩论其实也并不少见。尤其是诡辩一方有着如簧之舌，而"雄辩"一方偏偏是个俗称的"老实头""茶壶里煮饺子，有理讲不出"，这时诡辩就很可能占上风，而战胜理应获胜的雄辩了。

值得注意的是，在"不注重争辩观点的正误，只注重争辩口才的高下"的辩论比赛中，诡辩战胜雄辩的例子就更容易找到了。如1986年亚洲大专辩论会大决赛"发展旅游业利大于弊"，正方香港大学队持"在一定条件下，发展旅游业利大于弊"的观点，用追加前提法，使原论题趋于明确，强化了本方的立论优势；而反方立论"盲目地、无条件地发展，弊大于利"，看似有道理，实际上割裂了原论题，并回避了另一半"如果根据时间、环境的具体条件，有计划地发展旅游业，则是利大于弊"，从逻辑角度分析，属于"以偏概全"。但由于在"辩"的交锋中，正方立论有余而交锋不足，反方立论不足而交锋出色，结果，反方以诡辩战胜了正方的雄辩。

再如1988年亚洲大专辩论会决赛关于"儒家思想可以抵御西方歪风"，反方复旦大学队的主论点是"综合治理才可以抵御西方歪风"，把原论题"儒家思想能否抵御"变为"怎样才能抵御西方歪风"，属于偷换论题。但由于正方台湾大学队立论不足交锋亦不足，而反方立论虽不足但交锋出色，最后，反方以偏离论题的诡辩战胜了正方紧扣论题的雄辩，获得了冠军。

诡辩究竟能否战胜雄辩？很多人对此是持否定态度的。确实，从长远观点看，从历史的宏观角度看，由于雄辩立足于事实，立足于命题（或论题）

的本质分析,而诡辩往往背离事实,背离于命题(或论题)的本质分析,因此,最后胜利者当为雄辩。

但是,现实生活中的情况是纷繁复杂的,譬如,由于雄辩一方对事实(或论题、命题)的熟悉了解程度不及诡辩一方,或者雄辩一方口才水平不及诡辩一方,尤其是诡辩一方具有某种权势和武力时,这时就不能不看到,诡辩战胜雄辩的情况尽管至多是暂时的、局部的,但却是客观存在的。

这里还可以另举一个例子。1985 年 7 月 30 日,古城西宁万人空巷,齐聚街头,观看故意杀人犯杨小民经过重审,终于依法被判处死刑的情景。一桩普通杀人案为什么会牵动千千万万人的心,原因就在于:故意杀人犯杨小民是省级干部的儿子,省法院的某些人官官相护,不顾两审定案判处极刑的判决,不顾被害者家属一次又一次的上告上访,不顾最高人民法院的六次批示,不顾社会舆论的强烈愤慨而枉法改刑,致使凶犯不仅没有得到应有的惩处,而且没有学过医却在监狱里当上了医生,甚至被父亲几次用小车接回自家居住。不仅如此,杨小民的父亲杨国英还连升三级工资,连升两级职务,从省委办公厅副主任升为正主任,继而又"荣任"省委副秘书长。此案前后拖了六年之久,终得依法纠正。而在此过程中,暴力与强权不仅曾摧残善良和真理,握有实权者的诡辩也确实曾一度使得受害者的姐姐纵有雄辩之才也有口难辩,以至不得不走上西宁街头,求救于社会舆论。

我们从受害者王强的姐姐王欢茹的街头控诉中,可以找到诡辩战胜雄辩的例证:1979 年 2 月 26 日,16 岁的小王强(和凶手杨小民都住在省委家属大院里)在水房打水,遇到年已 25 岁的杨小民,杨小民借口王强将水溅到他的裤子上,破口大骂王强,王强据理力辩。第二天,杨小民又去水房,碰到王强上厕所,说王强用眼瞪他,随即回家戴上墨镜、口罩,穿上风雪大衣,手持半尺长的藏刀,闯入王强房内,乘其闭眼躺在床上,当胸就是一刀,接着又不顾王强连呼"哥哥饶命",连连下刀。后经医院检验,王强全身被刺 21 刀,伤及内脏 14 刀,有致命伤 10 处,左肺捅穿两个洞,右肺捅穿一个洞,一块肺叶已经掉了,肠子多处断裂,肾脏被损,终因抢救无效而含恨死去。此案证据确凿,西宁市城中区人民法院和西宁市中级人民法院皆判决故意杀人犯死刑,立即执行,但此案被省法院院长杨树芳改判死缓。当受到王强家属责问时,杨答,改判死缓,由他负责任。理由有如下几点:(1)杀人起因是小事;(2)房子里的事很复杂,谁也说不上来;(3)你们说王强死在床上,其实并未死在床上;(4)你们说王强被捅了 21 刀,其实只有 14 刀;(5)王强表现不好,杨小民表现好。读一读杨树芳的袒护之词,不难看出,没有一句不是诡辩。洋洋洒洒共五大点,既谈了起因,又谈了现场,而且还联系了平时表现。看似面面俱到,实质上回避了最本质的也是最重要的一点:凶手手持藏刀向对方刺去,是知其后果而为之的。值得注意的是,尽管他是在诡辩,但在当时,谁能奈何他呢?

以诡辩战胜雄辩和以暴力(武力)战胜雄辩的区别在于:前者虽有权势或暴力为依凭,但在辩论时仍表现为以辩对辩,并不直接运用权势或暴力(如省法院院长杨树芳仍然是以语言在为自己作辩解,没有直接运用院长的权势对王强家属有所行动),而后者则往往直接显示权势或暴力,并且辩论语言不多(如当年希特勒逼降欧洲诸国时就是这样,在兵临城下的严峻形势下,波兰等国的首脑只好签字宣告投降),两相比较,暴力以其歹恶而令人恼怒,令人忿恨,而诡辩明明是不讲理却还要摆出讲理的姿态,就难免蒙上一层虚伪和令人憎恶的色彩了。

【思考与练习】

1. 每个人都希望自己能够成为论辩高手,如果最后发现自己说得口干舌燥的一场辩论,竟然没有和对方发生交锋,恐怕确实是一件让人扫兴的事。认真反思一下,自己身边发生过的辩论中,是否也出现过"有论无辩"的现象?举例并分析理由。如果这样的事就发生在自己身上,尝试从心理学等不同角度分析原因,并与同学交流。

2. 一般说来,辩论中必须反应敏捷,并且应对准确,这是大家都认同的。而辩论时还应当遵守道德原则、符合审美要求,恐怕关心的就不多了。你赞成这种要求吗?试发表自己的看法,无论赞成还是不赞成,都需注意论点鲜明、论据充足、论证完整。

3. 在大学生中,大概没有一个人不知道"事实胜于雄辩"这句话的。但是本讲在进行辩论交锋的基本类型划分时,却唯独没有这一种类型。你认为"事实胜于雄辩"吗?如果你认为"事实胜于雄辩",请注意以实例来证明,看看这种类型究竟存在不存在。

4. 你如何看待辩论中的输与赢?

第十三讲

立论与辩驳训练

立论与辩驳的训练,主要采取论辩比赛的形式。

论辩比赛既具有局面多变等一般论辩的特点,又与一般论辩有所不同。论辩比赛的题目,常以针锋相对的形式两两出现,大型论题如"儒家思想可以抵御西方歪风""人性本善"等,小型论题如"大学生在校期间能否谈恋爱""分数是不是学生的命根"等,正反双方肯定与否定的不同态度就构成了针锋相对的辩论形式。注意分析这些论题可以发现,双方论点一般都各有一定的道理,同时又有其不足之处,有时实质上是一个完整的论点一分为二。因此,不仅论辩初始,双方论争的地位平等,而且一般说来,任何一方想在理论上彻底击败对方都是不可能的,辩手只能通过"实战"时进攻和防守的技巧运用,显现出自己的理论深度和技巧水平,以略胜一筹取胜。

一　论辩赛审题立论的技巧

论辩比赛还有一点与一般辩论不同的是,通常可以事先(有时可以提前若干天)见到论题,具有一定的"可谋划性"。因此,交锋前的战略战术准备,诸如确定立论形式,选择进攻角度以及选取例证、协调配合等等就成了必不可少的准备工作。而在诸方面工作中,首当其冲的,而且在目前各类论辩训练中常常被忽略,或者是虽意识到却苦于无从着手的,是如何进行立论训练。

(一) 全方位审题法

论辩训练的参加者,无不希望本方立论严谨,论证周密,以确保论述的雄辩力量。而要实现这一目标,首先应在接到论题后进行尽可能严密的审题,于是,全方位审题法就在论辩素质训练中理所当然地受到了重视。

所谓全方位审题,是充分运用论辩思维的多层次、多角度性原理,对论题进行多重的、周密的考察,力求发现全部有利于本方立论的角度,或用于本方的论证发言,或备而无患,作为本方应急救险和向对方突袭的秘密武器。

当然,从严格意义上讲,全方位审题实际上是难以做到的,因为,"要真正地认识事物,就必须把握、研究它的一切方面,一切联系和中介,我们绝不可能完全做到这一点,但是全面性的要求可以使我们防止错误和防止僵化"(《列宁全集》第32卷第83页)。而"全方位"的要求也正是取此意而用之,它对于我们参赛时活跃思维是明显有好处的。

全方位审题可以分为两个部分:细部审题和整体审题。

细部审题是全方位审题的主题部分,它是将论题按照可以独立的意义单位("词"或"词组")分为若干个小节,然后逐小节进行全方位审题。这种从最小的意义单位入手进行的"细致入微"的审题,可使立论达到相当周密的程度。

就审题步骤而言,全方位审题可以先由细部审题进而达到整体审题,也可以先进行整体审题,从整体上把握了立论的要求后,再转入细部审题,逐小节地提出尽可能多的有利于本方立论的分论点和论据,最后再回归到整体审题,提出思考周密、立论严谨的论证过程。这里,试以1988年亚洲大专辩论会大决赛中上海复旦大学队对台湾大学队的辩论"儒家思想可以抵御西方歪风"一场为例,以全方位审题法剖析如下:

按照细部审题要求,本论题可有4个主要环节:(1)儒家思想;(2)西方歪风;(3)抵御;(4)可以抵御。

这场比赛,复旦大学队获胜,台湾大学队败北。通过审题剖析,我们不难发现其胜负的原因。

首先看第一个,儒家思想。要完成此题的论证,必须扣紧"思想体系"这一整体展开,这一点对正、反双方来说,任务都是一样的。譬如,可将儒家思想分成精华和糟粕两部分,则反方必须论证:不仅糟粕部分不可抵御,而且精华部分也不可抵御;而正方则须论证:不仅精华部分可以抵御,而且糟粕部分也可以抵御。双方这才算是完成了论证。如果只论证了其中一个部分，则有以偏概全、偷换论题之嫌。

从这一要求来检查正方的发言，不难看出一开始就气势不足。比赛中正方第一位辩手发言的结论是："儒家思想的完全发扬可以抵挡西方歪风的继续蔓延扩大。"这也就是说，即使在"完全发扬"的前提下，也只能使西方歪风不再"继续蔓延扩大"。这就相当于要求论证某消防"系统"足以灭火，而现在只论证该系统"功率开足"也只能使火灾不再"蔓延扩大"，这个"系统"能够"灭火"吗？由此不难看出，正方一开口不仅没有强化本方的论点，反而有所削弱，甚至对原论题的"可以抵御"已作了某种程度的"自我否定"了。

其次是第二个，西方歪风。审题中不难发现，正、反双方均可以采用"实用主义"的解释方式，也就是说，各取对自己有利的解释义。如反方可以用"扩大外延"的方式，将"西方歪风"解释为"西方刮过来的风就是西方歪风"，这就将"西方歪风"定义为"西方价值观念体系"，有助于加大"儒家思想抵御"的"难度"，有助于立论"不可以抵御"。而正方则宜采用"缩小外延"的方式，将"西方歪风"解释为"在西方也受到抵制的不正之风"（如吸毒、性混乱等），这就将"西方歪风"定义局限在"西方价值观念体系"的"糟粕"部分，有助于减轻"儒家思想抵御"的"难度"，有助于立论"可以抵御"。

以此审题检查正方发言，又不难发现其失误，仍以正方第一辩手发言为例，其发言将"西方歪风"定义为"重功利、淡人情"等，这就将"西方歪风"定义为"西方价值观念体系"，取的是有利于对方的解释而不是有利于本方的解释。

再次是第三个，抵御。这里有一点需要说明，为什么要将"抵御"与"可以抵御"分作两个意义单位？由细部审题可知，"可以抵御"可归入功能考察，"抵御"可归入实效考察，实则具有不同的内涵。

我们不妨先看第四个，可以抵御。首先，从论题要求看，只要能论证具有抵御功能，就可以立论"可以抵御"，好比一件皮大衣，虽然挂在墙上，未穿上身，但其具有御寒功能是不难论证的。而反方则必须论证不具有"可以抵御"的功能。反方复旦大学在发言中称"儒家思想是一件美丽的丝绸衣服，在西方歪风冰天雪地人人自危的时候，它是起不到抵御的作用的"，从审题要求看，立论角度是对的。但是，细部审题应突出其"细"，这就又要求进一步思考，也即：独自进行的抵御无疑是抵御，作为共同抵御的诸因素之一也是抵御。例如，三九严冬，缩在墙角的乞丐，为何越是冻得发抖，越是裹紧披在身上的破麻袋片呢？因为麻袋片虽然不能完全驱走寒冷（御寒于身体之外），却可以抵御一些寒气；再如裘皮大衣固然有抵御寒冷的功能，但严冬季节谁也不会光着身子穿裘皮大衣的，那些同时贴身穿着的内衣内裤、毛衣毛裤也有抵御寒冷的功能。因此，可以说，裘皮大衣、内衣内裤、毛衣毛裤乃至破麻袋片都具有抵御寒冷的功能，同理，丝绸衣服无疑也具有抵御寒冷的功能。从这一角度分析，复旦大学将儒家思想比作丝绸衣服，实际上对台湾大学队有利，但台湾大学队因细部审题不够，未能"反其意而用之"，实为又一失招。

再看第三个，抵御，即实效考察，"细"而析之，可有双重考察角度：一为横向考察（或称结局考察），即能否"抵御"必须以产生实效为证。在比赛中反方复旦大学队一再要求正方"举出一个实例来，哪怕一个"，进攻的角度是很刁的，也比较有力，这也可以说是一个对正方不太有利的角度。但是，同为实效考察，还可有一个纵向考察（或称过程考察），也就是说，任何"抵御"，由开始生效至产生实效，其实都有一个发展过程（如裘皮大衣由穿上身到驱走寒气，当然有一个时间过程）。尤其是两种思想的交锋，更是一个长期的复杂的过程，其间还会有曲折、反复。暂时的成功并不意味着最后的成功；同样，暂时的未成功也不意味着最后的不成功。例如，抗战八年，我们能根据日寇当初长驱直入，侵占中华国土达八年的事实断言中国人民不能抵御吗？同理，纵使儒家思想暂时未能"御敌于国门之外"，但只要具有抵御功能，就可以在辩论中将之归结为"抵御过程"还未结束，就可立论"相信终将御西方歪风于国门之外"。这样，反方要求正方"拿出一个实例来"的不利局面就可以回避掉而"反被动为主动"了。但是，台湾大学队对此未作任何辩驳，实为又一失招。

综上所述，台湾大学队由于赛前审题不够，以至在发言中多处有失，这就不能不给本方的获胜大大地增加了难度。

需要指出的是，审题的目的，其实表现在两个方面，一是为了本方立论周密严谨，二是为了进攻对方。用同样的审题方法来听取复旦队的全部发言，也不难抓住其漏洞和失招，例如：

1. 复旦队在举例时，从季桓子的"好色"，说到公慎氏的"出其妻"，说到子夏的不肯借伞给孔子，均与原论题无关，因为当时还无西方歪风，这几位也不是西方歪风的代表,并不能作为"不能抵御"西方歪风的证明。至于袁世凯、孙传芳等人,既不是推崇儒家思想的代表,也不是抵御西方歪风的代表,以其为论据,能证明什么呢?

2. 复旦队在论证中,以"新加坡中央肃毒局对瘾君子们宣讲儒家思想","对持刀抢劫者念一段《论语》"的无效来证明"不能抵御",论证不能成立。因为能否抵御只能由信奉者自己付诸行动来验证,上述例证由信奉者(是真信奉还是假信奉尚未可知)宣讲,由不信奉者抵御,实属机械割裂。

3. 复旦队以信奉儒家思想的台湾地区和新加坡出现了"飙车少年""彩装少年"等作为"不能抵御"的论据,论证无力。这些人不但不是"不能抵御"的论据,反而倒是背叛儒家思想,以致不能抵御西方歪风的明证。如果能(通过及时的、潜移默化的教育)使这些青年注意"修身",严于"律己",必当发奋努力,以求"齐家""治国""平天下",何至于"舍熊掌而取鱼"呢?

据上述分析,不难看出,复旦队虽为胜方,但其论证却并不是很严密的,台湾大学队完全有可能实施反击。模拟要点如下:

1. "儒家思想能否抵御",应扣紧"思想体系"作全面分析,复旦队的全部发言,只论儒家思想之糟粕,而对精华部分避而不谈,除抽象肯定(寥寥数语)外,无一例证,无一分析,这就将原论题实际上变成了"儒家思想之糟粕不能抵御西方歪风",此为其诡辩立论之一。(说明:正方台湾大学队可以这样立论:儒家思想的精华足以抵御西方歪风,如"老吾老以及人之老,幼吾幼以及人之幼"的思想就足以抵御西方"重功利,轻情义"的价值观念;儒家思想的糟粕也同样可以抵御西方歪风,如"女子从一而终",女性一辈子只有一个性伴侣,那么艾滋病就被"抵御"了。)

2. 复旦队的发言中,谈到中国古代(季桓子、公孙氏、子夏等)、中国近代(吴佩孚、孙传芳、袁世凯等)以及东南亚地区的当代(台湾"飙年少年"、新加坡"彩装少年"等),唯独无一字谈及西方歪风,这是以非论证对象充作论证对象,为其诡辩立论之二。

3. 复旦队的发言既未分析儒家思想(只谈了几个属于"糟粕的例子"),也未分析"西方歪风",却反复强调"综合治理才可以抵御",不知要抵御的究竟是什么?退一步说,作为其立论的王牌,"综合治理才可抵御西方歪风",也偷换了论题,将原论题变成了"怎样才能抵御西方歪风",此为其诡辩立论之三。

4.复旦队强调"抵御就是御敌于国门之外"，要台湾大学队"举出一个例子来"。台湾大学队其实也可反问复旦队能否举出一个通过"综合治理"彻底扫荡西方歪风，并且"御敌于国门之外"的实例呢？

这场比赛总结发言时，复旦队在前，台湾大学队的总结发言压轴。如果他们在发言中适当地压缩掉第二自然段对19世纪时西方用坚船利炮打开东方各国大门的历史回顾(此内容与论题无关)、第三自然段对"综合治理"的驳辩(被复旦队拖离了原论题)，而紧扣论题，以上述之反向推理指明对方的理论全部建筑于诡辩的沙滩之上，设想一下，当时复旦队已耗尽本方的全部发言时间，突然遭到这么一场意外的进攻而无权还击，这个桂冠还能轻易捧走吗？

（二）辩证立论法

辩论比赛的辩题，常常以将某一命题一分为二的方式，将"肯定"和"否定"两个对立的命题作为规定观点分配给正、反双方。如果接到辩题(分命题)的双方，只按分命题的表面规定展开立论与驳论，双方往往是利、弊各占一半，理论上地位相等，很难显出较强的优势。

而所谓"辩证立论法"，则是运用辩证逻辑的基本原理，对辩题进行辩证处理，使得本方观点由规定的"一个"(观点)变为两个(一主一附)。附加的观点往往具有双重的功能，对本方的主观点(即规定立场)来说是个有力的强化，而对对方来说则是一个陷阱，是一个一旦陷进去就可能导致全军覆没的沼泽地。

这里，试以中国科技大学辩论队在这次辩论赛中的两场实战为例，将"辩证立论法"演绎如下。

首场辩论，中国科大迎战武汉大学，科大队为正方，立场是"生态危机可能毁灭人类"，武大队为反方，立场是"生态危机不可能毁灭人类"。

一开始接触辩题，科大队曾认为，既然要论证"生态危机可能毁灭人类"，顺理成章，应当强调生态危机的范围之广泛、性质之严重已足以毁灭人类，并且实例展示越充分，对本方观点的论证力就越强。

但是，经过深入的讨论分析发现，如果只从生态危机的广泛性和严重性方面展开话题，其实并无优势可占，因为这样不仅容易将辩题绝对化，而且实例展示得越是充分，就越是容易将"可能性"和"现实性"相混，这就自己给自己扣上了"悲观主义"的帽子。因此,应当从生态危机具有毁灭人类的性质角度展开论述,即只要能论证生态危机具有从根本上毁灭人类生存环境的性质,就可以立论"可能毁灭人类",而不要以"既成事实"来论证其"可能性";同时,人类具有改造客观环境的主观能动性,所以,这种"可能性"也有可能不向"现实性"转化,也即生态危机也有"可能不毁灭人类"。至此,科大队有了一个重大发现,即不论人类具有何等的主观能动性,他们所做的,从哲学的角度而言,充其量只是对生态危机毁灭人类的可能性的转化(使"可能"转化为"可能不",而不是对这种可能性从根本上加以消除,使"可能"变得"不可能")。

于是,科大队确定了自己的辩证立论观点。一方面,一字不改地坚持认为,"生态危机可能毁灭人类"(规定的观点),另一方面又认为,由于人类具有改造自然的主观能动性,并且,只要这一主观能动性发挥正确,生态危机也就"可能不毁灭人类"。后一观点是科大队追加的,可称之为"附加观点"。"可能"与"不可能"实际是对原观点"可能"的辩证式强化。

当科大队将此辩证观点与武大队的观点对照时发现,由于辩题立场的限定,他们也必须在承认生态危机广泛存在并具有一定严重性的前提下,谈发挥人的主观能动性,这一点双方可以说是一致的,仅在立论上有分歧。正方既可以坚持"可能",也可以附加承认"可能不",而对方既然坚持"不可能",就不能承认"可能不"("不可能"与"可能不"二者之间有一定的矛盾对立性)。

于是,科大队确立了对武大队的战略,即将他们的论点、论据与论证统统往"可能不"的陷阱里赶。要求队员在辩论中,抓住对方必然要进行"生态危机和人的主观能动性的关系"的综合分析,认定他们所做的阐述只是论证了"矛盾转化"意义上的"可能不",而不是"矛盾消除"意义上的"不可能"。由于"可能不"已被科大队作为附加观点,所以,只要把对方赶进了"可能不"这个"陷阱",他们的全部论证就实质上是强化科大队观点,是在为科大队"作嫁衣裳"。

这一番论证当然不是无懈可击的,但是,当它作为"秘密武器"在辩论场上突然亮出来时,对方是来不及防范的。果然,实践开始,武大队不出所料,以人的主观能动性为论证中心(提出了"绿色革命""可持续性发展"等一系列论据),而科大队员则在正面阐述立场的同时,轮番强调对方辩友的论证,充其量只能实现"可能不",而完全没有论证"不可能"(没有论证如何消除生态危机破坏人类生存环境的根本属性)。在这一"轮番强调"过程中,正方又多次运用了类比式的"调侃"。例如:"对方辩友努力学习,考试可能及格也可能不及格,但你能说,你永远不可能及格吗?""我买了彩票,可能中奖,也可能不中奖,但你能说我绝不可能中奖吗? 不可能中奖的彩票还能叫彩票吗?"等等。

中国科大队的这一辩证立论得到了评委的好评。评委代表、著名经济学家伍贻康教授在评讲时指出:"正方也很清楚在能毁灭还是不能毁灭这个问题上不要走极端,所以正方在破题的时候,就非常巧妙地说了可能毁灭人类,也可能不,而不是不可能,这个破题是非常巧妙的。"大赛嘉宾、复旦大学哲学系主任俞吾金教授在《辩论之道》一文中评价这次大赛时写道:"在初赛第三场中,正方中国科技大学队关于生态危机问题的立论就比较严密,他们不仅对生态危机的概念做出了严格的界定,而且又作了重要的补充:由于人类有能动的对世界改造的一面,所以,生态危机既可能毁灭人类,也可能不毁灭人类,但'可能不'不等于反方向的'不可能'。正方的一辩的这一补充之所以特别重要,因为它一方面使正方的立论严密化了,另一方面又指明了反方的立论在逻辑上的根本弱点。所以在这场辩论中,正方一直比较主动。"

半决赛中,中国科大队迎战浙江大学队。科大队的立场是"医学发展应有伦理界限",浙大队的立场是"医学发展不应有伦理界限"。如果只是根据辩题字面意义展开论述,正方很容易大谈伦理道德对医学发展的正面指导作用、积极作用,而反方则容易大谈伦理道德对医学发展的负面约束作用、消极作用,如果这样,则难以辩出水平高下。科大队再次运用了辩证立论法,先将"伦理道德和伦理界限"作了不同的界定,将伦理道德看做是"精华与糟粕"共存的综合体(实体状),而伦理界限是这个体系与外部(非伦理、反伦理)的交接线(线状)。其次,科大队认为,医学伦理发展的界限(线状),其内涵就是"治病救人,救死扶伤",这个界限在医学发展的任何时候都应当保持,不可逾越(一旦逾越,医学就不再是医学,而可能变为反医学、伪医学)。再次,伦理道德体系在任何时代,都是精华与糟粕共存的综合体,所以,它与医学发展的关系是双向的、有机的、辩证统一的。科大队将这一关系明确为"伦理道德持续地呼唤着医学的发展,而医学的发展一次又一次地推动了伦理道德观念的更新"。

辩论开始后,浙江大学队果然不出所料,大谈伦理道德中的消极成分对医学发展的制约,但科大队立即指出:其一,对方谈的是伦理道德与医学发展的关系,而不是辩题所规定的伦理界限与医学发展的关系;其二,对方所谈的是伦理道德中的糟粕部分对医学发展制约的一面,却完全没有涉及其精华部分对医学发展推动的一面;其三,对方所谈的消极作用,只是科大队附加观点"辩论关系"的两个方面之一,只谈了"制约"没有谈"推动",只谈了伦理道德的糟粕部分对医学发展的制约作用,没有触及医学发展对伦理道德观念更新的反作用。

这样,几番交锋之后,浙大队的理论阐释就被死死地困住了。尤其在转入自由辩论之后,浙大队阵脚大乱,不但失去了反击力量,甚至出现了将科大队的主观点作为自己的观点大声复述的重大失误。这里,我们不妨将经过上海教育电视台整理后仍保留在文字记录中的一次重大失误如实展示如下(原文见《世纪之辩——首届中国名校大学生辩论邀请赛纪实》,本书中有关此次辩论赛的文字、评述皆见此书,不另注):

> 科大队四辩:现在我们有个医术不错,但心术不正的医生,你敢找他看病吗?小心治病不成反误了卿卿性命啊!(紧扣辩题发起进攻。)
>
> 浙大队一辩:对方辩友品德高尚,但我有病绝对去找医生,而不是去找对方辩友。(虚晃一枪,既未应答,也未反击。)
>
> 科大队三辩:请对方辩友告诉我们,如果不应当有伦理界限的话,医学和兽医学有什么区别?(再次紧扣辩题发起攻击。)
>
> 浙大队二辩:我请问对方辩友,医生是干什么的?是预防和治疗人类疾病的。兽医是医学吗?(提了两个问题,一个是自问自答,另一个是正方王明强提的问题的重复,没有攻击力。)
>
> 科大队一辩:如果没有伦理界限,我们的医院只要评"三有"新人就行了,不要"四有"新人了。为什么还要有道德呢?(第三次紧扣辩题发起攻击。)
>
> 浙大队四辩:对方同学又搞错了,刚才我就指出过,医学发展必须要有伦理界限,人的活动当然需要。(重大失误处!该同学作为浙大队三辩,大声肯定了对手科大队的主观点,浙大队的失误当时就引起了

场内的骚动。)

科大辩论队严谨的立论、周密的论证,给大赛留下了深刻的印象,而其中,"辩证立论法"更是受到了多方的交口称赞。

二 论辩赛中的攻守对策

论辩比赛中,由于双方论点各有其合理及不足的一面,就不能不强调一个"辩"字。论辩比赛,一旦通过拈阄确立了正、反方以后,不论论辩者感情是在哪一方的,都必须为自己一方承担的观点辩论到最后一刻。

而且,在日常辩论中每每遭到非议的"得理不让人,无理搅三分",在论辩比赛中只要能适当保持风度和技巧运用恰当,就不仅是合理的,而且还会被认为是口才好的标志。

(一) 追加前提法

1986 年亚洲大专辩论会上,在内地学生同香港学生争夺第一名的决赛中,香港学生的论题是"发展旅游业利大于弊",问内地学生是否赞同。按照比赛规则,表示赞同就是承认失败;而如果硬性反对,理由不充足又难以取胜。此时,内地学生的回答是"如果不分时间、环境,盲目地发展旅游业就是弊大于利",进而击败了香港学生。

上例中,内地学生的应答不仅为我们提供了一个雄辩的范例,而且也向我们提供了辩论赛的一个重要技巧:追加前提法。

辩论比赛的论题,一般说来,文字较简洁,即使有时在公布论题之际先播放一段录像,或先提供一段情节,但是就论题而言,仍不是非常详细的。这就导致了一种情况:因为论题外延过大,内涵不够明确,辩论双方对同一问题都难以做出简单的肯定或否定。比如有这样一个辩论题:"婚事应不应当大办",其中,"大办"的内涵就很模糊。何为"大办",往往由于双方理解上的不同,导致论了半天,双方谈的却不是一回事,或者辩了老半天,大家原来观点一致。对于因外延过大而难以做出明确的肯定或否定的论题,"追加前提"往往是缩小外延、丰富内涵,从而巩固本方论点并进而取胜的一个有效手段。

例如,国内曾有过这样一场很轰动的辩论:"一位母亲听说读高中的女儿与外校的男同学有书信来往,有一次,拆了这位男同学的来信。你怎么看待这件事?"(参见《演讲辞精选》,东北师范大学出版社版)现场辩论是这样的:甲方认为:"根据我国新婚姻法的规定,母亲对女儿有监护和教育的权利和义务",因而对"拆信"持基本肯定态度;而乙方则认为:"宪法明文规定,公民有通信的自由,他人无权干涉",因而持否定态度。双方越辩拖出来的问题就越多,以至相持不下,最后主持人赵忠祥两次提出:"干脆就谈一点,你是同意拆呢,还是不同意拆?"不难看出,简单的"同意"还是"不同意",都不容易取胜,而由于辩论双方都不善于运用"追加前提法",以至主持人两次追问,都未能引出令人满意的答案。

如果"追加前提"呢? 情况就大不一样了。甲方可以这样立论:在一般情况下,不必要拆。在特殊情况下(此即"追加前提",比如女儿可能已经和他人约定,准备"一起离家出走",而这封信可能就是通知如何行动的呢),有时就不得不拆。而乙方可以这样立论:情况是否属于特殊,必须以信的内容为依据,而在拆信前,母亲并不知道信的内容,也就难以确定是否属于特殊情况,既然无法断定情况是否特殊,当然也就不能拆了。

"在特殊情况下"这一前提就是根据命题的特点而追加的。因为母女二人皆为"活体",二者之间的关系是动态的、发展的。当母女关系融洽,母亲对女儿比较了解,比较把握得住时,当然不必去拆信,也不会去拆信。但是当母女关系不够融洽时,母亲对女儿了解不足,感到把握不住时,遇到特殊情况,拆信也就可以理解了。至于乙方提出的"拆信前不知信的内容,无法断定情况是否特殊",甲方仍可用"追加前提"的方式继续予以反驳:"信的内容固然是断定情况是否特殊的重要依据,但不是唯一依据,根据女儿近日来是否有反常的举动,以及老师、同学前来告知的情况,仍可予以断定,因此在特殊情况下,母亲拆阅女儿的来信是可以理解的。"(当然,乙方也可以进一步反驳。)

辩论比赛忌讳从理论到理论地空发议论,而"追加前提"则是引导论题向"现实"推进,从而避免空谈的好方法。仍以"拆信"的这场辩论为例,从一方面看,母亲固然对女儿"有监护和教育的权利和义务"(理论),但是看一看生活中那些和睦融洽的家庭里(追加前提,引向现实),能有几位母亲是因为"新婚姻法"有条文规定,于是就以拆看未成年女儿的通信作为行使

"监护和教育"之权的日常手段呢？再从另一方面看，宪法确实保护公民的通信自由（理论），但万一女儿见了此信，就很可能要跟他人出走时，母亲也会因为"宪法有条文规定"，而绝不能做检查吗？读一读《演讲辞精选》中所录的这场辩论的全过程，不难看出，由于没有认识到"追加前提"的作用，在比赛中，双方发言固然不无敏捷、犀利之处，但都存在着"从理论到理论"的空谈情况，这就使得辩论有时失之肤浅，结果双方谁也说服不了谁，最后由主持人赵忠祥引出听众的发言，以另一种形式结束了这场辩论。

"追加前提"也可以从另一角度进行，当原论题内涵虽明确，但却立论依据不足时，也可通过扩大外延来包容原内涵，使立论力度得以加强。如1995年首届中国著名高校辩论赛第二场"流动人口的增加有（不）利于城市的发展"（正方：复旦大学，反方：北京师范大学），反方持"不利于"观点，其四辩在"总结陈词"中就采用了"扩大外延"的技巧对正方实施攻击，其中有这么一段："对方辩友……将（人口）流动这个机制带给城市发展的好处等同于（人口）增加带来的好处，在片面的发展观的影响下，更推出了一个错误的结论：那就是'增加'就有利于发展……这不由得使我想起了本世纪中期那场关于人口增加与中国发展的论战，遗憾的是，中国人民因为一个简单的逻辑推理并且因为一个简单的发展模式的错误，使得在几十年中，6亿人口激增到了12亿，那一念之差酿成的苦酒，我们今天还在喝，难道人们还愿意将城市的发展再导入一个鼓励流动人口增加的误区吗？"这就是"追加前提"的另一种情况，新观点既发展了本方的原论点，又强化了原论点的论述力度。

在辩论比赛和训练中，"追加前提"并不是可以随心所欲、任意为之的，必须根据命题，在难以得出结论时，才作某些必要的"追加"。仍以"拆信"这场辩论为例，如有一个回合乙方助辩提出："如果她（指母亲）是一个单位的领导（追加前提），她要了解职工思想情况，那么请问，她有权拆人家的信吗？"就属于"误加前提"的情况，这种误加往往会导致偏题。在"拆信"辩论的当时，这段话马上就被对方主辩抓住，当即指出："母亲和女儿是以血缘关系为纽带的……脱离了这一点，空谈拆信问题，是离题的。"

（二）稳守交点法

在辩论比赛和训练中，由于相当一部分辩题形式上虽然针锋相对，实际上是就同一论题从不同角度、不同层次提出的不同看法。如果双方各自持原论题展开辩论，就会发生看起来争得很激烈，实际上却未能谈到一起的"论而未辩"的情况，因此参赛双方常常将原论题的思维轨迹稍作偏转，以使其产生论争的交点。

有些辩题，辩论双方可以共同占有同一交点立论，于是在比赛中，双方常常表现为"争夺交点"，并力求本方论证的全过程始终在"交点"的控制之下，进而去战胜对方（参见"交点界定法"）。

但是，还有相当一部分辩题，双方无法占有同一交点。这类论题，原已或多或少地对某一方有利，一旦这一方界定交点后，便会明显强化原论题中的潜在优势，这时，很自然地，处于劣势的一方便会不遗余力地向对方的交点进攻，于是占有交点的一方，如何稳守交点，始终保持战略优势，也就值得注意研究了。

我们不妨先看一个原已获得"交点"优势，却在比赛中失败的例子。

1986 年亚洲大专辩论会决赛"发展旅游事业利多于弊"一场，从原论题看，利弊孰多，很容易变成正方大谈"利"而回避"弊"，反方大谈"弊"而回避"利"，以致出现"论而未辩"的情况。在比赛中，双方都不约而同地运用了"交点界定法"，只是"交点"互不相同。正方是："在一定条件下，发展旅游事业利多于弊"；反方是："盲目发展旅游事业，弊多于利"。那么，哪一方在战略上更优越呢？不妨作一个分析比较。先看正方，对于"在一定条件下"，他们作了阐释，即"配合自己国家的特点、独特的文化、工业和自然环境，甚至是一种独特的节日"（第一辩手语）；"是有理智的、有计划的一个过程，一个从无到有，从劣到佳的过程"（第二辩手语）。不难看出，这样一来，原论题就被"一分为二"，同时也出现了另一种情况，即"不配合自己国家的特点的""不理智的、无计划的"情况，而这另一种情况属于"盲目发展"，正是正方进攻的目标。这也就是说，正方的交会论点将原论题一分为二，肯定了一种情况，否定了另一种情况。因此，这一交会论点全面紧扣了原论题，同时强化了本方的立论优势。而反方的"交点"也"二分"了原论题，取"盲目发展旅游事业，弊多于利"立论，但却无法否定另一半论题："有计划地发展旅游事业，利多于弊"。两相比较，不难看出，正方的"交点"在战略上处于优势，而反方的"交点"却冒了偷换论题的风险。

但是，令人遗憾的是，比赛中获胜的却是反方，原因何在呢？综观辩论比赛,可将其分为"立论"和"辩论"两大部分,既不能"以立论代辩论",也不能"以辩论代立论"。两大部分构成了辩论比赛和训练的两大主体环节,任一环节逊于对方,都可能导致总体上败给对方。上述比赛中,正方香港大学队尽管在辩题上享有"占据交点"战略优势,却未能最终战胜对方。这里略作剖析如下:

先看双方的立论,正方香港中文大学队没有玩什么技巧,只是依照题意作了剖析式阐释,但反方却避开了于己不利的"就题论题",而是对辩题来了个"一分为三"的"内涵界定",提出"旅游、旅游业和发展旅游业不是一回事"的新论,认为"旅游是人类的一种活动,它的好处人所共知,但不是今天讨论的范围",这就将"发展旅游业"中相当一部分的"利"划到"题外"去了,继而再猛攻"旅游业难以独立生存"和"发展旅游业需受条件所限"等诸多"弊"端。这种"一分为三"的立论法,冷静分析并无多大价值,对反方立论也无多大帮助,但它具有一种"本方早已吃透了论题"的咄咄逼人的气势,搅乱了对方的理论防线,对其形成了压力进而为反方夺魁奠定了良好的基础。而且,由于正方未能及时给以有力反击,自己"占据交点"的立论优势受到了干扰。

转入交锋,尤其是自由辩论后,正方自始至终都没有充分利用本方的"交点"优势,从战略高度向对方"偷换论题"的薄弱部位施加任何打击,此外,面对反方的轮番强攻甚至"强词夺理""无中生有"等手段,不仅没有给予有力的反击,反而不止一次地受到对方的牵制,以致脱离"交点",直至最后,"交点"优势反为对方所得。香港中文大学队在这场比赛中的败北,有力地证明了"明确交点"和"稳守交点"是比赛中两大重要的制胜环节,需加以同等重视。

这里,我们再通过一个成功的例子,剖析"稳守交点"法是如何确保战略优势,直至胜利的。

1987年北京"走向2000年"电视辩论赛中有一场"进口高档消费品利大于弊"的辩论。该论题与上一论题"发展旅游业利多于弊"相类似,利弊孰多之争,很容易出现"论而未辩"的情况。同时这道题看似中立(以当时的观点看),实际是有利于正方,一经明确交点后,更是显出了正方的优势。现场比赛中,正方的交点是:"在社会主义国家的计划指导控制下,进口一定量的高档消费品,利大于弊。"这里,关键词"一定量"加得巧妙,妙在以

"一定量"使其"利"大到最大限度,同时,以"防止过剩"来"防止其弊"。因此,这道题已经通过"一定量"的"扬利除弊"作用,使原论题成为"进口一定量的高档消费品,有利无弊"(正方也正是这样立论的。他们从六个方面来证明"利",而对"弊"不加剖析,如此而无"偷换论题"之嫌,大大得益于"一定量"三个字)。而反方则难以找到这样好的"交点",如果仿照上一道论题中的反方那样,来个"盲目进口高档消费品,弊大于利",差不多就等于认同正方的观点,自认失败。所以,反方只能寻找机会,或设法"引诱"正方脱离"交点"。但是,正方始终"稳守交点"直至结束,故而反方未能挽回败局。

具体而言,正方是这样"稳守交点"的:

首先,正方以优越的战略地位战胜并包容了对方的分论点。如比赛一开始,正方对外经济贸易大学队第一辩手提出"一定量"立论后,反方北京商学院队第一辩手立即以巴西当年严格禁止进口小汽车,引进技术设备发展国内生产,现成为汽车出口大国为例发起进攻。正方第二辩手立即将其观点"包而容之":"限定并不等于禁止……进口一定量的高档消费品,(适应了)我国经济技术不断发展……(也)正是为了更好地发展社会主义生产。"反方第二辩手接着又以我国外贸方面巨额逆差为由,指责会导致"入不敷出"。正方第三辩手再次"包而容之":"引进(一定量)高档消费品,恰恰可以有利于回笼货币。"反方第三辩手又提出:"这将冲击国内市场……我国亟待求生的幼稚工业,如何迅速发展?"正方第四辩手又一次"包而容之":"进口一定量的高档消费品可以使人民向新的需求结构变化",进而"带动我国的产业结构发生了变化",这正有助于改变"设备落后、水平低下"的现状。在上述诸回合的发言中不难看出,反方的进攻也是相当猛烈的,但由于正方始终稳守"一定量"立论,不仅终于使反方的猛攻归于失败,而且包容了反方诸分论点的合理部分,使其转而成为正方的立论基础,进而强化了正方的力量优势。

其次,正方不仅不为反方所"诱",而且成功地迷惑并牵制了对方。辩论比赛要求对对方的发言迅速作出反应,而双方的发言常常是"主次混杂",其重要论点、关键语句常常混杂在举例、比喻和解释性的语言中。如上述比赛,反方在多方面发动进攻的同时,就运用了较多的例证、比喻和解释性语言,像"鱼和熊掌不可兼得""海南汽车事件""量入为出和入不敷出的比较""学步儿童和拳王阿里比赛拳击""杀鸡取卵""鸡飞蛋打"等,这些都属于容易引起新的争辩以至偏离论题的话题,但是,正方始终"稳守交点",无论是"攻"还是"收",都紧扣"一定量"立论,与此无关或关系不大的,一概不作纠缠,这就确保了本方的战略优势。

与此同时,正方还"稳守交点",引而不发,成功地牵制了对方。当时,反方曾迫于"一定量"的压力,轮番对"一定量"进行攻击。例如,"你们凭空加了'一定量'三个字,如果不做科学的说明,我们不放心,评委不放心,大家不放心","请正面回答这个问题,对'一定量'这个假象的方式、幻想的前提解释清楚"。其实,对于"一定量"的内涵,正方早已成竹在胸,却引而不发,故意迟迟不予回答。直到正方第四辩手做总结发言时,才"虚晃一枪":"对一定量我们有一个非常好的解释,在自由辩论时我们再见。"这种似真似假的态度使得反方产生了误解,认为正方难以作答,于是,反方"总结发言"时又对"一定量"大举进攻,指斥其"换了命题",甚至要求"尊敬的评审员同志,一篇论文如果跑了题,是要打零分的"。在如此咄咄逼人的猛攻面前,正方仍不作解答。后来,直至自由辩论时,反方又一次"发难":"请对方解释一定量。"这时正方才露出"底牌":"我们搞了一个外汇配置的模型,并用计算机进行了反复的计算,结论是这个百分比为3%到4%为最佳,这就是一定量。"淡淡几句,把对方的数番猛攻瓦解为零。这种"引而不发"的战术,大量地消耗了对方的发言时间,又为本方夺取立论优势创造了条件。

由此及彼,不妨推想一下,如果在"发展旅游事业利多于弊"的比赛中,正方也能始终稳守"交点"的战略优势,冠军的桂冠还会旁落吗?

【思考与练习】

1. 有人把辩论与辩论比赛的"审题立论"视同象棋、围棋中的战略布局,认为审题立论工作做得深、透,辩论还没开口,胜券已稳操一半。你赞成这种说法吗? 试以实例说明你的理由。

2. 有人认为,辩论就是要高喉咙、大嗓门,甚至挥手舞臂,表情激动,这样才有交锋的气势,才有火药味。也有人认为,辩论更重要的是思想的直接交锋,思想交锋是否激烈,主要看论点、论据与论证的力度,因此,轻声细语、娓娓道来,并不意味着自己说话就没有力度。与同学交流你的看法,看看能不能说服别人。

3. 谈谈论辩中如何立论。

4. 谈谈论辩中你的攻守策略。

5. 学点孙子兵法,在论辩赛中训练口才。

6. 按照本讲中提出辩论方法的方式,结合自己在训练中的实践,尝试提出新的辩论方法和技巧。

第十四讲

交谈与求职面谈

交谈是社会交际中应用最多、也最基本的语言形式。人们利用交谈来交流思想，增进友谊，也利用交谈来获取知识，认识世界。中国有句古话："与君一席谈，胜读十年书。"萧伯纳有句名言："你我是朋友，各拿出一个苹果彼此交换，交换后仍是各有一个苹果；倘若你有一种思想，我也有一种思想，而朋友间相互交流思想，那么我们每个人就有了两种思想。"

一　交谈概述

交谈是由两个或两个以上的人共同参与的一项活动，交谈的过程实质上就是交际双方相互间的信息反馈过程。交谈的双方都是说和听的双重角色，不但要把自己说的表达清楚，而且还要根据从听者那里反馈来的信息调整自己的表达内容和方式。交谈双方的反馈是互酬的、对应的。若双方的信息反馈不对应，即一方的表达得不到相应的酬答，交谈就将中断。只听不讲或只讲不听，都不利于交谈的进行。

交谈是传递信息的双向交流活动，只有听得准确，才能作出正确的信息反馈，不然就会答非所问。由于信息的发送者与信息的接受者是两个习惯特点及逻辑结构都不完全相同的个体，说者的本意与听者的理解之间很容易出现变异，所以要善于听，并注意边听边概括对方的要点。对别人的话一字不漏地听记是不可能的，也是不必要的，善于听就是善于一边听，一边整理，把对方的话加以概括抓住要点，概括出的要点不要主观论定，待对方的话告一段落或轮到自己发言时，向对方提出以资核定，如果双方一致，那就说明自己没听错，如果双方不一致，应及时交换意见。要协助对方把话说下去,由于交谈对象受情绪及表达能力的影响,有时候结结巴巴地说不出来,这就需要对方的鼓励和支持。协助对方把话说下去是对说话者的尊敬,也是文明的基本要求。

人类的许多行动是受感情支配的,要激励一个人,理的作用远不如情;要号召一个人,情比理更容易。心理学研究表明,在情绪与理性的关系上,比较普遍的现象不是理性掩盖情绪,而是情绪掩盖理性。在言语交往中,就听话者来说,并不是你怎么说他就怎么理解,通常是这样,他先把说话者所说的纳入自我世界,经过感情的筛选之后再去理解判断,其中听话者对说话者的感情起着左右的作用。如果听话者对说话者厌恶的感情压抑了理智,说话的效果就会走向反面,特别是说明的时候听者对说明者有厌恶感就会拒绝他的说明;反过来,如果抱有善意或好感,就会接受他所说明的一切。

在交谈中,说话者的声调是说话者情感的微妙运用,实际上听取说话者的语言是接受理性,而听到说话者的声调是接受情绪。俗话说通情达理,只有通情才能达理,所以说话时要调整好说话的声调。要达到说话的预期目的,还要注意融洽双方的关系,了解说话人的基本需要和当时的心境状况,在心平气和的情境中接受说话人的意思;而说话人首先要态度真诚,同时对听者还要有深入了解,如果说话中有所疏忽,应及时表示歉意。

交谈时,双方都应该正视对方、相互倾听,不要看书看报,不要东张西望,也不要做一些不必要的小动作,如剪指甲、弄衣角、撕纸屑、用手指敲打桌面等,这些动作显得不礼貌。促膝长谈也好,边散步边说话也好,不管处于什么情况都要全神贯注地听,对他人的谈话表现出兴趣。有的人在谈话中往往不注意听别人讲话,而是一心一意去思考自己下一句说些什么,这样做很不利,是一种不虚心的表现,也是一种损失。在交谈中,与说话人不时地交流一下目光,适当地点头或做一些手势,以及发出"哦""嗯"声等,表示自己在注意倾听,可以引起对方继续谈话的兴趣。

要尽量让对方把话说完,不要轻易打断他人或抢接他人的话题,扰乱人家的思路。实在重要时,可委婉地用商量的口气说:"请允许我打断一下""请等等,让我插一句",这样可以避免对方产生你轻视他等不必要的误解。

在交谈时,不要自己滔滔不绝地一味说个没完,要给对方讲话的机会,否则会显得自高自大,蔑视他人。如果是许多朋友在一起谈,讲话人不要把注意力只集中到一两个熟悉的人身上,要照应到在场的每个人;倾听人除了特别注意谈论人之外，目光也应该偶尔光顾一下其他人。对于比较沉默的人也应该设法使他开口，比如问他："你对这件事怎么看？"在他人谈话时，可以思考，但不要过于严肃。听者应该轻松自如，应随着谈话人情绪的变化而伴以喜怒哀乐的表情，否则对方会感到你冷漠，没有情绪说下去。

总之，交谈是交谈双方的口语交往艺术，美国著名的语言心理学家多萝西·萨尔诺夫指出："交谈是双行道"，"没有回应的谈话是无效的谈话，说话艺术最重要的应用，就是与人交谈"。

交谈肯定不是单纯地展示自己的音色音域，作为实际的交际活动，都有一定的目的。交际主体要依照目的去谈话，避免漫无边际的漫谈，要学会灵活自如地控制话题，这样才能掌握交谈的主动权。

（一）说好开场白

友好的交谈往往始于开场白，开场白就是交谈双方见面时寒暄，然后由寒暄扩大到与人交谈。好的开场白能将双方的距离一下子缩短，由陌生关系变成特殊的亲近关系。要做到这样，就要尊重对方，善于挖掘双方的共同点，与对方沟通感情，对对方感兴趣。从社会心理学的角度看，每个人都有一种亲合的需求，都有获得伴侣或友谊的需要，对焦虑的人送去安慰，向危急的人伸出援助之手，以及投其所好的馈赠、正中下怀的建议都可以促成认同感。认同感是交往双方初步交谈的媒介、深入细谈的基础、纵情畅谈的开端。在双方取得认同的基础上要尽快围绕交际的目的言归正传。

（二）及时展开话题

当交谈双方已言归正传，要及时把话题展开，展开的办法是：第一，表示赞同对方的观点，然后举出你的例子，来印证对方的话题。这样会给人一种英雄所见略同的感觉，使谈话不仅显得非常投机，而且还会使交际气氛变得轻松、协调、自然。第二，听对方发表见解，或倾听对方的叙述，了解论题，从而寻找发表见解的机会。第三，对于有分歧的话题要给予善意的询问性回驳或必要时给予反击性回驳，这也是展开论题的有效方法。第四，对对方的话题或自己的原论点进行局部的修正，使原命题更加正确而切合实际。论题展开的方法很多，但展开时不要不顾及对方的情绪而只顾自己滔滔不绝地讲。至于话题展开到什么程度，取决于谈话双方的交际目的，没有一个统一的标准。

(三) 适时转移话题

当原话题已充分展开，兴趣减少，或原话题与交际目的不符，需要进入正题，或对方的问题太敏感，不便回答，就需要转移话题。转移话题有几种方法：

1. 旧的话题自然消失，可以停止在这方面发表意见，大家保持片刻的沉默，然后开始另一个话题。将旧的话题打断，但注意不要在别人还有话可说的时候插入。

2. 可以在谈话中不经意地、很随便地插入新的论题，把旧的论题往前引申一步转移到新的论题。

3. 提问。提问是引导论题和转换论题的好方法。提问可以把对方的思路引导到某个论题上来，同时还能打破、避免僵局。但是发问要事先有所准备，不要问对方难以应付的问题，如超过对方知识水平的学问、技术问题等。也不要询问人们的隐私，如夫妻感情、对方爱人相貌，以及大家都忌讳的问题。其次要注意发问的方式，不要像倾泻炮弹似的连续发问，让对方难以应付。也不要问一些对方用"是"或"不是"就能简单回答的问题，如"你是大学生吧""今天很冷吧"，等等，这样的提问无法使对方畅谈。笨拙的发问就会导致笨拙的回答，相反，如果问"学校生活怎么样""天这么冷，你怎么穿这么点衣服"等等，这样对方不但可以向你介绍一些你所不了解的新鲜事，还会由于能充分叙述自己的感受而使空气自然融洽。

(四) 在适当的时机结束原话题

无论你是找朋友谈心交换信息密切相互关系还是去求职面谈，都要想着目的去说话，说完后要以征求意见的方式，了解对方是否明白了自己的意图或达到了预期的目的。如果发现对方有不够清楚或误解的地方，及时加以适当说明，不能例行公事似的说完就完了。在交谈中经常听到人们说"我明白了"，其实有时候并非真的明白。人的心理行为是个性化的东西，一言一行都带有它自身的需要、动机、兴趣等个性倾向色彩，所以人们对别人的话总是用自己的概念、知识、经验、价值观，根据自己的需要去理解，然后按方便自己的原则去掩盖其他。人们之间的许多纠纷与争执，如果追溯根源，会发现问题就出在这里，你以为你明白了，你了解了，实际上并没有真的明白，真的了解，所以有些重要的话，最好再让说话者重复一遍，以确保真正了解了他的原意。一般情况下，当交谈时间已很长，对方开始疲倦时，当谈话目的已达到，或交际客体另有新的要客来临时，就应结束原话题起身告辞。话题结束的时间要适当，既不能太早也不能太晚，太早了让人感到谈兴正浓，意犹未尽；结束晚了，会出现对方厌倦、冷场等难堪局面。

二　如何进行求职面谈

在社会生活中，交谈不仅仅局限于人与人之间的感情交流，许多职业和工作都是以交谈的形式进行的，如贸易洽谈、新闻采访、法律辩护、心理咨询、求职面谈等，并且由交谈的效果决定工作的成败，所以在交谈中讲究说话的艺术，注重说话的效果非常重要。这里我们就大学生最关心的求职问题谈谈如何进行求职面谈。

求职面谈是招聘者与应聘者之间的谈话。双方通过面谈，相互了解。招聘者想了解应聘者的情况、条件，判断对方是否有被部门录用的资格。对于应聘者来说，如何说服招聘者把喜欢的工作交给自己，实际上是一种自我推销。自我推销在我国古代就有。战国时，七雄逐鹿中原以争天下，布衣毛遂自我推销，前往楚国游说，把自己的演讲才能发挥得淋漓尽致，终于使楚王派兵救赵，解秦之围，为中国历史上留下了"毛遂自荐"的千古佳话。我国的茅台酒饮誉海内外，可当初它在万国博览会上却因包装粗糙而遭冷遇。面对如此尴尬的局面，富于推销意识的华商急中生智，故意失手打翻酒瓶，使茅台酒"脱颖而出"，香飘五湖四海。戴尔·卡耐基说："不要怕推销自己，只要你认为自己有才华，你就要认为自己有资格担任这个或那个职务。"

推销是一门技术，也是一门艺术。一个人要是能成功地推销自己，就能推销任何有价值的东西。那么，如何在求职面谈中应对自如，成功地推销自己呢？

（一）认识自我

推销的前提首先是自我认知。每一个人都有自己的奋斗目标，在谋求职业时，都希望能找到一份称心如意的工作。当然，在实际生活中，有很多人如愿以偿了,同时也有一些人碰了壁。究其原因,重要的一点是能否正确地认识自己。

认识自己是推销自己的前提,一个求职的人如果对自己不了解,不清楚自己的能力、兴趣爱好、性格气质、特长以及适合自己的职业等,怎么能正确地推荐自己呢? 因此,正确认识自己是求职谋业的第一步。

1. 能力与职业选择

在选择职业时,每一个人都要对自己的能力水平作一个正确的分析,了解自己究竟具有什么样的能力,然后根据分析的结果量力而行。比如:一个老实巴交的人,平时对工作认真细致,一丝不苟,但不善言辞和交际,倘若让他干教师、导游、公关等工作,恐怕就很困难;如果让他干档案保管、财会、统计等工作,就会很合适。一个人在了解了自己能力的大小,并知道这种能力在哪方面表现得突出之后,往往能避免大的失误。

2. 兴趣与职业选择

一个人对某种职业感兴趣,就会对该种职业活动表现出肯定的态度,并积极思考、探索和追求。因此,兴趣是人们选择职业的重要因素之一。

当然,人的兴趣爱好往往是多方面的,如果没有一个侧重点,很容易朝令夕改,"这山望着那山高"。在具备了现实的可能性之后,就要把握自己兴趣和爱好的中心点,并据此作出正确的选择。

3. 气质与职业选择

人是有某种气质的人,常常在不同内容的活动中会表现出同样的心理活动特点。比如多血质类型的人情绪易激动,对外界事物反应灵敏,具有外倾性。这种气质类型的人,工作能力强,环境适应性强,适于从事与人打交道的职业,如售货、服务、咨询、导游等。又如粘液质类型的人不易激动,外部表情不易变化,善于忍耐,具有内倾性。这种类型的人适宜做持久、耐心、细致的工作,如财会、管理等。

4. 性格与职业选择

不同的性格在人际关系中表现出不同的相处方式、方法和效果。这样,在选择职业时,就要考虑自己的性格是否适于在人际关系较复杂、人群较大的领域工作。同时,还要考虑职业性质、特点需要什么样性格的人。

（二）求职热身前的冷思考

随着我国劳动人事制度的改革，高等学校毕业生就业制度的改革也在加快。这些改革，一方面为大学生提供了许多机遇和更广阔的市场，另一方面也对大学生提出了更高的要求。每一位毕业生在就业前都必须做好思想准备，以便走上工作岗位后尽快适应新环境。

1. 理想与现实的差异

社会生活的现实往往与我们的主观愿望之间存在着一定差距，对此应有充分的思想准备，正确的职业理想应当是集自我价值的实现和物质生活的满足于一体，国家利益、社会利益兼顾的一个有机体系。有了这样的思想准备，并能及时、主动地调整自己的理想职业目标，去适应社会生活的现实需要，才能找到自己合适的位置。

2. 艰苦奋斗、面向基层的思想准备

基层工作往往条件比较艰苦，环境相对较差，但这正是祖国和人民需要的地方，也是可以立足一线，大显身手的地方。努力做一名光荣的建设者，你的人生将因此而辉煌。

3. 学非所用的思想准备

"学以致用"是大学生分配就业的一个指导原则，但在就业过程中往往会遇到"专业不对口"的情况。实际上我们应该看到，学生在校期间学习的主要是基础知识和初步专业知识，与实际应用还有差距。同时，任何知识都是逐步发展、更新的，今天学到的知识，明天就有可能"过时"。另外，由于边缘学科、交叉学科的兴起，需要更广博的知识面，仅凭所学专业知识是不够的。所以，大学毕业生应在学习专业知识的同时，努力拓宽自己的知识面，以适应社会对复合型人才的需要。

4. 意志的挑战

求职择业的过程并不是一帆风顺的。择业者有的投师无门，择业无路；有的久拖不决，等待几个月后方能最后认定；还有更令人悲哀的事情，费尽周折找到的工作不被认可或错过了时机，一切还得从头开始。所以，求职时一定要有承受力和忍耐力，去赢得时间，争取机会。

三 应聘前的准备

(一) 写好简历

专业的(一页纸)简历必须具备醒目的内容结构与要点,在字里行间展示自我的风采,重点表现个人资历的亮点。

(二) 了解你的应聘单位

要争取求职面谈的成功,做充分的准备是很重要的。首先要尽可能了解单位的性质和背景,哪一个部门的工作与你的经历兴趣相符,通过各种渠道去找资料。就业信息是求职的重要前提和基础,谁能及时获取信息,谁就获得了主动权。广泛搜集有关单位、部门的信息,并对这些信息加以处理,是求职开始的第一步。其次要尽量了解你的面试者,有什么共同的爱好,有无共同认识的人。

关于单位信息的搜集,一般有两种渠道。一是"正式渠道",通常指公开发布的、较为完整的信息,如招聘广告等;一是"非正式渠道",指从熟人、朋友以及前届毕业生那里搜集到的用人信息,这些信息往往翔实具体,不加掩饰,但有时不免有偏颇之处。

通常对求职者有益的"信息源"包括:

1. 本校的毕业生就业机构。学校的毕业生就业办公室或毕业生就业指导中心,同上级主管部门和社会各界保持着广泛而密切的联系,而且经过多年的工作实践,与有关部门长期合作,已形成网络或稳定关系。这是主要信息渠道。

2. 毕业生就业市场。毕业生就业市场是专门为毕业生提供服务的,与各大型企业、事业单位及其他用人单位实行信息联网,为各高校和毕业生提供查询服务。

3. 新闻传媒。社会主义市场经济体制的逐步完善和发展,使人们越来越认识到新闻传媒的重要性,它不仅传播速度快,而且涉及面广,信息也很及时,各类单位和组织都可以通过新闻媒介,如广播、电视、报纸、杂志等工具,介绍自身现状、发展前景及人才需求。特别是主管毕业生就业部门创办的《毕业生就业指导》报、《中国大学生就业》杂志以及各学校的校报等,都在求职的关键时期发布用人单位需求信息和招聘信息。

4. 社会实践活动。大学生通过毕业实习,到企业参观访问,参加社会服务等项实践活动,不仅能把所学的知识直接应用于生产,为社会服务,而且开阔了视野,还可以有意识地了解到这些单位对毕业生的需求情况、对所需人员的素质要求等。

5. 熟人、亲戚和朋友间的信息交流。一个人的信息与三个人的信息交流,就获得了多出三倍的信息。如果说整个社会是一个大家庭,那么亲朋好友都是这个大家庭的成员,他们分布在社会的各个领域,可以了解到许多有价值的用人信息。

6. 走出校门,寻找信息。现代社会越来越要求大学生主动出击,寻找信息。可以通过登门拜访、自我介绍、直接交谈等,取得用人单位的信任,建立良好的关系,以获取对自己有用的信息。

(三)知道你为什么选择了它

面试前先问问自己:是否了解这项工作的需求;如果对方问"你为何想到我公司来服务",能否予以有力且令人满意的回答;是否准备坦率愉快地回答面试官的问题;是否能说服面试官既了解你的资历背景,又看到你的发展潜力。试从面试官的角度来考虑,你的专门经验资历及兴趣之中哪一项符合他的要求,符合他寻找的目标。将这些问题一一罗列出来,并有条理地准备妥当。如:

1. 这个公司(部门)有哪些优势?有哪些劣势?

2. 公司现在面临的最大问题是什么?有哪些障碍?

3. 要把握这些解决途径需要做什么工作?

4. 这个组织的发展方向是什么?

5. 你认为公司的竞争对手是谁?

6. 这次招聘的主要原因是什么?

7. 你要应聘的职位。当然,仍然是了解得越多越好。对于那种一直有人在做的工作,一个了解的好办法就是联系到一些从这个岗位上离任不久的老员工。至于这种人是以何种原因离任的并不重要,至少他们可以使你对这一工作有一些直接的了解。如果你是从一个气急败坏地扔掉了工作的人那里得到的信息,一定要客观分析他的话,做出公正的判断。如果这项工作是由很多人从事的常规工作,不妨找两个人询问一些日常工作的情况。比如需要掌握什么技能？对技能的要求是怎样的？在最近几星期或几个月内他们在工作中处理的最棘手的事情是什么？

8. 公司对应聘者的要求。

第一,有关求职者条件的描述:性别、年龄、教育背景、工作经验、资格认证、求职动机、性格以及现在的具体情况。

第二,对工作的描述,包括对雇员职责的说明。很多岗位描述的说明都很长。有些说明的大部分内容是为了通过一些职位的分析来提高对求职者的要求,而另外一些则是工作职位的罗列,但这些信息仍是有用的。

第三,关于能力的分析。这里面将告诉你一个能胜任工作的出色雇员应该具备的素质。举一个"顾客至上"的例子,这四个字意味着对顾客的需要做出灵敏的反应。凡是在材料中有关能力的描述都应该受到重视,因为这表明招聘者对这次招聘的态度是严肃的,要求是严格的,而且还能告诉你招聘者所要求的技能和素质。

此外,还可以从就业机构、就业市场网站、专业期刊、内部人员了解公司历史、定位、优势、竞争对手、发展等等情况,分析公司、职位和自己。一定要明确公司对应聘者的要求。

(四) 修饰你的仪表

仪表修饰适宜,会给人以美感,为建立良好的第一印象打下基础,更重要的是,这还是一种礼貌。这是面试的必不可少的一环,往往占有一定分数。每个人都有这样的感受,一个人除了办事能力外,如果有一副修饰适当的仪表,也有助于其成功。这正是仪表所具有的特殊功能。一个人的仪表,不仅反映自身的气质和审美能力,还影响到人际吸引。

一个仪表优雅的人,或许也找不到工作,但在求职者众多的今天,优雅的仪表却为求职增添了一个有利的条件。在面试场上求职者尚且不能以得体的面貌出现,那么,被聘之后,又怎能指望他为单位添光彩呢？所以一般来说,在服饰、姿态、表情、举止、态度等方面应注意一些技巧。

就服饰而言,并不是一味讲究华丽追求时髦,而是适当地打扮自己。服饰要同自己的身材、身份相符合,追求朴实、大方、明快的风格。可选择同代人中稳健人物的服装作为穿着的标准。服装必须符合时代、场所、收入的程度以及周围的环境。男生穿西装打领带最好，价格不必太贵，只要熨得平整挺括，再配上色彩协调的衬衣。如果没有西装，一般流行的夹克、羊毛衫也行，要洗干净，色调不要刺眼，以冷色为主。女生宜着浅色连衣裙、长筒丝袜，这样显得朴素大方；穿牛仔裤也较精神。如果穿超短裙、过分暴露的透明衬衫，会让人觉得不够稳重。

在求职中，应聘者的装扮要与所希望的职业身份相协调。比如你面试的是教师、工程师、干部等岗位，打扮就不能过分华丽、过分时髦，而应该选择庄重、素雅、大方的着装，以显示出稳重、文雅的职业特性。如你去面试的是导游、服务、公关等岗位，就可以选择华美、时髦的着装，以表现活泼、热情的特点。

另外，西装扣子要扣对，帽子要戴正，皮鞋要擦亮，不要穿跟太高的皮鞋，勿洒太浓的香水和佩戴行动时会发出叮当响的首饰。

对于刚走出学校的毕业生来说，对求职时服饰总的要求是着装正式、自然、整洁、大方。有的毕业生在求职时，下身穿"毛边"牛仔裤，上身衬衫系错扣子，也有的女同学身着过多外露前胸后背的连衣裙式衣裳，这些都是要竭力避免的。

能做到以上所述，就会使招聘者感到你是一个勤劳、会生活、有条理的人。如果你衣冠不整、邋遢不洁、不修边幅，就会被人认为生活不能自理、懒散、办事拖沓，那么应聘也就没什么希望了。

应聘者的姿态也有讲究。当你走进面试室时，身体要挺直，气宇轩昂。站立时不要身体摇摆，坐时不要弯腰曲背，身体稍前倾，不要抓耳挠腮，手要自然地搭在膝盖上，两条腿平行，不要架二郎腿，不能由于思考问题而情绪紧张，甚至高跷二郎腿不停地晃。

应聘者在面试前还要注意：男生的头发不要太长，可以理一次或洗洗头，发型整齐，刮净胡须；女生在冬季可以留波浪披发，显得雍容大方，富有青春气息。面部表情要自然，不要有意地挤眉弄眼、眯眼或眨眼。女生可以施淡妆，过分的浓妆艳抹、花枝招展容易使人反感。如果感冒了，要带手纸、手帕，不要随地吐痰。

总之，由于各人文化层次、性格爱好不同，所寻求的职业不同，对仪表的要求也就各不相同。但不管怎样，作为求职的大学生，必须力求内心的美、修养的美展示于面试的考场上。

(五) 预演

面试前除了对可能提问的问题给出满意的答案外,还要进行必要的预演。预演非常重要,包括对问题的准备和模拟练习。

一般而言,面试中可能出现的问题可分为以下几类:

1. 开放型的面试问题;

2. 考察求职的动机与意愿的问题;

3. 考察潜在的各种人际关系的问题;

4. 关于教育背景和工作经验的问题;

5. 考察分析能力和快速学习能力的问题;

6. 考察个人的价值观和职业化水准的商业意识;

7. 面试的收尾问题。

分别举例如下:

1. 开放型的面试问题:

· 请介绍一下你自己。

· 你能不能用几个词来总结一下你的特点?

2. 求职的动机与意愿:

· 你为什么希望从事这个行业? 如果你从事这个行业,对这个行业你最喜欢那些方面? 最不喜欢哪些方面? 为什么? 如何了解的?

· 你认为我们会从哪些方面考察你? 为什么? 你是怎么分析的?

3. 潜在的各种人际关系:

· 你在团队中通常充当什么角色? 能给我举个例子吗?

· 你得到的最好的赞扬是什么? 什么情况下? 什么感受?

· 你得到的最有益的批评是什么? 什么情况下? 如何处理?

4. 教育背景和工作经验:

· 至今你遇到的最具挑战性的工作是什么? 你是如何做的? 结果如何?

· 在工作过程中如果遇到非常挑剔难缠的客户,你怎么对待?

5. 分析能力和快速学习能力:

· 除了专业课程,你还喜欢了解哪些方面的知识? 为什么? 如何研究的? 结果如何?

- 能告诉我井盖为什么会是圆的吗？

- 最不喜欢哪些课程？为什么？

6.个人的价值观和职业化水准的商业意识：

- 在工作中，如果客户要求拿回扣，你会如何处理？

7.面试的收尾问题：

- 你还有问题吗？

（以上的一部分问题，在下面将有具体分析。）

在对可能提问的问题给出你认为满意的答案后，就要进行模拟练习了。请一位同学、朋友或亲友来扮演主试，把你预测的问题交给他，并请他也多考虑一些问题，提问时既要提一些富有挑战性的问题，也要提一些友善亲切的问题，完了以后总结一下，听听批评然后互换角色，由你扮演主试再设身处地地向对方提问，你会发现原先没有想到的事都会突然脱口而出，并且他的回答也会提供给你新的灵感。

尽可能将问题和答案都录下来，再重听几遍，检查你的答案，看有哪些地方需要修改，如何修改。模拟面谈之后，就要开始实战了。

四　临场注意事项

（一）消除紧张情绪

1.保持平常的心态。不要顾虑过多，坦率地接受紧张这一客观事实，认识到面试时求职者紧张是一种正常现象：即将面试前，可以看看书画，或听听音乐，或和朋友们平静聊天，把面对的考官当做熟人来对待，掌握讲话的节奏。

2.不要把面试的成败看得过重。一是要想到这次机会不行，还有下一次的机会；二是要考虑到这个单位不行，还有别的单位在等着自己呢；三是要认识到这次求职不成，自己也没有失去什么，相反却得到了锻炼，获得了面试的经验。

3.不要把考官看得过于神秘。并非所有的考官都知识渊博、洞察一切、经验丰富。每个人都各有所长，请求和被请求是相对的。我求职是求你，你招聘则是求我，每个人都不能因为有求于人就感到低人一等。

4.保持愉快的精神状态。为防止过度疲劳,保持大脑清醒灵活、精力旺盛,你可以有意识地使自己的步伐轻快起来,也可以在太阳穴上抹点清凉油,以自信的姿态迈进面试场。

(二)注意面试礼仪

1.提前到达。提前一点时间到达面试现场是非常必要的。无论在什么情况下,都不要让考官等你。

去面试时要给自己留出至少20分钟的富裕时间,这样即使迷了路或车抛了锚,仍然能从容且准时到达。如果一切顺利,你可以在这20分钟的时间内待在车里或接待室里,稳定情绪,检查仪表,在面试前5分钟到达考官办公室,千万不要迟到。如果被事情缠住,或者中途遇到什么预想不到的麻烦事,责任可能不在你,但你因此误了时间,可以给主考人员打个电话,把迟到的原因解释清楚。

和蔼地对待接待人员或秘书们,但不要贸然与之闲聊,除非他们愿意,因为他们有自己的工作。他们如对你好评自然无害,但一个差的评价将贻害无穷。曾有人面试成绩不错,但由于冒犯了一位秘书,工作便泡了汤。

2.见面握手。在主考人员与你面谈之前,不引人注意地用手绢擦去手心上的汗珠子,然后将手放在裤子或裙装上,以保持手心干燥。考官出现时,你要自然地微笑,友善地望着他的眼睛。同时,主考人员可能主动地伸出手来。通常,求职者要等主考人员首先伸手。仅有的例外是:主考人员是位先生,而求职者是位女士时,他要等她先伸出手来。一般认为,女性求职者向主考人员伸出她的手,这既显示了她的开放和友好,又充分利用了女性这一大优势。如果不是这种情况,若求职者主动,则显得有些热情过头。

握手可以交流情感,不要在此丢分。不要给主考人员留下"笨手笨脚"的印象——软弱、无力,好像不真心乐意与人相识,显得缺乏能量。因此,握手时要坚定有力。然而,不要过分——拽住手不放,让对方觉得你支配欲太强。

3.把握细节。主考人员请你入座之前,不要随便坐下,否则将会被视为傲慢的表现。有人会告诉你该坐哪里。如任你自选,就挑一个直背、结实的椅子。不要坐吱吱作响的椅子,它将使你无法保持警觉,对姿态也无益。即使你风度翩翩,坐在这样的椅子上,也无任何风度可言。设法不要比主考人员的位置低,因为那样无益于交流并削弱你的自信。

面谈中,身体稍向前倾,以示对谈话的兴趣。不要斜靠在桌子上或懒散地伸出四肢躺在椅子里。垂直但舒适地坐着,僵硬呆板的姿势只能被人视为刻板。目光与主考人员多作交流,以直视对方双目为主,同时在双目和鼻梁间移动。这样,既保持了接触又避免了盯视。目视对方说明你感兴趣,考官提问时,你左顾右盼会给人留下坏印象。

不要窥探主考人员的桌子、稿纸和笔记本,此时需要你集中精力的事已经够多了。首先对考官的提问要悉心聆听,确保所答针对其所问,不要驴唇不对马嘴或说些无关的话。语调应该轻松、友好、缓慢、独特但充满自信。

不要与主考人员过分亲密,甚至将他们视为知己,尽管他们对你非常友好、和善。不要同主考人员耍贫嘴或开玩笑,好的幽默出于自然,而不是生硬造作。

面谈前,口中嚼口香糖、薄荷糖或水果糖以保持口腔清爽是无可厚非的。但如果在面谈中还如此这般,只能给考官留下你尚未成熟或"馋虫"的印象。啃指甲、抓头皮、玩念珠、脚点地等不雅的动作,都应该避免。

在面谈中,别忘记带上笔和本。这很重要,会使你显得有文化和对工作严肃认真。而且,如果临时决定要笔试,而你却没有笔,一定会很狼狈。

4. 适时离开。一般认为,面谈短了不行,长了更不行,所以要先想好话题,察觉交谈的高潮已过后,便准备结束。把该说的说完,站起身来,露出微笑,伸出手谢谢他,然后离开,给对方留下一个积极、良好的印象。

面试中有些话可说可不说,有些话是必须说的。那些必须说的话就是高潮话题。应试者必须察觉高潮话题的结束,主动做出告别的姿态。

高潮话题一般分为两类:自我介绍和工作。应试者自我介绍之后,面试考官还会相应地提些问题,然后转向工作。一方面是考官介绍工作性质、工作内容,另一方面是应试者谈自己的工作情况、打算及对以后工作的想法。这些都是高潮话题。高潮话题结束后,就不要盲目拖延时间,那样会给考官造成心理压力,有逼他当场作决定的意思。如果你还想了解一些问题,就应该说:"我不想浪费时间谈工作细节,可是我想略微了解一下工作的环境、福利以及种种有关的事。"巧妙地把琐碎的问题转变成高潮问题,而不至于让面试考官认为你是有意拖延时间。

每一个面试考官都对结束面试抱谨慎的态度。他们总是习惯于这样暗示：

"我很感谢你对我们公司及这项工作的关注。"

"真为难你了，跑了这么多路，多谢了！"

"再次谢谢你对我们公司的关心。我们一做出决定就立即通知你。"

这些话都是在说面试应该结束了，应试者应对这些暗示有灵敏的反应，体面、自然、大方地主动告辞。

如果这是一次失败的面试，你已经意识到自己不适合在这家公司工作，也要保持你的最佳风采。有一个毕业生到一家公司面试，主考官说话直率，没谈几句就让他到别的公司看看。这个年轻人十分礼貌地告辞说："谢谢您给了我这次应试的机会，只可惜我自己的能力不够，实在抱歉，我想我会记住您的忠告去努力的。"（其实可能根本没什么忠告）他礼貌大方地走后，主考官忽然感觉这小伙子不错，正是公司所需要的可塑性人才，于是决定在既定名额之外追加录取。

(三) 做好自我介绍

自我介绍是自我推荐的一把钥匙。这把钥匙运用得好，可以使你在选择职业时万事如意，反之就可能给你带来种种困难。

自我介绍时，应面带温和、友善的微笑，两眼热情地直视对方，几秒钟即可。一开始，主要介绍自己的概况，如姓名、所学专业名称等。然后是实质性的自我介绍，要将你求职的愿望、打算、所具备的条件向招聘者作系统的阐述。如果招聘者已看过你的自荐材料，应重点介绍自己的优势和专长。

自我介绍时，也可适当地、婉转地把自己的弱点概括一二，这样可以表明求职者有自知之明，不回避短处，敢于客观地解剖自己。谈自己的弱点时，可着重于阅历短、经验少等方面。有人喜欢做自我贬低式的介绍，以示谦虚和恭敬，其实大可不必，因为人家招聘的是有才干的人，你既然什么都不行，人家也就不屑一顾了。在自我介绍时，主要的还是突出自己的闪光点。比如，大学生在求职时，向用人单位介绍自己在学习期间就注重研究工作，并取得成就，足以说明学业精通。用这样几个字、一两句话夹带点出成功的闪光点，言简意赅，作用非凡。

(四)掌握交谈技巧

1. 具体实例法。为了向招聘者描述一个"与众不同"的你,进而获得成功,必须记住:不要概述,要展示——用事实来说明你所具有的能力、素质、技能等。

但有时也不能不合适地套用例子来说明,例如,在回答"你最不喜欢什么样的人?"时,可采用抽象概述——"那些只谈论自己的人,那些损人利己的人",这样的回答提纲挈领、简洁有力。

2. 突出个性法。要想突出个性,首先要实事求是,怎么想就怎么说(当然,一些敏感性的问题应有适度的分寸)。例如,当你被问到"你喜欢出差吗?"可以直率地回答:"坦率地说,我不喜欢。因为从一地到另一地推销产品并不是一件惬意的事。但我知道,出差是商业活动的一个重要组成部分,也是推销员的主要工作之一。所以,我不会在意出差的艰辛,反而以此为荣。因为我非常喜欢推销工作。"这样,你所表现出的机敏、坦诚与个性一定是招聘者所欣赏的。

3. 审时度势法。一场成功的求职面谈需要高度的敏锐,每个人都得考虑对方的兴趣、态度。这些方面你也许早已知道,也许是在谈话中显示出来的。林肯说:"在预备说服一个人的时候,我会花三分之一的时间来思考自己以及要说的话,花三分之二的时间来思考对方以及他会说什么话。"

面谈中的审时度势法主要表现在以下两个方面:

第一,掌握好回答问题的时间,做到心中有数,有的放矢。在有限的面谈时间里,要得体、有效地"展示"自己,不要漫无边际或反复陈述——过多地拖延时间。

第二,读懂对方:一种无奈的眼神,一个会意的微笑,一种下意识的看表动作,演绎出的是招聘者不同的心态。所以在对答中要学会破译对方的心理,从而迅速而准确地调整自己的对策。

例如,一位没有相关经验的女教师,在应聘一家贸易公司总经理秘书时这样回答老板关于她的资格条件的疑问:"我是上海对外贸易学院外语系毕业的,有两年的英语教学经历,在英语听、说、读、写、译中,尤其擅口译,曾做过两年的兼职翻译,其间受到外商的称赞。去年,我曾参加过为期两个月的'秘书培训班',并获得了'速记''打字'等项的结业证书,成绩优良……"事后,这位女教师说:"当时我还有很多话要说,但我看到对面墙的挂钟已指向 11 点 20 分时,我立即意识到不能多说了。"女教师的机敏终于使她如愿以偿。

4. 补白运用法。在用外语面谈时,常常会出现这种情况:招聘者提出了一个你意料之外的问题。由于问题来得突然,再加上你的外语并不十分出众,往往会使你措手不及、陷入尴尬。你会因此而变得词不达意、结结巴巴。原本"胜利在望",现在却面临"功亏一篑"。

其实,在这种情况下,有一个办法能帮你缓解紧张和调整思路,那就是"补白法"。所谓"补白",就是用一个或一些没有实际意义但又必不可少的词、短语或句子,来连接上下文,继续你的回答,例如"噢""好""不错""我想""这个问题很有趣"等。

5. 虚实并用法。在现代应聘中,有"谋"方能百战百胜。而"谋"中的一个重要策略便是"虚实并用法"。有效而适度地运用"虚"与"实",常常会起到强化自身"资格"和取得对方信任的作用。

当问到"你的工作动力是什么"时,有这样一类以"虚"带"实"式的回答可供参考,如"我的动力主要来自于以下几个方面:首先是工作本身,即我是否对工作感兴趣,是否能发挥自己的特长,是否能胜任,是否能学到新知识与技能,以及是否能得到进一步的自我发展。其次是自我价值的承认问题,即我是否得到别的尊重与相信,是否有进一步晋升的机会。再次是结果,即我是否能得到较高的工资和待遇等"。

6. 面试时提出一些问题,让自己多点机会去权衡一下究竟这个工作合适与否,而这更是表明自己对此工作态度的一个好机会。

在面试中提问时可以考虑以下问题:为什么不提拔公司内部的人而从外面聘请?你想请个怎样的人?我这个职位在公司中是怎样的位置?怎样才能获得升级?你怎样评定这个职位的工作表现?

提出问题要委婉含蓄,当面试进入最后阶段,主试人将话题转向你个人利益时,你可以委婉地提出如"公司每年是否提供外出培训的机会?""有哪些职员有晋升机会?"等问题。

(五)做好提问问答

1. 你希望得到多少薪水?

如果你对薪酬的要求太低，那么显然贬低自己的能力；如果太高，公司用不起；如果不假思索，斩钉截铁地报一个数字，常令人感到不寒而栗。所以应先了解自己所从事工作的合理的市场价值。可以不慌不忙地回答："我听别人说这个职位的行情大概是……"，这样借话回答，有回旋的余地。

实际上，大多数公司都有自己的一套薪金给付办法，一般人力资源部的人都说这是不可更改的。欲求得更高的薪水，要把握好时机，除非对方想认认真真和你讨论这个问题。一旦决定任用你，表示你给人的印象极佳，因此你比别人更占优势，可以利用这个机会突破原先公司预设的上限。

2. 谈谈你自己吧？

这个问题具有开放性，也是开场白中最典型的一个。从哪里谈都行，但滔滔不绝地讲上一个小时可不是面试者所希望的。显然，他想让你把你的背景和想到的位置联系起来，因此，当你回答这个问题时，心中应该牢记如下要点：

第一，回答的重点应该放在工作业绩、专业水准、特殊技能以及潜在能力和发展方向上。绝不要以为考官对你个人私事感兴趣，便说了一大堆跟工作无关的琐事。你可以谈谈自己与众不同的观点，但还是要和工作有关。

第二，以实例（物）证明你所说的广泛言论，尤其提出一些特殊的例子，并强调过去的成就。

第三，回答问题要中心突出，尽量使你的回答围绕并适合该工作所需要的资格。

第四，言简意赅，一般不要超过二三分钟的时间。

第五，回答完之后，随即询问考官，是否他（她）还需要知道其他的事。

3. 如何评价你的优缺点？

这是个棘手的问题。面试者试图使你处于不利的境地，观察你在类似的困境中将做出什么反应。回答这样的问题应诚实，充满自信的回答应该是用简洁的正面介绍抵消反面的问题。

比如在回答优点时，应当首先强调你的适应能力或已具有的技能。如"我的学习能力、适应能力很强""人际关系很好"等都是可以提出的优点，但要尽可能提供与工作有关的证据。

在对自己的缺点进行评价时，最好的答案就是那些就工作而言可以成为优点的弱点。例如，我一专心工作就无法停止，一直到完成而且令人满意为止。借此,你告诉考官,你不达目标绝不罢手,而且为自己的工作感到骄傲。

对于别人认为的缺点,自己觉得有些牵强时,不妨率直地附加说明:朋友们认为我有些浮躁,我不知道这样的批评是否正确,但我的确希望自己以后能再稳重一点,多听听别人的建议。

任何长处到了极限也会成为短处。比方说,我能和别人合作得很好,这无疑是个优点;但我特别需要别人的帮助,不善于单独工作,现在我意识到了这个缺点,并努力克服,我可以高兴地告诉您,我已经在这方面取得了一些进步。

4. 你的兴趣爱好是什么?

谈到兴趣,应尽可能具体地陈述。

提到你喜欢的书,绝对免不了要谈谈作者的名字、书的内容,以及你喜欢的原因。喜欢一本书的理由,可能是因为它的内容,也可能是因为作者。当你陈述理由时,重点还是放在"为什么"上。

接下来的问题可能是:"你最近读了哪些书?"对主考官而言,他是想借这个问题来了解你的知识程度。假如你回答的是一本杂志,可能会带来反面效果。所以,在面试前,至少应该先了解时下评论不错的3本书。

主考官问运动方面的问题,并不单指学生生活中的社团生活,还包括私人生活中的运动情况。因此,对没有参加社会活动的人来说,你是否有每天晨跑、跳绳的习惯,或者你曾参加私人的晨泳锻炼、网球等等,这些都值得一提。

你还可以告诉考官,你一直喜欢音乐,特别是轻音乐,非常喜欢沉湎于明快、优美的音乐之中,这样可以忘记烦恼和消除疲劳。至于世界名曲,例如贝多芬、莫扎特、巴赫、肖邦的音乐,都百听不厌。

5. 你为何想到本公司工作?

如果回答"反正就是喜欢贵公司"是行不通的,尽管这可能是你的心里话。回答这个问题,要紧紧围绕"公司提供的难得的机会最适合于自己的兴趣经历"这一点。要让考官知道,你愿意效力于他的公司有充分的理由,而不是随便找一份工作。

此时你最好能罗列出相当详细的资料,以表示对该公司的关注程度。例如,公司涉及的专业、生产线、经营地点、公司最新取得的成果、公司的财务状况等。能够聪明地谈论公司情况,可以迅速地使你从90%因懒惰而不知道公司或工作内情的求职者中脱颖而出。

另一种比较蹩脚的回答是:"由于贵公司每周休息两天,劳动环境好,福利设施完备。"这种回答也对你不利。志愿动机是什么?换句话说,你进公司想干什么?这种回答根本不沾边。

6. 你的老师、同学和朋友对你的评价如何?

这与面试者的两种期望有关,一是你是否容易相处,二是许多面试者会在录用之前咨询系里的老师,看看你与你老师说的是否一样。所以你应该与老师讨论你的求职计划,咨询他们的意见;要明确地告诉他们你想得到的工作种类以及你准备做好新工作的理由。如果老师对你的印象并不好,你应该开诚布公地谈谈,看他会说些什么。

7. 你对以后有什么打算?

这个问题是在考察你能否把工作长久地干下去,而且干得很努力。你应该准备坦率地回答下列问题:

·你对工作满意吗?（如果不满意,你会离开公司吗?）

·你想成家吗?（如果成家,你会为照料小孩而影响工作吗?）

·你是否是本地户口?（如果不是,是打算先做做再说,是吗?）

·你是否有比这个工作更好的选择?（如果有,是什么使你不去高就呢?）

五 走向明天

在经过十几年的知识学习、能力积蓄之后,年轻的大学生以雄厚的实力获得了理想的工作,完成了五彩人生的又一次重大选择。进入社会之后,所处的环境、条件,工作和生活方式、角色、关系等都发生了变化。那么,如何顺利地完成这些转换呢?

(一)尽快进入工作角色

刚参加工作的大学生爱反省、爱自责、情绪不稳定、不乐观,一定要克服自我封闭的心理障碍。不要整天回味往日的快乐,眷恋朋友的情谊,须知这是一种不敢正视现实的表现。受到委屈不妨自嘲一下,消释郁闷的心绪。

(二) 建立良好的人际关系

要处理好与领导、同事之间的关系，争取更多的支持和帮助，赢得钦佩和尊重。

(三) 合理安排闲暇时间

要在闲暇中培养多种兴趣爱好，以利于自己的个性发展；要不断学习，用知识丰富自己的内心世界；要科学合理地安排生活，做到工作和业余生活相互调节，相互补充；业余生活要健康、清新，不要有害于自己，有害于他人和社会。

大学毕业既是一段学习生活的结束，又是一段新的学习生活的开始。工作中碰到问题，要向老同志虚心请教；要利用业余时间，刻苦钻研相关的理论，争取早日成为业务上的能手；对于单位安排的工作，无论是重要的还是不重要的，都要尽最大努力干好，取得良好的效果和成绩。这样才能实现职业目标与事业目标相统一。

【思考与练习】

1. 你最适合做什么工作？写一封求职信，了解求职中如何介绍自己。

2. 如何看待当今的就业形势？分析你就业的优势与劣势。

3. 了解大学生就业市场，制定自己的成才计划。

4. 如何看待女大学生就业难？

5. 求职面试应注意哪些问题？

6. 实地做一次求职面谈，总结自己在求职面谈中的经验。

第十五讲

主持艺术

一提起主持人，我们就会想起那些风度翩翩、彬彬有礼、说话风趣幽默、思维机敏灵活的电视节目主持人。他们的主持使我们感到亲切，他们的语态气质令我们久久难忘，甚至他们中的有些人会成为我们心目中的偶像，会潜移默化地影响着我们的言语风格和社交风度的形成。这也许就是节目主持人的艺术魅力吧。其实这只是主持人中的一种，生活中的主持是各种各样的：电视节目主持，广播主持，会议主持，联欢会主持，仪式主持，演讲、论辩活动主持等等。

一 随时准备去主持

在社会生活中，为了保障正常的工作秩序和生活秩序，交流信息、交流情况，需要开展各种形式的活动。开展活动就必须有人串联组织，充当主导人物，引领人们话题，主持就是这样产生的。

（一）主持的类型

根据主持的内容，有社会活动主持和文艺活动主持，前者如主持会议、座谈、演讲、辩论、竞赛、评比、典礼等，后者如主持舞会、文艺演出、联欢等。

根据主持者在活动中所担负的职责，有报幕式主持和角色式主持。报幕式主持如主持报告会，主持的职责是把会议事项和报告人等介绍给与会者，宣布会议的开始与结束，作用虽贯穿始终，但只在起始和终了这两个时候表现。角色式主持是主持担负着活动的角色，在活动的开始、中间、结尾都有"戏"，并且这"戏"不能从整个活动中剥离抽出，否则便会"拆碎七宝楼台"，如一般文艺晚会的主持。至于在一些广播节目里，主持即节目，主持者即"演员"，除主持者的主持外，不再有别的声音，则属于特殊的角色式主持了。

按照主持的口语表达方式，有报道性主持、议论性主持和夹叙夹议性主持。报道性主持以叙述为主要表达方式，相当于记叙文。如主持会议的大会发言，一般只介绍发言人的姓名和发言题目等简单情况。议论性主持以评议说理为主体，相当于议论文。如主持演讲和竞赛，主持者总是随时说说"我"的现场感受。议论性主持一般以褒扬为主。夹叙夹议性主持是既叙又议，叙中有议，议中有叙，二者紧密结合，群众活动、文艺活动往往采用。

按主持者的数目，有一人主持、双人主持和多人主持。一人主持前后一贯，多用于政治性活动和短小的活动，多用于严肃场合。双人主持一般是一男一女，男女声交叉，有变化，富有艺术气氛，多用于文体活动。主持者有三位或三位以上，叫多人主持，气势盛大，热烈欢快，多用于大型活动、喜庆场合。

由此看来主持的对象、内容不同，职责不同，要求不同，便有不同的主持。电视和广播主持人要求十分专业——因为它们本来就是一种职业，外在形象、嗓音、气质、专业背景、普通话水平等等，一般人难以实现，了解就可以了。

会议主持人不同。首先，会议包括的内容很多。人民代表大会是会议，企业董事会议是会议，班会是会议，小组会议也是会议。

也许有一天，我们每一个人都可能面对主持的机会，亲身去主持。从班级联欢会，到朋友的婚礼仪式，从主持小组会、班会、辩论会，直到主持科室会议、董事会，一直到——谁知道呢——人民代表大会。

主持离我们不远，但是，很多人对于主持非常不了解，更谈不上有效地主持了。我们常常见到一些小型会议和仪式上，主持人或者傻傻地一句接一句说，像个低级的报幕员，或者用完全不适合主持的言谈风格来主持，让人啼笑皆非。丰富自己的主持技巧，学着如何有效、精彩地主持一场会议、一次活动、一个仪式，正是展现自己口才和实力的时候——准备好哦！

（二）如何准备呢？

主持也是一种语体形式，有一些特殊的要求：

首先，要学会理解和把握所主持的内容，有合适的气质风度，有较强的分析观察力和灵活的应变能力。比如说，你去主持朋友的一场婚礼仪式。会场上，人来人往，热闹非凡，朋友的朋友、同事、老板、家属等等会聚一堂，大家你一句我一句，说着朋友不同方面的事情，而你的朋友紧张兮兮地站在台上一句话也说不出来，不知如何是好。此时你需要及时地发现尴尬开始在会场中蔓延，同时需要考虑：是继续硬着头皮按照程序讲下去呢，还是赶快调整一下会场的气氛？如何调整呢？众口难调啊！会场这么大，人多口杂，万一说得不恰当怎么办？大家怎么会听从你的话呢？怎么通过寥寥数语把握住整个会场？还有，如何让你的朋友恢复常态呢？这都需要整体的把握。

其次，主持人必须有主持的气质，或者说是气派。其他的口才运用场合，不同的个性气质可以各得其所，对自己的口才风格加以完善就可以实现口才的成功。而对于主持来说，必须要有一种主持的气质，一种可以调动其他人情绪的能力。你可以主持得活泼幽默，也可以庄重典雅，或者严肃正式，不管怎么样，你都要有一种驾驭能力，即凌驾于你所主持的内容和听你主持的人们之上的能力，所以，必须收起在其他场合的随意、顺从，要有走向人前的领导欲望。

还有，作为主持，你必须善于表现，乐于表现，不论是哪种主持。当然，善于表现不是说善于表演，总是手舞足蹈的样子。主持会议时，善于表现体现于在关键的时候发言，在重要的时候有所举动；主持联欢会时，则体现于口出妙语，声情并茂；主持各种仪式时，则体现于能够吸引人们的注意，很好地协调、统筹活动的进行。一个好的主持人，肯定是这样一个表现力强的人。

可见，主持是一种综合能力。要想当好主持，需要从实践中不断积累经验，光靠背诵几条理论，只是纸上谈兵。

（三）不失时机地去练习

天下没有天生的主持，出色的主持人无不是经历过辛苦曲折的锻炼历程而最终成功的。克服怯懦，克服恐惧，克服自卑，克服不敢走向众人注意的焦点的情绪，是摆在你和成功主持人之间最后的障碍。

很可能，你已经具备了成功主持人的基本条件，但是没有第一次主持的经验，迟迟不能迈出这第一步。不要犹豫，自信点儿，你可以做到的！当你可以在朋友们面前侃侃而谈,让朋友们听得津津有味时;当你一出现在人们面前,就有不少人向你围过来时;当你可以大声向人群讲话时,你就可以成功地主持了!所谓主持,就是以上几点的综合而已。区别就在于,其他场合你是自然而然地进入角色的,而作为主持,你需要首先让自己成为主持才能进入角色——就是多了道手续而已,而就是这么一道手续,拦住了不少犹犹豫豫、不大胆、不自信的人。

也许,你还没有足够的主持人的素质。那样的话,也不要放弃,不要等到自己用其他的手段训练了很长时间之后才去考虑主持。最好的方法就是不管三七二十一,当几次主持,拉几批听众在实践中练练手。

总之,主持不像聊天,开口就可以了;不像演讲,有人听就可以了;不像辩论,报名就可以了。主持要有主持的任务,有一个负责的问题。这里劝大家:勇敢点!去试试,一次一次地挑起担子,你会成功的!

二　做好主持的条件

我们虽然未必能像倪萍、赵忠祥、李咏、王小丫他们那样成为一个因主持而家喻户晓的名人,但是有了主持的实践,却可以拥有更好的口才。我们不仅仅需要参加的胆量和勇气,同时也要让自己做得更好。怎样做得更好呢?

(一) 敏锐的观察

主持人所使用的语言具有鲜明的"临场性"。但是口齿很伶俐,甚至能滔滔不绝地表达自己的看法和见解的人,不一定能当好主持人。主持人要有一双敏锐的眼睛,在自己主持的各种活动中,面对各种复杂情况,随时能准确地观察并迅速地作出判断,这样才能掌握主持活动的主动权。

(二) 准确的记忆

主持人的脑子应当是贮存与所主持活动有关的大量信息的"材料仓库",所以要将一些资料、数字、典故、趣事等记得毫无差错,若需要就能随时脱口而出。若做到这些,主持人的语言就富有知识性、趣味性了。而且,听众会觉得,你的确是一个称职的主持人,是一个值得信赖的"向导"。有的主持人，即使是报一个小节目，也要拿着一张节目纸照单宣读，这样，他在观众心目中的"信任度"就会下降。可以说，节目主持人是他所主持节目的"推销员"，他应该如数家珍般介绍有关情况，以引起人们浓厚的兴趣。

（三）灵敏的应变

"见风使舵""随机应变"这类成语，对主持人来说并不带贬义色彩。快速地思考、准确地进行综合与判断，巧妙地根据所在场合的群众情绪、气氛和突发的新情况调整语言，并作出处置，这一切对主持人来说太重要了。所以，要在实际训练中，培养自己及时控场、当场回答观众提问、随时用几句话缓解因某种失误而造成的僵局的应变能力。

（四）得体的态势

常言道："没有笑脸别开店。"微笑，对主持人来说，是最好的非有声语言信号，是影响听众心理与情绪的主要因素。笑，要笑得真诚、朴实，不可做作。有的人把担任主持人看做是一次炫耀自己、表现自己的机会，浓妆艳抹，不加选择地穿上过于华丽又并不得体的衣服，登台后为自己"一展风姿"而流露出得意的微笑，甚至"亮相""走台步"都透露出精心排练的痕迹，这就很容易使观众产生反感。主持人是群众的忠实"服务员"，只有热情诚恳、亲切自然的语态，才是联结别人的心理桥梁。

（五）明快的表达

主持人的话要说得轻松洒脱、简洁明快，有时带点风趣与幽默，或作一点形象生动的描述，这样的表达方能统摄全场。冗词赘语、故弄玄虚是主持人语言的大忌；啰唆唠叨，喧宾夺主，只会令人反感。另外，主持人的语言要根据主持活动的内容而定。文艺节目的主持，可以活泼些，挥洒自如，妙语连珠；而有些活动的主持，语言就要严谨、简练一些。登上讲台，什么地方该讲，什么地方不该讲，什么地方该详讲，什么地方该略讲，都要心中有底。节目主持人只是节目的陪衬，应当烘托舞台效果，而不能利用主持人的身份侵占舞台效果。

三　主持的方法

（一）如何主持大型文艺晚会

大型文艺晚会通常是在节日或者有重要意义的日子举行。这种晚会通常由歌舞、相声、小品、戏剧等组成，内容五花八门，形式多种多样，虽然表现松散，但有一个固定、统一的主题；而这个主题则是一条将所有的节目串联起来的主线，是将这些节目精巧、严密地组织起来的一个框架，所以整个晚会始终是形散而神不散。在这种情况下，一个主持要做的就是用优美的串联词将这些节目有机地联系起来。因此，主持人应该做到：

1.首先要亮好相。主持人可以说是整场晚会的形象代言人，整场晚会最先亮相的便是主持人，观众感受晚会的第一个来源便是主持人，常常最先从主持人方面去判断整场晚会的质量，所以做好一个主持人，首先应当有好的形体语言，用主持人的因素去影响观众。

2.熟悉节目内容，写好串联词。在这种晚会中，主持人就好像一个引路人，领着观众们去欣赏每一个节目；串联词既衔接每个节目，也是对各个节目的解说词。所以好的解说词应当能以一种很灵活的方式精要地涵盖每个节目的内容和特点，即要以对节目的精练概括引起观众的兴趣。要写出成功的串联词，首先要熟悉每个节目，在充分的了解之后才能真正做到这点。

3.掌握艺术线索，把好过渡关。晚会不是一个个节目的简单组合，而是在一个统一的线索和艺术连接之下，去告诉观众要表达的主题。因而对主持人来说，要弄清楚整个的过渡是如何展开的，那样才能帮助晚会引导观众去理解晚会的安排。

（二）如何主持联欢晚会

自娱自乐的联欢晚会并不像大型的文艺晚会那样有着精密的筹划和明确的意义，它通常有很强的时效性，有的时候是临时性的安排，因而无需作过多的准备，主持人可集编导和主持于一身，包打全场。这种联欢会最大的特点便是招之即来，来之能演，演之能乐。观众和演员是合二为一的，因此主持人需要鼓励所有在场的人都来参与，人尽其艺，各尽所能，推起一个个高潮,让每一名参与者在欢声中上,笑声中演,掌声中下。整个联欢晚会的宗旨是愉悦身心,活跃气氛,加深友谊。所以主持人在自娱自乐的文艺晚会中便成为全场的核心人物,其主持能力的强弱便成为晚会成败的关键。

1.联欢会主持人的开场白,应该是精妙的语言艺术小品。或即情即景,借题发挥;或从几句诗文、典故出发,来一段诗朗诵;或来一段幽默的令人开怀大笑的"单口相声";还可以说一段热情的、赞许的、顺耳的、褒奖的话,提个有趣的问题,猜个有关的谜语等等,这样,就能从一开始把大家带入一种欢乐的气氛中。可以说,主持联欢会是主持人一展口才的大好机会。精妙的语言小品,一句话、一个体态语,就会点燃人们的欢乐情绪。正是依靠主持人纯熟的口语技巧,联欢会才能非常巧妙地进入高潮。

2.要摒弃固定不变的报幕模式,如"下一个节目是……""现在请看……"这一类缺少文采的串场词,而应该将节目的内容、特色、节目之间的内在联系以及对表演者的夸赞等用生动的艺术语言联缀起来。主持人热情活跃,笑口常开,语声清亮,妙语连珠而又不显油滑,幽默风趣而又不显庸俗,并适时插一些笑话、趣闻,会在联欢会的推进中不断激起欢乐的浪花。

3.为了保证整个联欢的顺利进行,主持人要学会调动一切积极因素。首先应当安排两三个稍微像样的节目,即发挥活跃分子的骨干作用。这些活跃分子应当是主持人手中的王牌,一般安排在联欢会的开始、关键时刻以及低潮时。积极发挥骨干分子的作用,能很好地推进联欢会的进程。

4.寻找随大流者的"闪光点",调动沉默者的潜在因素。在联欢会上,活跃分子毕竟是少数,大部分是随大流者,而这些人往往是影响联欢会成败的不可忽略的因素。这些人由于有太多的顾虑,或者由于不自信怕出丑,或者因为不爱抛头露面,所以总是在上与不上之间徘徊。针对这种情况,主持人应当用幽默和机智激将登台,可以这样说:"在座的有本班的歌舞明星,也有身怀特技的武术、健美大师,还有精通戏曲的客串演员,我们欢迎各位伯乐举荐,更欢迎毛遂自荐!"也可以说:"为了让各种人才崭露头角,脱颖而出,不致埋没,本次联欢会特设'伯乐奖'和'毛遂奖'!""请不要错过一显身手的大好良机!"……在特定场合、特定气氛中,这些话很可能使千姿百态的节目应时而生,让随大流者在联欢会上也能燃起一个个闪光点,推动一个个高潮。当大家沉浸在欢乐之中时,主持人不可忘了自己的职责,应考虑如何继续推进并引向高潮。

5.欢迎来宾与众同乐。在联欢会的开始,主持人要代表全体与会者热情地接待他们,并向大家一一介绍,其次要热情友好地邀请他们参与联欢活动,如果对领导很熟悉,无拘无束,那就可以掌声欢迎他们表演节目,这样更容易将晚会推向高潮。

6.联欢会的结束阶段,可以安排几个精彩的节目,或者因势利导地安排一个多人登场的歌舞节目,使台上台下融为一体,将联欢推向高潮。这时,主持人可以用洪亮而热情的语调,将精心设计的终场词朗诵出来,大家会对这次难忘的联欢报以热烈的掌声。

做到上面几点的基础便是主持人首先要熟悉参与者,心中有数。同时,主持人还应当精心设计节目的衔接,联欢会同样有开场、发展、高潮和结尾。在安排节目时就应当考虑怎样才能让整个联欢会欢声不断,高潮迭起,有始有终。可在文艺节目中适当地穿插娱乐性的游戏,在高潮的时候安排集体节目等。节目的衔接并无固定的模式,总之以玩得痛快、玩得开心为原则。根本宗旨在于:密切关系,交流感情,增进友谊。

总之,节目主持人的根本任务是"串接散珠,调节情绪",将一个个风格、内容各不相同的节目、活动巧妙地串接成既有机联系又跌宕起伏的整体(此为串接散珠),同时注意调控全场的情绪。情绪偏冷,则煽情使之热;情绪偏热,则制控使之温。节目主持人的语言要具有一种动情性,犹如厨师手中的油盐酱醋等作料一般,不可没有,又不可过度,这就又提示我们,节目主持人的语言风格应当是"宜妙语联缀,不宜妙语连珠;宜文采闪烁,不宜文采四溢"。那些一登场就自我表现乃至喧宾夺主的人,成不了好主持人。

(三) 如何主持演讲会

演讲会是有组织地在会场上进行,此时主持人担负的责任通常是:介绍。在主持之前,主持人应当进行周密的准备:了解演讲者的基本情况,如姓名、性别、年龄、政治面貌、文化程度、性格特长等,了解每个演讲者的演讲题目、演讲内容。

演讲会主持人的主持词包括开场白、串联词和结束语。在准备主持词的时候,应当烂熟于心。不过,在听演讲的过程中,也可以根据会场效应进行修改润色,以达到更好的效果。串联词很大程度上决定了演讲会的气氛,所以好的串联词相当重要。好的串联词要很好地衔接各个演讲者的演讲,既风趣幽默,又不失庄重;既要语言精彩,又不能喧宾夺主。在前期准备过程中,还要考虑场上意外事故的对策,提前想好解决的办法。

在演讲过程中,主持人要发挥组织管理者的作用。首先要让听众安静下来,同时调整好座位,这样既有利于听众集中精力听,也有利于调动演讲者的积极性。其次,主持人应当适当维持会场秩序,如果演讲者是国内外贵宾或者专家,则有必要向听众宣布会场纪律,要求大家支持。

演讲会正式开始了,主持人首先要介绍演讲者的基本情况,介绍演讲活动的基本情况,如:比赛的性质,演讲者如何产生以及演讲的进展情况,举办演讲会的目的和意义,还有演讲的主旨、内容,演讲者的出场先后顺序,同时还要根据现场的具体情况介绍到场的领导和来宾以及评委。

演讲结束时,主持人应当对整体的演讲进行最后的评论小结,同时别忘了请评委作评论,最后则应当向到场的领导、评委、演讲者和观众致谢。

(四) 如何主持讨论会

要做好讨论会的主持应注意以下几点:

1. 周密的准备。主持人对研究讨论的内容要心中有底,要熟悉有关情况,并作预测思考。

2. 用"开场白"打开局面。这段话要能稳定大家的注意力,导入议题,宣明会旨,形成轻松活泼的会议基调。"开场白"中可以先提出自己的初步想法,作为议论的依据,也可提出几种看法供大家讨论。

3. 冷静疏导。适时对议题作分解,启发大家从不同的角度发表意见。会议主持人必须冷静,不可感情用事,遇有争论,一般暂时以中立姿态出现为宜。

4. 积极推进。及时提炼出关键处或相异处进行讨论,将议论引向深入。

5. 调节情绪。热情启发,遇有激烈的争论或冲突,以风趣的劝说缓解。

6. 调控议题。偏题、离题时,及时用过渡语将讨论导入正题。

7. 引向终结。审时度势地做会议阶段性小结,最后对议题的讨论作归纳总结,形成共识。

(五) 如何主持知识竞赛

知识竞赛通常包括开场白、抢答题、必答题、共答题、风险题和最后的惊喜时刻,所以主持人的语言对全场节奏的控制起到相当大的作用。而主持人的语言可大致分为以下三个类型:主持人的正式提问,讲解比赛规则,以及其他讲解性的话。所以针对不同类型的话,主持人应当做到合理的控制,给全场营造一个既紧张又和谐的气氛。

首先是提问。在宣读问题的时候,问题题面的语句应当以朗读的方式读出来,但要避免装腔作势。而针对抢答题规则的特殊性——主持人说开始后方可按铃答题,为了尽量避免选手犯规,在念题的最后一个字时应避免语调上扬,最后一个字也不必说完,然后再紧接着提高声调说"开始"。不过,在进行一些模式化抢答题后,为了增加场上抢答的激烈和紧张气氛,可以适当地做些改变。同时,有些组可能抓住了主持人说话的方式而投机取巧造成不公,这时主持人也应当相应地调整。知识竞赛中一个问题的模式过程应该是:主持人提问——选手回答问题——主持人进行判断——主持人宣布加分——观众鼓掌。为了使每个问题都形成一个波澜,主持人在判断选手答案及宣布加分时的语调应该逐级上扬,给每个周期都带来一种逐渐上升的变化感,让全场竞赛在一个个波澜中进行直到结束。而且需要注意的是,主持人应当以鼓励选手积极正常地发挥出水平为前提,所以不应当以咄咄逼人的口吻去发问,那样很容易造成选手的紧张情绪,甚至让他们头脑空白,大大影响水平的发挥;相反,应当以一种信任的口吻,告诉他们:"你们能行!"

在进行一些基本规则的介绍时则应当用一种比较正式的口吻。在对选手答案作判断时常用六种方式:"回答正确""回答不正确""回答基本正确""回答不完全正确""回答完全正确""回答非常正确"。在不同的情况下,要选择合适的判断语句,尽量避免"回答错误"等比较尖锐的判断方式;对选手没有做任何回答的题目应当说"没有回答"而不是回答不正确。

在知识竞赛的场地上,主持人可能有多次行走,可能会从一个台走到另一个台,可能走到场中主持抽签,可能巡视共答题的答案。而行走是节目的节奏要素之一。主持人要设计行走的时机、行走的速度、行走的路线,不能过于频繁地走来走去,也不宜完全不动位置。主持人在场上的步伐要准确,不能混乱,该走几步就是几步,该站定时一定要站定,不能没有章法。特别是不能在原地无目的地迈碎步,那样会使画面有不稳定的感觉。如果我们把竞赛现场看成是雪地,主持人的脚印应该是规则而清晰的,不能混乱一片。

总之，主持人应当恰当地用自己的语言和动作营造既紧张又轻快的节奏，在全场推起一个个波澜，直到最后的惊喜时刻。

其实，主持并不像你想象的那么难，那么遥远。对主持人而言，他更多的是一个引领着观众走遍整个节目的带路人，所以，只要放松你的心，去尝试，你也会成为一个好的主持，相信自己。

【思考与练习】

1. 你有过主持的经历吗？如果有，谈谈你的体验。

2. 你认为做好讨论会的主持需要哪些准备？

3. 你认为文艺节目主持人需要哪些条件？

4. 谈谈你喜欢什么样的主持形式。

5. 试着做一次（演讲会、辩论会、朗诵会、联欢会）的主持。

资料库

一 从《红楼梦》的人物对话看口才与做人

如果说,在口才交际的过程中,人们要想取得成功,首先必须注意,要能比较自觉地把握交际场合的性质,以能动地适应语境诸类要素的要求,那么,与此同时,还应当认识到,能动地适应语境诸类要素的要求,同时还与说话人对于自己在口才交际中角色身份的准确定位和理性把握密切相关。

说话人如果能够做到对自己的角色身份定位准确,并能做到理性把握,那么,语境与场合对他来说,就可能不再是必须时时注意如何适应的负担,而转化成为可以能动调控的成功要素,进而,口才交际就会顺着他的目标追求的方向向前发展。换句话说,能否实现口才交际中角色身份的准确定位与理性把握,又与说话人的人品、气度、心胸、性格密切相关,或者进一步说,与说话人如何做人密切相关。

这里,拟结合我国古典名著《红楼梦》中的几个主要人物在小说中的口才交际能力显现,谈谈语境适应中角色身份的准确定位和理性把握问题。

(一) 凤姐与探春的口才交际能力运用对比

凤姐在小说中,一直以当家理财方面的一把好手著称。其实小说中还有一个女性,在这一方面的精明强干并不逊于凤姐,她就是探春。尽管小说中通过奴仆之口写道,探春比凤姐"言语安静、性情和顺",但其实在泼辣方面,凤姐并不如探春。例如小说第五十五回中写道,探春奉王夫人之命在凤姐生病期间管理财政,她的母亲赵姨娘前来,想以"袭人的母亲去世,得 40 两赏银,而自己的兄弟去世,只得赏银 20 两"来向探春挑刺寻衅,被探春当场一番"不能改了规矩"的话语弄得哑口无言。过了一会儿,凤姐派平儿前来帮着说好话,希望探春破一个例算了,被探春一番数落:"你主子真个倒巧,叫我开了例,她做好人,拿着太太不心疼的钱,乐得做人情!

你告诉她,我不敢添减,混出主意。她添她施恩,等她好了出来,爱怎么添怎么添!"就这么连凤姐一并驳回。后来,探春又发现贾环和贾兰每一年都重复领了读书的学费,立即当着平儿的面,连自己的同父异母兄弟宝玉重复领取的也一并革除,并要平儿带话回去:"告诉你奶奶,说我的话,把这一条务必免了。"弄得平儿直向她赔笑脸,夸她做得好。

仔细比较凤姐与探春,还是不难看出,如果真的由探春在贾府当家理财,能力上虽然可能与凤姐不相上下,但是,从口才交际能力运用角度来看,恐怕还是要显得略逊一筹了。

每一个人在人生的舞台上,实际上都因时因地而需要扮演不同的角色。一个人口才交际能力强不强,有时在很大程度上,并不表现为这个人话说得怎么样,还表现为一个人对自己的角色定位的理解和把握是否准确。从这一角度来分析凤姐,就不难发现,凤姐的口才交际艺术和她在大观园里做人处事的成功,与她对于自己的角色定位的贴切理解和准确把握有着很大的关系。

小说中我们不难看到,凤姐的角色主要表现在四个方面:作为小辈,与贾母、王夫人等人的相处;作为平辈,与宝玉、黛玉等人的相处;作为主人,与奴仆、丫鬟等人的相处;作为当家人,在社会交往中的表现。这里,就这四个方面逐一分析:

1. 对长辈:尊重尊敬,奉承迎合。

王熙凤对于长辈的尊重尊敬、奉承迎合,突出地表现在她对贾母的一言一行之中。

例如,贾母与凤姐两个人的身边都不缺少使唤丫头,但是,小说中多处写到,只要贾母一抬腿走路,在旁边搀扶她的常常并不是使女,而是凤姐,搀扶贾母几乎成了凤姐的专项任务。尤其是"去清虚观打醮"那一次,贾母因临时下了轿,身边一时无人,凤姐急于奔过去搀扶,竟将挡了路的小道士一巴掌打得翻了一个跟头。不仅如此,凤姐对贾母是有招必到,有唤必应。例如,贾母八十大寿,合家欢庆,凤姐却因为一件自己不知情的事,被婆婆邢夫人弄得当众下不了台,一赌气回到房里哭了起来。没想到正在哭,贾母派人来唤,凤姐一听,忙擦干了眼泪,洗了脸,又重新施了脂粉,赶了过去。而贾母要问的话是:"前儿这些人家送礼来的共有几家有围屏?"凤姐立刻答道:"共有十六家有围屏……"并开始逐一作起介绍。

对于王夫人、薛姨妈等长辈,凤姐也从来都是非常尊重、尊敬的。例如贾府摆螃蟹宴,凤姐也不是没有座位,但她却一直站在贾母身边剥蟹肉,反而让贾母的丫头鸳鸯坐到一旁去吃螃蟹了。她剥出螃蟹后,首先递给了薛姨妈,然后递给贾母,再递给宝玉,礼节一一敬到。

在长辈面前,凤姐的突出显现之一,就是善于迎合逗乐、风趣幽默。有一次,贾母、王夫人、薛姨妈与凤姐,恰好四人打牌,凤姐却说:"再添一个人热闹些。"于是叫来鸳鸯,坐在贾母旁边,替贾母看牌,实际上是为了向凤姐发暗号,凤姐依照暗号出牌,以便贾母和牌赢钱。凤姐故意做出出错了牌后悔的样子,想收回,贾母不允,然后凤姐又故作舍不得拿出钱来,想要赖,直逗得一家人哈哈大笑,贾母则是笑得"手里的牌撒了一桌子"。还有一次,贾母领着一家人在园中玩赏,说起了自己小时候曾有一次失足落水,碰破了头,还进了水,差点活不成了,至今鬓角上还留下指头顶大的一个窝儿。凤姐一听,抢先笑着说道:"那时要活不得,如今这大福可叫谁享呢!可知老祖宗从小儿的福寿就不小,神差鬼使碰出那个窝儿,好盛福寿的。寿星老儿头上原是一个窝儿,因为万寿万福盛满了,所以倒凸高些出来了。"说得一家人哈哈大笑。

正因为凤姐对长辈不仅尊重,而且善于迎合逗乐,所以贾母对她,虽然多次使用了"泼皮破落户""凤辣子"等戏称,但更多的还是喜爱。小说中写道,凤姐生病卧了床,贾母顿时觉得身边冷清了,感叹道:"有她一个人来说说笑笑,还抵得十个人的空儿。"

2. 对平辈:关心照顾,周全备至。

主持家庭政务的凤姐对于宝玉、黛玉、宝钗等同辈的弟妹,关心照顾是周全备至的。

例如,冬天来了,凤姐马上主动向贾母和王夫人提出建议:安排宝玉、黛玉等人就在自己的园子里吃饭,以免来回跑厨房吃冷风,伤身体。王夫人当即同意,贾母故意试探地说,就怕又要多出一个厨房的事务来。凤姐当即解释道:"并不多事。一样的分例,这里添了,那里减了。就便多费些事,小姑娘们冷风朔气的,别人还可,第一林妹妹如何禁得住?就连宝兄弟也禁不住,何况众位姑娘。"一番话说得贾母深感满意。小说第八十五回中还写道,黛玉的生日到了,没想到连贾母也给忽略了,而凤姐则是悄悄地一手操办,使得动辄以泪洗面的林黛玉,过了一个连贾母也喜出望外,黛玉自己更是花团锦簇、含羞带笑的生日。

又如,凤姐的婆婆邢夫人的侄女儿岫烟前来投奔邢夫人,被贾母留住在大观园。凤姐见邢岫烟虽然家贫但是人品不错,于是从此只要她在大观园里住满一个月,就按照其他女孩子的标准发零用钱。后来,她见岫烟身上没有新衣服,忙将自己的衣服包上好几件送给她。袭人回哥嫂家探望生病的母亲,凤姐不仅另外送她衣装,还非常细心地叮嘱道:"你妈若好了也就罢,若不中用了,只管住下,我再另打发人给你送铺盖去。可别使他们的铺盖和梳头的家伙。"凤姐在可以通融的地方尽量通融,但是,作为家庭财政方面的掌管人,她在应当坚持原则的时候也能够做到坚持原则。例如有一次,紫鹃要代重病卧床的黛玉提前支取月例银子,凤姐觉得一个大家庭不能破了规矩,就婉言拒绝,但却用自己的私房银子给了紫鹃,还叫她不要告诉黛玉。

联想到凤姐毕竟也才二十来岁,就已经能够在这样一个大家庭中,待人接物如此面面俱到,确实已经是非常不容易了。

3. 对下人:唯才是用,赏罚有度。

考察凤姐掌权管事过程中的一言一行,不难看出,她对下人的使用,其实有一个明确的标准,那就是唯才是用,赏罚有度。

小说第二十八回中有一个非常典型的例子,那就是她对小丫头红玉的看重。红玉原是宝玉房里级别最低的小丫头,工作也就是浇花、喂鸟、烧开水,连宝玉的房间都是不能随意进出的。只因为有一次在园子里迎面碰上了凤姐,而凤姐身边一时又没有人,于是临时叫她去向平儿传一个话。回来后红玉又向凤姐把传话过程复述得清清楚楚,于是立即被凤姐看中,马上就向宝玉将她要到了自己身边。

凤姐在家庭管理方面的赏罚有度,还突出表现在她在秦可卿丧事期间接受委托,主持宁国府内务管理。凤姐上任先立规矩,严明纪律。不料随后就有一人值班迟到了一会儿,凤姐当即按规矩办事,将此人打二十板子,扣一个月工钱,同时宣布,明天再有误的,打四十,后天,打六十。就这一下子,众人再也不敢偷闲,人人都兢兢业业,坚持做好本职工作了。

值得注意的是,在家庭管理方面赏罚有度的凤姐,同时还是个知恩图报的人。有一次,贾琏与凤姐正在夫妻对饮,贾琏的奶妈来了,两人忙让她上炕就坐,凤姐还叫平儿马上去将早晨刚炖得很烂的肘子端来给老人吃,接着又向她敬酒。这里,不妨将她的这一做法与宝玉作一个对比。小说第八回中,宝玉在薛姨妈家喝了酒回来,端起茶碗刚喝了一半,一听自己的奶妈喝过这只茶碗喝过茶,立即将茶碗摔了个粉碎,骂道:"不过是仗着我小时候吃过她几口奶罢了。如今逞的她比祖宗还大。如今我又吃不着奶了,白白地养着这个祖宗作什么! 快撵了出去,大家干净!"

4. 对外界:攻守进退,游刃有余。

凤姐不仅对内管理有规有矩,面对外界的交际往来,也能做到攻守进退、游刃有余。有一次,宫里的夏太监派小太监来贾府借二百两银子,说过一两日就送过来。贾琏一听,明摆着又是来敲竹杠,觉得不好应付。凤姐则要贾琏回避,只见她对小太监说道:"什么是送过来,有的是银子,只管先兑了去。改日等我们短了,再借去也一样。"又对小太监说:"你夏爷爷好小气,这也值得记在心上。我说一句话,不怕他多心,若都这样记清了,不知还了多少了。只怕没有,若有,只管拿去。"一面又叫身边的仆人旺儿媳妇:"出去不管哪里先支二百两来。"旺儿媳妇故意说道:"别的地方没有借到,才来找你的。"凤姐又故意叫平儿:"把我那两个金项圈拿出去,暂且押四百两银子。"于是平儿拿了首饰出去,过了一会儿,拿回四百两银子,给了小太监一半,让他走了。

由于凤姐对于自己在贾府中的角色定位有着贴切理解和准确把握,所以她的口才交际能力与她在大观园里的为人处事才达到了一种完美的和谐与统一,这一人物形象才会散发出极为动人的艺术光辉。如果真的像探春那样,对人不论亲疏,一律如此,从理想化的角度来说固然很好,但是,从现实角度分析探春在大观园内的所作所为,嫂嫂凤姐的面子她敢驳,哥哥宝玉的开支她敢砍,连自己母亲赵姨娘她也针锋相对,在这样一个封建大家庭里,如此主持管理又能维持几日?

(二) 黛玉与宝钗的口才交际能力运用对比

黛玉与宝钗在贾府的众多女孩子中,美丽程度接近,文化背景接近,而且连聪敏灵秀、口才交际能力也很接近。但是,由于个性、心胸上的较大差异,导致两个人在大观园里的口才交际活动中,不仅有完全不同的表现,而且也给自己带来了不同的后果。

1. 黛玉的心胸不够开阔,常常好闹别扭,还好强人一头。

例如,小说第七回中写道,薛姨妈完全是出自好意,让周瑞家的将宫里头制的新鲜样法堆纱花 12 支分送给凤姐和各位姑娘们,别的人都是高高兴兴地收下了,在送给黛玉时,黛玉却非要问,是单送我一个人的,还是人人都有?一听回答人人都有,黛玉冷笑道:"我就知道,别人不挑剩下的不给我。"

黛玉平时说话就比较刻薄。例如,史湘云称呼宝玉"二哥哥",因为"二"字的音发不好,就被黛玉抓住嘲笑道:"偏是咬舌子爱说话,连个'二'哥哥也叫不出来,只是'爱'哥哥'爱'哥哥的。"湘云实际上当时就已经不高兴了,说道:"她再不放人一点,专挑人的不好。你自己便比世人好,也犯不着见一个打趣一个。"

再如,刘姥姥在大观园被凤姐等人捉弄,刘姥姥也就顺势出了各种洋相,以逗贾母开心。宝玉对黛玉说道:"你瞧刘姥姥的样子。"黛玉笑道:"当日舜乐一奏,百兽率舞,如今才一牛耳。"把刘姥姥比作"一牛"。后来,几个女孩子在一起,无意之中谈到了刘姥姥。黛玉接过来就是一句:"她是哪门子的姥姥,只叫她是个'母蝗虫'就是了。"

黛玉只许自己嘲弄别人,别人一反驳,就会马上生气,有时连对宝玉也不例外。

例如有一次，黛玉碰见宝玉，问他从哪里过来，宝玉说从宝钗那里。黛玉当即冷笑说道："我说呢，亏在那里绊住，不然早就飞了来了。"宝玉笑着说道："只许同你玩，替你解闷儿，不过偶然去她那里一趟，就说这话。"黛玉马上就不高兴了："好没意思的话，去不去管我什么事，我又没叫你替我解闷儿，可许你从此不理我呢!"说着，便赌气回房去了。

黛玉的疑心病是比较重的。就因为宝玉与宝钗之间有"金玉良缘"的说法，她常常与宝钗过不去。例如，宝玉挨了打，有人传说是宝钗的哥哥薛蟠告的状，宝钗得知后，回家借机劝说哥哥，薛蟠不认账，两人争吵，气得宝钗整整哭了一夜。第二天早起一出门，迎面碰上黛玉，黛玉见她无精打采，又有哭过的痕迹，便笑着说道："姐姐也保重些儿。就是哭出两缸眼泪来，也医不好棒疮!"一番话说得宝钗头也不回地走了。还有一次，宝玉在清虚观收到道士们送的礼物，其中有一个金麒麟，贾母见了，说好像记得谁的身上也有一个，宝钗接过来答道，史大妹妹有一个。探春接过话来夸宝钗记性好，可是，黛玉接过来却说了一句："她在别的上还有限，惟有这些人带的东西上越发留心。"宝钗装没听见，事情也就又过去了。

黛玉不仅疑心病比较重，有时疑心的范围还比较广。例如，就因为史湘云身上有一块金麒麟，而清虚观的道士又送给宝玉一个金麒麟，她就又将疑心转到了史湘云身上。小说第三十二回中写道，黛玉得知湘云去了怡红院，立刻就联想到，近日宝玉弄来的外传野史，多半才子佳人都因小巧玩物上撮合，或有鸳鸯，或有凤凰，或玉环金佩，或鲛帕鸾绦，皆由小物而遂终身。现在宝玉也有了麒麟了，于是她又开始担心，会不会由此又"同史湘云做出什么风流佳事来"，于是赶忙也来到怡红院，想借机观察行事。

小说第十八回中，元春回府省亲，在大观园里要求宝玉与女孩子们各题一诗一匾。宝钗一眼看到宝玉选用的词语可能元妃会不喜欢，而宝玉还没有意识到，忙推他，提醒他应当如何改，并且一直帮他改成；而在此过程中，黛玉却是自己待在一边，一门心思想着如何"大展其才，将众人压倒"，后来因为元春出的题目不难，自己未能"展其抱负"，心里竟然感到很不痛快。

2. 宝钗乐于助人，而且为人比较大度，小处不太计较。

例如，小说中写道，天气渐渐寒冷了，宝钗在园子里迎面碰到岫烟，发现她衣装单薄，忙问是怎么回事，得知她是因为父母家中经济拮据，早已将自己的衣服送进了当铺，便马上要过她的当票，悄悄地替她赎回了典当的衣物，并告诉岫烟，如果有什么生活困难，只管对她说，她给解决，岫烟很感激地答应了。

又如，王夫人要给投井自杀的使女金钏儿两套新衣服送葬，宝钗一听，就主动表示,不必临时去叫裁缝赶制,可以用自己刚做成的两套新衣服代替,并向王夫人表示,自己根本不忌讳。

有一次,宝钗的哥哥薛蟠到南边做了一趟生意回来了,宝钗将带来的礼物一一分送,对宝玉的同父异母兄弟贾环也一视同仁,这就使得一贯心头不平衡的贾环之母赵姨娘也感谢不尽,拿她去与黛玉作起了对比:"怨不得别人都说那宝丫头好,会做人,很大方,如今看起来果然不错。她哥哥能带了多少东西来,她挨门儿送到,并不遗漏一处,也不露出谁薄谁厚,连我们这样没时运的,她都想到了。若是那林丫头,她把我们娘儿们正眼也不瞧,哪里还肯送我们东西?"

还有一次,史湘云给大观园里的女孩子们送戒指,先给了宝钗等人,宝钗得到后,以为袭人没有份,就将送给自己的那个送给了袭人。等到湘云再去给袭人送戒指时,才知道此事,湘云很受感动,不由得说道:"我只当是林姐姐送的,原来是宝钗姐姐给了你。我天天在家里想着,这些姐姐们再没有一个比宝姐姐好的。可惜我们不是一个娘养的。我但凡有这么个亲姐姐,就是没了父母,也是没妨碍的。"

贾母要给刚搬进大观园的宝钗过生日,问她爱听什么戏,爱吃什么东西。宝钗所点的全部都是贾母所喜爱的,以迎合贾母,于是贾母更加欢悦;而与其相比,黛玉却是遇事总好扭捏来,宝钗生日那天,宝玉来邀黛玉去看戏,黛玉却回答说:要想让我看戏,你就去叫一班戏来,拣我爱的唱给我看,这会子犯不上借光儿问我,明确表示自己不愿意去看宝钗的生日戏。还有一次,宝玉与黛玉在薛姨妈处,因天下大雪,薛姨妈吩咐烫酒给宝玉御寒,宝玉却说要吃冷酒。宝钗劝阻说吃冷酒伤身体,宝玉于是改口要吃热酒。恰好此时,小丫鬟雪雁给黛玉送来御寒的小手炉,并说是紫鹃叫送来的,黛玉借机笑着说道:"也亏你倒听她的话。我平日和你说的,全当耳旁风;怎么她说了你就依她,比圣旨还尊贵些!"宝玉听这话,心里知道黛玉是在奚落自己,只是嘻嘻地笑了笑,宝钗听了也不接她的话头,事情也就笑嘻嘻地过去了。

由于宝钗始终坚持宽待黛玉,从不计较黛玉如何对待自己,终于使黛玉感动,说出了这样一番话:"你素日待人,固然是极好的,然我最是个多心的人,只当你心里藏奸……往日竟是我错了,实在误到如今。我长了今年十五岁,竟没有一个人像你前日的话教导我。怨不得云丫头说你好,我往日见她赞你,我还不受用,昨日我亲自经过,才知道了。比如若是你说了那个,我再不轻放过你的,你竟不介意,反劝我那些话,可见我竟自误了。"

从黛玉与宝钗两个人物之间的口才交际运用对比中,我们不难看出,一个人的口才交际能力强与不强,不仅取决于其文化程度、知识结构等诸多方面,而且还受到其个性、胸怀的影响。个性开朗、为人大度者,口才能力往往是人生成功的得力工具;反之,口才能力则难免运用不当,有时甚至会反受其害。

(三)晴雯与袭人的口才交际能力运用对比

晴雯与袭人同为怡红院里宝玉身边的丫环,和黛玉、宝钗一样,她们两人之间也有一定的可比性。将晴雯与袭人进行比较,有助于自身还处于社会较低层面上的人以及刚刚踏入社会迈开人生步伐的人,学会如何在社会口才交际中,理解自己应有的角色定位和自我控制,进而推动自己的口才交际取得更好的成绩。

1. 晴雯不仅有话必说,而且从不饶人,常常好由着性子来。

小说中写道,宝玉有一次一时高兴,替小丫头麝月篦头,让晴雯碰见了,她脱口就是一句:"哦,交杯盏还没吃上,倒上头了!"宝玉倒是满高兴地说道:"你来,我也替你篦一篦。"晴雯回的却是一句抢白:"我没那么大的福。"说着就一摔帘子出去了。

又有一次,晴雯等一群人在园子里迎面碰上小丫头红玉,问她为什么不干活,红玉解释说自己被凤姐临时叫去传一句话,当然,语气上也流露出来那么一点得意。于是晴雯当即回讽一句:"怪道呢!原来爬上高枝儿去了,把我们不放在眼里。……有本事从今儿出了这园子,长长远远的在高枝儿上才算得。"

小丫头秋纹奉宝玉之命,向贾母和王夫人的房里送新开的鲜花,得到了贾母的赏钱,王夫人又赏了她两件衣裳,秋纹非常高兴,向别人说起,晴雯听了,立即嘲笑道:"呸!没见过世面的小蹄子!那是把好的给了人,挑剩下的才给你,你还充有脸呢。"又说道:"要是我,我就不要。"

还有一次,晴雯因为失手跌断了扇子骨,被宝玉说了两句,她就顶嘴吵了起来,袭人一听见吵,忙过来劝。晴雯当即对袭人反唇相讥:"姐姐既会说,就该早来,也省了爷生气。自古以来,就是你一个人服侍爷的,我们原没有服侍过。因为你服侍得好,昨日才挨窝心脚,我们不会服侍的,到明儿还不知是个什么罪呢。"袭人听了,又见宝玉在一边已经气黄了脸,就强忍住气恼,继续劝道:"好妹妹,你出去逛逛,原是我们的不是。"晴雯一听她用了"我们"二字,立即说道:"我倒不知道你们是谁,别叫我替你们害臊!便是你们鬼鬼祟祟地干的那事儿,也瞒不过我去,哪里就称起'我们'来了。明公正道,连个姑娘还没挣上去呢,也不过和我似的,哪里就称上'我们'了!"

晴雯因为和小丫头碧痕拌了嘴,心情不好,又见宝钗晚间来怡红院,竟然在院子里就抱怨起来:"有事没事跑了来坐着,叫我们三更半夜的不得睡觉!"不料黛玉跟着又来敲门,晴雯一听有人敲门,也不问是谁,就脱口说道:"都睡下了,明儿再来吧!""凭你是谁,二爷吩咐的,一概不许放人进来呢!"就是没给黛玉开门,以至由此还引出了宝玉与黛玉的一场情感风波。

至于对那些干粗活的老妈子,她就更不饶人了。小丫头春燕的妈妈不懂贾府内院的规矩,当她得知自己因为在怡红院里责骂春燕而可能被开除时,吓得忙向袭人求饶。袭人已经松了口,可是晴雯还不饶,说道:"理她呢,打发去了是正经。谁和她去对嘴对舌的。"直吓得老婆子一直求到连宝玉也同意留下她了,事情才算了结。

因为晴雯素来嘴巴不饶人,所以得罪人,招人嫉恨也就在所难免。小说第七十七回中写道,园内的婆子们听说已经通知晴雯的哥哥嫂嫂来将晴雯领回去的消息,竟然口称:"阿弥陀佛,今日天开了眼,把这一个妖精退送了。"

2. 袭人不仅办事稳重,而且和人说话能忍让就忍让,从不愿以言语伤人。

小说第三十回中写道,宝玉冒雨跑回怡红院,袭人开门慢了,浑身湿透了的宝玉见门一开,也不管来的是谁,抬腿就是一脚。一见踢的是袭人,宝玉一进门就忙赔不是,袭人一面忍着痛换衣裳,一面却反过来宽慰宝玉:"素日开门关门,都是那起小丫头们的事。她们是顽皮惯了的,早已恨得人牙痒痒,她们也没个怕惧儿。你当是她们,踢一下子,唬唬她们也好些。才刚是我淘气,不叫开门的。"

有一次,晴雯当众转着弯儿将袭人骂成了屋里的"西洋花点子哈巴狗",袭人听了,也不多加理会,只说了一句:"少轻狂罢。"要大家做事要紧。

还有一次,袭人路过果园,管果园的老婆子想请她尝尝落下地的果子,袭人拒绝,说道:"这哪里使得。不但没熟吃不得,就是熟了,上头还没有供鲜,咱们倒先吃了。你是府里使老了的,难道连这个规矩都不懂了。"袭人就是这样,严格把握自己在大观园中的身份,不该自己说的话不说,不该自己做的事不做。但是晴雯却当众就敢喝宝玉的汤,小说第五十八回中写道,袭人要芳官学着服侍人,让她给宝玉将汤吹凉,宝玉却要芳官亲口尝尝是不是已经凉了,芳官不敢,晴雯笑道:"你瞧我尝。"端起碗来就喝了一口,芳官这才跟着喝了一口。

袭人和晴雯虽然都是服侍宝玉的使女,但是她的地位高于晴雯。有一次,在袭人回家处理母亲丧事期间,小丫头坠儿偷了一个金镯子,晴雯知道了,不顾自己生病卧床,立刻以宝玉的名义通知来人将坠儿赶了出去。袭人回来后知道了这件事,对于晴雯的越权处理也没有多加指责,只是说了一句:"太性急了。"事情也就完了。

查抄大观园时,晴雯与袭人两个人对于被查抄也表现了完全不同的态度。查到晴雯时,她是"豁一声将箱子掀开,两手捉着底子,朝天往地下一倒,将所有之物尽都倒出"。在大观园这样一个等级森严的环境中,她这样由着性子来,怎么能没有危险？而袭人则是一看形势不对，马上自己先出来打开了箱子和匣子，任搜任查，然后一声不吭地收拾好自己的东西完事。

每一个人在社会口才交际中，实际上都有着一个确定的角色身份、确定的地位等级；在口才交际中的一言一行，都无不受到自己的角色和地位的制约。能够服从这一制约，在制约允许的范围内，充分发挥自己的口才交际能力，就有助于自己的人生走向成功；反之，无视这一制约，过于随心所欲，只怕会造成不良后果。

（四）贾宝玉与甄宝玉的口才交际能力运用对比

《红楼梦》里，其实出现了两个宝玉，一贾（假）一甄（真），这个甄宝玉，不仅与贾宝玉"相貌相同、举止相同"，而且性情也完全一样，甚至连喜欢和女孩子在一起玩也完全一样。因为甄贾两家又有着往来关系，所以，希望有一天能够和甄宝玉见面，几乎成了贾宝玉长达数年的一个强烈愿望。终于有一天，两个宝玉见面了。可是没想到一见面，甄宝玉就向贾宝玉大谈"锦衣玉食、文章经济"（此时的甄宝玉因为曾经生过一场大病，爱好、追求都发生了根本的变化），宝玉听了觉得非常刺耳，后来实在忍不住，就打断他的话头，希望与他交流一番"超凡脱俗"的道理，以"洗净俗肠、重开眼界"。不料甄宝玉竟是个自说自话的人，似乎完全没能理会到宝玉心中的不快，还是继续向宝玉大谈科举仕途、经济文章，最后宝玉越听越不耐烦，心中神往多年的甄贾宝玉会面，竟以不欢而散结束。

甄宝玉其实就是又一个贾宝玉。甄宝玉的说话特点，恰恰也就是贾宝玉的说话特点，他们的这一共同特点主要表现为说话不看场合环境，完全由着自己，心里怎样想的就怎样说，甚至是只要自己想说，不该多说也滔滔不绝，如果自己不想说，该说话也不说。所以在某种意义上，甄宝玉与贾宝玉第一次交往过程中，贾宝玉所感受到的不满，实际上也就是贾宝玉在日常生活中，惯于自说自话而其实口才交际效果往往不佳的一次自我体验。

贾宝玉在小说中这一同样也好自说自话的独特表现，与他在贾府中的独特地位是分不开的：在贾母、王夫人面前，他是心肝宝贝、受宠对象；在黛玉、宝钗等一大群女孩子面前，他是中心人物，受到众星环绕的特殊关注；在袭人、晴雯等人面前，他是主人，是能够决定她们命运前途的主宰……这一独特地位，导致了他的口才交际行为在很多时候都可以不必在意语境场合的制约，甚至可以由他来决定语境和场合的性质，由他来操纵在场所有人的喜怒哀乐。也就是说，在他的生活环境中，他是主角，是中心，想说什么就可以说什么，想怎么说就可以怎么说。

但是，任何人在实际生活中都会因为语境、场合的多样性需求而承担多种角色,当语境和场合要求这个人扮演某个角色,而他却难以进入这个角色时,他的口才交际也就难以取得成功了。尤其是当语境要求他担任"配角",要求他根据对方的需求调整自己的说话内容,而他仍习惯于担任中心人物"主角",只是"自说自话"时,口才交际就可能因此而导致失败。

这一特点,在口才交际中往往有两种不同的表现:"自说自话"如果发挥得当,符合语境和场合要求,可能妙语连珠、语惊四座;然而,一旦这种自说自话不合语境和场合要求,则不仅效果不佳,而且还可能引出其他问题。

例如,大观园初建成,贾政率众请客,带上宝玉一道游园,同时讨论如何题写匾额对联。宝玉来了兴趣,在贾政及众客人面前,文才大显,众人皆赞贺,贾政也因为他的上佳表现而"拈须点头不语""点头微笑"。但是没过多久,宝玉就因为自我控制不够,话说得太多,接话头太快,有悖当场应当注意保持的"小辈身份",被贾政训斥为"胡说""更不好",贾政甚至差一点命令来人将宝玉"又出去!"

小说第二十三回中写道,贾政因事叫来宝玉,一看见眼前的儿子,"神采飘逸、秀色夺人",不觉爱怜之心升起。这原本是父子情感交流的极好机会。不料交谈之中,宝玉又因为向父亲引经据典地解释"袭人"名字的由来,引起贾政反感,觉得他不务正业,"专在这些浓词艳诗上下工夫",结果,换来一声呵斥:"作孽的畜生,还不出去!"

宝玉与黛玉在贾母处的第一次见面,也同样暴露出宝玉的这一特点。正值他们二人一见如故、两情相悦之际,只因为他听得黛玉回答身上没有玉,"登时发起狂病来,摘下那玉,就狠命摔去,骂道:'什么罕物!人的高下不识,还说灵不灵呢!我也不要这劳什子!'"接着是又哭又闹,一个亲人团聚的喜庆场面就这么被他弄得老老小小无不乱成一团。

迎合,是现实生活中说话人追求目标的需要、增进情感的需要,交际场合中角色身份的需要、调适语境氛围的需要。人的身份不论尊卑,在该表示迎合的时候不表示迎合,就有可能给自己带来损害。小说第三十三回中,贾雨村来贾府拜访,宝玉被贾政叫去作陪,结果又使贾政生了一场气,贾政这样说自己生气的原因:"好端端的,你垂头丧气的嗐些什么?方才雨村来了要见你,叫你半天你才出来;既出来了,全无一点慷慨的挥洒谈吐,仍是委委琐琐的……"贾政这一番话的意思是,接待来客应当热情相迎。因为宝玉对贾雨村没有热情相迎,最后竟由此导致挨了一顿好打。

要说贾宝玉完全不懂得如何进行口才交际,也不符合实际。小说中他对女孩子,不论尊卑,所表现的体贴关心,曾使得很多人赞叹不已。例如,他在挨打后因为卧床不能动，就让晴雯替他向黛玉送去两方旧手帕，却没有带一句话，没有写一个字，却充分表达出自己的思念之情，而且使得黛玉"不觉神痴心醉""五内沸然"，堪称以无声胜有声，几乎可以视为口才交际方面的上乘表现。而对于男性，他当然也是能广交挚友的，例如柳湘莲、蒋玉函等人。只是相比之下，"好自说自话"的缺点有时就暴露得比较明显了。

例如第六十六回中写道，宝玉与柳湘莲两个老朋友相逢，宝玉得知柳湘莲与尤三姐定了亲，连夸尤三姐为"古今绝色"，又连连贺喜，说柳湘莲原先就坚持要娶一个绝色的女子，而现在尤三姐正配得上这一标准。柳湘莲忙向他解释，说因为是女方主动追求，而且过去并无深交，自己对三姐的品德有疑，希望宝玉详细告知。遗憾的是，宝玉并没有在意此时的柳湘莲已经不关注尤三姐的美貌，他仍然继续自说自话地夸赞着尤三姐的美色："他是珍大嫂子的继母带来的两位小姨，我在那里和他们混了一个月……真真一对尤物，他又姓尤。"结果，这一番出自宝玉实心实意的祝贺话语却让柳湘莲听出了另外的意思。他听了竟连声叹道："这事不好了，断乎做不得了。你们东府里除了那两个石头狮子干净，只怕连猫儿狗儿都不干净。我不做这剩王八。"随后，柳湘莲竟前去退婚，以致尤三姐当着他的面抽剑自杀，柳湘莲痛悔难忍，也随即出家当了道士。一段原本美满的姻缘，最后竟成了一段哀婉的悲剧故事。

宝玉说话还常常不看场合。小说第三十回中写道，盛夏的一日午后，宝玉转到王夫人的上房，见王夫人正在里间凉床上睡着，小丫头金钏儿正在一边给王夫人捶腿，一边打着瞌睡。旁边还有几个小丫头，也在打着瞌睡。宝玉过去虽然与金钏儿也常逗玩笑，但是在这样的环境里，显然是不宜多说什么，更不宜开什么玩笑的。然而宝玉自说自话的毛病偏偏又犯了。他走到金钏儿身边，先是拉她的耳坠子，接着又将自己身边带着的香雪润津丹塞到她的口中，这还不算，还拉起她的手，说道："我和太太讨了你，咱们在一处吧。"又说："等太太醒了，我就说。"终于撩得金钏儿睁开眼，笑着回了一句："你忙什么？'金簪儿掉在井里头，——有你的就是有你的。'连这句俗话难道也不明白？"结果，王夫人从床上跳了起来，照金钏儿脸上一记耳光，一番怒骂，并吩咐将她赶出门去，后来竟导致金钏儿跳井身亡。仔细分析这段过程，金钏儿的答话固然有不妥之处，但是灾难的起源却实在是宝玉。面对大家正在打瞌睡的情境场合，面对在场的母亲，宝玉其实是根本不宜折腾出这样一个玩笑的。

任何人，不论他在社会上是地位高贵还是身份卑下，在口才交际中，都应当学会积极地适应语境特点，把握场合性质，积极地设法与交际对象实现成功的思想交流。如果只是由着性子来,想说什么就说什么,在口才交际中,轻者难免影响口才交际的成功,重者只怕还会引发其他的问题。

结合本节文字的剖析,注意思考以下几个问题:

1. 口才水平能否达到高水平显现,必然与一个人的人格有无魅力密切相关,因此,一个人要想拥有好口才,就应当把如何做人放在学习与训练的第一位。你赞成这种观点吗? 如果赞成,你愿意按照这一标准去训练自己吗?

2. 有人认为,说话要看场合,要适应语境,这就必须"见什么人说什么话,到什么山上唱什么歌";还有人不同意,认为说话看场合、看语境,说穿了,就是"见人说人话,见鬼说鬼话",这不是两面三刀吗? 你认为这两种看法是一致的吗? 如果不一致,你认为差异在哪里? 以实例为证,作出分析论证。

3. 有人认为,在公开场合说话,应当注意自己的身份,不该自己说话就不要说话;但是也有人认为,做人就是应当坦荡,就是要敢于说出自己的心里话。你认为这两种观点中存在矛盾吗? 如果没有矛盾,为什么会让人觉得观点对立? 如果有矛盾,试分析矛盾根源,并阐述理由。

(刘伯奎)

二 谈谈美国大学生最喜欢的课程——演讲课

演讲作为一门独立的学科在美国已有悠久的历史,而且受到越来越多人的青睐。"舌头、金钱、电脑"已成为 20 世纪 80 年代美国社会的三大武器,而"舌头"占据了首位。在美国不论做官、谋职,还是为了更好地工作、生活,口才已成为必不可少的能力。潘学模 1986 年 8—12 月在美国的马瑞塔学院进修学习,并选修了演讲课。下面是她对美国演讲课情况的简略介绍,从中我们可以窥一斑知全貌,看到演讲在太平洋彼岸的盛况。

美国俄亥俄州马瑞塔学院(Marietta College)曾作过一次调查,他们从该学院毕业的学生中请回两部分人——刚毕业半年和已毕业十年的大学生,然后分成两组,请他们回答一个问题,即在该学院所学的课程中,哪些课程对他们以后的生活用处最大? 有趣的是,两组的答案居然相同。名列榜首的课程是"演讲课",第二门为"英语课"。演讲课训练口头表达能力,英语课训练笔头表达能力。

我是 1986 年 8 月前往该学院进修学习的。出于职业的关系,也出于好奇,我选择了演讲课作为我有限的进修课程之一。

在该学院，演讲是一个独立的专业。有关该专业的课程约有 18 门,其中最基础的课程是"演讲基础"。这门课是在校每个学生(不论哪个专业)都必须学习的两门课程之一(另一门是英语)。演讲基础课主要是教一些演讲的基本知识和技巧,比如,如何进行逻辑构思和运用资料;如何应用声音和身体器官;如何正确发音和正确应用词汇和句子;如何正确运用讲台和演讲的辅助工具(图表、实物等);演讲者如何正确有效地、有表情地与听众保持交流和默契;等等。此外,还教学生如何成为一名合格的听众。

除了必须修演讲基础课外,学生还可以选修"高级演讲"课。这门课是在学生掌握了一定的演讲基础知识和技巧后开设的。首先教学生懂得什么是一个人的气质(包括道德修养、文化教育、言谈举止和精神面貌等),这对一个演讲者成功与否影响极大。然后便进行一些具体的训练,如即席演讲、提供信息式演讲、劝导性演讲和餐后演讲等等。这些演讲在演讲形式、组织结构、训练方法及运用的辅助工具等方面都有所不同。

学完这两门课程,如果学生还想进一步学习,则可在高年级选修有关的演讲课,进行诗歌、戏剧、朗诵、个人辩论和集体辩论等方面的训练。经过这些训练,学生的演讲才能将达到更高程度。

我听的是"高级演讲"课。全部课时,老师讲授约占三分之一,其余时间均由学生课堂演习。由于学生先前已学过演讲基础课,具备一定的演讲基本知识和技能,并有一定的实践,故在很大程度上消除了胆小、害羞的心理。经过一个学期 40 个学时的学习,我发现这些学生进步很大,有的学生的演讲技能已十分成熟,个别胆小怯场的学生也完全变成了另一个人,少数学生还在大学演讲比赛中获得了名次。由于学生喜爱和自愿进修这门课程,所以,学习动力大,热情高,与老师配合甚好。

为什么演讲课如此受大学生喜爱? 这是现实需要造成的。大学毕业需要找个工作,雇人单位要会晤本人。会晤的结果如何,很大程度上取决于当事者的言谈举止、文化修养、精神面貌等,也就是一个人的气质。在美国这样一个教育水准很高的国家里,人们很重视个人的风度、气质,而风度、气质并非人天生就有或一朝一夕可获得的,需要长时间的学习和专门训练才行。演讲课就是对学生进行这方面的训练。在这方面训练有素的人,在社会上是受欢迎的,于个人也是极有益的。所以大学生们喜爱这门课程。

在我所接触的美国人中,大多数气质都比较好,言谈举止恰到好处,体现出个人的文化教育水准。我想，这同他们曾经受过专门的训练不无关系。

（潘学模）

三 人无我有，人有我新——即兴演讲学习与训练

写文章提倡"人无我有，人有我新"，即兴演讲也是一样，唯其新颖别致，才能吸引人、感染人、打动人，才能收到别开生面、令人瞩目之效。那么，怎样才能使即兴演讲出新呢？有几个步骤：

1. 倒挂金钟。这种方式要求演讲者的开台锣鼓要破常求异、巧设悬念，使演讲一开始就如磁石一样吸引听众。比如，某大学的一位班主任，在一次"如何做一名文明大学生"的主题班会上这样讲道："昨天，派出所的两名同志带着一位农民来到我们学校，要求查看一下所有学生的相片，说有一件事是咱学校三名男生干的。经过仔细辨认，这三名学生就是咱班的韩波、李韦和王小光。""一鸟鼓舌，百鸟压音"，这几句话如同爆竹一样，增加了听众的紧迫感，整个教室鸦雀无声，大家的目光紧盯老师，急切地想知道到底发生了什么事情。老师把三名学生叫到前面，然后才说出了事情真相："昨天下午，就是他们不顾生命危险救了一名落水儿童，并送到了医院。他们做了好事不留名，那个儿童的父亲给咱们学校送来了一面锦旗，写的是'当代文明大学生'……"他"本末倒置"，先声夺人，使整个演讲如海潮涨落，魅力无穷。试想如果采取平铺直叙式，会收到这样引人入胜的效果吗？

2. "投机取巧"。即兴演讲讲究的是"随机应变"，而"投机取巧"则是演讲者找准起"兴"点，借"机"进行巧答妙解的一种方法。1948年，珍惠曼因在《心声泪影》中成功地扮演了一个聋哑人而获奖，在颁奖大会上，她的答谢词既简单又机巧，她说："我因一句话没说而获奖，我想我该再一次闭嘴。"她把答谢词和自己的角色特征挂起钩来，巧妙新颖，既简练得体，又耐人寻味。

"新"和"巧"是一对孪生姐妹，即兴演讲要出新，就要"投机取巧"。只要用心，就会发现在演讲中可借的"机"和"巧"很多，如利用自己的名字、所举的数字巧搭台阶，或巧用故事、寓言做引线，或借自己年龄、职务进行发挥等等，都可使即兴演讲出新、增趣。

3. 借花献佛。这个成语原是比喻用别人的东西送人情，这里是指在被突然叫起来发言，而自己一时又没想好应答之词的情况下，飞速捕捉名言警句或诗词佳句来"救场"的一种方法。比如一次青年团举办的演讲会即将结束，正当评委算分的时候，主持人请一位与会的老同志讲几句话。这位老同志事先没估计到要自己讲

话,但他考虑到演讲的主题,迅速联想到了毛主席的一段关于青年的话,不慌不忙地说:"青年朋友们,我今天参加这个会有个感想,那就是毛主席说的一段话太正确了。他说,世界是你们的,也是我们的,但是归根结底是你们的。你们青年人朝气蓬勃,正在兴旺时期,好像早晨八九点钟的太阳,希望寄托在你们身上。青年朋友们,加油啊,振兴中华的责任在你们身上,祝你们前途无量,前程似锦!"这段即兴演讲,实际上只是一段毛主席语录加一句祝贺的话。他借他人之"花""献礼",不但恰到好处地表达了自己的思想感情,而且不用苦思便应了急,既避免了张口结舌、前言不搭后语的窘况,又充分显示了敏捷的文思和聪慧、睿智,实在是高。

4.就地取材。成功的即兴演讲者,大都注意从现场挖掘话题。或借场景(天气、标语、画面等)进行"发挥",或从听众身上找"由头"(身份、职业、爱好、语言、籍贯等)说开去,或以物为"轴"穿起一串"糖葫芦"。江苏的张旭忠在外甥生日晚宴上的即兴讲话就是很好的一例。他以生日要吃蛋为"兴",然后向外甥送上了"三个蛋":"这第一个蛋叫'德',思想好,像个石头蛋⋯⋯要尊敬老师,热爱劳动,艰苦朴素,举止文明,不要做一个众人讨厌的坏蛋。(鼓掌!)第二个蛋叫'智',学习好,像个五彩蛋⋯⋯在学习上要发扬'挤'和'钻'的精神,千万不要考几个鸭蛋。(鼓掌!)这第三个蛋叫'体',身体好,像个铁蛋蛋⋯⋯要经常锻炼身体,不要做一个经不起风吹浪打的软蛋。(鼓掌!)"这种从现场取物进行临场发挥的演讲,使人感到既亲切自然,趣味横生,又赏心悦目,永难忘记。

总之,只要你遵循见人所未见,发人所未发,用人所未用的原则,就能从老一套中走出来;只要你不断总结经验,经常进行实践,就会常讲常新,立于不败之地。

（孙玉茹）

四　演讲先声夺人的十种语句

一次成功的演讲,有多方面的因素在起作用,但好的开头,作为进入演讲的第一步,无疑是一个不可忽视的重要因素。好的开头的表达效果也是多方面的,或让人振奋,或让人惊异,或发人深思,或催人警醒⋯⋯无论设计什么样的开场白,归根到底,都要力求获取先声夺人的现场效应,也就是在演讲刚刚开始的时候,先以富有新意、情趣和力度的开头语,一下子吸引、感染和震动听众。

实践经验表明,运用以下十种语句,能够产生先声夺人之效。

呼语　怎样称呼听众,并不是一个无关紧要的小问题。高明的演讲者往往善于针对特定的听众对象,在开讲时就运用十分精当的呼语来沟通听众的情感,震荡听众的心灵。例如，著名演讲家曲啸在一次向少年犯罪管教所劳教人员作演讲时，面对那些具有特殊身份的听众，他使用了这样的呼语：

触犯了国家的法律的年轻的朋友们：

这是一个充满期望、饱含真情的呼语，它巧妙地回避了一切可能产生歧视少年犯的联想因素，表达了对不慎失足的年轻人的深切关爱。这先声夺人的呼语，使在场的许多听众热泪盈眶，回报演讲者的是一阵雷鸣般的掌声。

问语 提问，是演讲者常用的先声夺人的开篇方式。因为一句突如其来的问语，不仅可以引起听众的关注，产生强烈的吸引力，而且能够引发听众思考，产生巨大的启示力。经验表明，这种提问是集中听从心理意向，强化演讲现场感应的有效途径。例如，妇女运动的先驱蔡畅在一次演讲的时候，曾以这样的问语开篇：

今天讲一个问题，就是一个女人能干什么？

这个提问，以鲜明的针对性，一下就吸引了听众的注意力，并促使其在参与思考的过程中，产生了非听下去不可的感觉，这就是先声夺人的心理效应。

叹语 演讲者一走上讲台，就有感而发用一个感叹句来开场，往往可以先声夺人，使听众受到情绪的感染，产生心理的共鸣。只要这种叹语不是无病呻吟的装腔，而是发自肺腑的心声，就一定能够获得强烈的现场情感反应。例如，近代民主革命志士秋瑾发表敬告中国两万万女同胞的演讲，就是这样开头的：

唉！世界上最不平的事，就是我们两万万女同胞了。

演讲者以一个由叹词"唉"构成的感叹句开篇，一下子就激发了听众的心理感应。接着，用一个陈述句补充说明感叹的原因，促使现场的女同胞内心产生了共鸣，这就自然形成了一种富有强烈感情色彩的演讲氛围。

排语 排比，作为一种修饰方式，不仅可以强调表达的内容，而且能够增强语言的气势。因此，演讲者要善于针对听众的心理特点，恰当使用排比语句开场。这样，无论叙述、议论还是抒情，只要事理通达，感情真挚，都会获得先声夺人的效果。例如，戴高乐将军于1939年6月18日发表的反法西斯广播演说就是这样开头的：

事情已经定局了，希望已经没有了吧？失败已经确定了吗？没有！

这是一组由设问的方式构成的排语。演讲者针对法国公众在希特勒的军队强压之下心理防线濒于崩溃的现实，以充满激情和信心的语气，斩钉截铁地否定了悲观主义的论调，真可谓排语出口，先声夺人。

警语 所谓警语，是指简练而含义深刻动人的语句。演讲者在现实生活体验的基础上，经过情感的凝聚和思想的升华提出警语，并在开场白中表达出来，往往能够促使听众受到心灵的陶冶和哲理的启悟。这也是先声夺人的一条有效途径。例如，革命先驱李大钊的题为《艰难的国运和雄健的国民》的演讲，就这样以警语开篇：

> 历史的道路，不全是平坦的，有时走到艰难的险阻的境界。这是全靠雄健的精神冲过去的。

演讲者以透视历史进程的深邃目光洞察"目前的艰难境界"，激励和发扬了一种雄健的民族精神。这先声夺人的警语，充满理智和豪情，不仅昭示了人类历史发展的规律，而且给听众以巨大的鼓舞和力量。

妙语 妙语连珠，是一种高水平的口才。诚然，这妙语之妙，可以是奇妙、巧妙，也可以是精透、美妙。但真正的妙语，必然是说话人德性、才情、修养、知识的生动体现，充满了不可抗拒的独特魅力。因此，演讲者以妙语开场，定会先声夺人。例如，喜剧大师卓别林于1943年发表的演讲《要为自由而战斗》的第一句话是这样说的：

> 遗憾的是，我并不想当皇帝，那不是我干的行当。

这个开头语实在是太妙了，它妙就妙在不直接入题阐述，而是进行自我表白。两个否定句，不仅从反面表达了演讲者的人生意愿，而且从侧面暗示了对专制统治者的蔑视和反对。这出人意料之外却在题意之中的妙语一下子就引起了听众的关注，从而产生了先声夺人之效。

趣语 所谓趣语，就是有趣味的话语。无论是雅趣、谐趣，还是情趣、理趣，只要能使人感到愉快、有意思、有吸引力的语言都可称为趣语。演讲者以趣语开篇，往往能以其独特的情调和隽永的意味迅速吸引和感染听众。例如，幽默大师马克·吐温的著名演讲《婴儿》是这样开头的：

> "婴儿"是我们每个人都曾有的特点。我们不幸不能生为女人，我们也并非都是将军、诗人或政治家，但是话题说到婴儿时，我们便有了共同点——因为我们都曾是婴儿。（听众大笑）

演讲者别出心裁地以"婴儿"开题谈论人生，这本身就很富有情趣性，何况在对比的强烈反差中归结出"我们都曾是婴儿"的"共同点"，就更让听众忍俊不禁了。这样的开场白，朴实自然、幽默风趣，听众的大笑无疑就是它先声夺人的效应。

壮语 壮语就是豪壮的语言。表达真情实感的壮语，充满豪放的气质和雄壮的精神，能够产生强烈的震撼力和巨大的征服力。因此，演讲以壮语开头，往往会

造成一种先声夺人之势。例如,巴黎公社著名女英雄米歇尔曾在法庭上这样开始她的论辩演讲:

> 我不想为自己辩护,我不接受辩护!我的身心都属于社会革命,并且愿意对我的一切行为负责。

演讲者把审判台当做对敌斗争的战场,在法庭上理直气壮地慷慨陈词,表现出为自由而献身的大无畏革命精神。这义正词严的开场白产生了多么强烈的现场震慑力,真可谓豪言壮语,先发制人。

赞语 赞语就是赞扬的话语。人们都愿意听到别人的欣赏和赞美,尤其希望得到来自领导人的称赞和表彰。因为这种赞扬,既是荣誉的奖赏,也是价值的体现,无疑会产生巨大的激励和鼓舞作用。就演讲而言,倘若演讲者用真诚的赞语开头,往往能够迅速激发起听众强烈的荣誉感和自豪感,从而产生先声夺人的现场效应。例如,拿破仑在蒙特诺战役中的演说就是这样开始的:

> 士兵们!你们在十五天内赢得了六次胜利,缴获了二十一面旗子和五十五门大炮,攻下了几座要塞,征服了皮埃蒙特最富饶的地方,你们捉住了一万五千名俘虏,杀伤了一万多敌人。

作为元帅,拿破仑开讲时,首先运用确切的数字,表彰了士兵们获取的卓越战绩。作为听众,那些历经激战的士兵一下子就从元帅热情洋溢的赞扬中获得了继续进军的勇气和力量。这就是演讲以赞语开头的独特作用。

俗语 所谓俗语,是指通俗并广泛流行的定型的语句。由于这种俗语简练明快,而且具有形象化的特点,所以容易被听众理解和接受。在演讲的开场白中恰当使用俗语,会使听众感到亲切自然,从而对演讲内容产生兴趣。尤其是在一些特殊场合,演讲者以俗语开头,也能先声夺人。例如,著名语言学家张志公在一所大学作关于现代汉语的学术演讲,他一登上讲台,就来了这样一段开场白:

> 我们中国有句俗语"隔锅的饭香",小孩儿吃自家的饭菜吃惯了,总以为邻居家的饭菜更好吃。其实,我们扬州师范学院汉语组的老师学术方面很有建树,很值得我学习……

张先生从口头表达的实际出发,巧用家喻户晓的俗语开场,一下子就抓住了听讲大学生的心态特点,既富有情趣性,又隐含着深刻的哲理,可谓俗中见雅,恰到好处。这先声夺人的俗语,激起了会场上一阵热烈的掌声和笑声。

(李增源)

五　我是这样主持辩论会的

1987 年 4 月，我校以"学精一门，不如学会十门"为题，举办了一次辩论演讲会。我第一次主持这样的大型辩论会，觉得有些力不从心。但是由于我做了准备，临场发挥较好，所以取得了较为满意的效果。我的经验是：

1. 设计了有吸引力的开场白。

主持人的开场白是吸引听众的重要一环。我的开场白是："同学们，辩论会马上就要开始了。这场辩论由我主持。作为主持人，我显然缺少潇洒的风度、善辩的口才，但是，大家会发现，今天参赛的各位选手都是具有雄辩口才的论辩家。(笑声、掌声)我相信，他们的论辩，一定会使各位大饱耳福，深受启发。不信，就请洗耳恭听吧!"这简短的几句，营造了气氛，也像洒了点"味精"，开了大家的"胃口"。

2. 用风趣幽默的连接词推进辩论。

在一场论及现实话题的辩论中，如果只是机械、刻板地重复"正方发言完毕，现在请反方发言"，这类话只会使听众感到单调乏味，而主持人的"法官"面孔，一定会令人生厌。我尝试在主持论辩时，采用幽默风趣的连接词，调节了气氛，也推动了辩论的进程。

当正方一号辩论员发言后，我说："正方的观点已经亮出来了。他举出大量事例证明，学精一门不如学会十门。现在请反方一号辩论员亮亮自己的观点，当然，机会均等，也是 5 分钟。"反方一号辩论员发言结束后，我说："反方提出大量例证说明学会十门不如精通一门的道理。看来双方是据理力争，各不相让，'官司'还得打下去(掌声、笑声)，好，现在请正方二号辩论员作 4 分钟的发言。"就这样，一直到双方的四位辩论员发言完毕，论辩者的发言时时引来赞叹和掌声，而主持人提纲挈领而又情趣盎然的联缀语也引来阵阵欢声笑语，会场的气氛显得活泼而轻松。

3. 牢牢掌握定向的主动权。

主持人必须牢牢把握住论辩过程和论题深化的大方向，对于不知不觉超越论辩范围的发言，对于论辩双方"横炮"乱飞、陷入混战的情况，必须冷静地看出症结所在并及时指出，将辩论拉回到双方应该争辩的分歧点上来。但是，这个问题也不可绝对化。在某方答辩出现偏题、离题时，主持人也可暂时沉住气，不予点破，尽量让另一方予以指出。在另一方没有觉察或无力觉察，而且终于导致"出口千言，离题万里"时，主持人简洁明了的提示就显得非常重要了。这个论辩大方向的把握，是主持人不可推卸的责任。

4.画龙点睛而又不落俗套地结束。

辩论是有时限的,不能无休止地进行下去。结束时,我紧扣开场白说:"我一开始就说了,这几位论辩的能手,一定会使大家一饱耳福。事实证明了我的话,真是名不虚传!让我们为他们精彩的辩才鼓掌!现在,我们请评委宣布评判结果。"

(公茂成)

六 听力自测

你的倾听能力如何?不妨根据下表做一番自测。请在表中适合于你的空格里打"√"号:

听的方法与态度	一贯	多数情况下	偶尔	几乎从来没有
1.力求听对方讲话的实质而不只是听它的字面意义				
2.以全身的姿势表达出你在入神地听对方说话				
3.别人讲话时不急于插话,不打断对方的话				
4.不一边听对方说话一边考虑自己的事				
5.听到批评意见时不激动,耐心地听人家把话讲完				
6.即使对别人的话不感兴趣,也耐心地听人家把话讲完				
7.不因为对讲话者有偏见而拒绝听他讲的内容				
8.即使对方地位低,也要对他持称赞态度,认真听他讲话				
9.因某事而情绪激动或心情不好时,避免把自己的情绪发泄在他人身上				
10.听不懂对方所说的意思时,利用提问来核实他的意思				
11.利用总结归纳法来证明你正确理解了对方的意思				
12.伴以期待眼神的适当的沉默,鼓励对方表达出他自己的意思				
13.引用对方原话,以免曲解或漏掉对方说出的信息				
14.避免只听你想听的部分,注意对方的全部思想				
15.以适当的姿势鼓励对方把心里话都说出来				
16.与对方保持适度的目光接触				
17.既听对方的口头信息,也注意对方所表达的情感				

（续表）

听的方法与态度	一贯	多数情况下	偶尔	几乎从来没有
18. 与对方交谈时选用最合适的位置,使对方感到舒适				
19. 能观察出对方的言语和内心思想是否一致				
20. 注意对方的非口头语言所表达的意思				
21. 向讲话者表达出你理解他的情感				
22. 不匆忙下结论,不轻易判断或批评对方的话				
23. 听话时把周围的干扰因素排除到最低限度				
24. 不向讲话者提太多问题,避免对方产生防御心理				
25. 对方表达能力差时不急躁,积极引导对方把思想准确表达出来				
26. 在必要情况下边听边做笔记				
27. 对方讲话速度慢时,抓住空隙整理出对方的主要思想				
28. 不指手画脚地替讲话者出主意,帮助对方确信自己有能力解决问题				
29. 不伪装认真听人家讲话				
30. 经常锻炼自己专心倾听的能力				

上表中所列 30 项,对每一项而言,如果是"一贯"得 4 分,"多数情况下"得 3 分,"偶尔"得 2 分,"几乎从来没有"则得 1 分。请你填完后,把所有打"√"号的格内应该得的分数加在一起,即为你所得的分数。

总分为 105—120,倾听能力为优,89—104 为良,73—88 为一般,72 以下则为劣。

七 听力训练提示

1. 试着主动向朋友或宿舍同学转述一些你听到的东西,比如你今天刚上过的选修课,你参加的一个座谈等。尝试在转述中用简洁生动的语言完整地总结、归纳复杂而多量的信息。如果要求更高一点的话,就试着在转述中引起对方的注意力和兴趣。

2. 回想你的人际圈里,哪些人是善于听别人讲话的人? 为什么你这么认为?

列出你想到的他的优点,并试着与他建立联系,创造交谈的机会,向他学习。

3.重视每一个在听你说话时给你留下深刻印象的人,记录下来,并且模仿他的良好表现。

4.与人争吵时,试着去容忍对方讲出与你相反的意见。

5.看影碟时,试着关闭声音,仅凭借人物的表情、动作来猜测情节内容。

6.到日语语法班之类你听不懂的课上,观察他们交流的方法。(只有在一点儿都听不懂的时候,你才会更留心交流的其他方面,表情、手势、腔调——就像盲人的耳朵更好用一样。)

7.选择合适的通话内容,用电话免提键听电话,请第三人倾听你在听电话过程中的表现。

8.增强艺术素养,以培养善解人意的能力。

八　合格听众的条件

聚精会神是一个合格听众必备的条件。美国明尼苏达大学的拉夫尔·尼科尔斯博士和他的同事提出了聚精会神的几个基本指导原则:

1.对谈论的主题感兴趣时,你要问问自己:"从中吸取些什么?是思想方式、经济效益,还是别的什么东西?"

2.不要厌恶说话的人,要把注意力集中在你所获得的东西上,要听他说什么,不要注意他说话的方式。

3.不要过早地下结论,急于形成你自己的观点,而不注意说话者的论点。

4.应当注意说话者的思路,而不是他所叙述的事实,否则你就会错过要点。

5.做简练的笔记,但千万不可记得太多,只简单记几个关键的词或概念。过后,它们可以作为你回忆的跳板。

6.不要把注意力放在无足轻重的事情上,而应当引导自己注重更能激起思考的内容,输入这样的信息。

7.当讲话的内容与你的观点相悖时,不要被自己的感情打搅。

8.如果说话者的讲话速度慢于你的思路,那么你就应该充分利用听讲的间隙,留心说话者的思路,寻找说话者思路中最有价值的东西。

(韩巍强编译)

主要参考书目

1. 邵守义主编:《演讲全书》,吉林人民出版社,1991 年 11 月。

2. 邵守义:《演讲学》,东北师范大学出版社,1991 年 6 月。

3. 李燕杰:《铸魂、艺术、魅力》(上、下),中国华侨出版社,1992 年 12 月。

4. 刘吉:《警世语论——刘吉对话录》,国防科技大学出版社,1990 年 9 月。

5. 董秋枫:《交谈论辩学》,吉林演讲交际函授学院(内部教材)。

6. 戴尔·卡耐基:《语言的突破》,中国文联出版公司,1987 年 12 月。

7. 戴尔·卡耐基:《商务人员口才训练》,中国档案出版社,2001 年 9 月。

8. 戴尔·卡耐基:《谈口才与人生》,人民邮电出版社,1988 年 12 月。

9. 戴尔·卡耐基:《卡耐基口才训练教程》,中国华侨出版社,2001 年 1 月。

10. 史尔顿:《哈佛智慧与口才》,宗教文化出版社,1997 年 3 月。

11. 费欧文:《牛津口才》,中国城市出版社,1997 年 4 月。

12. 江龙:《白宫口才》,中国计划出版社,1998 年 3 月。

13. 国家教育委员会师范教育司:《教师口语》,北京师范大学出版社,1996 年 4 月第 2 版。

14. 国家教育委员会师范教育司:《教师口语训练手册》,北京师范大学出版社,1994 年 5 月。

15. 董兆杰:《口语训练》,语文出版社,1990 年 7 月。

16. 吴天锡:《口语训练》,吉林演讲交际函授学院,1989 年 2 月修订版。

17. 王箕裘:《口才训练教程》,中国财政经济出版社,1996 年 3 月。

18. 王东、高永华:《口才艺术——基础口才学》,光明日报出版社,1991 年 3 月。

19. 李建南、黄淘安、王强东:《口头交际的艺术——通用口才学》,中国青年出版社,1991 年 1 月。

20. 周绪全:《新编实用口才》,重庆大学出版社,1997 年 12 月。

21. 高玉成：《司法口才教程》,法律出版社,1992 年 6 月。

22. 李建南：《辩论口才兵法》,农村读物出版社,2000 年 9 月。

23. 《中国大学生就业》杂志 2001 年第 8、9、10 期。

24. 李军华：《口才学》,华中理工大学出版社,1996 年 10 月。

25. 张伯华：《口才与交往》,海洋出版社,1991 年 12 月。

26. 丁雅：《交际与口才》,四川科学技术出版社,1995 年 5 月。

27. 董秋枫：《论辩技巧训练法——实用雄辩术》,福建科学技术出版社,
    1988 年 7 月。

28. 王国庆：《辩论技巧》,中国国际广播出版社,1990 年 9 月。

29. 张在新、张再义：《论辩谋略百法》,红旗出版社,1993 年 7 月。

30. 林世英、李向群：《论辩技巧精要》,厦门大学出版社,1990 年 5 月。

31. 吴志、杨明、于雷：《唇枪舌战》,延边人民出版社,1993 年 12 月。

32. 陈如松：《世界名人辩论技巧欣赏》,当代世界出版社,1999 年 2 月。

33. 韩鹏杰主编：《中国之辩》,西安交通大学出版社,1997 年 7 月。

34. 杨君游：《论辩技巧 100 术》,中国国际广播出版社,1994 年 7 月。

35. 吕钦文：《演讲论辩技巧》,东北师范大学出版社,1993 年 12 月。

36. 余培侠：《世纪之辩——99 国际大专辩论会纪实与评析》,中国世界语出
    版社,1999 年 10 月。

37. 张德明：《世纪之辩——首届中国名校大学生辩论邀请赛纪实》,复旦大
    学出版社,1996 年 2 月。

38. 余培侠：《创世纪舌战——2001 国际大专辩论会纪实与评析》,西苑出版
    社,2001 年 10 月。

39. 叶童：《伟大的演说家——世界著名演说家演说实录》,天津人民出版
    社,1998 年 3 月第 2 版。

40. 康青：《管理沟通教程》,立信会计出版社,2000 年 11 月。

41. 宏卿：《说话的资本》,中国戏剧出版社,2002 年 8 月。

42. 王建伟：《演讲逻辑学》,吉林演讲交际函授学院(内部教材)。

43. 何名申：《创新思维技巧训练》,民族与建设出版社,2002 年 4 月。

44. 宁健、林子：《使用演讲文体写作》,广西人民出版社,1997 年 8 月。

45. 林兴仁：《广播的语言艺术》,语文出版社,1994 年 2 月。

46. 李昕：《面试成功的策略与技巧》,中国人事出版社,1998 年 6 月。

47. 林素韵、胡敏：《朗诵 主持 演讲》，湖南师范大学出版社，1997 年 10 月。

48. 萧鸣政、甘北林：《求职应试方法与技巧》，北京语言学院出版社，1995 年 4 月。

49. 田乃吉：《说话的策略》，福建科学技术出版社，1990 年 9 月。

50. 韩进水编译：《听话技巧》，知识出版社，1991 年 9 月第 2 版。

51. 吴绿星：《说话的艺术》，科学普及出版社广州分社，1983 年 6 月。

52. 李春波：《劝导说服的艺术》，黄河出版社，1991 年 8 月第 2 版。

53. 韩向前：《劝说艺术64 法》，教育科学出版社，1992 年 4 月。

54. 华琪：《说理的艺术》，解放军出版社，1985 年 9 月。

55. 一江山：《有目的社交指南》，农村读物出版社，1992 年 8 月。

56. 陈建民：《说话的艺术》，语文出版社，1994 年 8 月。

57. 张颂：《播音创作基础》，北京广播学院出版社，1990 年 3 月。

58. 曾凡莹：《李燕杰演讲答问录300 题》，北京理工大学出版社，1995 年 7 月。

59. 袁革：《社交礼仪与口才》，中国商业出版社，1995 年 6 月。

60. 王冰：《现代商用交际礼仪》，地震出版社，1993 年 9 月。

61. 潘肖珏：《公关语言艺术》，同济大学出版社，1991 年 2 月第 2 版。

62. 黄林芳、刘夏莹主编：《大学生择业艺术》，江西人民出版社，1996 年。

63. 吴永编：《求职圣经》，中国经济出版社，1998 年。

64. 吴彤编：《求职广场》，企业管理出版社，1998 年。

65. 刘照雄：《普通话水平测试大纲》（修订本），吉林人民出版社，1994 年 11 月。

66. 朱士中：《大学生礼仪指南》，红旗出版社，1992 年 2 月。

67. 汪福祥：《神奇的无声语言》，华灵出版社，1994 年 6 月。

68. 多湖辉：《交际术（日）》，湖南出版社，1993 年 2 月。

69. 李田：《演讲美学》，吉林演讲交际函授学院（内部教材）。

70. 吉姆·史耐德：《最棒的推销术》，中国经济出版社，1992 年 4 月。

71. 金天相等：《现代交际技巧与语言艺术》，中国物资出版社，1994 年 12 月。

72. 陈孝英：《幽默的奥秘》，中国戏剧出版社，1989 年 7 月。

73. 汪福祥：《神奇的无声语言》，华灵出版社，1994 年 6 月。

74. 马桂茹：《仪表美与训练》，中国旅游出版社，1993 年 7 月。

75. 刘玉学：《涉外礼俗知识必读》，中国旅游出版社，1990 年 10 月。

76. 朱士中:《大学生礼仪指南》,红旗出版社,1992 年 12 月。

77. 余明阳:《交际学》,吉林演讲交际函授学院(内部教材)。

78. 凯伦·布莱克:《率直与缄默的艺术》,浙江人民出版社,1991 年 1 月。

79. 霍夫曼·葛拉芙施:《如何成为沟通高手》,中国书籍出版社,1999 年 7 月第 2 版。

80. 珍妮·罗杰斯:《应聘面试》,中国社会科学出版社,2001 年 5 月。

81. 赖斯·吉布林:《人际关系与处世技巧》,农村读物出版社,1991 年 10 月。

82. 罗伯特·M.希拉姆斯:《怎样与难以相处的人打交道》,新华出版社,1990 年 6 月。

83. 贡都娜·西施:《无稿演讲艺术》,中国经济出版社,1997 年 4 月。

84. 彼得·R.帕罗斯:《口才训练手册》,中国编译出版社,2002 年 4 月。

85. D.莫里斯:《人体秘语》,昆仑出版社,1998 年 7 月。

86.《演讲与口才》,演讲与口才杂志社。

87.《交际与口才》,交际与口才杂志社。

第三版后记

从 2004 年我与孙海燕老师合著《口才训练十五讲》至今，不觉已是十年过去了，在当今这个"知识爆炸"的时代，一部合作教材能够在市场经济大潮冲击下迎来修订再版，应当说在市场上已经站稳了。

转换一个角度来看，这十年也是知识产权意识日渐增强的十年。我希望这部教材能同时成为在知识产权意识指导下，学者间进行学术合作的典型尝试。

本次修订，我们分别就各自原来撰写的部分进行了更新提炼。其中，我修订撰写的章节分别为：

第一讲第五节"中国专家谈演讲与口才训练"之(三)"当代大学生口才训练的三大难点"；

第二、三、六、七、八讲全文；

第十一讲第一、二、三、四节；

第十二、十三讲全文；

资料库第一节"从《红楼梦》的人物对话看口才与做人"。

其余章节由孙海燕老师撰写。

刘伯奎

2015 年 7 月 13 日于上海寓所